GUIONIE LANDRIEU 1987

RÉQUISITOIRES, PLAIDOYERS ET DISCOURS DE RENTRÉE

PRONONCÉS

PAR M. DUPIN

PROCUREUR GÉNÉRAL A LA COUR DE CASSATION,

AVEC LE TEXTE DES ARRÊTS

DEPUIS LE MOIS DE NOVEMBRE 1857 JUSQU'À SON DÉCÈS
(10 NOVEMBRE 1865)

PUBLIÉS

PAR M. LE BARON CHARLES DUPIN

PARIS

HENRI PLON, IMPRIMEUR-ÉDITEUR
RUE ... FINANCIÈRE, 10

1873

RÉQUISITOIRES

PLAIDOYERS

ET DISCOURS DE RENTRÉE

L'auteur et l'éditeur déclarent réserver leurs droits de traduction et de reproduction à l'étranger.

Cet ouvrage a été déposé au ministère de l'intérieur (section de la librairie) en mai 1873.

PARIS. TYPOGRAPHIE DE HENRI PLON, RUE GARANCIÈRE, 8.

RÉQUISITOIRES

PLAIDOYERS

ET DISCOURS DE RENTRÉE

PRONONCÉS

PAR M. DUPIN

PROCUREUR GÉNÉRAL A LA COUR DE CASSATION

AVEC LE TEXTE DES ARRÊTS

DEPUIS LE MOIS DE NOVEMBRE 1857 JUSQU'A SON DÉCÈS

(10 NOVEMBRE 1865)

PUBLIÉS

PAR SON FRÈRE LE BARON CHARLES DUPIN

AVEC

Le concours de M. L. MÉNARD

SECRÉTAIRE EN CHEF DU PARQUET DE LA COUR DE CASSATION

ET DE

M. GAUTROT

ANCIEN SECRÉTAIRE DU MÊME PARQUET

TOME PREMIER
(TOME XII DE LA COLLECTION)

PARIS

HENRI PLON, IMPRIMEUR-ÉDITEUR

RUE GARANCIÈRE, 10

1873

Tous droits réservés

DISCOURS D'INSTALLATION

DEVANT LES CHAMBRES RÉUNIES.

VISITE A M. LE GARDE DES SCEAUX.

DISCOURS DE RENTRÉE.

ÉTATS SOMMAIRES DES ARRÊTS

RENDUS PAR LA COUR DE CASSATION
DU 1er SEPTEMBRE 1857 AU 31 AOUT 1865.

DISCOURS D'INSTALLATION

N° 775.

PROCÈS-VERBAL

D'INSTALLATION

DE M. DUPIN

COMME PROCUREUR GÉNÉRAL
PRÈS LA COUR DE CASSATION

Le vingt-huit novembre mil huit cent cinquante-sept, à l'audience publique des Chambres réunies en robes rouges, où étaient présents et siégeaient : MM. Troplong, premier président, Bérenger, Nicias Gaillard, présidents, Rives, doyen, Dehaussy de Robécourt, Brière-Valigny, Renouard, Hardoin, Gaultier, Lavielle, Delapalme, Legagneur, Pécourt, de Boissieux, Taillandier, A. Moreau, Laborie, Alcock, Glandaz, Moreau (de la Meurthe), Nachet, Faustin Hélie, Quénault, Le Roux de Bretagne, Pascalis, Victor Foucher, Bayle-Mouillard, Nouguier, d'Oms, Aylies, Chégaray, Seneca, Plougoulm, Poultier, Caussin de Perceval, Bresson, Le Sérurier, Nicolas, Quénoble, Lascoux, de Belleyme, d'Esparbès, Souëf;

MM. de Marnas, premier avocat général, Sévin, Raynal, Blanche, Guyho, avocats généraux, et Bernard, greffier en chef.

M. le premier avocat général, remplissant les fonctions de procureur général, prenant la parole, a dit : Nous avons l'honneur de présenter à la Cour : 1° le décret de l'Empereur, en date du 23 novembre 1857, qui nomme procureur général à la Cour de cassation M. Dupin, ancien procureur général près la même Cour, en remplacement de M. de

1.

Royer, nommé garde des sceaux, ministre de la justice;
ensemble le procès-verbal de prestation de serment de M. le
procureur général Dupin entre les mains de Sa Majesté, en
date du 25 de ce mois; 2° un second décret de l'Empereur,
en date également du 23 novembre, qui nomme président à
la Cour de cassation M. Vaïsse, procureur général près la
Cour impériale de Paris, en remplacement de M. Laplagne-
Barris, décédé.

Nous requérons, pour l'Empereur, qu'il plaise à la Cour
ordonner la lecture et publication desdits décrets et procès-
verbal, et de procéder à l'installation de M. le procureur
général Dupin et à la réception du serment et à l'installation
de M. le président Vaïsse.

La Cour, faisant droit au réquisitoire de M. le premier
avocat général, ordonne que lecture desdits décrets et procès-verbal sera faite par le greffier en chef.

La lecture des décrets terminée, et sur l'invitation de M. le
premier président, MM. Lascoux, de Belleyme, d'Esparbès,
Quenoble, conseillers, et MM. Blanche, Guyho, avocats
généraux, se sont rendus en la Chambre du conseil, où
attendaient M. le procureur général Dupin et M. le président
Vaïsse, et ils les ont introduits dans l'intérieur du parquet.

Sur l'invitation de M. le premier président, le greffier en
chef a donné ensuite lecture du procès-verbal de prestation
de serment de M. le procureur général Dupin entre les
mains de l'Empereur, et, après cette lecture faite, il a invité
M. le procureur général à prendre possession de son siége.

Après l'installation de M. le procureur général, M. le
premier président a invité M. le greffier en chef à donner
lecture de la formule du serment conçue en ces termes :

« Je jure obéissance à la Constitution et fidélité à l'Empe-
« reur ; je jure aussi et promets de bien et fidèlement rem-
« plir mes fonctions, de garder religieusement le secret des
« délibérations, et de me conduire en tout comme un digne
« et loyal magistrat. »

M. le président Vaïsse, debout et la main droite levée, a répondu : *Je le jure.*

M. le premier président ayant au nom de la Cour donné acte de la prestation de serment et invité M. Vaïsse à prendre place sur les siéges de MM. les présidents, a donné la parole à M. le procureur général Dupin, qui s'est exprimé en ces termes :

« MESSIEURS ET CHERS COLLÈGUES,

« Vous connaissez les motifs qui, en 1852, me déterminèrent à résigner mes fonctions de procureur général. Je m'y décidai sans hésitation, afin de remplir avec plus de liberté le devoir pieux que m'avait légué sur la terre d'exil la volonté d'un Roi malheureux, en me chargeant de présider comme exécuteur testamentaire aux intérêts privés de ses enfants.

« Mais en donnant ma démission par des motifs tirés du droit naturel et du droit civil, et des devoirs purement privés qui m'étaient imposés, je déclarai en même temps, de la manière la plus nette, dans ma lettre de démission : *Que ma résolution n'empruntait rien à la politique.*

« Je ne voulais pas qu'on pût s'y méprendre. J'entendais, comme par le passé, comme toujours, conserver mon indépendance ; je voulais enfin que la démission du magistrat conservât son véritable caractère, et qu'elle apparût comme un *acte de conscience* et non comme une *œuvre de parti!*..... On le sait bien, et faut-il donc le redire encore ? j'ai toujours appartenu à la France, et jamais aux partis !

« Je rentrai donc dans la vie privée pour me livrer tout entier à la mission qui m'était donnée comme exécuteur testamentaire. Cette charge, je l'ai remplie de mon mieux, avec cœur et dévouement, et aussi complétement que je l'ai pu!..... J'y ai consacré plus de cinq années. Mon mandat est pleinement accompli.

« Aujourd'hui, la bienveillance spontanée de l'Empereur, venant me trouver dans la solitude que la mort a faite autour de moi, me rappelle au milieu de vous, me rend à des occupations qui m'étaient chères, et me confie de nouveau les fonctions de procureur général. J'ai accepté avec gratitude. Je m'étais séparé de la Cour avec peine; ce sentiment, j'ose le dire, était partagé par elle; nous nous étions quittés *invitus invitam*. Entouré des marques cordiales de satisfaction que vous m'avez prodiguées, je puis dire que c'est vous qui avez fait ma candidature, et je rentre ainsi *jure quodam postliminii* au sein de la famille judiciaire, heureux d'y retrouver des collègues et des amis dont les mœurs douces, affables, bienveillantes, m'avaient si longtemps fait trouver un charme infini dans ces relations intimes où je me consolais avec eux des aigreurs de la politique.

« Dans cet intervalle écoulé entre ma retraite et ma réintégration, si la Cour a fait d'importantes conquêtes, elle a éprouvé aussi des pertes sensibles.

« Ainsi, je ne retrouve plus sur son siége le premier président Portalis, qui, en 1830, m'avait accueilli dans cette enceinte, et qui, en 1852, m'avait accompagné de ses regrets, en exprimant ceux de la Cour. M. Portalis, dont le nom historique dans la législation et la jurisprudence se lie incessamment au souvenir du Concordat et du Code civil! Il a quitté la Cour emportant avec lui, comme ses dieux domestiques, sa vertu, sa science, son expérience des hommes et des choses, et sa haute raison; travaillant à d'utiles ouvrages, et donnant ainsi aux présomptions d'affaiblissement fondées uniquement sur l'âge, un éclatant et glorieux démenti! Tel jadis le vieux Sophocle, menacé d'interdiction, se contentait, pour toute défense, de réciter à ses juges le chef-d'œuvre d'*Œdipe,* qu'il venait de composer!

« J'adresse aussi mes regrets à la mémoire de M. le président Laplagne. Il fut longtemps mon premier avocat général : je l'avais plusieurs fois désigné pour être mon successeur, lorsque j'étais menacé de passer au ministère dans des combinaisons qui, heureusement pour moi, ne se sont pas réalisées. Notre intimité s'était resserrée dans l'exercice commun des fonctions d'exécuteur testamentaire du feu Roi. Plus heureux que moi, et grâce à l'inamovibilité de son titre, il a pu rester avec vous, et concilier le soin des intérêts privés qui lui étaient confiés avec ses fonctions judiciaires, qu'il a exercées jusqu'au dernier moment, au milieu des plus vives souffrances, avec un dévouement et une supériorité qui ont rappelé et perpétué parmi vous la haute réputation de son oncle, M. le président Barris.

« Enfin, je veux dire un dernier mot de M. Isambert. Il fut mon client et mon ami, avant de devenir mon collègue. Magistrat docte, laborieux et assidu, sa dernière publication sur Procope et Justinien a révélé un genre d'érudition et des connaissances géographiques et philologiques que ne soupçonnaient point en lui ceux qui le croyaient absorbé par ses travaux juridiques.

« Mais si la Cour a fait des pertes douloureuses, d'un autre côté elle a reçu de puissants renforts, et

elle s'est enrichie par l'accession de nouveaux membres dont le mérite réel ne saurait être contesté, et qui
sauront lui conserver son lustre et sa valeur.

« Ainsi, je vois placé à sa tête un homme éminent,
ancien magistrat de cette Cour, longtemps mon collègue, et dont l'amitié (je me plais à le reconnaître) ne
m'a jamais fait défaut. Jurisconsulte puissant par son
érudition, sa logique ardente et un style plus richement coloré que ne l'est ordinairement celui de nos
légistes; auteur de nombreux et solides traités, au lieu
de suivre servilement les sentiers battus d'une tradition souvent inétudiée, son génie hardi a ouvert à la
science des voies nouvelles; il a mis en avant les opinions les plus vives et les plus neuves, et s'est élevé à
des hauteurs inconnues à ses devanciers.

« Le parquet a été presque entièrement renouvelé,
mais il est composé d'hommes recommandables, longtemps éprouvés dans de hautes magistratures, et qui
m'assurent la continuation de cette forte et solide collaboration qu'ils ont apportée à mon habile prédécesseur,
M. de Royer, que son mérite et ses éclatants services
ont conduit à la haute dignité dont il est actuellement
revêtu.

« Le barreau, dans le sein duquel je m'étais reposé,
sinon comme avocat plaidant, du moins comme consul-
tant, continue d'offrir aux citoyens de doctes et d'élo-
quents défenseurs.

« De mon côté, Messieurs et chers Collègues, je veux
consacrer à mes fonctions ce qui me reste de forces et
d'action. A vos efforts j'unirai les miens, et nous tra-
vaillerons de concert pour assurer, dans notre Patrie,
l'exécution des lois, leur saine interprétation et la

bonne administration de la justice : de la justice! qui, comme la religion et avec elle, dans tous les temps et sous toutes les formes de gouvernement, est le refuge des peuples et le plus solide fondement de la stabilité des empires!

« C'est ainsi que, dans l'ordre de nos attributions, nous servirons loyalement et le Pays et l'Empereur. »

M. le premier président, prenant ensuite la parole, s'est exprimé ainsi :

« Monsieur le Procureur général,

« En rentrant dans cette enceinte, vous y trouvez d'anciennes et vives sympathies. Pendant plus de vingt ans, vous avez préparé nos plus importantes décisions par votre savoir et votre éloquence; nous en avons conservé le précieux souvenir. A votre tour, vous n'avez pas oublié les douces relations qui, dans la Cour de cassation, s'associent aux plus austères devoirs, et vous avez été heureux de revenir au sein d'une Compagnie digne de son glorieux passé, et toute remplie des traditions laissées en elle par ses plus illustres magistrats. Et pourquoi l'Empereur aurait-il hésité à vous permettre de consacrer au service de la justice, qui est aussi le sien, votre grande renommée judiciaire et la vigueur d'un talent sur lequel le temps n'a pas de prise? Sa politique large et généreuse embrasse la France entière, et ne demande aux nobles cœurs, pour les adopter, que de bien comprendre son principe national et réparateur. Les institutions impériales, inspirées par l'esprit de 89, n'ont pas voulu sacrifier la

liberté aux inflexibles rigueurs de l'ordre; mais éclai-
rées par la rude expérience des temps, elles n'ont pas
voulu non plus sacrifier l'ordre aux orages d'une liberté
exagérée, et elles ont offert à la nation un pacte d'al-
liance empreint des traditions du génie français, capable de modérer une démocratie bouillonnante, et propre
enfin à satisfaire les amis loyaux de l'autorité légale et
de la liberté réglée par les lois.

« Si, comme le dit une célèbre définition, la loi est
l'expression de la volonté générale, quel régime pourrait se dire plus légal que celui qui a pour base de son
établissement et de sa législature le suffrage de tous ?
D'un autre côté, s'il est vrai que la liberté soit la somme
des franchises qu'une nation peut supporter sans se
nuire, comment pourrait-on soutenir, dans cette France
où règne souverainement la liberté civile, où la loi et
les impôts sont votés par les élus de la nation, où le
régime de la presse non périodique est resté ce qu'il a
été depuis 1830, et permet à chaque citoyen de pu-
blier ses opinions, ses griefs et ses doléances, comment
pourrait-on soutenir que les retranchements opérés
par la constitution de 1852 sur les constitutions antérieures, qui avaient abouti à tant de déceptions et de
troubles, ne sont pas une légitime conquête du principe d'autorité, sans dommage réel pour les bases
essentielles de la liberté ? La dignité de l'homme n'est
pas exclusive d'une règle qui l'empêche de s'égarer; la
dignité d'une nation n'est pas abaissée par les limites
qui lui assurent une marche régulière sans cesser d'être
progressive, et la France sait bien qu'elle n'a rien sacrifié de ses mœurs profondément libérales, en adoptant et soutenant par ses votes un Gouvernement fort

et stable qui la protége au dedans et la fait respecter au dehors.

« Il y a donc sous les institutions nouvelles un terrain de conciliation pour les hommes de bonne foi, qui, sans se préoccuper du passé, et ne songeant qu'au présent et à l'avenir de leur patrie, cherchent l'équilibre de l'autorité et de la liberté. Soyez-y le bienvenu, Monsieur le Procureur général, comme vous l'êtes dans cette enceinte toute consacrée au culte de la loi. Vous ne trouverez rien de changé parmi nous, si ce n'est, hélas! quelques hommes de bien et d'un rare mérite que l'âge et la mort ont enlevés trop tôt à nos affections. Mais l'esprit de notre magistrature se conserve intact, et c'est toujours la même sollicitude pour l'observation de la loi. Au milieu du courant qui emporte la société, la Cour de cassation reste immuable sur les hauteurs de la justice, les yeux attachés à cette vraie philosophie dont parle Ulpien, et qui la conduit aux sources du droit pour rendre équitablement à chacun ce qui lui appartient.

« Monsieur Vaïsse, vous ne pouviez pas quitter la Cour de Paris pour un poste qui témoignât d'une manière plus certaine de l'estime et de la confiance du Souverain. Ces siéges sur lesquels vous venez vous asseoir ont été occupés par les Henrion de Pansey, les Portalis, les Zangiacomi, les Lasagni, les deux Barris, grands noms qui illustreront à jamais la magistrature moderne. Quel honneur pour vous, Monsieur, d'être appelé à marcher sur leurs traces, lorsque, jeune encore, vous avez devant vous le temps, le courage et l'aptitude qui vous permettront un jour de les atteindre! D'autres, plus hardis navigateurs, se sont élancés du

parquet de Paris aux fonctions les plus élevées de la
politique. Mais combien de fois n'ont-ils pas regretté le
calme studieux de vos nouvelles fonctions, et ambi-
tionné une présidence dans cette Cour, comme le couronnement de leur carrière? Plus heureux donc et non
moins honoré dans l'opinion des hommes, celui que la
fortune propice fait arriver à ce poste sans tant de
périlleux détours! C'est là qu'il trouve réunis le loisir
sans l'oisiveté, le travail sans la fatigue écrasante de la
vie militante, la dignité sans les brillantes incertitudes
de l'ambition.

« Mais, Messieurs, quelque satisfaction que nous
donne la solennité de ce jour, pouvons-nous perdre de
vue qu'elle est la suite d'un événement douloureux et
imprévu qui a attristé, il y a peu de jours, toute la magistrature française? M. Abatucci avait conquis son
estime et son affection par l'aménité et la bienveillance
qui décoraient son solide mérite. Esprit remarquable
par la profondeur du bon sens, par la finesse exquise
du jugement, par l'équité à la fois naturelle et réfléchie
du caractère, il avait porté dans son administration ces
qualités précieuses, et elles lui avaient admirablement
servi à ménager sans secousse la difficile transition d'un
régime à un autre. Moi, qui, depuis 1849, avais appris
à le connaître dans l'étude attentive d'une étroite amitié, je ne puis mieux le caractériser à vos yeux qu'en
disant que, dans le Ministre, on trouvait toujours le
magistrat, et que le magistrat avait toujours été iné-
branlable dans sa justice et son intégrité.

« M. Abatucci avait passé un instant par la Cour de
cassation, et il se glorifiait de cette consécration. Son
successeur nous a appartenu par les liens d'une colla-

boration plus longue. C'est une grande preuve de la considération dont jouit la Cour de cassation dans les conseils de l'Empereur, que cette suite de deux ministres tirés de cette haute magistrature. Accompagnons de nos vœux le collègue que ses lumières, autant que sa réputation de sagesse, de modération et de probité, désignaient à la confiance de l'Empereur. Qu'il soit aimé et honoré de tous, comme il était aimé et honoré ici. Je suis sûr que cet augure, parti de cette enceinte, ira droit au cœur de M. de Royer. Déjà le sentiment public l'a devancé par l'unanimité d'adhésion qui a accueilli son élévation. L'avenir ne le démentira pas. »

Après quoi, M. le premier président a déclaré l'audience publique des Chambres réunies levée.

N° 806. COUR DE CASSATION.

Du 12 mai 1859.

Procès-verbal de la visite de la députation de la Cour de cassation à M. DELANGLE, nommé garde des sceaux.

Le douze mai mil huit cent cinquante-neuf, sur la lettre de Son Excellence M. Delangle, nommé garde des sceaux, portant qu'il recevrait la députation de la Cour de cassation, le jeudi 12 mai, à dix heures, une députation composée de M. le premier président, de MM. les présidents, de M. le procureur général, de trois membres de chaque Chambre, de trois avocats généraux et du greffier en chef, s'est rendue directement à la Chancellerie, en frac noir; à dix heures, la députation a été introduite près du Ministre.

M. le premier président et M. le procureur général ayant successivement adressé à Son Excellence les félicitations de la Cour et celles du parquet, il y a répondu par l'expression des sentiments de sympathie qu'il n'avait cessé de conserver pour ses anciens collègues; après quoi, la députation, reconduite par le garde des sceaux jusqu'à la porte de la salle où attendaient les membres des autres corps judiciaires, s'est retirée.

Dans cette visite, M. le procureur général Dupin s'est exprimé ainsi :

« MONSIEUR LE MINISTRE,

« Quelle que fût votre aptitude pour les affaires administratives, on peut dire que votre passage au ministère de l'intérieur n'aura été dans votre vie qu'un accident.

« Votre véritable place était marquée à la Chancellerie ; c'est le couronnement d'une vie presque entièrement consacrée à l'étude des lois et à la pratique des affaires.

« Nous rappelons avec orgueil que vous avez appartenu à la Cour de cassation, comme avocat général, et que vous avez brillé à la tête de son parquet.

« Vous avez vécu de la vie de la Cour, vous avez connu les habitudes laborieuses, les mœurs sévères de ses magistrats, les qualités éminentes qui les distinguent. C'est pour nous une garantie, qu'en comblant les brèches, hélas ! trop fréquentes, que font parmi nous la mort et la triste disposition de la loi sur la retraite uniquement fondée sur l'âge, vous ne nous donnerez pour collègues que des jurisconsultes solides, des hommes capables, à tous les titres, de continuer cette réputation de vertu, de science, de sage indépendance et de patriotisme, qui, depuis son origine jusqu'à présent, a placé si haut la Cour de cassation dans l'estime, non-seulement de la France, mais de toute l'Europe. »

DISCOURS D'INSTALLATION.

N° 830. (Audiencé du 30 juin 1860.) Chambres réunies.

INSTALLATION DE M. LE CONSEILLER MERCIER.

Ce matin, à onze heures, les trois chambres de la Cour de cassation se sont réunies en audience solennelle, sous la présidence de M. le premier président Troplong, pour la réception de M. Mercier, conseiller à la Cour de cassation de Piémont, nommé aux mêmes fonctions en la Cour, par décret impérial du 4 juin, en remplacement de M. Pascalis, promu aux fonctions de président de chambre.

La Cour ayant pris place sur ses siéges, M. le procureur général Dupin requiert, au nom de l'Empereur, la publication du décret de nomination. Cette publication faite par M. le greffier en chef Bernard, M. le premier président invite MM. les conseillers Sévin et Calmètes à introduire M. Mercier, qui bientôt s'avance au milieu du prétoire, entouré des deux magistrats députés vers lui.

A ce moment, M. le procureur général Dupin se lève et prend la parole en ces termes :

« Messieurs,

« M. le premier président de la Cour de cassation piémontaise, en m'annonçant la nomination de M. Mercier, exprimait les regrets que laisse au sein de sa Cour l'absence de cet éminent magistrat. Mais ces regrets-là même deviennent un gage de la sympathie que M. Mercier trouvera parmi nous.

« M. le premier président regarde M. Mercier comme « destiné à perpétuer dans la Cour de cassation de

« France le crédit dont a joui dès longtemps auprès
« d'elle la magistrature piémontaise ». Nous n'avons
point, en effet, oublié ce que valaient et l'ancien Sénat et
la Cour d'appel de Chambéry, ainsi que celle de Turin.

« Dans tous les temps, les pays annexés à la France
lui ont apporté un contingent d'illustres et savants
magistrats, et la Cour ne perdra jamais le souvenir des
Daniels, des Botton-Castellamonte, des Lasagni, dont
la collaboration a jeté sur ses travaux un éclat que,
pour votre part, Monsieur, vous êtes appelé à continuer.

« Nous ne vous recevons pas comme étranger. Déjà
plusieurs fois la Savoie a vu ses destinées unies à celles
de la France. Dès le temps de François Ier, cette excellente population se félicitait d'être devenue française;
et elle demandait seulement à n'être pas *jugée par
équité*, c'est-à-dire, en d'autres termes, que la justice
fût rendue selon la loi, et non selon le caprice du juge [1].

« Le vœu des habitants de la Savoie sera satisfait.
Leurs droits trouveront leur garantie au sein de cette
Cour, qui a pour devise : *La loi*, dont vous serez avec
nous un ferme interprète.

« Nous requérons, pour l'Empereur, qu'il plaise à la
Cour recevoir la prestation de serment de M. Mercier. »

Conformément à ces réquisitions, M. Mercier est admis à
prêter le serment professionnel, dont la formule est lue par
M. le greffier en chef, et, sur l'invitation de M. le premier
président, l'honorable magistrat prend place parmi les conseillers. L'audience solennelle est immédiatement levée.

M. le conseiller Mercier siégera à la chambre civile, ainsi
que l'a annoncé M. le premier président.

[1] C'est ainsi que le peuple disait alors proverbialement : « Dieu
nous garde de l'équité du Parlement. » Équité cérébrine, au gré de
chacun!

DISCOURS DE RENTRÉE

ET

ÉTATS SOMMAIRES DES ARRÊTS DE LA COUR.

Depuis sa rentrée au parquet, M. le procureur général Dupin n'a prononcé aucun des discours de rentrée; il les a successivement délégués aux avocats généraux près la Cour de cassation.

Le discours de rentrée du 5 novembre 1858 a été prononcé par M. de Raynal, qui avait pris pour sujet : « LES OLIM DU PARLEMENT DE PARIS. »

Celui du 5 novembre 1859, par M. le premier avocat général de Marnas, sous le titre suivant : « LE COMTE PORTALIS, SA VIE ET SES TRAVAUX. »

Celui du 5 novembre 1860, par M. Guyho, qui a pris pour texte : « DE LA COUR DE CASSATION CONSIDÉRÉE DANS SES RAPPORTS AVEC NOS INSTITUTIONS ACTUELLES ET DANS SON INFLUENCE SUR LES GRANDS PRINCIPES SOCIAUX. »

Celui du 4 novembre 1861, par M. Blanche, sous le titre suivant : « DE LA LOI COMMERCIALE. »

Celui du 4 novembre 1862, par M. Savary, qui a traité : « DE LA MAGISTRATURE FRANÇAISE ET DE SON INFLUENCE SUR LA SOCIÉTÉ. »

Celui du 3 novembre 1863, par M. Charrins. Par un pieux et honorable souvenir, M. l'avocat général Charrins AVAIT FAIT CHOIX pour sujet de son discours de : « L'ÉLOGE DE M. ROMIGUIÈRES. »

Le discours de rentrée du 3 novembre 1864 a été prononcé par M. Paul Fabre, autrefois *bon avocat* à la Cour et

aujourd'hui *excellent avocat général*[1]; il a pris pour sujet :
« ORDONNANCES ET ÉTABLISSEMENTS DE SAINT LOUIS. »

Enfin, M. le procureur général Dupin a délégué le discours de rentrée du 3 novembre 1865 à M. de Raynal, devenu son premier avocat général depuis la nomination de M. de Marnas aux fonctions de procureur général à la Cour impériale de Paris. M. de Raynal, d'accord avec M. le procureur général, avait choisi pour sujet de son discours : « LE PRÉSIDENT DE MONTESQUIEU ET L'ESPRIT DES LOIS. »

A chacune des audiences de rentrée, le procureur général ou l'avocat général, chargé par lui, ont fait le dépôt, *inauguré par M. Dupin en 1834*, de la statistique de toutes les affaires portées devant la Cour de cassation pendant l'année judiciaire et *de l'état sommaire annuel des arrêts rendus*. Chaque année, M. le premier président a donné acte de ce dépôt, et mention en a été faite au procès-verbal.

---

[1] Sans préjudice du procuralat général dans l'avenir.

États sommaires des arrêts rendus par la Cour de cassation, du 1er septembre 1857 au 31 août 1865.

1° État sommaire des arrêts rendus par la Cour de cassation,

Du 1er septembre 1857 au 31 août 1858.

MOIS.	CHAMBRE DES REQUÊTES.			CHAMBRE CIVILE.			CHAMBRE CRIMINELLE.			CHAMBRES RÉUNIES en MATIÈRE CIVILE.			CHAMBRES RÉUNIES en MATIÈRE CRIMINELLE.			TOTAL DES ARRÊTS rendus par les trois Chambres et par les Chambres réunies.
	ARRÊTS de rejet.	ARRÊTS d'admission.	Total.	ARRÊTS de rejet.	ARRÊTS de cassation.	Total.	ARRÊTS de rejet.	ARRÊTS de cassation.	Total.	ARRÊTS de rejet.	ARRÊTS de cassation.	Total.	ARRÊTS de rejet.	ARRÊTS de cassation.	Total.	
Septembre 1857. .	»	»	»	»	»	»	74	15	89	»	»	»	»	»	»	89
Octobre.	»	»	»	»	»	»	42	6	48	»	»	»	»	»	»	48
Novembre.	34	23	57	10	10	20	54	11	65	»	»	»	»	»	»	142
Décembre.	35	34	69	17	10	27	128	20	148	»	»	»	»	»	»	244
Janvier 1858. . . .	26	14	40	5	8	13	50	15	65	1	»	1	»	»	»	119
Février.	24	17	41	9	9	18	56	39	95	»	»	»	»	2	2	156
Mars.	31	17	48	10	11	21	61	25	86	»	»	»	4	1	5	160
Avril.	31	10	41	9	17	26	62	21	83	»	1	1	»	1	1	152
Mai.	27	18	45	9	8	17	45	6	51	»	»	»	»	»	»	113
Juin.	39	22	61	9	13	22	70	13	83	»	1	1	»	»	»	167
Juillet.	28	20	48	10	16	26	78	21	99	»	»	»	»	2	2	175
Août.	29	21	50	11	22	33	63	21	84	»	»	»	»	»	»	167
TOTAUX. .	304	196	500 (a)	99	124	223 (b)	783	213	996 (c)	1	2	3 (d)	4	6	10	1732

(a) Ces 500 arrêts ont éteint 501 affaires. — Le greffe a, en outre, reçu 23 désistements.
(b) Ces 223 arrêts ont éteint 233 affaires. — Le greffe a, en outre, reçu 14 désistements, qui ont éteint 15 affaires.
(c) Dans ces 996 arrêts sont compris 45 arrêts de peine de mort, dont 42 de rejet et 3 de cassation. — 6 arrêts de cassation sur réquisitoire.
(d) Le greffe a, en outre, reçu un désistement.

OBSERVATIONS.

Outre les 1732 arrêts d'autre part, ci 1732

Les Chambres ont encore rendu, savoir :

LA CHAMBRE DES REQUÊTES :

1° Dix arrêts définitifs de règlement de juges. . 10
2° Huit arrêts de *soit communiqué* . . . . . id. 8
3° Un arrêt de non-recevabilité 1
4° Un arrêt de rejet sur demande en prise à partie 1
5° Onze arrêts de rejet en matière électorale . . 11
6° Deux arrêts de non-recevabilité . . . . . . id. 2
7° Quatre arrêts de cassation . . . . id. 4

Total. . . . 37   37

LA CHAMBRE CIVILE :

1° Trois arrêts de déchéance 3
2° Deux arrêts de non-recevabilité 2
3° Un arrêt de renvoi aux Chambres réunies . . 1

Total. . . . 6   6

LA CHAMBRE CRIMINELLE :

51 arrêts de règlement de juges, dont 2 sur réquisitoire 51
71 arrêts de désistement, dont 1 de peine de mort 71
106 arrêts de déchéance 106
10 arrêts de non-recevabilité 10
3 arrêts de renvoi aux Chambres réunies 3
1 arrêt de soit-communiqué sur demande en renvoi 1
2 arrêts accueillant des demandes en renvoi, dont 1 sur réquisitoire 2
2 arrêts d'avant faire droit 2
1 arrêt sur réquisitoire qui renvoie devant une Cour autre que celle désignée par un précédent arrêt 1

Total. . . . 247   247

TOTAL GÉNÉRAL 2022

Affaires restant à juger le 1er septembre 1858.

des requêtes 224
civile . . . .

2° État sommaire des arrêts rendus par la Cour de cassation,

2° État sommaire des arrêts rendus par la Cour de cassation,
Du 1er septembre 1858 au 31 août 1859.

MOIS.	CHAMBRE DES REQUÊTES.			CHAMBRE CIVILE.			CHAMBRE CRIMINELLE.			CHAMBRES RÉUNIES en MATIÈRE CIVILE.			CHAMBRES RÉUNIES en MATIÈRE CRIMINELLE.			TOTAL DES ARRÊTS rendus par les trois Chambres et par les Chambres réunies.
	ARRÊTS de rejet.	d'admission.	Total.	ARRÊTS de rejet.	de cassation.	Total.	ARRÊTS de rejet.	de cassation.	Total.	ARRÊTS de rejet.	de cassation.	Total.	ARRÊTS de rejet.	de cassation.	Total.	
Septembre 1858. .	»	»	»	»	»	»	69	5	74	»	»	»	»	»	»	74
Octobre.	»	»	»	»	»	»	17	»	17	»	»	»	»	»	»	17
Novembre.	32	14	46	9	13	22	52	20	72	»	»	»	»	»	»	140
Décembre.	30	13	43	13	7	20	96	19	115	»	»	»	»	»	»	178
Janvier 1859. . .	34	15	49	7	17	24	71	27	98	»	1	1	»	»	»	172
Février.	27	18	45	10	9	19	39	18	57	»	»	»	»	»	»	121
Mars.	41	12	53	9	14	23	56	13	69	»	»	»	»	»	»	145
Avril.	25	14	39	9	10	19	64	10	74	»	»	»	»	»	»	132
Mai.	36	13	49	7	16	23	50	14	64	»	»	»	»	»	»	136
Juin.	21	16	37	5	12	17	83	11	94	»	»	»	»	»	»	148
Juillet.	27	17	44	4	14	18	54	20	74	»	»	»	»	»	»	136
Août.	35	26	61	9	15	24	47	13	60	»	»	»	»	»	»	145
Totaux. . .	308	158	466 (a)	82	127	209 (b)	698	170	868 (c)	»	1	1	»	»	»	1544

(a) Les 466 arrêts éteignent 468 affaires. — Le greffe a, en outre, reçu 23 désistements.
(b) Les 209 arrêts éteignent 248 affaires. — Le greffe a, en outre, reçu 10 désistements éteignant 11 affaires.
(c) Dans ces 868 arrêts sont compris 30 arrêts de peine de mort, dont 29 de rejet et 1 de cassation. — 8 arrêts sur réquisitoire, dont 7 de cassation et 1 de rejet.

OBSERVATIONS.

Outre les 1544 arrêts d'autre part, ci 1544
Les Chambres ont encore rendu, savoir :

LA CHAMBRE DES REQUÊTES :

7 arrêts définitifs de règlement de juges.... 7
6 arrêts de *soit communiqué* en même matière. 6
1 arrêt de non-recevabilité sur demande en prise à partie........................... 1
1 arrêt de rejet sur demande en renvoi 1
1 arrêt sur réquisitoire 1
4 arrêts de rejet en matière électorale...... 4

Total.... 20   20

LA CHAMBRE CIVILE :

2 arrêts de renvoi aux Chambres réunies.... 2
1 arrêt de partage 1
1 arrêt de non-recevabilité............... 1

Total.... 4   4

LA CHAMBRE CRIMINELLE :

46 arrêts de règlement de juges, dont 1 sur réquisitoire... 46
74 arrêts de désistement................. 74
138 arrêts de déchéance... 138
14 arrêts de non-recevabilité............ 14
3 arrêts de renvoi aux Chambres réunies.... 3
4 arrêts accueillant des demandes en renvoi, dont 1 sur réquisitoire................ 4
3 arrêts d'avant faire droit 3
1 arrêt de non-lieu à statuer 1
1 arrêt qui rabat une déchéance.......... 1
1 arrêt qui rejette une demande incidente... 1
1 arrêt de débouté d'opposition 1

Total.... 286   286

TOTAL GÉNÉRAL........ 1544

Affaires restant à juger le 1er septembre 1859.

CHAMBRES	des requêtes............................	275	
	civile................................	75	406
	criminelle............................	51	
	réunies...............................	5	

3° *État sommaire des arrêts rendus par la Cour de cassation,*
Du 1er septembre 1859 au 31 août 1860.

MOIS.	CHAMBRE DES REQUÊTES.			CHAMBRE CIVILE.			CHAMBRE CRIMINELLE.			CHAMBRES RÉUNIES en MATIÈRE CIVILE.			CHAMBRES RÉUNIES en MATIÈRE CRIMINELLE.			TOTAL DES ARRÊTS rendus par les trois Chambres et par les Chambres réunies.
	ARRÊTS de rejet.	ARRÊTS d'admission.	Total.	ARRÊTS de rejet.	ARRÊTS de cassation.	Total.	ARRÊTS de rejet.	ARRÊTS de cassation.	Total.	ARRÊTS de rejet.	ARRÊTS de cassation.	Total.	ARRÊTS de rejet.	ARRÊTS de cassation.	Total.	
Septembre 1859.	»	»	»	»	»	»	80	6	86	»	»	»	»	»	»	86
Octobre.	»	»	»	»	»	»	11	3	14	»	»	»	»	»	»	14
Novembre.	32	18	50	7	10	17	53	19	72	»	»	»	»	»	»	139
Décembre.	26	19	45	5	16	21	92	22	114	»	»	»	»	3	3	183
Janvier 1860.	30	14	44	8	14	22	55	14	69	1	»	1	1	»	1	137
Février.	28	14	42	11	14	25	48	23	71	»	»	»	»	»	»	138
Mars.	25	13	38	7	11	18	73	14	87	1	»	1	»	»	»	144
Avril.	32	16	48	9	4	13	68	16	84	»	»	»	»	»	»	145
Mai.	28	14	42	7	10	17	56	6	62	»	»	»	»	»	»	121
Juin.	22	23	45	9	11	20	64	10	74	»	»	»	»	»	»	139
Juillet.	31	19	50	10	9	19	53	28	81	»	»	»	»	»	»	150
Août.	40	18	58	6	13	19	74	18	92	»	»	»	»	»	»	169
TOTAUX.	294	168	462 (a)	79	112	191 (b)	727	179	906 (c)	2	»	2	1	3	4	1565

(a) Le greffe a, en outre, reçu 36 désistements.
(b) Les 192 arrêts éteignent 196 affaires. — Le greffe a, en outre, reçu 9 désistements éteignant 12 affaires.
(c) Dans ces 906 arrêts sont compris 34 arrêts de peine de mort, dont 32 de rejet et 2 de cassation. — Plus 8 arrêts de cassation sur réquisitoire.

OBSERVATIONS.

Outre les 1565 arrêts d'autre part, ci...... 1565
Les Chambres ont encore rendu, savoir :

LA CHAMBRE DES REQUÊTES :

6 arrêts définitifs de règlement de juges.... 6
6 arrêts de *soit communiqué* en même matière. 6
2 arrêts d'annulation sur réquisitoire....... 2
1 arrêt de désistement.................... 1
3 arrêts de non-recevabilité............... 3
2 arrêts en Chambre du conseil sur demande en autorisation de poursuites contre des magistrats.................. 2
2 arrêts de cassation en matière électorale.. 2
7 arrêts de non-recevabilité, id...... 7
8 arrêts de rejet.................... 8

Total.... 37   37

LA CHAMBRE CIVILE :

1 arrêt de non-recevabilité................ 1
1 arrêt de partage...................... 1
1 arrêt de renvoi aux Chambres réunies.... 1
1 arrêt de rejet sur demande en interprétation. 1

Total.... 4   4

LA CHAMBRE CRIMINELLE :

52 arrêts de règlement de juges, dont 3 sur réquisitoire...................... 52
70 arrêts de désistement................ 70
138 arrêts de déchéance............... 138
10 arrêts de non-recevabilité, dont 2 de peine de mort..................... 10
1 arrêt de renvoi aux Chambres réunies.... 1
2 arrêts accueillant des demandes en renvoi. 2
1 arrêt rejetant une demande en renvoi.... 1
5 arrêts d'avant faire droit.............. 5
3 arrêts de non-lieu à statuer........... 3
1 arrêt de débouté d'opposition.......... 1

Total.... 283   283

TOTAL GÉNÉRAL........ 1889

Affaires restant à juger le 1er septembre 1860.

CHAMBRES { des requêtes............ 347 / civile............ 74 / criminelle............ 92 / réunies............ } 515

4° *État sommaire des arrêts rendus par la Cour de cassation,*

CHAMBRES { civile........ criminelle........ réunies........ 74 92 } 614

4° *État sommaire des arrêts rendus par la Cour de cassation,*
Du 1ᵉʳ septembre 1860 au 31 août 1861.

MOIS.	CHAMBRE DES REQUÊTES.			CHAMBRE CIVILE.			CHAMBRE CRIMINELLE.			CHAMBRES RÉUNIES en MATIÈRE CIVILE.			CHAMBRES RÉUNIES en MATIÈRE CRIMINELLE.			TOTAL DES ARRÊTS rendus par les trois Chambres et par les Chambres réunies.
	ARRÊTS de rejet.	d'admission.	Total.	ARRÊTS de rejet.	de cassation.	Total.	ARRÊTS de rejet.	de cassation.	Total.	ARRÊTS de rejet.	de cassation.	Total.	ARRÊTS de rejet.	de cassation.	Total.	
Septembre 1860..	»	»	»	»	»	»	54	1	55	»	»	»	»	»	»	55
Octobre.	»	»	»	»	»	»	21	1	22	»	»	»	»	»	»	22
Novembre. . . .	35	12	47	12	9	21	53	30	83	»	»	»	»	»	»	151
Décembre. . . .	30	12	42	9	13	22	77	22	99	»	»	»	»	»	»	163
Janvier 1861....	27	22	49	8	17	25	56	20	76	»	»	»	»	»	»	150
Février.	32	24	56	4	11	15	38	9	47	»	»	»	»	»	»	118
Mars..	30	25	55	15	5	20	67	13	80	»	»	»	»	»	»	155
Avril..	20	20	40	10	7	17	51	10	61	»	»	»	»	»	»	118
Mai.	26	21	47	7	10	17	46	13	59	»	»	»	»	»	»	123
Juin.	37	27	64	12	6	18	60	12	72	»	»	»	»	»	»	154
Juillet.	46	25	71	20	12	32	47	15	62	»	»	»	»	»	»	165
Août.	28	23	51	13	4	17	71	20	91	»	»	»	»	»	»	159
TOTAUX. . .	311	211	322 (a)	110	94	204 (b)	641	166	807 (c)	»	»	»	»	»	»	1533

(a) Le greffe a, en outre, reçu 26 désistements.
(b) Les 204 arrêts éteignent 218 affaires. — Le greffe a, en outre, reçu 6 désistements.
(c) Dans ces 807 arrêts sont compris 34 arrêts de peine de mort, dont 32 de rejet et 2 de cassation. — Plus 4 arrêts de cassation sur réquisitoire.

OBSERVATIONS.

Outre les 1533 arrêts d'autre part, ci...... 1533
Les Chambres ont encore rendu, savoir :

LA CHAMBRE DES REQUÊTES :

10 arrêts définitifs de réglement de juges... 10
5 arrêts de *soit communiqué* en même matière. 5
4 arrêts d'annulation sur réquisitoire....... 4
1 arrêt de désistement.................... 1
2 arrêts de non-recevabilité,.............. 2
2 arrêts en Chambre du conseil sur demande en autorisation de poursuites contre des magistrats. 2
1 arrêt de rejet sur demande de renvoi 1
5 arrêts de cassation en matière électorale... 5
4 arrêts de rejet, id...... 4
25 arrêts de non-recevabilité, id...... 25
          Total.... 59   59

LA CHAMBRE CIVILE :

1 arrêt de non-recevabilité.............. 1
2 arrêts de déchéance 2
3 arrêts de renvoi aux Chambres réunies.... 3
1 arrêt en Chambre du conseil.......... 1
3 arrêts de désistement 3
          Total.... 10   10

LA CHAMBRE CRIMINELLE :

47 arrêts de régl. de juges, dont 1 sur réquis. 47
70 arrêts de désistement 70
130 arrêts de déchéance 130
7 arrêts de non-recevabilité........... 7
4 arrêts accueillant des demandes en renvoi.. 4
1 arrêt sur réquisitoire accueillant une demande en révision.............. 1
7 arrêts d'avant faire droit............. 7
1 arrêt de non-lieu à statuer........... 1
1 arrêt qui rabat une déchéance.......... 1
1 arrêt qui rejette une demande en rétractation de déchéance............. 1
1 arrêt qui rejette une demande d'indemnité et de dépens............. 1
          Total... 285   285
          TOTAL GÉNÉRAL........ 1887

Affaires restant à juger le 1ᵉʳ septembre 1861.

CHAMBRES { des requêtes................ 384 } 601
civile.................... 113
criminelle................ 101
réunies................... 3

5° *État sommaire des arrêts rendus par la Cour de cassation,*
Du 1ᵉʳ septembre 1861 au 31 août 1862.

MOIS.	CHAMBRE DES REQUÊTES.			CHAMBRE CIVILE.			CHAMBRE CRIMINELLE.			CHAMBRES RÉUNIES en MATIÈRE CIVILE.			CHAMBRES RÉUNIES en MATIÈRE CRIMINELLE.			TOTAL DES ARRÊTS rendus par les trois Chambres et par les Chambres réunies.
	ARRÊTS de rejet.	d'admission.	Total.	ARRÊTS de rejet.	de cassation.	Total.	ARRÊTS de rejet.	de cassation.	Total.	ARRÊTS de rejet.	de cassation.	Total.	ARRÊTS de rejet.	de cassation.	Total.	
Septembre 1861.	»	»	»	»	»	»	77	3	80	»	»	»	»	»	»	80
Octobre.	»	»	»	»	»	»	18	2	20	»	»	»	»	»	»	20
Novembre.	26	14	40	10	10	20	69	32	101	»	»	»	»	»	»	161
Décembre.	31	22	53	14	11	25	60	12	72	»	»	»	»	»	»	150
Janvier 1862.	33	21	54	13	6	19	72	19	91	»	»	»	»	»	»	164
Février.	26	19	45	2	9	11	49	14	63	»	»	»	»	»	»	119
Mars.	30	18	48	10	12	22	71	25	96	»	»	»	»	»	»	166
Avril.	41	27	68	9	11	20	55	12	67	1	»	1	»	»	»	156
Mai.	45	28	73	7	15	22	61	16	77	»	»	»	»	»	»	172
Juin.	41	19	60	6	9	15	64	5	69	»	»	»	»	»	»	144
Juillet.	33	36	69	11	13	24	52	18	70	1	»	1	1	»	1	165
Août.	48	24	72	10	15	25	69	24	93	»	»	»	»	»	»	190
TOTAUX.	354	228	582 (a)	92	111	203 (b)	717	182	899 (c)	2	»	2	1	»	1	1687

(a) Le greffe a, en outre, reçu 12 désistements.
(b) Les 203 arrêts éteignent 211 affaires. — Le greffe a, en outre, reçu 6 désistements.
(c) Dans ces 889 arrêts sont compris 39 arrêts de peine de mort, dont 38 de rejet et 1 de cassation. — Plus 1 arrêt de cassation sur réquisitoire.

OBSERVATIONS.

Outre les 1687 arrêts d'autre part, ci...... 1687
Les Chambres ont encore rendu, savoir :

LA CHAMBRE DES REQUÊTES :

6 arrêts définitifs de règlement de juges, éteignant 7 affaires................................. 7
5 arrêts de *soit communiqué* en même matière. 5
1 arrêt d'annulation sur réquisitoire......... 1
3 arrêts de désistement...................... 3
10 arrêts de rejet en matière électorale..... 10
6 arrêts de cassation, *id.*................. 6
2 arrêts de non-recevabilité, *id.*.......... 2

     Total.... 34   34

LA CHAMBRE CIVILE :

8 arrêts de non-recevabilité................. 8
2 arrêts de renvoi aux Chambres réunies...... 2
5 arrêts de désistement...................... 5
1 arrêt de non-lieu à statuer................ 1
1 arrêt de déchéance......................... 1
1 arrêt de restitution....................... 1

     Total... 18   18

LA CHAMBRE CRIMINELLE :

53 arrêts de règlement de juges.............. 53
67 arrêts de désistement..................... 67
148 arrêts de déchéance...................... 148
9 arrêts de non-recevabilité................. 9
1 arrêt accueillant des demandes en renvoi... 1
1 arrêt rejetant une demande en renvoi....... 1
6 arrêts d'avant faire droit, dont 1 sur demande en renvoi................................ 6
1 arrêt de non-lieu à statuer................ 1
1 arrêt de renvoi aux Chambres réunies....... 1

     Total... 287   287

     TOTAL GÉNÉRAL........ 2026

Affaires restant à juger le 1ᵉʳ septembre 1862.

Chambres {
des requêtes.................................... 444
civile... 159
criminelle..................................... 106
} 709

6° *État sommaire des arrêts rendus par la Cour de cassation,*

Chambres { des requêtes............ 444 }
{ civile................ 159 } 709
{ criminelle........... 106 }

6° État sommaire des arrêts rendus par la Cour de cassation,
Du 1er septembre 1862 au 31 août 1863.

MOIS.	CHAMBRE DES REQUÊTES.			CHAMBRE CIVILE.			CHAMBRE CRIMINELLE.			CHAMBRES RÉUNIES en MATIÈRE CIVILE.			CHAMBRES RÉUNIES en MATIÈRE CRIMINELLE.			TOTAL DES ARRÊTS rendus par les trois Chambres et par les Chambres réunies.
	ARRÊTS de rejet.	d'admission.	Total.	ARRÊTS de rejet.	de cassation.	Total.	ARRÊTS de rejet.	de cassation.	Total.	ARRÊTS de rejet.	de cassation.	Total.	ARRÊTS de rejet.	de cassation.	Total.	
Septembre 1862. .	»	»	»	»	»	»	68	6	74	»	»	»	»	»	»	74
Octobre.	»	»	»	»	»	»	25	4	29	»	»	»	»	»	»	29
Novembre.	35	18	53	9	13	22	43	11	54	»	»	»	»	»	»	129
Décembre.	40	25	65	9	13	22	62	18	80	1	»	1	»	»	»	168
Janvier 1863. . . .	29	20	49	9	8	17	66	15	81	1	»	1	»	»	»	148
Février.	36	16	52	7	9	16	55	28	83	»	»	»	»	»	»	151
Mars.	20	16	36	21	11	32	46	13	59	»	»	»	»	»	»	127
Avril.	34	19	53	12	14	26	59	14	73	»	»	»	»	»	»	152
Mai.	24	15	39	8	9	17	58	9	67	»	»	»	»	»	»	123
Juin.	52	14	66	7	16	23	63	18	81	»	»	»	»	»	»	170
Juillet.	51	26	77	7	13	20	57	16	73	»	»	»	»	»	»	170
Août.	36	27	63	11	13	24	53	13	66	»	»	»	»	»	»	153
Totaux. . .	357	196	553 (a)	100	119	219 (b)	655	165	820 (c)	2	»	2	»	»	»	1594

(a) Le greffe a, en outre, reçu 37 désistements.
(b) Les 219 arrêts éteignent 251 affaires. — Le greffe a, en outre, reçu 9 désistements.
(c) Dans ces 820 arrêts sont compris 28 arrêts de peine de mort, dont 25 de rejet et 3 de cassation. — Plus 4 arrêts de cassation sur réquisitoire.

OBSERVATIONS.

Outre les 1594 arrêts d'autre part, ci...... 1594
Les Chambres ont encore rendu, savoir :

LA CHAMBRE DES REQUÊTES :

7 arrêts définitifs de règlement de juges.... 7
8 arrêts de *soit communiqué* en même matière. 8
3 arrêts de non-recevabilité............... 3
35 arrêts de rejet en matière électorale..... 35
12 arrêts de non-recevabilité, id......... 12
25 arrêts de cassation, id......... 25
Total.... 90 — 90

LA CHAMBRE CIVILE :

2 arrêts de cassation sur réquisitoire....... 2
1 arrêt de désistement................... 1
1 arrêt de partage..................... 1
7 arrêts de déchéance.................. 7
Total.... 11 — 11

LES CHAMBRES RÉUNIES :

1 arrêt qui ordonne la citation d'un magistrat. Mémoire.
1 arrêt qui accorde un délai sur la demande du magistrat..................... Mémoire.

LA CHAMBRE CRIMINELLE :

57 arrêts de règlement de juges, dont 3 sur réquisition............... 57
64 arrêts de désistement............... 64
195 arrêts de déchéance............... 195
6 arrêts de non-recevabilité, dont 1 de peine de mort..................... 6
7 arrêts accueillant des demandes en renvoi. 7
1 arrêt d'avant faire droit............... 1
4 arrêts de non-lieu à statuer, dont 1 de peine de mort..................... 4
1 arrêt de renvoi aux Chambres réunies.... 1
1 arrêt de partage............... 1
1 arrêt ordonnant la restitution d'une amende. 1
Total.... 337 — 337

TOTAL GÉNÉRAL......... 2032

Affaires restant à juger le 1er septembre 1863.

Chambres { des requêtes...................... 485 }
{ civile........................ 182 } 810
{ criminelle.................... 139 }
{ réunies....................... 4 }

7° État sommaire des arrêts rendus par la Cour de cassation,
Du 1er septembre 1863 au 31 août 1864.

MOIS.	CHAMBRE DES REQUÊTES.			CHAMBRE CIVILE			CHAMBRE CRIMINELLE.			CHAMBRES RÉUNIES en MATIÈRE CIVILE.			CHAMBRES RÉUNIES en MATIÈRE CRIMINELLE.			TOTAL DES ARRÊTS rendus par les trois Chambres et par les Chambres réunies.
	ARRÊTS de rejet.	ARRÊTS d'admission.	Total.	ARRÊTS de rejet.	ARRÊTS de cassation.	Total.	ARRÊTS de rejet.	ARRÊTS de cassation.	Total.	ARRÊTS de rejet.	ARRÊTS de cassation.	Total.	ARRÊTS de rejet.	ARRÊTS de cassation.	Total.	
Septembre 1863. .	»	»	»	»	»	»	37	4	41	»	»	»	»	»	»	41
Octobre.	»	»	»	»	»	»	28	1	29	»	»	»	»	»	»	29
Novembre. . . .	16	14	30	6	5	11	46	23	69	1	»	1	»	»	»	111
Décembre. . . .	41	32	73	15	15	30	75	15	90	»	»	»	»	»	»	193
Janvier 1864. . .	29	32	61	9	9	18	55	14	69	»	»	»	»	»	»	148
Février.	34	14	48	8	15	23	47	11	58	»	»	»	»	»	»	129
Mars.	28	19	47	8	15	23	55	15	70	»	»	»	»	»	»	140
Avril.	31	22	53	14	9	23	53	29	82	»	»	»	»	»	»	158
Mai.	34	12	46	7	13	20	31	5	36	»	»	»	»	»	»	102
Juin.	34	19	53	11	12	23	55	16	71	»	1	1	»	1	1	149
Juillet. . . .	35	30	65	12	13	25	54	19	73	»	»	»	»	»	»	163
Août.	45	34	79	9	22	31	45	11	56	»	»	»	»	»	»	166
TOTAUX. . .	327	228	555 (a)	99	128	227 (b)	581	163	744 (c)	1	1	2	»	1	1	1529

(a) Ces 555 arrêts ont éteint 558 affaires. — La greffe a, en outre, reçu 30 désistements, dont 1 en matière électorale.
(b) Ces 227 arrêts éteignent 250 affaires. — Le greffe a reçu, en outre, 10 désistements.
(c) Dans ces 744 arrêts sont compris 18 arrêts de peine de mort, dont 16 de rejet et 2 de cassation.

OBSERVATIONS.

Outre les 1520 arrêts d'autre part, ci..... 1529
Les Chambres ont encore rendu, savoir :

LA CHAMBRE DES REQUÊTES :
3 arrêts définitifs de règlement de juges.... 3
0 arrêts de *soit communiqué* en même matière. 0
1 arrêt de restitution en même matière..... 1
1 arrêt de débouté d'opposition *id*..... 1
1 arrêt de rejet sur demande en autorisation de poursuites contre un magistrat............. 1
1 arrêt de non-recevabilité............. 1
14 arrêts de cassation en matière électorale.. 14
22 arrêts de non-recevabilité, *id*.... 22
17 arrêts de rejet, *id*.... 17
Total.... 66   66

LA CHAMBRE CIVILE :
1 arrêt de partage.............. 1
5 arrêts de déchéance............ 5
3 arrêts de renvoi aux Chambres réunies.. 3
Total... 9   9

LES CHAMBRES RÉUNIES :
1 arrêt prononçant la déchéance d'un magistrat. 1   1

LA CHAMBRE CRIMINELLE :
41 arrêts de règlement de juges, dont 1 sur réquisition................... 41
74 arrêts de désistement............ 74
203 arrêts de déchéance............. 203
7 arrêts de non-recevabilité, dont 1 de peine de mort................... 7
5 arrêts accueillant des demandes en renvoi.. 5
2 arrêts d'avant faire droit, dont 1 de peine de mort.................. 2
3 arrêts de non-lieu à statuer....... 3
2 arrêts de renvoi aux Chambres réunies.... 2
1 arrêt qui rabat une déchéance........ 1
Total... 338   338

TOTAL GÉNÉRAL........ 1943

Affaires restant à juger le 1er septembre 1864.

des requêtes...................... 572
civile.......................... 192 } 8[illegible]3

8° État sommaire des arrêts rendus par la Cour de cassation,
Du 1er septembre 1864 au 31 août 1865.

8° État sommaire des arrêts rendus par la Cour de cassation,
Du 1er septembre 1864 au 31 août 1865.

MOIS	CHAMBRE DES REQUÊTES.			CHAMBRE CIVILE.			CHAMBRE CRIMINELLE.			CHAMBRES RÉUNIES en MATIÈRE CIVILE.			CHAMBRES RÉUNIES en MATIÈRE CRIMINELLE.			TOTAL DES ARRÊTS rendus par les trois Chambres et par les Chambres réunies.
	ARRÊTS de rejet.	ARRÊTS d'admission.	Total.	ARRÊTS de rejet.	ARRÊTS de cassation.	Total.	ARRÊTS de rejet.	ARRÊTS de cassation.	Total.	ARRÊTS de rejet.	ARRÊTS de cassation.	Total.	ARRÊTS de rejet.	ARRÊTS de cassation.	Total.	
Septembre 1864. .	»	»	»	»	»	»	48	5	53	»	»	»	»	»	»	53
Octobre.	»	»	»	»	»	»	9	5	14	»	»	»	»	»	»	14
Novembre.	40	16	56	10	20	30	50	19	69	»	»	»	»	»	»	155
Décembre.	38	13	51	7	14	21	76	29	105	»	»	»	»	»	»	177
Janvier 1865. . . .	37	28	65	14	18	32	41	12	53	»	»	»	»	»	»	150
Février.	35	19	54	6	13	19	36	16	52	»	»	»	»	1	1	126
Mars.	31	15	46	6	12	18	71	21	92	»	»	»	»	»	»	156
Avril.	23	17	40	13	11	24	55	9	64	»	»	»	»	»	»	128
Mai.	44	17	61	14	15	29	39	11	50	»	»	»	»	»	»	140
Juin.	26	8	34	5	5	10	73	12	85	»	»	»	»	1	1	130
Juillet	54	16	70	8	10	18	47	12	59	»	»	»	»	»	»	147
Août.	43	23	66	15	14	29	49	11	60	»	»	»	»	»	»	155
Totaux. . .	371	172	543 (a)	98	132	230 (b)	594	162	756 (c)	»	»	»	»	2	2	1531

(a) Ces 543 arrêts ont éteint 549 affaires. — Le greffe a, en outre, reçu 41 désistements.
(b) Ces 230 arrêts éteignent 253 affaires. — Le greffe a, en outre, reçu 11 désistements éteignant 13 affaires.
(c) Dans ces 756 arrêts sont compris 17 arrêts de peine de mort, dont 16 de rejet et 1 de cassation. — Plus 7 arrêts de cassation sur réquisitoire.

OBSERVATIONS.

Outre les 1531 arrêts d'autre part, ci...... 1531
Les Chambres ont encore rendu, savoir :

LA CHAMBRE DES REQUÊTES :

6 arrêts définitifs de règlement de juges..... 6
2 arrêts de *soit communiqué* en même matière. 2
2 arrêts de non-recevabilité................. 2
19 arrêts de cassation en matière électorale.. 19
32 arrêts de non-recevabilité, id..... 32
23 arrêts de rejet, id...... 23

Total.... 84 | 84

LA CHAMBRE CIVILE :

1 arrêt de non-recevabilité................. 1
3 arrêts de déchéance........ 3
2 arrêts de renvoi aux Chambres réunies.... 2
1 arrêt ordonnant 1 rapport de pièces...... 1
2 arrêts de désistement éteignant 14 affaires. 2

Total.... 9 | 9

LES CHAMBRES RÉUNIES :

1 arrêt de discipline intérieure............. 1 | 1

LA CHAMBRE CRIMINELLE :

49 arrêts de règlement de juges........... 49
72 arrêts de désistement................. 72
215 arrêts de déchéance................. 215
14 arrêts de non-recevabilité............. 14
1 arrêt accueillant 1 demande en renvoi.... 1
0 arrêts d'avant faire droit............... 0
1 arrêt de non-lieu à statuer............. 1
2 arrêts de renvoi aux Chambres réunies.... 2
1 arrêt qui rabat une déchéance........... 1
1 arrêt de partage..................... 1
1 arrêt de déclaration de compétence....... 1

Total.... 363 | 363

Total général........ 1988

Affaires restant à juger le 1er septembre 1865.

CHAMBRES { des requêtes............ 646
civile............ 154
criminelle............ 72 } 879
réunies............ 7

RÉQUISITOIRES

ET

PLAIDOYERS

RÉQUISITOIRES

ET

PLAIDOYERS

PREMIÈRE PARTIE

ORGANISATION, DISCIPLINE ET RESPONSABILITÉ JUDICIAIRES.

1° TRIBUNAUX. — 2° MAGISTRATS. — 3° GREFFIERS. — 4° AVOCATS EN LA COUR DE CASSATION. — 5° AVOCATS. — 6° DÉFENSEURS. — 7° NOTAIRES.

1° TRIBUNAUX.

SOMMAIRE. — **Récusation** de plusieurs membres d'une **Chambre** correctionnelle de **Cour** impériale; application du décret de **1808**. — **Droit** de surveillance des **Cours** impériales; limites. — **Indépendance** du ministère public, quant au droit de censure et de protestation des tribunaux. — **Pourvoi** dans l'intérêt de la loi par le ministère public; excès de pouvoir — **Taxe** des frais en matière criminelle; lois spéciales.

N° I. — 776. (Audience du 1er avril 1858.)
Chambre criminelle.

Récusation. — Cour impériale. — Composition.

Question. — On ne peut pas considérer des récusations comme impliquant la nécessité d'un renvoi à un autre tribunal, lorsque, malgré le nombre de magistrats récusés, il reste à la Cour des moyens de se compléter pour en juger conformément à l'article 4 du décret du 30 mars 1808.

RÉQUISITOIRE DU PROCUREUR GÉNÉRAL (27 mars 1858).
A la Cour de cassation, chambre criminelle.

Le procureur général impérial près la Cour de cassation expose qu'il est chargé par Son Excellence M. le garde des sceaux, ministre de la justice, de requérir l'annulation, conformément à l'article 441 du Code d'instruction criminelle, d'un arrêt rendu le 13 janvier dernier par la chambre des appels de police correctionnelle de la Cour impériale de Paris, dans les circonstances suivantes :

« Le sieur Poisson, Jean-Antoine, ancien avoué, a été poursuivi et cité devant le tribunal correctionnel de la Seine, comme prévenu d'avoir commis le délit d'attaque contre le respect dû aux lois et l'inviolabilité des droits qu'elles ont consacrés, en publiant et distribuant à Paris, en 1857, une brochure intitulée : « *Ordre et réforme dans l'administration judiciaire.* »

Il a formé une demande tendant à être renvoyé pour cause de suspicion légitime devant un tribunal autre que celui de la Seine. La Cour de cassation a rejeté cette demande par un arrêt du 19 novembre 1857.

Appelé à la suite de cet arrêt à comparaître le 2 décembre devant le tribunal correctionnel de la Seine, il a persisté à récuser les magistrats composant cette chambre, et un jugement dudit jour a déclaré cette récusation non recevable.

Le sieur Poisson a interjeté appel de ce jugement, et à l'audience du 13 janvier dernier, il a posé devant la chambre des appels de police correctionnelle de la Cour impériale de Paris des conclusions dans lesquelles il a déclaré récuser six des magistrats de cette chambre.

Sur ces conclusions est intervenu un arrêt par lequel la Cour : « Considérant que les conclusions de Poisson, à fin de récusation « de six magistrats de la chambre des appels de police correction- « nelle, en réduisant cette chambre à un nombre de juges qui la « met dans l'impossibilité de rendre arrêt, constituent non de sim- « ples récusations individuelles, mais une véritable demande en « renvoi devant un autre tribunal pour cause de suspicion légi- « time, et que, dès lors, la Cour de cassation a seule le droit de « statuer, conformément à l'article 542 du Code d'instruction cri- « minelle, renvoie la cause et les parties devant les juges qui doi- « vent en connaître. »

La chambre des appels de police correctionnelle, en se déclarant dans l'impossibilité de rendre arrêt, et en considérant la récusation de six magistrats comme équivalant à une demande en renvoi devant une autre Cour pour cause de suspicion légitime, a méconnu la disposition formelle de l'article 4 du décret du 30 mars 1808, ainsi conçu : « En cas d'empêchement d'un juge, il sera, « pour compléter le nombre indispensable, remplacé par un juge « d'une autre chambre qui ne tiendrait pas ses audiences, ou qui « se trouverait avoir plus de juges que le nombre nécessaire. »

La chambre des appels de police correctionnelle de la Cour impériale de Paris est composée de neuf conseillers; six conseillers ont été récusés par le sieur Poisson, trois conseillers n'étaient pas récusés; or, aux termes de l'article 5 de l'ordonnance du 24 septembre 1828, cinq magistrats peuvent rendre arrêt sur les appels de police correctionnelle; les conseillers non récusés pouvaient donc, en appelant deux magistrats d'une autre chambre, former le nombre de juges prescrit par ledit article 5 de l'ordonnance du 24 septembre 1828 et statuer sur la récusation.

La chambre des appels de police correctionnelle s'est donc à tort dessaisie de l'affaire, mais l'arrêt qu'elle a rendu le 13 janvier dernier étant devenu définitif, son annulation peut seule rétablir le cours de la justice maintenant suspendu.

Dans ces circonstances,

Vu l'article 441 du Code d'instruction criminelle, l'article 4 du décret de 1808 et l'article 5 de l'ordonnance du 24 septembre 1828;

Vu la lettre de Son Excellence le garde des sceaux, ministre de la justice, en date du 22 mars courant, et toutes les pièces de la procédure;

Le procureur général requiert, pour l'Empereur, qu'il plaise à la Cour casser et annuler l'arrêt de la Cour impériale de Paris, chambre des appels de police correctionnelle, du 13 janvier dernier;

Renvoyer le sieur Poisson et les pièces du procès devant telle autre Cour impériale, chambre des appels de police correctionnelle, qu'il lui conviendra de désigner, pour être procédé sur l'appel interjeté par le prévenu d'un jugement rendu, le 2 décembre 1857, par le tribunal de police correctionnelle de la Seine.

Fait au parquet, le 27 mars 1858.

Le procureur général,
Signé : DUPIN.

ARRÊT (1er avril 1858).

Ouï M. le conseiller Lascoux, en son rapport, et M. l'avocat général Guyho, en ses conclusions;

Vu la lettre de M. le ministre de la justice, en date du 22 mars 1858, et les réquisitions écrites de M. le procureur général près la Cour;

Vu les articles 441 du Code d'instruction criminelle, 4 du décret du 30 mars 1808 et 5 de l'ordonnance du 24 septembre 1828;

Attendu que si les récusations de juges, proposées par un prévenu, peuvent être considérées comme équivalant à une demande en renvoi devant un autre tribunal, pour cause de suspicion légitime, c'est seulement dans le cas où, par suite de ces récusations soit partielles, soit collectives, le tribunal se trouve dans l'impossibilité absolue de se constituer;

Attendu qu'aux termes de l'article 5 de l'ordonnance du 24 septembre 1828, les Cours impériales peuvent, sur l'appel des jugements correctionnels, juger au nombre de cinq juges;

Attendu que si, par l'effet des récusations proposées, ce nombre n'est pas atteint, il y a lieu, pour le compléter, d'appeler des magistrats appartenant à une autre des chambres de la Cour, conformément à l'article 4 du décret du 30 mars 1808;

Attendu qu'à l'audience du 13 janvier 1858, le nommé Poisson, cité devant la Cour impériale de Paris, chambre correctionnelle, pour voir

XII.   3

statuer sur l'appel par lui interjeté d'un jugement rendu par le tribunal de la Seine, a posé des conclusions par lesquelles il déclarait récuser *six* des *neuf* conseillers composant la chambre;

Attendu que les magistrats non récusés ne se trouvant plus en
nombre suffisant pour statuer, c'était le cas de se conformer aux dispositions précitées du décret du 30 mars 1808;

Attendu que la Cour, sans recourir à ce moyen légal de se compléter, a décidé qu'elle se trouvait dans l'impossibilité de rendre arrêt,
et que, dès lors, les récusations proposées par Poisson constituaient
une demande en renvoi devant un autre tribunal, pour cause de suspicion légitime, et a renvoyé la cause et les parties devant les juges
qui devaient en connaître;

Attendu qu'en décidant ainsi, l'arrêt attaqué a formellement violé
les dispositions de l'article 4 du décret du 30 mars 1808;

La Cour, statuant sur les réquisitions prises par le procureur général sur l'ordre formel donné par le ministre de la justice, en vertu de
l'article 441 du Code d'instruction criminelle;

Casse et annule l'arrêt de la Cour impériale, chambre correctionnelle, en date du 13 janvier 1858,

Et pour être statué, conformément à la loi, renvoie la cause et les
parties devant la Cour impériale d'Orléans, chambre correctionnelle,
à ce déterminée par délibération spéciale prise en chambre du conseil;

Ordonne, etc.

Nº II. — 849. (Audience du 13 juillet 1861.)
Chambre criminelle.

**Droit de surveillance des Cours impériales. — Limites. — Délit de
presse. — Désistement de la partie civile. — Action publique. —
Obstacle à la poursuite. — Enlèvement du dossier de première
instance par le procureur général. — Délibération de la Cour,
chambres assemblées. — Excès de pouvoir. — Incompétence.**

*Question. — L'article 11 du décret du 20 avril 1810, dans sa première comme
dans sa seconde partie, a entendu restreindre le pouvoir des Cours impériales,
chambres assemblées, au cas unique où il s'agit d'un crime ou d'un délit impoursuivi; il est, dès lors, inapplicable au cas où des poursuites ont déjà été exercées et où une procédure est en cours d'exécution. Dans ce dernier cas, si les
officiers du ministère public ne donnent pas à l'information commencée les suites
qu'elle comporte, les Cours impériales ne peuvent que s'adresser au ministre de
la justice, conformément à l'article 61 du même décret.*

RÉQUISITOIRE (6 juillet 1861)
A la Cour de cassation, chambre criminelle.

Le procureur général impérial près la Cour de cassation expose
qu'il est chargé par Son Excellence le garde des sceaux, ministre
de la justice, de requérir, en vertu de l'article 441 du Code
d'instruction criminelle, l'annulation pour excès de pouvoir d'une
délibération prise le 17 juin dernier par la Cour de Colmar, toutes
les chambres assemblées.

La lettre de Son Excellence le garde des sceaux est ainsi conçue :

« Le 6 mars 1861, le maire de Saverne (Bas-Rhin), se considérant comme diffamé par la publication dans le journal *l'Opinion nationale* d'un feuilleton signé : *Edmond About,* adressa au procureur impérial de son arrondissement, conformément à l'article 5 de la loi du 26 mai 1819, une plainte en forme, et demanda une poursuite devant le tribunal correctionnel.

« Sur cette plainte, le juge d'instruction fut saisi par le ministère public, et, après information longue et développée, une ordonnance de ce magistrat déclara Adolphe Guéroult, gérant du journal, et Edmond About, suffisamment prévenus d'avoir, « dans le « numéro du journal *l'Opinion nationale* du 23 février 1861, « publié et distribué à Saverne, ensemble et comme coauteurs, « diffamé M. Latouche, maire de Saverne, pour des faits relatifs à « ses fonctions, et ce dans le passage du feuilleton commençant « par ces mots : « Sous une enveloppe assez épaisse, » et finissant « par ces mots : « Une plume à l'oreille d'un porc ».

« La comparution des prévenus devant le tribunal correctionnel avait été fixée au vendredi 24 mai 1861; mais le 15 du même mois, M. le maire de Saverne remit à Son Excellence le ministre de l'intérieur, qui me le fit parvenir, un désistement écrit de sa plainte; le 21, j'adressai le document au procureur général près la Cour impériale de Colmar, en l'invitant à donner à son substitut de Saverne des instructions pour que les poursuites fussent abandonnées.

« Je savais que selon les principes généraux du droit et la jurisprudence de la Cour de cassation, le désistement du plaignant, pas plus que celui du ministère public, ne pouvait dessaisir d'une manière absolue le tribunal devant lequel les prévenus avaient été régulièrement renvoyés, mais il m'avait semblé que, dans une affaire qui n'intéressait pas essentiellement l'ordre public, et quand le plaignant, le meilleur juge assurément de ce que réclamait son honneur offensé, renonçait à la réparation qu'il avait demandée, les juges ne devaient pas hésiter à s'associer, *par leur décision,* aux idées de conciliation qui seraient exprimées devant eux. Je devais éprouver d'autant moins de doutes à ce sujet que, au moment où la plainte avait été déposée, le parquet avait hésité sur la légitimité de la poursuite.

« M. le procureur général se rendit à Saverne pour assurer l'exécution de mes instructions; contre son attente, il se trouva en dissidence avec son substitut sur la marche à suivre, et, pour éviter un malentendu, il se fit remettre le dossier de la procédure et l'emporta à Colmar, donnant ainsi à la difficulté une solution provisoire, et dont bien évidemment il appartenait au ministre de la justice d'apprécier la légalité.

« Quoi qu'il en soit, que la mesure fût ou ne fût pas légale, c'était un simple incident d'administration. La responsabilité du chef du parquet de la Cour de Colmar pouvait s'y trouver engagée, mais il n'y avait rien dans le fait réduit à ses véritables proportions qui pût éveiller la susceptibilité de la magistrature, et, sous prétexte d'éviter un déni de justice, la pousser à un conflit d'attributions.

« Il n'est pas sans intérêt de rappeler que cet incident avait été dénoncé à la tribune, le 8 juin, par un député de l'Alsace, M. Keller. Ce député, ayant reçu du procureur impérial de Saverne tous les renseignements relatifs à l'affaire, en avait fait un chef d'accusation contre le Gouvernement; mais le Corps législatif ne s'en était pas ému, et quelques paroles de Son Excellence M. le président du Conseil d'Etat avaient écarté cette attaque.

« M. le premier président de Colmar était à ce moment à Paris. Il vint me voir à la Chancellerie et ne me dit rien à ce sujet.

« Cependant, son congé expiré, il revint à Colmar, et, le 11 juin, je reçus de lui une lettre datée du 10 par laquelle il me faisait connaître qu'usant du droit que lui donne l'article 62 du décret du 6 juillet 1810, il avait convoqué pour le 17 toutes les chambres de sa Cour. Je lis dans sa lettre :

« Je me suis décidé à réunir toutes les chambres de la Cour,
« suivant le droit que m'en donne l'article 62 du décret du 6 juil-
« let 1810, pour leur proposer de mander devant elles M. le pro-
« cureur général et entendre le compte que ce magistrat rendrait
« à la Cour, conformément à l'article 11 de la loi du 20 avril 1810,
« des poursuites entamées au tribunal de Saverne. »

« Une mesure si solennelle, si grave, prise en dehors du ministre de la justice, et sans qu'il pût se douter de ce qui se préparait, avait de quoi surprendre.

« Où donc était le danger contre lequel on s'armait de toutes les forces de la loi? Je pensai que, cédant à un excès de zèle, M. le premier président ne s'était pas rendu compte de l'embarras auquel il exposait sa compagnie, et moins encore de la nature et de l'application du pouvoir qu'il invoquait.

« Je lui écrivis, le 15, pour lui remontrer qu'en acceptant les faits tels qu'il les avait exposés, et sans contredire les doctrines qu'il avançait, il en résultait qu'en étendant à l'action publique l'effet du désistement donné par le maire de Saverne, on aurait oublié les traditions de la jurisprudence, qu'on aurait également oublié qu'il appartenait au tribunal de donner acte de ce désistement; mais qu'après tout ce n'était là qu'une erreur de doctrine dont l'appréciation appartient exclusivement au ministre de la justice. J'ajoutai que l'article 11 de la loi du 20 avril 1810 s'appliquait à des faits de toute autre nature; j'insistai sur cette considération, que le but que s'était proposé le législateur était d'empêcher que des crimes ou délits restassent, par la faiblesse ou l'incurie du ministère public, sans poursuite et sans répression, et qu'il ne s'agissait de rien de semblable.

« Je terminais en disant : « Rassurez-vous, Monsieur, sur les
« suites de l'affaire à laquelle vous prêtez une si étrange gravité.
« Elle aura la solution que d'après les lois elle doit avoir ; mais
« c'est à moi d'y veiller, et je n'ai nul besoin que la Cour me trace
« une règle de conduite. Autant vous me trouverez ardent à
« défendre vos légitimes prérogatives, si elles étaient menacées,
« autant je juge nécessaire de vous prémunir contre un excès de
« zèle qui ne peut qu'aboutir à la violation de la loi. »

« Le 14 juin, le premier président avait eu avec le procureur
général un entretien dans lequel celui-ci s'était attaché à lui démontrer combien le fait qui prenait à ses yeux de si grandes proportions était en lui-même petit et infime, combien surtout, en présence du désistement de la partie offensée, il était dénué de valeur.
Le procureur général avait particulièrement insisté sur l'inoppor-
tunité et le peu de fondement d'une semblable mesure. Ce n'était
en réalité qu'une leçon de procédure à donner au chef de la magistrature, un acte d'opposition, une guerre de prérogatives, une
lutte étrange entre la magistrature et son chef sur un point dans
lequel aucun intérêt n'était plus engagé.

« Ces sages réflexions ne changèrent pas les résolutions du premier président.

« Il me répondit, le 16, que, par déférence pour moi, et pour
me démontrer combien il était loin de sa pensée de créer des embarras au Gouvernement, il proposerait aux chambres assemblées
d'ajourner toute délibération, en se fondant sur le passage de ma
lettre qui semblait, disait-il, de nature à calmer les scrupules des
magistrats.

« Rassurez-vous, Monsieur, sur les suites de l'affaire à laquelle
« vous prêtez une si étrange gravité ; elle aura la solution que
« d'après les lois elle doit avoir. »

« Que le premier président fût ou non convaincu de son droit,
qu'il sentît plus ou moins la nécessité de suivre la voie dans laquelle
il était entré, il y avait au moins engagement pris envers moi de
différer.

« Or, qu'est-il arrivé ?

« La Cour s'est réunie. Le ministère public absent. Le premier
président a fait un exposé à sa manière de l'affaire sur laquelle il
appelait l'attention des chambres assemblées, et sur cet exposé est
intervenue la délibération suivante :

« La Cour, prenant en grave considération les observations qui
« viennent de lui être présentées par son premier président, or-
« donne que cet exposé sera transcrit sur le registre de ses délibé-
« rations intérieures, et renvoie à un mois pour statuer, le cas
« échéant, sur l'affaire qui a fait l'objet de la convocation du
« 14 juin courant. »

« De cette délibération ressortent deux conséquences :

« La première, c'est que les chambres assemblées de la Cour reconnaissent leur compétence.

« La seconde, qu'un délai d'un mois est assigné au ministre de la justice pour donner satisfaction à la loi.

« Mais ces dispositions ne constituent-elles pas un excès de pouvoir manifeste et une usurpation d'attributions? Une brève discussion suffira pour le démontrer.

« En s'attachant aux termes de l'exposé présenté par le premier président aux chambres assemblées de la Cour de Colmar, c'est dans la combinaison des articles 9 du Code d'instruction criminelle et 11 de la loi du 20 avril 1810, que la Cour a puisé le droit manifesté par sa délibération.

« S'il est une règle consacrée sans retour par la jurisprudence et la doctrine, c'est qu'en disposant que la police judiciaire serait exercée sous l'autorité des Cours impériales, l'article 9 du Code d'instruction criminelle n'a pas entendu leur conférer un pouvoir sans limites. Un des jurisconsultes les plus accrédités, M. Mangin, a eu raison de dire que s'il en était autrement, il ne savait pas quel modérateur on pourrait opposer à un pouvoir aussi exorbitant pour l'empêcher de devenir oppressif, mais que ce pouvoir n'existait pas.

« La définition et la limite de l'article 9 du Code d'instruction criminelle se trouvent dans l'article 11 de la loi du 20 avril 1810.

« La Cour impériale pourra, porte cet article, toutes les cham-
« bres assemblées, entendre les dénonciations qui seraient faites
« par un de ses membres de crimes ou délits; elle pourra mander
« le procureur général pour lui enjoindre à raison de ces faits ou
« pour entendre le compte que le procureur général lui rendra des
« poursuites qui seraient commencées. »

« Rien de plus simple et de plus net que cette disposition.

« Un crime a été commis. Le ministère public le connaît et n'agit point. Soit indifférence ou partialité pour les coupables que désigne la voix publique, ou crainte des obstacles, il néglige son devoir, et l'arme qu'il a reçue de la loi pour défendre la société demeure oisive dans sa main.

« L'ordre public ne permet pas qu'un tel mal soit sans remède. Le législateur veut qu'en ce cas, par exception, les Cours auxquelles le crime est dénoncé puissent imposer au ministère public la poursuite dont il a eu le tort de ne pas prendre l'initiative. Et comme il pourrait arriver que le ministère public, mécontent de l'injonction qu'il a reçue, n'agît point ou agît mollement, les Chambres assemblées sont autorisées à lui demander compte des phases de la poursuite.

« C'est ainsi qu'en 1826, sur la dénonciation de M. de Montlosier, la Cour de Paris s'assembla, et jugeant que l'établissement des Jésuites en France constituait une violation des lois, enjoignit au procureur général d'informer.

« La gravité du fait expliquait et justifiait la gravité de la mesure.

« Mais quelle application la loi de 1810 pouvait-elle recevoir au cas évoqué par la Cour de Colmar?

« Il n'est pas contesté que le délit de diffamation dont s'était plaint le maire de Saverne a été l'objet d'une instruction ; que par une ordonnance rendue dans la limite de ses attributions, le juge d'instruction a renvoyé les prévenus en police correctionnelle ; qu'un désistement du maire est intervenu, pur, simple, absolu ; que sur le vu de ce désistement, le procureur général, pour obéir aux instructions qui lui avaient été données, a provoqué l'abandon de l'affaire, et que voulant couper court à des résistances qui ne lui semblaient pas inspirées par le sentiment de la justice, il a emporté le dossier à Colmar.

« Assurément il y a loin de ces faits au cas prévu par l'article 11 de la loi de 1810. Aussi, dégagés de toute exagération et réduits à leur véritable expression, les griefs énoncés dans l'exposé se formulent ainsi :

« 1° Le désistement émané du maire de Saverne n'éteignait pas l'action publique ; il devait être remis au tribunal seul compétent pour en faire l'application ;

« 2° Les pièces de la procédure instruite à Saverne ne pouvaient être distraites du parquet de Saverne, et *même pour un temps* déplacées par le procureur général de Colmar.

« Qu'est-ce à dire? Que deux fautes auraient été commises par le procureur général, savoir : une erreur de droit sur l'effet légal d'un désistement en matière de diffamation ; — une extension abusive du pouvoir que la loi confère aux procureurs généraux sur les parquets de leur ressort.

« Or, si les incidents d'une procédure commencée tombent sous la juridiction des chambres assemblées en vertu de la loi de 1810, si elles sont autorisées à demander compte au procureur général, non de ce qu'il n'a pas fait, mais de ce qu'il a fait, des mesures qu'il a prises, des erreurs qu'il a pu commettre, que devient la liberté du ministère public? Que deviennent les prérogatives du ministre de la justice? Que devient la part de surveillance et de discipline dont il est investi par la loi? Que devient ce principe fondamental de l'organisation judiciaire de France, que les membres du ministère public sont pleinement indépendants vis-à-vis des tribunaux près desquels ils exercent leurs fonctions?

« Placés directement sous l'autorité du ministre de la justice, les procureurs généraux exercent l'action publique, et, sauf des exceptions limitativement déterminées par la loi, ils n'ont à rendre compte qu'au ministre de l'usage du pouvoir qui leur est conféré.

« De nombreux monuments de jurisprudence ont, avec une fermeté qui ne s'est jamais démentie, veillé au maintien de cette règle en annulant les censures que les tribunaux avaient dirigées contre le ministère public ou les injonctions de poursuivre qu'ils lui avaient adressées.

« Je n'ai point à insister auprès de vous, Monsieur le procureur général, sur la gravité et l'importance de ces décisions et du principe qu'elles consacrent, non plus que sur la nécessité de les maintenir intactes.

« Mais que dire maintenant de la partie finale de la délibération qui, se basant sur un passage de la lettre que j'écrivais au premier président le 15 juin, donne au ministre de la justice un délai d'un mois pour satisfaire aux susceptibilités de la Cour, faute de quoi, sans doute, elle avisera?

« Ai-je besoin de démontrer que cette disposition est inconvenante autant qu'illégale? Sans doute, quand il apparaît que l'action du ministère public est languissante et n'offre plus à la société les garanties de sécurité nécessaires, c'est un droit, c'est un devoir souvent de signaler le danger au chef de la justice. Les exigences de l'ordre et de l'intérêt publics forment entre tous les membres de la magistrature une étroite solidarité. Mais pour un fait connu du ministre de la justice, et qu'il se réserve d'apprécier, lui *intimer l'ordre* d'agir dans un délai déterminé, l'oubli de la subordination et du respect ne peut être poussé plus loin.

« Je vous laisse, Monsieur le procureur général, le soin de caractériser de tels actes et d'en faire justice.

« Il importe de ne pas laisser les compagnies judiciaires s'arroger des prérogatives que la loi leur refuse; il ne faut pas permettre qu'un droit qui a été établi en vue de situations graves et exceptionnelles devienne le principe de mesquines tracasseries et d'actes d'opposition plus ou moins dissimulés.

« J'aime à penser que vous partagerez mes impressions, et que vous verrez dans la délibération de la Cour impériale de Colmar un excès de pouvoir et une violation des articles 9 du Code d'instruction criminelle et 11 de la loi du 20 avril 1810.

« Je vous charge, en conséquence, aux termes de l'article 441 du Code d'instruction criminelle, de requérir l'annulation de la délibération prise le 17 juin dernier par la Cour impériale de Colmar.

« Agréez, Monsieur le procureur général, l'assurance de ma haute considération.

« Le garde des sceaux, ministre de la justice,

« *Signé :* DELANGLE. »

Observations du procureur général.

« La Cour appréciera quel est le *caractère* et la *véritable portée* de ce pourvoi.

« Il n'entre pas le moins du monde dans la pensée du chef de la justice de restreindre en quoi que ce soit les véritables attributions des Cours, telles qu'elles résultent de l'article 11 de la loi du 20 avril 1810 et de l'article 62 du décret du 6 juillet de la même année. Il n'entre ni dans sa pensée ni dans la nôtre de méconnaître la haute importance, l'utilité et parfois la nécessité qui s'attache à l'exercice de ces attributions. Mais, à raison même de ce qu'elles ont d'exceptionnel et d'extraordinaire, il importe d'en renfermer l'exercice « dans le cercle des attributions de ces Cours », ainsi que le porte textuellement l'article 62 précité.

« Or, il ne s'agissait pas, dans l'espèce, d'un délit qui n'aurait pas été poursuivi, ni d'enjoindre au procureur général de le poursuivre, mais on accusait ouvertement la conduite tenue par le procureur général, auquel l'exposé du premier président reprochait directement : « de s'être cru autorisé à vaincre la résistance qu'il « rencontrait de la part du tribunal, en s'emparant des pièces de la « procédure, mettant ainsi *par un acte de violence* les magis- « trats dans l'impossibilité de remplir leurs fonctions. »

« Un peu plus loin, on parle de ces faits comme « ne tendant à « rien moins qu'à... substituer une volonté *arbitraire* aux déci- « sions des tribunaux. »

« Enfin, le but qu'on se propose et sur lequel la Cour aurait à délibérer, est de « ramener devant un tribunal de son ressort des « prévenus *que l'on voulait arbitrairement soustraire à sa* « *justice,* assurer le rétablissement au greffe de ce siége des pièces « de procédure qui *n'auraient jamais dû en sortir* que par les « voies légales; *rétablir,* en un mot, *le cours de la justice* « *violemment interrompu.* »

« Eh bien, même en admettant la vérité de ces imputations, et soit qu'elles eussent constitué une faute ou même un délit, il n'appartenait ni à M. le premier président ni à la Cour d'incriminer les actes du procureur général, d'en faire son *justiciable,* de le soumettre à sa censure et de méconnaître ainsi l'indépendance de son caractère et de ses fonctions comme mandataire du pouvoir impérial.

« Cette indépendance, en effet, est aussi l'une des garanties de l'ordre public et d'une bonne administration de la justice, et la Cour de cassation a toujours pris soin en toute occasion de proclamer cette indépendance et d'annuler comme entachés d'excès de pouvoir tous les actes des tribunaux qui, même dans de simples considérants, auraient incriminé ou blâmé la conduite du ministère public.

« Assurément, ce n'est pas à dire que le ministère public, lorsqu'il a failli, ne doive pas être rappelé à ses devoirs; mais c'est d'abord au ministre de la justice qu'il appartient d'apprécier sa conduite et d'employer, s'il y a lieu, la voie disciplinaire ou toute autre voie de répression, selon l'exigence des cas. Les cours et tribunaux ont seulement le droit et le devoir de signaler au ministre les reproches qu'ils croient avoir à formuler contre les officiers du ministère public de leur ressort (art. 61 de la loi du 20 avril 1810 et 481 du Cod. d'instr. cr.).

« Monsieur le premier président n'a pu ignorer ce droit du ministre de la justice ; car, après lui en avoir écrit, il en avait reçu cette réponse : « Rassurez-vous, Monsieur le premier président, « sur les suites de cette affaire ; elle aura la solution que d'après la « loi elle doit avoir, mais c'est à moi d'y veiller. »

« En cet état des choses, Monsieur le premier président ne pouvait continuer de procéder sans entreprendre sur les droits du ministre et sans excéder ses propres pouvoirs ; il reconnaissait lui-même, en parlant du but qu'il se proposait d'atteindre, « qu'il « valait mieux qu'il le fût par la voie toute *hiérarchique* de « l'autorité du garde des sceaux. »

« La Cour devait donc reconnaître et déclarer son incompétence. Cependant, que fait-il ? Il propose à la Cour un simple *ajournement ;* et la Cour elle-même, au lieu de déclarer son incompétence, « prenant en grande considération les observations qui « viennent de lui être présentées par son premier président, or-« donne que cet exposé sera transcrit sur le registre de ses délibé-« rations intérieures, le *renvoie à un mois* pour statuer, le cas « échéant, sur l'affaire qui a fait l'objet de la convocation. »

« Ainsi, voici le garde des sceaux mis en demeure de statuer ; on lui laisse *un mois de répit* pour prononcer, et s'il ne le fait dans ce délai, la Cour elle-même statuera.

« La Cour établit ainsi un véritable conflit entre elle et le chef de la justice, et elle commet en cela un nouvel excès de pouvoir aussi inconvenant que répréhensible.

« Dans ces circonstances et par ces considérations,

« Vu la lettre de M. le garde des sceaux plus haut transcrite, en date du 4 juillet, et l'article 441 du Code d'instruction criminelle ;

« Vu les articles 11 et 61 de la loi du 20 avril 1810, 61 et 62 du décret du 6 juillet, même année, et toutes les pièces du dossier,

« Le procureur général requiert, pour l'Empereur, qu'il plaise à la Cour annuler, pour incompétence et pour excès de pouvoir, la délibération dénoncée :

« Ordonner qu'à la diligence du procureur général, l'arrêt à intervenir sera imprimé et transcrit sur le registre des délibérations de la Cour impériale de Colmar.

« Fait au parquet, le 6 juillet 1861.

« Le procureur général,
« DUPIN. »

M. le conseiller Le Sérurier fait le rapport en ces termes :

« ... Un mot des faits qui ont donné lieu à la délibération de la Cour impériale de Colmar, afin de déterminer le but et la portée de l'acte qui vous est dénoncé.

« Le 6 mai 1861, plainte du maire de Saverne, se considérant comme diffamé par la publication d'un article dans le journal *l'Opinion nationale*, signé : *Ed. About*.

« A la suite d'une instruction, provoquée par un réquisitoire du procureur impérial, intervient, sur les conclusions conformes du ministère public, à la date du 2 mai, une ordonnance du juge d'instruction, portant renvoi devant le tribunal de police correctionnelle de l'auteur de l'article et du gérant du journal, comme prévenus du délit prévu par l'article 16 de la loi du 17 mai 1819.

« Cette ordonnance, non attaquée en temps utile, a acquis l'autorité de la chose jugée.

« Le jour de l'audience avait été fixé au vendredi 24 mai; les citations avaient même été délivrées aux prévenus et aux témoins.

« Le 15 mai, quelques jours par conséquent avant l'audience indiquée, le maire de Saverne remit à M. le ministre de l'intérieur un désistement qui fut transmis d'abord à M. le garde des sceaux et ensuite au procureur général près la Cour impériale de Colmar.

« Le procureur général, interprétant d'une étrange manière la lettre de M. le garde des sceaux, qui lui envoyait le désistement en l'invitant à donner à son substitut les instructions nécessaires pour que les *poursuites* fussent abandonnées, crut pouvoir donner au procureur impérial de Saverne *l'ordre* de retirer l'affaire du rôle de l'audience en la considérant comme dès à présent terminée, et de faire retirer les citations désormais inutiles.

« Ces instructions étaient erronées sous un double rapport. Le tribunal de Saverne, saisi régulièrement, avait seul qualité pour apprécier et recevoir le désistement de la partie plaignante, et, d'un autre côté, le désistement n'éteignait pas l'action publique mise en mouvement par la plainte, et sur laquelle le tribunal devait nécessairement statuer, quelles que fussent les conclusions du ministère public.

« Un conflit s'éleva, dès lors, entre le procureur général et son substitut, qui, comprenant mieux sans doute les instructions de M. le garde des sceaux et les exigences de la loi, persistait à laisser le tribunal juge du désistement et de l'action publique, et *se refusa* à retirer l'affaire en l'enlevant à la juridiction régulièrement saisie.

« C'est dans ces circonstances que le procureur général se fit remettre le dossier, qu'il emporta à Colmar, et mit ainsi le tribunal dans l'impossibilité de connaître de l'affaire.

« En présence de ces faits, le premier président crut devoir convoquer toutes les chambres de la Cour pour user de la faculté résultant de l'article 11 de la loi du 20 avril 1810, à savoir, mander devant elle le procureur général et entendre le *compte* que ce magistrat rendrait à la Cour des *poursuites entamées au tribunal de Saverne*.

« Dans l'intervalle de la convocation au jour de l'assemblée des chambres, une lettre de M. le garde des sceaux au président s'exprimait en ces termes : « Rassurez-vous, Monsieur, sur les suites « de l'affaire à laquelle vous prêtez une si étrange gravité ; elle aura « la solution que d'après les lois elle doit avoir. » Le ministre ajoutait qu'à lui seul il appartenait de veiller à l'exécution de cette mesure.

« Le jour de la réunion arrivé, le premier président expose à la Cour le but de la convocation et lui donne connaissance de la lettre de Son Excellence ; et c'est alors qu'intervint la délibération qui vous sera soumise et qui est ainsi conçue :

« La Cour, prenant en grave considération les observations qui « viennent de lui être présentées par son premier président, ordonne « que cet exposé sera transcrit sur le registre de ses délibérations « intérieures, et renvoie *à un mois* pour *statuer*, le cas échéant, « sur l'*affaire* qui a fait l'objet de la convocation du 14 juin « dernier. »

« C'est cette délibération dont vous connaissez les termes, comme vous connaissez les circonstances dans lesquelles elle a été rendue, qui vous est déférée par M. le garde des sceaux comme entachée d'illégalité et contenant un excès de pouvoir.

« Jetons maintenant un coup d'œil rapide sur les principes qui nous paraissent, en l'absence de tous précédents, devoir conduire à la solution de la question qui vous est soumise et qui puise son importance dans ce double motif, qu'elle se présente pour la première fois à votre appréciation, et que votre décision aura pour résultat de déterminer le véritable sens de l'article 11 de la loi du 20 avril 1810, en rapprochant ses dispositions de celles des articles 9 et 235 du Code d'instruction criminelle.

« L'action publique en France est confiée au ministère public sous l'autorité des Cours impériales. Ce principe est écrit en termes formels dans l'article 9 du Code d'instruction criminelle. Au ministère public l'*exercice* de l'action publique dont il est le dépositaire comme le représentant, l'agent plus spécial du Gouvernement dont il reçoit les ordres, dont il exécute les instructions, à qui il rend compte de tous ses actes ; aux Cours impériales la surveillance de cet exercice : prérogative salutaire dont elles usent toujours avec modération, et à laquelle, il faut le reconnaître à l'honneur de notre magistrature, le recours est rarement nécessaire, c'est-à-dire que ces deux pouvoirs, loin d'empiéter sur leurs attributions respectives, agissent l'un et l'autre dans la plénitude de leur indépendance, se prêtent au contraire un mutuel appui, et donnent par leur concours à la société les plus sûres garanties d'ordre et de sécurité.

« Ce principe, si général qu'il soit, n'est cependant pas absolu. Il pourrait arriver, en effet, que par un sentiment de faiblesse et d'indulgence condamnable, sous l'influence de passions locales, des partis politiques ou d'autres plus coupables encore, le magistrat chargé de mettre en mouvement l'action publique *se refusât* à requérir une instruction sur un délit ou un crime parvenu à sa connaissance en accordant à son auteur une déplorable impunité.

« Il pouvait arriver encore qu'après une information commencée sur les réquisitions du ministère public, le magistrat instructeur, entraîné par des considérations de même nature, imprimât à la poursuite une indécision, une lenteur qui en compromît les résultats.

« Le législateur, dans cette double hypothèse, a pensé que la *surveillance* des corps judiciaires, quelle que soit son activité, ne serait pas un remède suffisant; qu'il était indispensable qu'un pouvoir plus étendu, plus direct, fût accordé aux Cours souveraines, et c'est pour prévenir des abus, bien rares sans doute, mais qui ne sont pas pourtant sans exemple, qu'après de longues et lumineuses discussions au Conseil d'Etat, furent adoptées les dispositions formulées depuis dans les articles 235 du Code d'instruction criminelle et 11 de la loi du 20 avril 1810, qui, à côté du droit de surveillance dont parle l'article 9 du Code d'instruction criminelle, accorde exceptionnellement aux Cours impériales le droit de mettre dans certains cas en mouvement l'action publique. C'est le droit d'évocation. Ce droit ne sera pas le même dans toutes les affaires; il répondra, dans une mesure et dans des conditions diverses, à des besoins différents.

« Nous remettons sous les yeux de la Cour le texte de ces deux dispositions.

« Article 235, Code d'instruction criminelle : « Dans toutes les « affaires, les Cours impériales, tant qu'elles n'auront pas décidé « s'il y a lieu de prononcer la mise en accusation, pourront d'of- « fice, soit qu'il y ait ou non une instruction commencée par les « premiers juges, ordonner des poursuites, se faire apporter les « pièces, informer ou faire informer, et statuer ensuite ce qu'il « appartiendra. »

« Article 11 de la loi du 20 avril 1810 : « La Cour royale « pourra, toutes les chambres assemblées, entendre les dénoncia- « tions qui lui seraient faites par un de ses membres de crimes ou « de délits; elle pourra mander le procureur général pour lui en- « joindre de poursuivre à raison de ces faits, ou pour entendre le « compte que le procureur général lui rendra des poursuites qui « seraient commencées. »

« Nous n'avons pas à insister sur le texte et l'esprit de l'arti- cle 235, qui ne s'applique qu'au cas où il s'agit d'une instruction commencée ou au moins requise, et où la Chambre d'accusation, par des motifs qu'il lui appartient d'apprécier, d'office et sur les réquisitions du ministère public, se saisit d'une affaire dont elle enlève la connaissance au juge du lieu, l'instruit elle-même par un de ses membres qu'elle délègue à cet effet, et sur laquelle elle se prononce ensuite en ce qui concerne la compétence et le fond.

« Cet article est évidemment inapplicable à notre espèce, puisque dans la cause qui nous occupe, l'évocation en vertu de l'article 235 n'est plus possible, le juge d'instruction ayant achevé son œuvre et renvoyé l'affaire, par une ordonnance passée en force de chose jugée, au tribunal de police correctionnelle, qui ne peut plus être dessaisi que par son jugement.

« C'est donc sur l'article 11 de la *loi du* 20 *avril* 1810 que devra se concentrer la discussion.

« Cet article est-il toujours et dans toutes les affaires à la disposition de la Cour impériale? Cette haute juridiction peut-elle, à toutes les phases d'une procédure criminelle, user de ce droit spécial d'évocation; ou bien, au contraire, cette disposition n'a-t-elle été édictée que par une dérogation au principe général pour le cas exceptionnel qu'elle semble prévoir et limiter?

« On serait tenté de s'arrêter à cette dernière opinion, si, d'une part, on envisage les précautions prises par le législateur pour éviter toute confusion d'attributions, tout empiétement entre deux pouvoirs qui ont chacun leur principe et leur moyen d'action, pour prévenir tout conflit et enlever à la surveillance des grands corps judiciaires sur l'exercice de l'action publique de leur ressort tout caractère d'inquisition ou de tracasserie...; si, d'autre part, on examine avec attention les termes de l'article, son objet et le but de son application.

« L'instruction prévue par cet article diffère essentiellement, et dans la forme et pour le fond, de celle dont parle l'article 235 du Code d'instruction criminelle.

« Dans le cas de l'article 235, en effet, c'est la Chambre d'accusation qui statue seule, soit d'office, soit sur les réquisitions du procureur général; elle dessaisit le juge inférieur, dont elle va, par un de ses membres, remplir l'office jusqu'à la fin de la procédure, dont elle règle le sort, en rendant soit un arrêt de non-lieu, soit un arrêt de renvoi devant le juge compétent. Elle n'a donc à enjoindre au procureur général aucune poursuite; elle n'a aucun compte à lui demander des actes d'une instruction qu'il n'a pas commencée par ordre de la Cour.

« En est-il de même dans la pensée des rédacteurs de l'article 11 de la loi du 20 avril 1810?

« Il est permis d'en douter quand on rapproche les deux dispositions, et qu'en présence de prévisions si diverses on recherche quelle a pu être l'intention du législateur.

« La solennité de la forme indique déjà qu'il s'agit de quelque chose de spécialement grave et exceptionnel. Ce n'est pas une section de la Cour qui va être saisie, mais bien toutes les chambres réunies, convoquées pour recevoir une communication de la part d'un de ses membres. Ce n'est plus, comme dans l'article 235, *de toutes les affaires* sans distinction que l'on va s'occuper. Ce ne peut être que d'un crime ou d'un délit laissé sans poursuites, et à dessein, par le ministère public, puisque, si une instruction était

commencée, il n'y aurait pas lieu d'interpeller le procureur général et de lui enjoindre d'agir. La Cour ne procède pas elle-
même ; elle renvoie l'affaire au juge qui aurait primitivement informé si le ministère public n'eût pas manqué à son devoir ; elle
ne revoit plus l'affaire, qui suit la marche ordinaire, et sur laquelle,
en aucun cas, elle ne sera appelée à statuer, ni comme chambre
du conseil ni comme juge du fait, et c'est pour cette raison qu'elle
pourra, dans les mêmes formes, avec la même solennité, demander compte au ministère public du résultat des poursuites. Vous le
voyez, la Cour ainsi formée ne constitue pas un tribunal, une juridiction ; c'est un grand conseil qui, dans un intérêt puissant, dans
sa sollicitude souveraine, donne à l'action publique qui sommeille
l'impulsion que suivra, en définitive, la justice ordinaire.

« Evidemment, l'espèce sur laquelle la Cour de Colmar a délibéré ne rentrait pas dans les conditions expresses de l'article dont
il s'agit ; ce n'est pas le cas prévu.

« Mais, dira-t-on peut-être, en interrogeant la pensée du législateur de 1810, le but de l'article 11 n'a-t-il pas été d'empêcher
qu'un crime ou un délit reste sans poursuite par le fait et la volonté du magistrat chargé de l'action publique, et qu'un coupable
échappe avec intention à la vindicte des lois ?

« Or, le magistrat qui, l'information terminée, quand un tribunal de répression est saisi, vient arbitrairement s'emparer du dossier à la veille de l'audience, et met ainsi le tribunal dans l'impossibilité de statuer sur une affaire que, contrairement à tous les
principes, il considère comme *abandonnée*, n'est-il pas aussi
coupable que celui qui a refusé de requérir l'information ? N'at-
teint-il pas le même but ? N'est-ce pas, dans les deux cas, le cours
de la justice entravé ou interrompu ? Et comment admettre que,
par voie d'analogie, on ne peut recourir au même remède, à l'intervention de la Cour ?

« Il serait peut-être dangereux de raisonner par analogie en
présence des termes si formels de l'article 11, de la combinaison
des parties qui le composent et qui semblent bien éloignées du sens
si large qu'il faudrait lui donner, lorsqu'il s'agit surtout d'une mesure si excessive que celle qui consiste, de la part d'une Cour, à
demander compte de ses actes au procureur général de son ressort. En admettant même, ce qui peut être sujet à controverse,
que l'article 11 pût, dans l'application, être étendu à d'autres cas
que celui qu'il prévoit tout spécialement, ce système d'interprétation pourrait-il aller jusqu'à l'espèce dont nous nous occupons
aujourd'hui, et assimiler à un refus d'informer l'entrave apportée
par un magistrat au jugement d'une procédure entièrement terminée ?

« Et cependant il faut aller jusque-là pour revêtir d'un caractère légal la délibération du 17 juin.

« Car si vous venez à reconnaître que l'évocation de l'article 235 du Code d'instruction criminelle ne pouvait plus être ordonnée après le règlement de la procédure, et que l'évocation dont parle l'article 11 de la loi du 20 avril 1810 ne doit avoir lieu que pour le cas spécial qui y est énoncé, ou tout au moins pour un cas qui rentrerait d'une manière claire et précise dans les prévisions de cet article, la conséquence forcée et nécessaire de ce principe posé sera l'incompétence de la Cour de Colmar, qui ne pourrait, en dehors des cas déterminés par la loi, se constituer le juge de son procureur général, le mander à sa barre et lui faire rendre compte de sa conduite, sans franchir les limites de ses pouvoirs si nettement tracées par la loi et par la jurisprudence.

« Mais, dira-t-on, la Cour ne pourrait-elle pas se préoccuper, dans l'intérêt de l'administration de la justice, de faits qui causaient, dans une partie de son ressort, une vive sensation? Devait-elle approuver par son silence l'acte inqualifiable qui lui était révélé?

« Oui, sans doute, la Cour de Colmar avait un droit à exercer en pareil cas, et même un devoir à remplir. La loi de 1810 lui traçait la marche à suivre. Si un officier du ministère public, exerçant ses fonctions auprès d'elle, lui paraissait s'être écarté de son devoir ou avoir compromis l'honneur, la délicatesse et la dignité de son état, elle pouvait se réunir, constater l'exactitude des faits, et en instruire le garde des sceaux.

« L'article 61 de la loi du 20 avril 1810 contient une disposition expresse à cet égard.

« Une délibération dans ce sens ne donnait lieu à aucun reproche assurément; elle eût été conforme aux règlements, et elle mettait le ministre, chef hiérarchique du procureur général, seul appréciateur de la gravité des faits, seul compétent pour lui infliger un blâme, le poursuivre disciplinairement, s'il y a lieu, en mesure de donner enfin, sous le contrôle judiciaire, à ces faits le caractère qui leur convient et la suite qu'ils doivent avoir. Aller au delà, n'est-ce pas s'immiscer dans les attributions exclusivement réservées au garde des sceaux? N'est-ce pas exercer l'action disciplinaire qui lui est réservée?

« C'est cependant ce que la Cour de Colmar paraît avoir fait. En se renfermant dans les limites de l'article 61 de la loi de 1810, elle prenait une mesure utile, légale et suffisante. Le cours de la justice se trouvait rétabli *par la voie toute hiérarchique de l'autorité du garde des sceaux*, dont le concours ne se serait pas fait attendre, puisque, dès le 15 juin, par conséquent avant le jour de l'assemblée des chambres, il avait, par une dépêche adressée au premier président, donné l'assurance que *l'affaire aurait la solution que d'après la loi elle doit avoir*.

« La Cour ne s'est-elle pas trompée en prenant pour base de sa délibération l'article 11 de la loi de 1810? N'en aurait-elle pas étendu outre mesure le sens et la portée, si, comme cela paraît résulter des termes mêmes de la délibération ou de l'exposé qui la précède, cette délibération a eu pour but, non pas d'enjoindre au ministère public de faire un acte de son ministère qu'il aurait omis ou négligé d'accomplir, mais, au contraire, d'apprécier, en la blâmant, ce qu'il avait fait et la conduite qu'il avait tenue?

« N'aurait-elle pas dû déclarer, sur l'exposé des faits qui lui étaient révélés par son chef, et même en les considérant comme parfaitement établis, que ces faits échappent à son droit de surveillance qu'elle ne pouvait convertir en un droit de censure; que par suite, en présence surtout de la dépêche de M. le garde des sceaux, il n'y avait plus à délibérer, et qu'il ne lui restait qu'à déclarer son incompétence au lieu d'*ajourner à un mois pour statuer, le cas échéant, sur l'affaire qui a fait l'objet de la convocation?*

« En agissant ainsi, a-t-elle accompli sa mission de surveillance que la loi lui délègue? N'a-t-elle pas, au contraire, excédé ses pouvoirs et méconnu les règles de sa compétence?

« C'est à vous qu'il appartient de décider. »

M. le procureur général prend ensuite la parole, et présente à la Cour les observations suivantes :

Conclusions du procureur général à l'audience.

« MESSIEURS,

« Vous pensez bien *qu'il n'entre pas dans mon dessein de me constituer l'apologiste de la conduite tenue par M. le procureur général* près la Cour impériale de Colmar.

« Les faits sont tels que l'on conçoit que cette Cour s'en soit émue ; mais elle ne devait pas, à cette occasion, excéder elle-même les bornes de son pouvoir, méconnaître les limites de sa compétence et mettre ses actes en conflit avec les attributions du garde des sceaux.

« Oui, je le reconnais avec M. le rapporteur, le désistement de la partie civile n'emportait pas le désistement de l'action publique. Ce désistement même, au point où l'affaire était parvenue, n'aurait pas suffi pour dessaisir *de plano* le tribunal. Le jour de l'audience était indiqué, et c'est à l'audience seulement que ce désistement aurait pu être présenté par le ministère public qui en aurait demandé acte. Le tribunal aurait ainsi été mis à même de se déclarer régulièrement dessaisi.

« Au lieu de suivre cette marche, M. le procureur général s'est interposé personnellement entre le procureur impérial et le tribunal; et pour rendre l'audience matériellement impossible, il s'est emparé du dossier et l'a emporté avec lui !

« Cette manière d'agir est assurément peu régulière, et l'on n'en trouve d'exemple que dans ce qui fut pratiqué sous le règne de Louis XV dans l'affaire du duc d'Aiguillon contre le procureur général Lachalotais; affaire dans laquelle les pièces furent enlevées du greffe du Parlement de Paris à la suite d'un *lit de justice*; ce qui fit dire dans le public que c'était un *lit où la justice dormait.*

« La conduite du procureur général de Colmar a reçu les qualifications les plus sévères dans l'exposé de M. le premier président aux chambres assemblées. Ce magistrat reproche ouvertement au procureur général d'avoir, en s'emparant des « pièces de la procé- « dure, mis ainsi par un acte de violence les magistrats dans l'im- « possibilité de remplir leurs fonctions. » Ce que le premier président propose à la Cour, c'est « de rétablir le cours de la justice « *violemment interrompu.* »

« Mais c'est précisément sur ces accusations et sur leur gravité que je me fonde pour démontrer l'excès de pouvoir. Il en résulte, en effet, qu'il ne s'agissait pas, comme le suppose l'article 11 de la loi du 20 avril 1810, de stimuler le zèle du procureur général, de le retirer de son apathie en présence d'un délit qu'il aurait négligé de poursuivre. On ne lui reproche pas d'être resté dans l'inaction lorsqu'il aurait dû agir; au contraire, c'est son fait qu'on accuse, c'est sa conduite qu'on incrimine; on lui impute ouvertement d'avoir mis *la violence à la place du droit.*

« Or, dans cette situation, que devait faire le premier président, que pouvait faire la Cour de Colmar? Evidemment elle n'était pas dans les termes de l'article 11 de la loi du 20 avril 1810. Mais la marche qu'il convenait de suivre était toute tracée dans l'article 61 de la même loi, lequel est ainsi conçu :

« Les Cours impériales, d'assises ou spéciales sont tenues d'in- « struire le ministre de la justice toutes les fois que les officiers du « ministère public exerçant leurs fonctions près de ces Cours s'écar- « tent du devoir de leur état et qu'ils en compromettent l'honneur, « la délicatesse et la dignité. »

« Tel est le moyen que la législation offre aux Cours de justice pour obtenir le redressement des torts qu'ils croient avoir à reprocher aux officiers du ministère public. M. le président ne l'ignorait pas sans doute, puisqu'il en avait saisi M. le garde des sceaux et qu'il en avait reçu cette réponse : « Rassurez-vous, Monsieur le « président, sur les suites de cette affaire; elle aura la solution que « d'après la loi elle doit avoir, mais c'est à moi d'y veiller. »

« Et, en effet, pour qui connaît l'amour du garde des sceaux pour la justice, son respect pour la légalité et la fermeté avec laquelle il s'attache constamment à la faire prévaloir, il n'est pas douteux que les pièces du procès, si elles ont été indûment enlevées du greffe de Saverne, y seront réintégrées, et que la conduite du procureur général sera appréciée comme elle doit l'être par le chef suprême de la justice et dans la mesure qu'il lui conviendra d'y apporter. L'indépendance du ministère public est à ce prix.

« M. le premier président reconnaît lui-même dans son exposé que cette issue, obtenue par ce qu'il appelle avec raison la *voie hiérarchique,* valait mieux que toute autre forme de procéder. Il devait donc s'y tenir et attendre avec confiance le résultat annoncé par le ministre.

« En agissant autrement, en entreprenant directement de faire le procès aux actes du procureur général, de procéder envers lui comme s'il avait été leur justiciable, en ordonnant la transcription de la dénonciation sur le registre de ses délibérations, M. le premier président, et avec lui la Cour de Colmar, bien que leur intention fût honnête et qu'ils crussent seulement faire une œuvre de justice, ont faussement appliqué l'article 11 de la loi du 20 avril, violé les articles 61 et 62 du décret du 6 juillet; ils ont entrepris sur les attributions du garde des sceaux, commis un excès de pouvoir, et encouru ainsi la cassation qui vous est demandée. »

ARRÊT (13 juillet 1861).

Ouï M. le conseiller Le Serurier, en son rapport, et M. le procureur général Dupin, en ses conclusions;

Vu les articles 9 et 235 du Code d'instruction criminelle, ensemble l'article 11 de la loi du 20 avril 1810, lequel est ainsi conçu :

« La Cour impériale pourra, toutes les chambres assemblées, en-
« tendre les dénonciations qui lui seraient faites par un de ses mem-
« bres, de crimes ou de délits; elle pourra mander le procureur géné-
« ral pour lui enjoindre de poursuivre à raison de ces faits, ou pour
« entendre un compte que le procureur général lui rendra des pour-
« suites qui seraient commencées »;

Sur le moyen tiré de ce que la Cour impériale de Colmar aurait commis un double excès de pouvoir, soit en exprimant sur la conduite du procureur général un blâme qu'il n'était pas dans ses attributions de lui infliger, soit en adoptant, dans sa délibération, une forme inconvenante et irrespectueuse à l'égard de M. le garde des sceaux :

Attendu, sur la première branche du moyen, que la délibération ne renferme en elle-même aucune appréciation des actes qui étaient déférés à la Cour par son premier président, et que si l'exposé qui les précède, et qu'elle s'est approprié en ordonnant sa transcription sur ses registres, contient quelques expressions un peu vives, elle ne constitue néanmoins ni un acte de censure ni un excès de pouvoir;

Sur la deuxième branche du moyen :

Attendu que, loin d'engager avec le chef de la magistrature une lutte qui serait tout à la fois inconvenante et illégale, la Cour de Colmar, tout en s'ajournant à un mois pour statuer, le cas échéant, sur l'affaire qui avait fait l'objet de la réunion, proteste, au contraire, en termes formels de sa déférence pour l'autorité du ministre de la justice et de sa confiance nettement formulée par elle d'assurer à l'administration de la justice une prompte et complète satisfaction;

La Cour rejette ce moyen.

Sur le moyen d'incompétence fondé sur la fausse interprétation de l'article 11 de la loi du 20 avril 1810 :

Attendu que s'il résulte des articles ci-dessus visés que les Cours impériales ont incontestablement le droit de veiller à ce que, dans leur ressort, aucun crime ou délit ne reste impoursuivi, et qu'aucune entrave ne soit apportée à l'administration de la justice, ce droit ne peut être exercé que dans les limites et sous les conditions déterminées par la loi ;

Attendu que l'article 11 de la loi du 20 avril 1810, qui autorise exceptionnellement les Cours impériales à mettre en mouvement l'action publique dont l'article 9 du Code d'instruction criminelle, dans sa générosité, leur confie la direction, a uniquement pour objet le cas où une Cour impériale, chambres assemblées, a été saisie de la connaissance d'un crime ou d'un délit par la dénonciation de l'un de ses membres ;

Qu'il ressort évidemment de la combinaison des diverses parties de cet article qu'il s'agit d'un crime ou d'un délit dont l'instruction n'était pas encore commencée, et que c'est à raison de cette circonstance que la Cour impériale est autorisée à mander le procureur général pour lui enjoindre de poursuivre, et pour entendre, ultérieurement, le compte que ce magistrat devra lui rendre des poursuites qui seraient commencées ;

Que cette dernière disposition, corrélative à celles qui concernent la dénonciation du fait incriminé et l'injonction de poursuivre, ne peut nécessairement s'entendre que des poursuites ordonnées par la Cour en vertu dudit article ;

Qu'on détournerait évidemment cette disposition de son véritable sens, si, par une interprétation que repoussent tout à la fois le texte et l'esprit de la loi, on lui assignait la portée de comprendre dans le droit de demander compte au procureur général, non-seulement les poursuites commencées en exécution de la première partie de l'article 11, mais encore toutes les instructions ouvertes par le ministère public en vertu de sa propre initiative ;

Qu'admettre une telle interprétation, ce serait donner aux Cours impériales le droit absolu d'intervenir dans l'exercice de l'action publique lorsque la loi n'a voulu les investir que pour des cas extraordinaires, et confondre les attributions qu'elle a limitativement départies aux diverses branches du pouvoir judiciaire ;

Attendu, d'ailleurs, que cet article n'est pas la seule garantie donnée par la loi contre la possibilité d'un déni de justice, puisque, indépendamment des devoirs imposés au chef du parquet d'un ressort, elle a armé les Cours impériales, en premier lieu, par l'article 235 du Code d'instruction criminelle, du droit d'évocation, en deuxième lieu, par l'article 64 de la loi du 20 avril 1810, du droit et même de l'obligation d'instruire le garde des sceaux « toutes les fois que les officiers « du ministère public exerçant près de ces Cours s'écarteraient du « devoir de leur état et qu'ils en compromettraient l'honneur, la déli« catesse et la dignité » ;

Que si l'article 235 du Code d'instruction criminelle était sans application possible dans l'espèce actuelle où il s'agissait d'une procédure terminée par une ordonnance passée en force de chose jugée, il en est autrement de l'article 64 de la loi du 20 avril 1810, qui traçait à la Cour la marche qu'elle devait suivre et réglait la limite de sa compétence ; d'où il suit qu'en revendiquant, en vertu de l'article 11 de ladite loi, le droit de demander compte à son procureur général de l'état d'une instruction antérieurement commencée sur la poursuite du procureur impérial de Saverne, la Cour impériale de Colmar a méconnu les règles de sa compétence et fait une fausse application de l'article ci-dessus visé.

Par ces motifs, la Cour casse et annule la délibération prise, le 17 juin 1861, par la Cour impériale de Colmar, toutes les Chambres assemblées;

Ordonne qu'à la diligence du procureur général près la Cour de cassation le présent arrêt sera imprimé et transcrit en marge de la délibération annulée.

Ainsi fait et prononcé à l'audience publique de la Cour de cassation, chambre criminelle, le 12 juillet 1861.

Nota. — En réalité, cette affaire a laissé une pénible impression.

N° III. — 790. (Audience du 15 décembre 1858.)
Chambre des requêtes.

Indépendance du ministère public. — Censure des actes d'un procureur impérial par un tribunal. — Excès de pouvoir.

Question. — Les officiers du ministère public ne peuvent être l'objet de censure de la part des tribunaux à raison des actes de leurs fonctions; toute délibération contenant une telle censure doit donc être annulée pour excès de pouvoir.

C'est la délibération d'un tribunal qui était dénoncée à la Cour comme entachée d'excès de pouvoir; elle a été prise dans les circonstances suivantes :

A la fin du compte de la justice civile pour l'année 1857, M. le procureur impérial près le tribunal de Lectoure, appelé par la loi à formuler ses observations sur les travaux de la compagnie pendant cet exercice, l'a fait en ces termes dans la colonne du tableau au bas de laquelle il a signé :

« Éviter les lenteurs dans l'expédition des affaires, activer l'instruction des procès, surveiller le mouvement du rôle, refuser des remises de complaisance, laisser à là discussion toute sa liberté, en limitant, toutefois, les développements inutiles; donner la solution en pleine connaissance de cause, c'est là le devoir du magistrat et l'intérêt du justiciable. A ces conditions, on est fondé à dire qu'une prompte justice est un bien.

« Mais il ne faudrait pas confondre la promptitude intelligente, qui sauvegarde tous les droits, avec la précipitation qui peut tous les compromettre, et dont le danger est de livrer les décisions judiciaires aux chances d'un hasard rarement heureux. On ne se plaint jamais des lenteurs d'une bonne justice; la mauvaise ne saurait trouver des compensations suffisantes dans la rapidité de ses allures.

« C'est sous le bénéfice de ces observations générales que les travaux du tribunal, exactement résumés ci-contre, doivent être appréciés. »

M. le président du tribunal de Lectoure s'est ému de cette appréciation du ministère public. Ayant réuni extraordinairement le tribunal en la chambre du conseil, le 15 mars 1858, et ayant convoqué à cette réunion M. le procureur impérial lui-même et son substitut, M. le président a donné lecture des observations ci-dessus reproduites; après quoi il a dit que la seconde partie de ces observations lui paraissant blessante pour le tribunal, il avait été de son devoir d'en soumettre l'appréciation à ses collègues et de demander à M. le procureur impérial de vouloir bien expliquer quelles avaient été ses intentions.

M. le procureur impérial, ainsi interpellé, a fait la réponse suivante, consignée dans le procès-verbal de la séance, procès-verbal dont il avait lui-même préalablement demandé la rédaction :

« Je ne reconnais à personne, ici, le droit de me demander compte de la manière dont j'accomplis les actes de ma fonction. En conséquence, l'objet de la convocation plus haut précisé étant attentatoire à la dignité et à l'indépendance du ministère public, je refuse formellement toute explication, et déclare que je me retire, après avoir signé. »

M. le procureur impérial s'étant, en effet, retiré après avoir signé le procès-verbal, le tribunal a pris une délibération ainsi conçue :

« Le tribunal regrette que M. le procureur impérial ait refusé de donner des explications sur le sens et la portée du second paragraphe de ses observations.

« Il se sent blessé de son silence et de ses observations. »

M. le ministre de la justice a vu dans cette délibération l'expression d'un blâme et d'une censure contre un magistrat du ministère public à l'occasion et dans l'exercice de ses fonctions. Par dépêche du 11 novembre 1858, Son Excellence a transmis une expédition de la délibération à M. le procureur général près la Cour de cassation, en le chargeant, en vertu de l'article 80 de la loi du 27 ventôse an VIII, de la déférer à la Cour et d'en requérir l'annulation. La lettre ministérielle se fonde sur ce qu'aucune loi ne confère aux tribunaux le droit de censurer les magistrats du ministère public, et que l'article 60 de la loi du 20 avril 1810 réserve exclusivement ce droit au ministre de la justice et au procureur général, ainsi que la Cour de cassation l'a jugé notamment par un arrêt du 24 décembre 1824.

Conformément à l'ordre de M. le garde des sceaux, M. le procureur général a saisi, par un réquisitoire écrit, la chambre des requêtes, qui, aux termes de l'article 80 précité de la loi du

27 ventôse an VIII, connaît seule et définitivement des actes par lesquels les tribunaux excèdent leurs pouvoirs, lorsque la nullité en est requise par le procureur général, sur l'ordre du gouvernement. Voici la teneur de ce réquisitoire :

RÉQUISITOIRE DU PROCUREUR GÉNÉRAL. (17 novembre 1858).

A la Cour de cassation, chambre des requêtes.

Le procureur général impérial près la Cour de cassation expose qu'il est chargé par M. le garde des sceaux, ministre de la justice, de dénoncer à la Cour, conformément à l'article 80 de la loi du 27 ventôse an VIII, une délibération prise le 15 mars dernier, en la chambre du conseil, par le tribunal civil de Lectoure, dans les circonstances suivantes :

« M. le président du tribunal de Lectoure, ayant réuni extraordinairement le tribunal en la chambre du conseil le 15 mars dernier, a exposé qu'à la fin du compte de la justice civile, pendant l'année 1857, M. le procureur impérial, obligé, comme lui, à faire des observations, les a terminées en ces termes : « Mais il ne faudrait pas confondre la promptitude intelligente, qui sauvegarde tous les droits, avec la précipitation qui peut tous les compromettre, et dont le danger est de livrer les décisions judiciaires aux chances d'un hasard rarement heureux. On ne se plaint jamais des lenteurs d'une bonne justice; la mauvaise ne saurait trouver des compensations suffisantes dans la rapidité de ses allures. C'est sous le bénéfice de ces observations générales que les travaux du tribunal, exactement résumés ci-contre, doivent être appréciés. »

« M. le président a fait remarquer que ces observations étaient blessantes pour le tribunal, et a demandé à M. le procureur impérial de vouloir bien expliquer quelles avaient été ses intentions.

« M. le procureur impérial a refusé formellement toute explication et s'est retiré.

« Le tribunal a pris alors la délibération suivante :

« Le tribunal regrette que M. le procureur impérial ait refusé de donner des explications sur le sens et la portée du deuxième paragraphe de ses observations. Il se sent blessé de son silence et de ses observations. »

« Cette délibération, qui contient à la fois un blâme et une censure contre un magistrat du ministère public, est évidemment entachée d'excès de pouvoir.

« Aucune loi ne confère, en effet, aux tribunaux le droit de censurer les magistrats du ministère public, le procureur général seul a le droit de rappeler ses subordonnés à leur devoir, et il doit en rendre compte au ministre de la justice, ainsi que l'ordonne l'article 60 de la loi du 20 avril 1810, ainsi conçu : « Les officiers du ministère public dont la conduite est répréhensible seront rappelés à leur devoir par le procureur général du ressort; il en sera rendu compte au grand juge, qui, suivant la gravité des circonstances, leur fera faire, par le procureur général, les injonctions qu'il jugera nécessaires, ou les mandera près de lui. »

« La Cour a, par de nombreux arrêts, mis à néant soit les décisions, soit les délibérations par lesquelles les Cours et tribunaux, portant atteinte à l'indépendance du ministère public et violant l'article 60 de la loi précitée, se sont arrogé le droit de censurer les actes ou la conduite du ministère public. A l'arrêt du 24 septembre 1824, cité par M. le garde des sceaux, on peut joindre les arrêts de la Chambre criminelle des 30 janvier et 1ᵉʳ juin 1839 (Bull. crim., 1839); 30 décembre 1842 (Bull. crim., 1842).

« Dans ces circonstances et par ces considérations :

« Vu la lettre de Son Excellence M. le garde des sceaux, ministre de la justice, en date du 11 novembre 1858; vu les articles 60 et 61, § 2, de la loi du 20 avril 1810, l'article 80 de la loi du 27 ventôse an VIII, et les pièces du dossier;

« Le procureur général requiert, pour l'Empereur, qu'il plaise à la Cour annuler la délibération prise le 15 mars dernier par le tribunal civil de Lectoure; ordonner qu'à la diligence du procureur général, l'arrêt à intervenir sera imprimé et transcrit sur les registres du tribunal de Lectoure.

« Fait au parquet, le 17 novembre 1858.

« Le procureur général,
« Signé : DUPIN. »

L'affaire était aujourd'hui soumise à la chambre des requêtes. Après le rapport présenté par M. le conseiller Taillandier, M. le procureur général a pris la parole pour soutenir la demande en annulation.

Conclusions du procureur général à l'audience.

Après avoir rapidement exposé les faits de la cause et replacé sous les yeux de la Cour les termes de la délibération dénoncée, M. le procureur général pose en quelques mots les principes de la matière.

L'indépendance de l'ordre judiciaire, dit-il, est une des maximes les plus certaines de notre système constitutionnel et la plus solide des garanties accordées aux citoyens, l'indépendance du ministère public au sein de l'ordre judiciaire lui-même est une règle non moins fondamentale. Ce n'est pas à dire toutefois que les officiers du ministère public n'encourent aucune responsabilité dans l'exercice de leurs fonctions; car ils obéissent, comme les juges dans le cercle de leurs propres attributions, à une discipline qui a ses règles particulières, et cette discipline les soumet au contrôle supérieur, soit du procureur général du ressort, soit du ministre de la justice, suivant les cas. Mais ce n'est jamais de la part des tribunaux que peut émaner le blâme ou la censure de leurs actes.

Ces principes ont été incontestablement méconnus dans l'espèce. Le procureur impérial près le tribunal de Lectoure devait d'autant plus être maintenu dans la possession de son indépendance, que, par l'acte qui lui a été reproché, il s'adressait au ministre de la justice, auquel il rendait compte, ainsi que la loi lui en faisait un devoir, des travaux du tribunal pendant l'année qui venait de finir. Son droit était donc de s'exprimer en toute liberté dans son rapport à son supérieur, sauf au ministre à réprimer l'abus qu'il aurait pu faire de ce droit.

Mais loin que M. le garde des sceaux ait rien trouvé de répréhensible dans les observations du procureur impérial, il a, au contraire, ordonné que la délibération qui les blâmait fût dénoncée à la Cour de cassation.

Dans ces circonstances, la Cour jugera, sans doute, qu'il y a lieu de réprimer l'excès de pouvoir commis par le tribunal de Lectoure, en annulant sa délibération.

Conformément à ces conclusions, la Cour a annulé la délibération. Voici le texte de son arrêt.

Arrêt (15 décembre 1858).

« La Cour, ouï M. le conseiller Taillandier en son rapport, et M. le procureur général Dupin en ses conclusions ;

« Vu le réquisitoire de M. le procureur général pris en vertu de la lettre de Son Excellence M. le garde des sceaux du 11 novembre 1858 ;

« Vu l'article 80 de la loi du 27 ventôse an VIII ;

« Attendu, en droit, que le ministère public est une institution indépendante qui a ses règles propres et sa discipline, et qui ne relève point des tribunaux près desquels il est établi pour exercer l'action publique et requérir l'application de la loi ;

« Que si un membre du ministère public vient à commettre un acte répréhensible, c'est au procureur général du ressort qu'il appartient de le rappeler à son devoir, et que les tribunaux n'ont, aux termes de l'article 61 de la loi du 20 avril 1810, que le droit, qui est aussi pour eux une obligation, de signaler le manquement soit au ministre de la justice, soit au premier président ou au procureur général, suivant le degré de juridiction ;

« Attendu qu'il importe de maintenir ces règles, sans lesquelles deux institutions que la loi a établies et veut maintenir distinctes, se confondraient jusqu'à un certain point, et qui sont pour le ministère public la garantie nécessaire de sa liberté d'action, et de l'indépendance qui lui a été assurée dans l'intérêt de la société ;

« Et attendu, en fait, que le tribunal de première instance de Lectoure a pris, le 15 mars 1858, dans les circonstances qui y sont déterminées, une délibération portant : « Le tribunal regrette que « M. le procureur impérial ait refusé de donner des explications sur « le sens et la portée du second paragraphe de ses observations. Il se « sent blessé de son silence et de ses observations. »

« Attendu qu'une semblable délibération constitue un blâme et une censure contre un officier du ministère public, à raison d'un acte de ses fonctions, et par là un excès de pouvoir;

« Par ces motifs,

« Faisant droit sur le réquisitoire de M. le procureur général, annule la délibération du tribunal de Lectoure du 15 mars 1858;

« Ordonne qu'à la diligence de M. le procureur général, le présent arrêt sera imprimé et transcrit sur les registres dudit tribunal de Lectoure. »

N° IV. — 836. (Audience du 4 octobre 1860.)

Ministère public. — Protestation d'un tribunal de commerce contre la mercuriale. — Excès de pouvoir.

Question. — Les tribunaux de commerce n'ont aucun droit de protestation ni de blâme contre les mercuriales des officiers du ministère public. — Toute délibération contenant protestation doit être annulée pour excès de pouvoir.

RÉQUISITOIRE DU PROCUREUR GÉNÉRAL (28 août 1860).

Le procureur général près la Cour de cassation expose qu'il est chargé par M. le garde des sceaux, ministre de la justice, de dénoncer à la Cour, pour excès de pouvoir, conformément à l'article 80 de la loi du 27 ventôse an VIII, une délibération prise le 26 mai dernier, en chambre du conseil, par le tribunal de commerce de Libourne, dans les circonstances suivantes :

M. le procureur général près la Cour impériale de Bordeaux, dans sa mercuriale relative à l'année judiciaire 1859, prononcée devant les Chambres assemblées le 2 mai 1860, a cru devoir appeler l'attention de la Cour sur l'exécution plusieurs fois recommandée par M. le garde des sceaux à la surveillance des chefs de parquet, des prescriptions des articles 489 et 566 du Code de commerce relatifs aux versements que doivent faire les syndics, dans la caisse des dépôts et consignations, des deniers provenant des faillites.

Après s'être applaudi du concours qu'il avait trouvé à Bordeaux de la part des magistrats consulaires pour arriver à la rigoureuse exécution des prescriptions dont il s'agit, M. le procureur général ajoute :

« Presque partout ailleurs, notamment à Libourne, de semblables efforts sont demeurés stériles. Les résultats acquis à Bordeaux semblent autoriser à conclure qu'il n'en aurait pas été ainsi, si généralement dans ce ressort les juges-commissaires et les magistrats consulaires avaient apporté plus de volonté et d'énergie à l'exact accomplissement des dispositions législatives. Le ministère public vous disait naguère que si les avertissements restaient infructueux, il aurait recours aux lois répressives contre les syndics, convaincu qu'il rendrait un immense service à la justice et au commerce.

Puisque son insistance est demeurée sans effet, il se verra obligé de déférer ces prévarications aux tribunaux correctionnels... »

L'extrait de cette mercuriale contenant le passage qui précède ayant été adressé par M. le procureur général à M. le président du tribunal de commerce de Libourne, cette compagnie, sur la convocation de son président, s'est réunie en assemblée extraordinaire, et a pris la décision suivante, insérée dans la délibération déférée à la Cour :

« Le tribunal délibère que, comme très-respectueuse protestation contre les énonciations erronées de la mercuriale, il sera adressé à M. le procureur général, avec prière d'en donner communication à la Cour : 1° un exemplaire de la délibération prise par le tribunal le 12 janvier 1859 ; 2° un état des faillites devant le tribunal de commerce en 1856 et 1860 ; ces deux documents portant en eux la preuve manifeste de l'erreur déplorable dans laquelle est tombée la mercuriale ; la preuve manifeste des efforts du tribunal pour assurer la plus rigoureuse exécution de la loi en matière de faillite ; la preuve manifeste des heureux et complets résultats de ses efforts.

« Le président est chargé d'adresser une copie de la présente délibération à M. le procureur général. »

Cette délibération, signée au registre par le président et les juges du tribunal, contient évidemment *un blâme* contre un magistrat du ministère public à l'occasion et dans l'exercice de ses fonctions. Les auteurs de cette délibération la qualifient eux-mêmes de *protestation* contre les énonciations erronées de la mercuriale, à laquelle ils reprochent d'être tombée dans une *erreur déplorable.*

Le tribunal de commerce de Libourne, en prenant cette décision, a commis un grave excès de pouvoir, que la Cour suprême a eu déjà plusieurs fois occasion de réprimer, comme portant atteinte à l'indépendance du ministère public, et violant l'article 60 de la loi du 20 avril 1810.

Nous croyons inutile de citer ici les nombreuses décisions que la Cour a rendues dans des espèces analogues ; il suffit de rappeler un dernier arrêt intervenu dans des circonstances identiques : il s'agissait dans cette affaire d'observations faites par le procureur impérial de Lectoure à la fin de l'exposé du compte de la justice civile pendant l'année 1857, observations sur lesquelles le président demandait des explications que le procureur impérial refusait de donner. Sur cet incident, le tribunal de Lectoure avait pris une délibération portant : « Le tribunal regrette que M. le procureur « impérial ait refusé de donner des explications sur le sens et la « portée du deuxième paragraphe de ses observations : *il se sent « blessé de son silence et de ses observations.* » La Cour n'a pas hésité à déclarer dans son arrêt « qu'une semblable délibération « constitue un blâme et une censure contre un officier du minis-« tère public, à raison d'un acte de ses fonctions, et par là, un

« excès de pouvoir. » (Arrêt du 15 décembre 1858, chambre des requêtes. Sirey, 59, 1, 606.)

Le blâme et la censure sont encore plus fortement exprimés dans la délibération dénoncée à la Cour. Le tribunal de Lectoure énonçait l'impression pénible qu'il ressentait en lui-même, des observations et du silence du ministère public. Le tribunal de Libourne proteste, lui, contre la mercuriale, et déclare qu'elle renferme *une déplorable erreur*.

Cette délibération doit donc avoir le même sort que celle de Lectoure.

Dans ces circonstances, et par ces considérations,

Vu la lettre de Son Excellence Monsieur le garde des sceaux, ministre de la justice, en date du 23 août 1860; vu les articles 60 et 61, § 2, de la loi du 20 avril 1810; l'article 80 de la loi du 27 ventôse an VIII, et toutes les pièces du dossier;

Le procureur général requiert, pour l'Empereur, qu'il plaise à la Cour annuler, pour excès de pouvoir, la délibération prise le 26 mai dernier par le tribunal de commerce de Libourne;

Ordonner qu'à la diligence du procureur général l'arrêt à intervenir sera imprimé et transcrit sur les registres du tribunal de commerce de Libourne.

Fait à Raffigny, en Morvan, le 28 août 1860.

Le procureur général,
Signé : DUPIN.

Conformément à ce réquisitoire, appuyé à l'audience par M. l'avocat général Guyho, en l'absence du procureur général, la Cour a rendu l'arrêt dont les termes suivent :

ARRÊT (4 octobre 1860).

« La Cour, ouï M. le conseiller Nouguier en son rapport, et M. l'avocat général Guyho en ses conclusions;

« Vu le réquisitoire de M. le procureur général, pris de l'ordre de M. le garde des sceaux, ministre de la justice;

« Vu l'article 80 de la loi du 27 ventôse an VIII;

« Attendu, en droit, que le ministère public est une institution indépendante, qui a sa discipline et ses règles propres;

« Attendu que si un des magistrats chargés de ce ministère vient à commettre un acte répréhensible, il relève uniquement, pour la recherche et la répression de cet acte, des diverses autorités instituées à cet effet par les lois organiques, et, en dernier ressort, du garde des sceaux, ministre de la justice;

« Attendu que les Cours et tribunaux n'ont, aux termes de l'article 61 de la loi du 20 avril 1810, que le droit, qui est aussi pour eux une obligation, de signaler le manquement, soit à ces diverses autorités, soit au ministre;

« Attendu qu'il importe de maintenir ces règles, sans lesquelles deux institutions que la loi a établies et veut maintenir distinctes, se confondraient jusqu'à un certain point, et qui sont, pour le ministère public, la condition et la garantie nécessaires de l'indépendance qui lui a été assurée dans l'intérêt social et de la liberté d'action qui fait sa dignité et sa force ;

« Et attendu, en fait, que le tribunal de commerce de Libourne a pris, le 26 mai dernier, dans les circonstances qui y sont déterminées, une délibération, signée au registre par le président et les juges, dans laquelle il dirige un blâme contre un des officiers du parquet de la Cour impériale de Bordeaux à l'occasion et dans l'exercice de ses fonctions, en protestant contre les énonciations erronées de la mercuriale, à laquelle il reproche d'être tombée dans *une erreur déplorable;*

« Attendu qu'une semblable délibération constitue un excès de pouvoir d'autant plus grave, qu'émanée d'une juridiction inférieure et s'élevant jusqu'aux officiers du ministère public d'une Cour souveraine, elle viole non-seulement les règles de droit public ci-dessus rappelées, mais encore celles de la hiérarchie ;

« Par ces motifs,

« Faisant droit au réquisitoire ci-dessus visé, annule la délibération du tribunal de commerce de Libourne, du 23 mai dernier ; ordonne qu'à la diligence du procureur général près la Cour, le présent arrêt sera imprimé et transcrit en marge de ladite délibération. »

N° V. — 798. (Audience du 3 février 1859). Chambre criminelle.

Cassation. — Pourvoi dans l'intérêt de la loi. — Ministère public près les tribunaux de simple police. — Irrecevabilité.

Question. — Le droit de former un pourvoi en cassation dans l'intérêt de la loi étant exclusivement réservé au procureur général près la Cour de cassation, par l'article 442 du Code d'instruction criminelle, le pourvoi formé dans cet intérêt par un commissaire de police remplissant les fonctions du ministère public près un tribunal de simple police, doit être déclaré non recevable.

Il importe peu que le pourvoi ait été réalisé dans le délai légal, et même notifié régulièrement au prévenu, si la déclaration qui le contient porte qu'il a été fait « dans l'intérêt de la loi », sans que les expressions qui suivent cette déclaration en modifient la portée littérale et juridique.

Le commissaire de police remplissant les fonctions du ministère public près le tribunal de simple police du canton de Chabeuil s'est pourvu contre un jugement de ce tribunal, en date du 28 décembre 1858, qui relaxe le sieur Clairfond des poursuites dirigées contre lui pour travaux et dépôt de matériaux sur un chemin public, sans autorisation. Le pourvoi dont il s'agit est formulé en ces termes dans la déclaration qui le contient :

« Au greffe.... a comparu M. Pommarel, commissaire de police du susdit canton de Chabeuil, faisant fonction de ministère public près le tribunal de simple police dudit lieu, lequel a déclaré que, *dans l'intérêt de la loi,* il recourt en cassation contre le jugement rendu par le susdit tribunal de simple police, contradictoirement, le 28 décembre 1858, enregistré aujourd'hui, en la cause du ministère public poursuivant, d'une part, et le sieur Isidore Clairfond, notaire en la résidence de Montelier, défendeur, d'autre part. »

Ce pourvoi, déclaré le 31 décembre contre le jugement du 28, a été évidemment fait dans le délai de trois jours (art. 177 et 373 du Code d'instruction criminelle), c'est-à-dire en temps utile. Il a été, en outre, notifié dans la forme ordinaire, le 31 décembre, à la partie relaxée des poursuites.

L'affaire venait à l'audience du 3 février 1859. Le rapport en a été présenté par M. le conseiller Victor Foucher, qui a fait remarquer à la Cour qu'elle avait à examiner préalablement si une fin de non-recevoir contre le pourvoi ne résultait pas de cette circonstance qu'il avait été formé dans l'intérêt de la loi, bien que déclaré dans le délai légal et régulièrement notifié à la partie en cause.

Après avoir rappelé à la Cour l'état de sa jurisprudence sur ce point, M. le conseiller rapporteur a examiné le fond de l'affaire, pour le cas où la Cour ne croirait pas devoir s'arrêter à la fin de non-recevoir.

Conclusions du procureur général à l'audience:

M. le procureur général Dupin se lève, et, insistant spécialement sur l'exception qui vient d'être indiquée, il soumet à la Cour des observations dont voici la substance :

Il s'agit de fixer un principe dont on s'écarte trop facilement dans les juridictions inférieures, ainsi que la jurisprudence de la Cour en offre de nombreux exemples, le principe posé dans l'article 442 du Code d'instruction criminelle, qui n'ouvre qu'au procureur général à la Cour de cassation le droit de se pourvoir dans l'intérêt de la loi.

L'occasion se présenta pour la Cour, en 1829, de s'expliquer sur la portée de ces expressions : *dans l'intérêt de la loi,* employées par le ministère public près un tribunal inférieur dans une déclaration de pourvoi. Par son arrêt du 21 mai de cette année, elle statua en ces termes :

« Attendu que, dans l'espèce, l'adjoint à la mairie d'Argenteuil, remplissant les fonctions du ministère public près le tribunal de simple police, a, par acte passé au greffe, déclaré se pourvoir en cassation, *dans l'intérêt de la loi,* contre le jugement dont il s'agit, et que ces expressions, caractéristiques du genre de pourvoi qu'il déclarait exercer, ont été répétées dans l'acte même de notification à Jean Guérin; qu'il est donc irrecevable à exercer un pourvoi réservé par la loi au procureur général à la Cour de cassation. »

M. le procureur général fait remarquer que, dans cette affaire il y eut sans doute cassation dans l'intérêt de la loi, mais sur les conclusions formelles prises par le procureur général, en vertu de l'article 442 du Code d'instruction criminelle ; de telle sorte que ce qui était nul et inefficace, en tant qu'émané d'une autorité incompétente, se régularisa par l'intervention de l'autorité qui avait pouvoir d'agir. La Cour jugea donc, par cet arrêt, que les expressions : *dans l'intérêt de la loi,* caractérisant par elles-mêmes le genre de pourvoi dont elles accompagnaient la déclaration, suffisaient pour faire prononcer l'irrecevabilité du recours intenté par le commissaire de police.

Cependant, à la date du 19 avril 1832, on trouve un arrêt qui semble en opposition avec le principe posé dans celui qui vient d'être rapporté. Dans cette affaire, le pourvoi était formulé par le ministère public dans les termes suivants : « .... Lequel, en sadite qualité, nous a déclaré faire, au moyen du présent, recours en cassation *dans l'intérêt de la loi* contre le jugement définitif, rendu par M. le juge de paix dudit canton, en tribunal de simple police, le.... » Le pourvoi avait été aussi formé dans le délai légal et notifié à la partie relaxée. La Cour statua ainsi qu'il suit :

« Attendu, en la forme, que le demandeur a formé son pourvoi dans le délai fixé par le premier de ces articles (art. 373 du Code d'instruction criminelle), et que, dès lors, son recours est recevable, bien qu'il ait été *vicieusement formulé* dans l'intérêt de la loi ;

« Attendu, au fond.... ;

« La Cour casse, etc. ; »

Mais, en 1853, la question se présente de nouveau et dans des circonstances absolument identiques. Le pourvoi était simplement déclaré fait *dans l'intérêt de la loi*, sans qu'aucune expression de la déclaration vînt atténuer la partie légalement restrictive de la formule employée. Voici la teneur de l'arrêt, en date du 29 décembre 1853 :

« La Cour, vu les articles 177 et 442 du Code d'instruction criminelle,

« Attendu que le commissaire de police de la ville des Andelys a déclaré se pourvoir, *dans l'intérêt de la loi,* contre le jugement du tribunal de simple police de cette ville, du 8 novembre 1853, qui relaxe Carbonnier des poursuites dirigées contre lui ;

« Attendu que les termes qui suivent cette déclaration ne sont pas suffisants pour en modifier le caractère restrictif ;

« Attendu que l'article 442 du Code d'instruction criminelle n'accorde qu'au procureur général près la Cour de cassation le droit de se pourvoir dans l'intérêt de la loi, contre les arrêts et jugements ;

« Par ces motifs, la Cour déclare le commissaire de police des Andelys non recevable dans son pourvoi contre le jugement du... »

Ainsi, la Cour ne voit plus dans la formule : « Dans l'intérêt de la loi, » une locution vicieuse qui puisse être écartée comme démentie par le fait de la formation du pourvoi dans le délai légal; elle dit, au contraire, et elle répète, selon son arrêt du 19 avril 1829, que ce sont là des expressions exprimant *le caractère restrictif* du pourvoi dont elles accompagnent la formule, et elle déclare ce pourvoi non recevable, la déclaration ne contenant d'ailleurs pas d'autres expressions qui soient de nature à effacer ce même caractère. Et ce qui prouve que la Cour entendait bien consacrer sa jurisprudence par cet arrêt, c'est le soin qu'elle a pris de faire insérer cette décision dans le Bulletin, quoique ce ne fût pas un arrêt de cassation; l'ordre d'insertion se trouve en effet joint à la minute, écrit et signé par M. le président Laplagne-Barris.

M. le procureur général demande, dans la circonstance actuelle, un arrêt semblable. Il fait remarquer que le pourvoi n'étant pas fait dans la forme voulue pour saisir légalement la Cour, le jugement attaqué a par cela même acquis l'autorité de la chose jugée en faveur de la partie relaxée. Le ministère public n'a pas fait ce qu'il pouvait faire, et a fait ce qu'il ne pouvait pas faire : *Quod potuit non fecit, quod fecit non potuit.* Peu importe la requête qu'il a produite plus tard et dans laquelle il demande le renvoi de la cause et des parties devant un autre tribunal! Cette requête n'a pas pu avoir pour effet de rendre régulier un pourvoi radicalement nul.

M. le procureur général cite un arrêt du 6 février 1858, qui déclare non recevable le pourvoi formé *dans l'intérêt de la loi seulement* par le procureur impérial de Pithiviers contre un jugement du tribunal de cette ville. Il fait observer que cette expression *seulement* était indifférente, et que le pourvoi n'aurait pas moins été rejeté en l'absence de cette expression, parce que les mots *dans l'intérêt de la loi* auraient suffi pour caractériser le pourvoi et pour en exprimer la portée restrictive.

En terminant, M. le procureur général dit qu'il pourrait, s'il le jugeait convenable, faire ce qui a été fait en plusieurs circonstances, c'est-à-dire requérir de son chef l'annulation du jugement dans l'intérêt de la loi, en vertu de l'article 442 du Code d'instruction criminelle; mais que la question du fond ne lui paraît pas justifier l'exercice de cette attribution exceptionnelle; qu'au surplus, son droit lui reste toujours ouvert, et que, pour le moment, il croit devoir se borner à conclure à la non-recevabilité du pourvoi.

ARRÊT (3 février 1859).

Conformément à ces conclusions, la Cour a rendu l'arrêt suivant :

« Ouï M. Victor Foucher, conseiller, en son rapport;

« Ouï M. Dupin, procureur général, en ses conclusions;

« Vu les articles 477 et 442 du Code d'instruction criminelle;

« Attendu que le commissaire de police du canton de Chabeuil a déclaré dans son acte de pourvoi le faire dans l'intérêt de la loi;

« Attendu que les circonstances que le pourvoi a été formé dans les délais prescrits par les articles 177 et 373 du Code d'instruction criminelle, et que dans sa requête jointe au pourvoi, le ministère public, en demandant la cassation du jugement, requiert le renvoi de la cause et de l'inculpé devant une autre juridiction, ne sont pas de nature à modifier le caractère restrictif résultant des termes explicites du pourvoi;

« Attendu que l'article 442 du Code d'instruction criminelle n'accorde qu'au procureur général près la Cour de cassation le droit de se pourvoir dans l'intérêt de la loi contre les arrêts et jugements;

« Par ces motifs, la Cour déclare le commissaire de police du canton de Chabeuil non recevable dans son pourvoi contre le jugement du tribunal de simple police de ce canton, en date du 28 décembre 1858, rendu en faveur d'Isidore Clairfond. »

N° VI. — 889. (Lettre du procureur général au garde des sceaux, 2 mai 1865.)

Taxe en matière criminelle. — Huissiers. — Significations. — Pluralité de droits de transports. — Lois spéciales. — Incompétence.

Le procureur impérial près le tribunal civil d'Arbois avait porté devant ce tribunal la question de savoir si les huissiers, chargés par le ministère public de signifier plusieurs exploits dans différentes communes sur le parcours les unes des autres, et qui les signifient le même jour et dans la même course, peuvent réclamer autant de droits de transport qu'ils ont signifié d'actes.

Le tribunal d'Arbois ayant, par jugement du 18 novembre 1864, décidé qu'il était dû un droit de transport distinct par chacun des actes signifiés, le procureur impérial s'est pourvu en cassation contre ce jugement.

Le pourvoi et les pièces à l'appui furent adressés au procureur général, par dépêche de M. le garde des sceaux, en date du 26 décembre 1864, et, comme il s'agissait d'une question de taxe en matière criminelle, déposés au greffe de la chambre criminelle de la Cour de cassation.

Cependant des doutes s'étaient élevés sur la régularité et de l'action et du pourvoi. Il fut reconnu que c'était à tort que l'affaire avait été ainsi engagée et le pourvoi ainsi formé. Le procureur impérial se désista, et M. le garde des sceaux transmit l'acte de désistement au procureur général, avec la dépêche explicative dont la teneur suit :

« Paris, le 27 avril 1865.

« MONSIEUR LE PROCUREUR GÉNÉRAL,

« Pour faire suite à ma dépêche du 26 décembre 1864, je

« m'empresse de vous transmettre un acte par lequel le procureur
« impérial d'Arbois déclare se désister du pourvoi en cassation
« qu'il a formé contre un jugement de ce siége rendu le 18 no-
« vembre dernier, en matière de taxe de frais de justice.

« Ce pourvoi, formé sans que j'aie été préalablement consulté,
« avait été transmis à la chambre criminelle, bien qu'il soit
« adressé à la chambre des requêtes. J'espère que la Cour n'hési-
« tera pas à admettre le désistement, qui me paraît le moyen le
« plus simple de mettre fin à cette affaire, qui a été aussi mal enga-
« gée que mal jugée.

« Je ne crois pas qu'on puisse contester au ministère public le
« droit de se désister qui appartient à toute partie en cause, lors-
« que le pourvoi qui émane d'elle est en la forme civile contre un
« jugement qui a statué civilement.

« Ce désistement ne peut, d'ailleurs, porter aucun préjudice
« aux parties intéressées, puisque la situation des huissiers n'en
« sera pas empirée.

« Mais si la Cour avait dû examiner le fond de l'affaire, elle
« aurait été conduite par l'examen des textes à déclarer que le
« tribunal d'Arbois avait été saisi à tort par le procureur impé-
« rial et qu'il devait se déclarer incompétent; car la juridiction
« correctionnelle ne pouvait être appelée à connaître des diffi-
« cultés auxquelles a donné lieu la taxe des frais en matière
« criminelle.

« Assurément je suis loin de prétendre que les tribunaux ordi-
« naires ne seraient jamais compétents en matière de taxe, je
« reconnais que seuls ils doivent statuer lorsqu'il s'agit d'un inci-
« dent à l'exécution d'un jugement de condamnation ou d'une dif-
« ficulté relative au recouvrement des frais entre les condamnés,
« d'une part, et le Trésor ou la partie civile, de l'autre. Dans ces
« hypothèses, il y a des intérêts particuliers engagés, et il est na-
« turel que la juridiction ordinaire soit saisie de tout ce qui rentre
« dans l'exécution des jugements, lorsqu'aucune juridiction spé-
« ciale n'est d'ailleurs instituée par la loi.

« Mais dans l'espèce, il ne s'agit pas d'un débat relatif à une
« affaire particulière. L'administration judiciaire et les agents
« qu'elle emploie sont seuls en présence, et il me paraît certain
« que la juridiction ordinaire n'est plus compétente. La matière est
« ici exclusivement administrative. A l'instar des lois qui créent
« une compétence spéciale pour les marchés passés en matière de
« travaux publics entre l'administration et les entrepreneurs, il
« existe une législation particulière pour résoudre les difficultés
« qui s'élèvent entre le Trésor et les huissiers, greffiers, experts et
« autres parties prenantes qui ont agi par ordre des magistrats en
« matière criminelle et en matière civile assimilée au criminel.

« Aucune procédure ne peut faire double emploi avec celle tracée
« pour le recouvrement de frais de justice par le décret du 18 juin

« 1811: Tout y est purement administratif. Ainsi, après avoir
« décidé que les mémoires des officiers ministériels *seront*, pour
« plus de célérité dans le recouvrement, rendus exécutoires par les
« présidents ou autres magistrats, le décret ôte à cette taxe tout
« caractère définitif et réellement judiciaire. Non-seulement elle
« soumettait cet exécutoire au visa, plus tard supprimé, des pré-
« fets, mais l'article 141 rend les magistrats qui ont commis une
« erreur responsables des abus et exagérations dans les taxes, si les
« parties ne remboursent pas et sauf leur recours contre elle. Le
« garde des sceaux est la seule autorité qui statue réellement au
« contentieux sur les contestations qui peuvent s'élever, et c'est à
« lui que le procureur impérial d'Arbois devait s'adresser. Du
« reste, la vérification de tous les exécutoires a lieu d'office au
« ministère de la justice, et, en cas de débat sérieux, le conseil
« d'Etat statue sur l'opposition aux contraintes décernées par mon
« département.

« Il n'y a pas place dans ce système pour un jugement du tri-
« bunal civil ou correctionnel. Si une opposition à l'exécutoire du
« juge pouvait être portée devant les tribunaux, et si ceux-ci sanc-
« tionnaient des prétentions que mon département ne peut admettre,
« les conséquences en seraient fort regrettables : ou bien il me fau-
« drait ne tenir aucun compte de leur interprétation, et la chan-
« cellerie semblerait donner le dangereux exemple de ne pas
« reconnaître aux décisions judiciaires l'autorité qu'elles doivent
« avoir ; ou bien je respecterais la décision du tribunal, en attri-
« buant au jugement l'autorité de la chose jugée, et alors toutes les
« prévisions du législateur seraient déçues. Un pouvoir *parallèle*
« à la juridiction administrative lui imposerait des lois et la para-
« lyserait en introduisant la confusion dans le service. Comment
« pourrait-on ordonner la restitution des sommes indûment taxées?
« Elle ne pourrait plus être réclamée du magistrat taxateur, puisque
« sa responsabilité serait couverte par le jugement; et je ne puis
« admettre qu'il me fallût mettre le tribunal tout entier en demeure
« de rembourser les sommes indûment payées par le Trésor.

« Ce système conduirait à la suppression indirecte de toute la
« procédure tracée par le décret du 28 juin 1811.

« Un tel résultat suffit à démontrer qu'il n'est pas possible d'ac-
« corder aux tribunaux le droit de trancher les difficultés aux-
« quelles peut donner naissance la taxe des frais de justice entre
« l'autorité judiciaire et les parties prenantes, et il est évident pour
« moi que le parquet d'Arbois a fait fausse route en saisissant une
« juridiction qui a eu elle-même le tort de se déclarer compé-
« tente. Le désistement mettra fin, sans autre retard, à un con-
« flit qui n'aurait pas dû naître, et si, dans l'espèce, je consens à
« ne pas réclamer des huissiers d'Arbois les sommes indûment
« taxées, cette tolérance ne tirera pas à conséquence pour
« l'avenir.

5.

« Agréez, Monsieur le procureur général, l'assurance de ma
« haute considération.

« Le garde des sceaux, ministre de la justice
et des cultes,

« *Signé :* BAROCHE. »

Sur cette dépêche, et après en avoir conféré avec M. le président de la chambre criminelle et M. le conseiller rapporteur, M. le procureur général a pris les dispositions nécessaires pour retirer le dossier relatif à cette affaire et l'a renvoyé à M. le garde des sceaux, avec la lettre suivante :

« Paris, ce 2 mai 1865.

« MONSIEUR LE GARDE DES SCEAUX,

« J'ai communiqué à la chambre criminelle de la Cour la dépêche du 27 avril dernier, par laquelle vous me transmettez le désistement donné par M. le procureur d'Arbois du recours en cassation qu'il avait formé contre un jugement de ce tribunal, en date du 18 novembre 1864, lequel statue sur une question de taxe en matière criminelle.

« L'affaire au fond présentant une question de taxe en matière criminelle, le greffe de la chambre criminelle a reçu et a inscrit le pourvoi du procureur impérial d'Arbois, et un rapporteur a été commis.

« Vous exposez dans votre lettre que le tribunal d'Arbois ne pouvait être saisi par le procureur impérial, parce qu'il résulte du texte des décrets spéciaux que la juridiction civile, pas plus que la juridiction correctionnelle, ne pouvait être appelée à connaître des difficultés auxquelles donne lieu la taxe en matière criminelle ; le même procureur impérial n'aurait donc pas pu davantage introduire, comme il l'a fait à votre insu, un pourvoi contre le jugement du tribunal.

» Le désistement du procureur impérial d'Arbois, que vous me transmettez, paraît à Votre Excellence, dans ces circonstances, le moyen le plus simple de mettre fin à cette affaire, qui a été aussi mal engagée que mal jugée.

« M. le président de la chambre criminelle et M. le conseiller rapporteur ont pensé que la Cour, si elle connaissait de l'affaire, devait fonder sa déclaration d'incompétence uniquement sur cette circonstance que le pourvoi aurait dû être porté devant la chambre des requêtes, et non sur le désistement du ministère public dont elle ne pouvait connaître, puisqu'elle ne pouvait statuer sur le fond, et qu'en principe le désistement du ministère public devant elle est non recevable ; mais, d'un autre côté, la déclaration d'incompétence, par le motif plus haut indiqué, devrait impliquer le renvoi devant la chambre des requêtes et ne mettrait pas fin au procès.

. « Il a paru possible d'arriver au résultat que désire Votre Excellence, par une mesure plus simple et qui ne compromet aucun principe.

« Le *committimus* du rapporteur a été, de l'ordre du président, rayé sur l'expédition du pourvoi ; de mon côté, j'ai déclaré sur le registre du greffe de la chambre criminelle retirer ce pourvoi, qui a été à tort porté devant elle, et comme aucune trace du même pourvoi n'existe sur les registres de la chambre des requêtes, cette chambre n'étant pas dès lors saisie, rien ne s'oppose à ce que je vous renvoie, y compris le désistement du procureur impérial d'Arbois, toutes les pièces de l'affaire, qui se trouve ainsi terminée.

« Veuillez donner des ordres pour qu'il me soit accusé réception du dossier tout entier que je joins ici.

« Agréez, Monsieur le garde des sceaux, l'hommage de mon respect.

« Le procureur général, *Signé :* DUPIN. »

2° MAGISTRATS.

Conseillers à la Cour de cassation. — Honorariat. — Discipline. — Déchéance d'un juge de première instance. — Prévention de diffamation contre un conseiller de Cour impériale ; renvoi devant la Cour impériale de Paris. — Délit de chasse allégué, mais non prouvé, contre un conseiller de Cour impériale ; non-lieu. — Prévention de délit contre un conseiller de Cour impériale ; renvoi devant la Cour impériale de Nîmes. — Demande en autorisation de poursuites contre un conseiller de Cour impériale à raison d'un mémoire injurieux judiciairement supprimé ; non-lieu. — Prise à partie contre des magistrats d'un tribunal de première instance et de Cour impériale ; dol et fraude non prouvés ; rejet.

N° VII. — 884.

Conseillers à la Cour de cassation. — Honorariat.

Lettre du procureur général à M. le garde des sceaux, à l'occasion de la demande de l'honorariat de M. Bayle-Mouillard.

Par décret en date du 23 janvier 1865, M. Bayle-Mouillard, conseiller à la Cour de cassation (chambre civile), fut nommé conseiller d'État en service ordinaire. Ce magistrat, désirant rester attaché à la Cour de cassation par les liens de l'honorariat, s'était pourvu auprès du gouvernement pour obtenir le titre de *conseiller honoraire*.

Consulté sur l'opportunité et la légalité de cette demande par M. le garde des sceaux, M. le procureur général Dupin répondit par la lettre suivante :

« Paris, ce 31 janvier 1865.

« MONSIEUR LE GARDE DES SCEAUX,

« Par votre lettre du 25 janvier présent mois, vous me faites l'honneur de me consulter sur la légalité et l'opportunité de la nomination comme conseiller honoraire à la Cour de cassation de M. Bayle-Mouillard, appelé récemment aux fonctions de conseiller d'État en service ordinaire.

« J'ai désiré, avant de vous répondre sur un point d'un assez grand intérêt pour la Cour de cassation, connaître l'opinion personnelle de M. le premier président, que Votre Excellence a également consulté.

« Le premier président a bien voulu me communiquer la réponse qu'il se propose de vous adresser. Il pense que M. Bayle-Mouillard n'est pas dans les conditions voulues par les lois et décrets pour que l'honorariat doive être accordé à ce magistrat d'ailleurs si recommandable.

« Je reconnais que les considérations sur lesquelles se fonde M. le premier président sont graves. Toutefois, je ne puis partager son avis.

« J'envisage l'honorariat à un autre point de vue.

« Ce n'est pas un droit que les lois confèrent aux magistrats qui se retirent; c'est une *faveur* que le gouvernement *peut* leur accorder ou leur refuser.

« Sans doute ce titre sera presque toujours une récompense accordée aux magistrats admis à prendre leur retraite. Mais pourquoi refuserait-on cette faveur aux magistrats honorables et distingués, que leur mérite reconnu appelle à servir l'État dans des fonctions plus élevées, peut-être même dans les conseils du prince ?

« Les liens de l'honorariat qui retiennent au sein des compagnies des magistrats d'un grand mérite, ne peuvent-ils pas, dans certaines circonstances, être aussi précieux pour les compagnies elles-mêmes que pour les magistrats qui ont sollicité cette faveur ?

« L'article 77 du décret organique du 6 juillet 1810 ne parle pas de la retraite; il n'exige, pour que les magistrats puissent obtenir la faveur de l'honorariat, qu'une condition : *trente ans de service*.

« On aurait pu objecter que la disposition du même article qui permet aux magistrats honoraires d'assister avec voix délibérative aux assemblées des chambres et aux audiences solennelles, était de nature à faire rejeter la demande d'anciens magistrats appelés à des fonctions d'un autre ordre ; mais la Cour de cassation elle-même a répondu à cette objection, en décidant que ce même article 77 veut que les droits qu'il énonce soient conférés aux magistrats pour qu'ils puissent les exercer, par les lettres qui les expriment. (Arrêt du 10 janvier 1821, *Bull. civ.*, tom. XXI, pag. 12.)

« Ainsi le gouvernement, s'il croit pouvoir accorder l'honorariat à M. Bayle-Mouillard, pourra déclarer, dans les lettres qui lui seront expédiées, les prérogatives honorifiques dont il devra jouir, et dire que son droit d'assister aux audiences, dans les termes du décret de 1810, sera suspendu tant qu'il exercera des fonctions incompatibles avec celles de juge.

« Je crois donc, Monsieur le garde des sceaux, que la faveur que sollicite M. Bayle-Mouillard, et dont il est digne à tous les titres, peut lui être accordée dans les termes ci-dessus.

« Veuillez agréer, etc.

« Le procureur général,

« *Signé :* DUPIN. »

N° VIII. — 873. (Audience du 10 novembre 1863.)
Chambres assemblées en chambre du conseil.

Magistrat. — Déchéance d'un juge de tribunal de première instance. — Arrêt.

RÉQUISITOIRE DU PROCUREUR GÉNÉRAL (9 juin 1863).

A la Cour de cassation, chambres assemblées en chambre du conseil.

Le procureur général impérial près la Cour de cassation expose qu'il est chargé par une lettre de M. le garde des sceaux, ministre de la justice, en date du 8 juin présent mois, de requérir la *déchéance* de M. Colonna d'Istria, juge au tribunal d'Ajaccio, à raison des faits qui ont motivé contre lui la décision disciplinaire de la Cour impériale de Bastia, en date du 9 juin 1862.

En conséquence :

Vu 1° la lettre de M. le garde des sceaux susénoncée ;

2° L'arrêt de la Cour impériale de Bastia, du 9 juin 1862, qui *condamne* M. Colonna d'Istria à une suspension disciplinaire de quatre années, et l'arrêt de la Cour de cassation (chambre civile), du 18 mai dernier, qui rejette le pourvoi formé contre cette décision par M. Colonna d'Istria ;

3° Les autres pièces du dossier ;

4° L'article 82 du sénatus-consulte du 16 thermidor an X, l'article 59 de la loi du 20 avril 1810 et les articles 4 et 5 de la loi du 1er mars 1852 ;

Le procureur général requiert, pour l'Empereur, qu'il plaise à la Cour ordonner que M. Colonna d'Istria sera mandé devant elle au jour qu'il lui plaira indiquer, à l'effet de répondre personnellement aux inculpations qui ont fait l'objet des poursuites disciplinaires dirigées contre lui, ainsi qu'aux diverses questions que la Cour jugera convenable de lui adresser, pour ensuite être par le procureur général requis, et, par la Cour, statué ce qu'il appartiendra.

Fait au parquet, le 9 juin 1863.

Le procureur général,

Signé : DUPIN.

L'affaire est venue devant la Cour pour être jugée définitivement, le 10 novembre 1863.

Après le rapport de M. le conseiller Quénault, et après que Colonna d'Istria a été interrogé et a présenté sa défense tant en personne que par l'organe de son avocat, le procureur général a pris les conclusions écrites suivantes, qu'il a déposées sur le bureau :

« Attendu que, par arrêt du 10 décembre 1861 rendu par la Cour impériale de Bastia, chambre civile, jugeant en matière correctionnelle, Colonna d'Istria, juge au tribunal civil d'Ajaccio, a été condamné à cinq cents francs d'amende et aux dépens pour atteinte portée à la liberté des suffrages par des offres d'argent dans l'intérêt de sa propre élection comme membre du conseil général ;

« Attendu qu'à la suite de cette condamnation, et en raison d'icelle, comme aussi pour des faits qui auraient constitué de sa part une conduite irrégulière et notoirement immorale, il a été déféré par le procureur général à la même Cour pour y être jugé disciplinairement ;

« Attendu que, par arrêt du 9 juin 1862, cette Cour, chambres assemblées, jugeant à huis clos, après avoir pris les informations qu'elle a jugées nécessaires et avoir entendu Colonna d'Istria dans sa défense, l'a condamné disciplinairement à quatre années de suspension et aux frais ;

« Attendu que le pourvoi en cassation formé par Colonna d'Istria contre cet arrêt de condamnation a été rejeté par arrêt de la Cour en date du 18 mai 1832 ;

« Qu'ainsi, tant l'arrêt du 10 décembre 1861 en matière de fraude électorale, que celui du 9 juin 1862 en matière disciplinaire, sont passés l'un et l'autre en force de chose jugée ;

« Attendu qu'en cet état M. le ministre de la justice a, par sa lettre du 8 juin 1863, donné l'ordre au procureur général près la Cour de cassation de déférer à cette Cour le sieur Colonna d'Istria, et de provoquer *sa déchéance* en vertu des articles 59 de la loi du 20 avril 1810 et 4 du décret législatif du 1er mars 1852 ;

« Attendu qu'en exécution de cet ordre, et par son réquisitoire en date du 9 juin 1863, le procureur général a déféré le sieur Colonna à la Cour suprême et requis que ce magistrat fût mandé pour être ouï en ses défenses au jour qu'il plaira à la Cour indiquer :

« Attendu que ce jour, d'abord fixé au 28 juillet, a ensuite, sur la demande de l'avocat du sieur Colonna d'Istria, été prorogé au 9 novembre suivant ;

« Attendu que ledit jour 9 novembre, le sieur Colonna d'Istria a comparu assisté de son conseil ; qu'il a été interrogé par M. le président de la Cour, et qu'il a ensuite présenté sa défense ; mais que ses réponses, non plus que cette défense, n'ont aucunement atténué les charges qui pèsent sur lui, telles qu'elles résultent des arrêts précédemment énoncés ;

« Attendu, en fait, que l'arrêt de la Cour de Bastia qui prononce la suspension de quatre années repose sur deux ordres de motifs :

« Le premier, tiré de la condamnation prononcée pour fraude à la loi électorale ; le second, sur les faits d'immoralité reprochés au sieur Colonna d'Istria.

« Sur le premier chef, la Cour s'exprime ainsi :

« Considérant que *les atteintes du juge Colonna d'Istria à* « *la liberté et à la sincérité des suffrages*, constituent une « violation manifeste de la loi, d'autant plus répréhensible et dan- « gereuse dans ses conséquences qu'elles *émanent d'un fonc-* « *tionnaire spécialement chargé d'en faire l'application*, « et qui devait donner à tous l'exemple du respect religieux dont « elle a besoin d'être entourée ;

« Que de plus ces atteintes ont porté *un notable préjudice à* « *sa réputation et à son caractère de magistrat ;* qu'elles « supposent chez lui une ambition capable d'étouffer tout senti- « ment de moralité et de loyauté, et autorisent à craindre que « celui qui sacrifie si aisément ses obligations de citoyen n'aille « bientôt jusqu'à trahir ses obligations de juge ;

« Que rien n'est plus propre à inspirer particulièrement des « *doutes sur la droiture* d'un magistrat que de le voir, *dans* « *l'intérêt de son élection*, promettre de l'argent ou des places « en retour de votes qui devaient apparemment se porter ailleurs, « puisqu'il ne recule pas devant un moyen aussi indélicat et aussi « illégal de se les assurer ; — mais que l'impression est bien plus « mauvaise encore au point de vue général, si *le magistrat* « *s'engage à intervenir dans un procès pour faire pencher* « *la balance au profit* de l'électeur qui lui a vendu son suf- « frage à cette condition. »

« Sur le chef relatif aux désordres reprochés au juge Colonna d'Istria dans sa conduite privée et dans ses mœurs, la Cour, dans ses considérants, entre dans le détail des faits, des différentes preuves et de la notoriété sur lesquelles elle s'appuie pour en déduire que ces faits sont complétement établis ; de sorte qu'il suffit de s'en référer aux termes de cet arrêt passé en force de chose jugée ;

« Attendu que la Cour de Bastia tire de cette démonstration la conséquence suivante que rien ne peut effacer :

« Considérant enfin, dit-elle, que tous ces faits réunis, tant « ceux qui sont relatifs à l'élection que ceux qui se rattachent à « l'inconduite, blessent profondément la loi et la conscience, la « morale et l'honneur, et qu'il n'est plus possible au sieur Colonna « d'Istria, en sa qualité de juge, de prétendre désormais à la con- « fiance des justiciables, ni à l'estime des gens de bien » ;

« Attendu que ce motif prouve que la Cour jugeait que le sieur Colonna d'Istria était ainsi tout à fait indigne d'exercer les fonctions de juge, et indique suffisamment que si elle n'a fait que le suspendre de ses fonctions, c'est qu'elle n'avait pas le pouvoir de faire davantage ;

« Attendu qu'aucune critique n'est recevable ni admissible contre les arrêts du 10 décembre 1861 et du 9 juin 1862, dont le bien ou le mal jugé ne saurait être remis en question, et qui restent avec leur caractère indélébile de condamnations en dernier ressort et passées en force de chose jugée en fait et en droit ;

« Qu'il s'agit seulement d'apprécier l'effet moral de ces condamnations et l'influence qu'elles sont de nature à exercer sur la considération personnelle du magistrat atteint par ces condamnations, et sur son aptitude à rester juge ;

« Attendu que si on restait en présence d'une simple suspension, le sieur Colonna d'Istria se trouverait, à l'expiration des quatre années de cette peine, en face de la même déclaration d'indignité ; et qu'il serait aussi vrai alors qu'aujourd'hui de dire : « Qu'il « n'est *plus possible* au sieur Colonna d'Istria, en sa qualité de, « juge, de prétendre désormais à la *confiance des justicia-* « *bles* ni à l'*estime des gens de bien* » ; et que, dès lors, il y a lieu de prononcer la déchéance ;

« Dans ces circonstances, et vu :

« 1° La lettre de M. le garde des sceaux susénoncée ;

« 2° L'arrêt du 9 juin 1862, qui prononce la peine disciplinaire de suspension ;

« 3° Toutes les autres pièces du dossier, et notamment l'arrêt correctionnel du 10 décembre 1861 ;

« 4° Vu également l'article 82 du sénatus-consulte du 16 thermidor an X, l'article 59 de la loi du 20 avril 1810, et les articles 4 et 5 du décret législatif du 1ᵉʳ mars 1852 ;

« Le procureur général conclut à ce qu'il plaise à la Cour, sans s'arrêter à la demande d'enquête qui sera déclarée non recevable, statuant au fond, et faisant application à Colonna d'Istria de ces articles, le déclarer déchu de ses fonctions et du titre de juge au tribunal civil de première instance d'Ajaccio, et le condamner aux dépens.

« Le procureur général, *Signé :* DUPIN. »

Conformément à ces conclusions, et après le rapport de M. le conseiller Quénault, la Cour a rendu l'arrêt suivant :

ARRÊT (10 novembre 1863).

La Cour, sections réunies en chambre du conseil ;

Ouï M. le conseiller Quénault en son rapport, Colonna d'Istria dans ses explications, M⁰ Rendu, son avocat, dans ses moyens de défense, et M. le procureur général Dupin dans ses conclusions et réquisitions ;

Vu la lettre de M. le garde des sceaux, en date du 8 juin 1863, et le réquisitoire présenté par M. le procureur général Dupin, en vertu de l'ordre contenu dans la lettre de M. le garde des sceaux ;

Vu les arrêts rendus par la Cour impériale de Bastia les 10 décembre 1861 et 9 juin 1862 ;

Vu les articles 59 de la loi du 20 avril 1810 et 4 du décret du 1ᵉʳ mars 1852, statuant en premier lieu sur les conclusions de Colonna d'Istria tendant à ce qu'une enquête soit ordonnée par la Cour ;

Attendu que la poursuite dont la Cour est saisie n'appelle point son examen sur des chefs nouveaux d'inculpation, ni sur des charges non encore vérifiées, et qu'en l'état de la procédure les faits sont suffisamment établis, rejette la demande d'une enquête, et statuant au fond ;

Attendu qu'à la suite d'une condamnation correctionnelle prononcée par la Cour impériale de Bastia, le 10 décembre 1861, contre Colonna d'Istria, ce magistrat a été traduit disciplinairement devant la même Cour réunie en assemblée générale, qui l'a condamné à quatre ans de suspension tout à la fois pour faits de corruption électorale et d'immoralité notoire dans sa conduite privée ;

Attendu que tous ces faits, par leur gravité et leur notoriété, ont porté une atteinte profonde à la réputation de Colonna et à la dignité de son caractère comme juge ; qu'il a ainsi perdu ses titres à la confiance des justiciables et à l'estime publique, sans lesquelles un magistrat ne peut concourir à l'exercice de l'autorité judiciaire ;

Par ces motifs, usant du pouvoir qui lui est conféré par l'article 4 du décret du 1ᵉʳ mars 1852 ;

Déclare Colonna d'Istria déchu de ses fonctions de juge, et le condamne aux dépens liquidés à huit francs vingt centimes, non compris la levée et signification du présent arrêt.

Ainsi jugé et prononcé par la Cour de cassation, sections réunies en chambre du conseil, le 10 novembre 1863.

Nº IX. — 837. (Audience du 11 octobre 1860.) Chambre criminelle faisant fonction de chambre des vacations (en chambre du conseil).

Prévention de diffamation contre un conseiller de Cour impériale. — Renvoi devant la Cour impériale de Paris.

RÉQUISITOIRE DE M. LE PROCUREUR GÉNÉRAL (2 octobre 1860).

Le procureur général impérial près la Cour de cassation expose qu'il est chargé, par lettre de Son Excellence le garde des sceaux, ministre de la justice, de soumettre à la Cour une procédure instruite à Ussel sur une plainte en diffamation portée, le 17 août dernier, par M. Moncorrier, juge de paix du canton d'Eygurande (Corrèze), au sujet d'un article attribué à M. Huot, conseiller à la Cour impériale de Colmar, et inséré le 22 juin dans le journal *la Petite Gazette des tribunaux criminels et correctionnels de l'Alsace.*

Cet article est intitulé : *Le juge de paix*, et signé : UN ANCIEN SUBSTITUT. L'auteur a surtout en vue, comme il le dit lui-même, les juges de paix ruraux, qu'il divise en trois grandes catégories, *sans préjudice des genres, sous-genres, espèces et variétés : le juge de paix étranger, le juge de paix qui est du pays sans en être, le juge de paix du pays.*

M. Moncorrier, juge de paix à Eygurande, a vu, dans la partie de cet article relative au juge de paix qui est du pays sans en être, un libelle injurieux et diffamatoire pour sa personne en même temps qu'outrageant pour sa qualité de magistrat.

En conséquence, il déclare à M. le procureur impérial, par une lettre en date du 17 août, en lui transmettant le numéro du journal dont il s'agit, porter plainte entre ses mains, du chef de la diffamation et de l'injure à lui faite publiquement à l'occasion de ses fonctions, et de l'outrage dont il est l'objet, en sa qualité de dépositaire de l'autorité publique. Il déclare en outre se porter partie civile.

Par un réquisitoire en date du 18 août, le procureur impérial d'Ussel, en transmettant à M. le juge d'instruction la plainte dont il s'agit, a requis qu'il lui plaise informer conformément à la loi.

Cette plainte n'inculpant nommément personne, le juge d'instruction dut procéder à l'information, tant pour connaître l'auteur de cet écrit que pour établir la publicité qui lui avait été donnée dans l'arrondissement d'Ussel.

Parmi les témoins entendus, les 19, 20 et 21 août dernier, cinq ont reconnu avoir reçu un exemplaire du journal contenant l'article incriminé et l'avoir communiqué et fait lire à plusieurs

personnes ; la plupart des témoins ont pensé qu'il était l'œuvre de
M. Huot, conseiller à la Cour de Colmar, et tous ont unanimement
déclaré que la similitude des noms et l'ensemble de l'article ne
leur avaient pas laissé le moindre doute qu'il s'appliquât à M. Moncorrier, juge de paix d'Eygurande. Interrogés sur l'impression
qu'ils avaient éprouvée en la lisant, ils ont déclaré, les uns, que
cette impression leur avait été très-pénible ; les autres, qu'ils avaient
considéré cet écrit comme un acte inconvenant et très-regrettable ;
un des témoins l'a regardé comme un acte de méchanceté insigne.

Le 27 août, M. le juge d'instruction a fait comparaître devant
lui les sieurs Hoffmann, imprimeur, et Neyremaud, rédacteur
du journal *la Petite Gazette des tribunaux*. Le premier inculpé a déclaré qu'il était complétement étranger à la rédaction du
journal, et qu'il se bornait à l'imprimer ; le second a déclaré qu'en
effet M. Hoffmann ne participait en rien à la rédaction du journal,
et que l'article incriminé était l'œuvre de M. Huot, conseiller à la
Cour impériale de Colmar, qui a déclaré, ajoute le prévenu, en
être l'auteur et accepter toutes les conséquences qui pourraient en
résulter.

La plainte n'articulant pas, comme le veut l'article 6 de la loi du
26 mai 1819, les faits injurieux ou diffamatoires constitutifs du
délit, pour réparer cette omission, M. le juge d'instruction, sur
les réquisitions du procureur impérial, a fait comparaître devant
lui, le 1ᵉʳ septembre dernier, M. Moncorrier, lequel a successivement signalé les divers passages de l'écrit incriminé qui, en lui
attribuant des actes et une conduite indignes d'un magistrat et
d'un honnête homme, sont nécessairement empreints des caractères de l'injure et de la diffamation.

La procédure en cet état, M. le juge d'instruction a rendu, le
2 septembre dernier, l'ordonnance suivante :

« Vu la procédure instruite contre de Neyremaud et Hoffmann,
inculpés de diffamation, outrages et injures publics,

« Le réquisitoire de M. le procureur impérial en date de ce jour,

« Les articles 481 et 482 du Code d'instruction criminelle ;

« Attendu que l'instruction paraît complète, et que la plainte de
M. Moncorrier est surtout dirigée contre un magistrat de Cour
impériale ;

« Attendu que Neyremaud et Hoffmann sont inculpés d'un délit
connexe, que le magistrat dont le nom est prononcé dans l'instruction attire devant la juridiction les deux inculpés qui viennent
d'être dénommés, que le juge d'instruction est incompétent pour
apprécier les faits révélés par l'instruction et ordonner le renvoi ou
le non-lieu ;

« Déclarons nous dessaisir, et que la procédure sera communiquée à M. le procureur impérial, pour être par lui transmise à
qui il appartiendra. »

Il existe au dossier une note justificative adressée par M. Huot à Son Excellence le garde des sceaux, le 22 mai dernier, et une lettre écrite par le même magistrat à M. le procureur général près la Cour de Colmar, le 24 août. Dans ces deux écrits, l'inculpé cherche à établir que c'est un type et non un portrait qu'il a voulu tracer, et qu'aucun des passages de l'écrit incriminé n'est applicable au plaignant; il invoque, dans tous les cas, l'absence complète de sa part de toute intention de nuire.

Dans la procédure que Son Excellence nous charge de soumettre à la Cour se trouvent évidemment impliqués l'imprimeur et le rédacteur du journal. Lors de la comparution du sieur Moncorrier devant le juge d'instruction, le 1ᵉʳ septembre, ce magistrat lui a bien demandé s'il persistait dans sa plainte contre Neyremaud et Hoffmann, et le sieur Moncorrier a répondu, il est vrai, qu'il était prêt à se désister de sa plainte contre ces derniers, mais il n'apparaît pas dans la procédure d'un désistement régulier à l'égard de ces deux inculpés.

Dans ces circonstances :

« Attendu que les faits imputés aux inculpés constituent une prévention de diffamation et d'injures publiques commis par un membre de la Cour impériale;

« Vu tous les actes de l'interrogatoire des sieurs Neyremaud et Hoffmann; l'ordonnance par laquelle le juge d'instruction du tribunal d'Ussel se dessaisit de l'affaire; la note et la lettre dans lesquelles M. Huot donne ses explications et ses moyens de défense,

« Vu les articles 479 et suivants du Code d'instruction criminelle, l'article 10 de la loi du 20 avril, les articles 13 et suivants de la loi du 17 mai 1819;

« Vu la lettre de M. le garde des sceaux du 12 septembre 1860,

« Le procureur général requiert pour l'Empereur, qu'il plaise à la Cour renvoyer l'affaire et les prévenus devant telle Cour impériale qu'elle voudra désigner, autre néanmoins que celle de Colmar à laquelle appartient le magistrat inculpé, pour y être procédé conformément à la loi.

« Fait à Raffigny, le 2 octobre 1860.

« Le procureur général,

« Signé : DUPIN. »

ARRÊT (11 octobre 1860).

La Cour, ouï M. Caussin de Perceval en son rapport, et M. l'avocat général Guyho en ses conclusions;

Vu la lettre de Son Excellence M. le garde des sceaux en date du 12 septembre 1860, et le réquisitoire de M. le procureur général en date du 2 octobre courant;

Vu l'article 10 du décret du 10 avril 1810, les articles 479, 481 et 482 du Code d'instruction criminelle, les articles 13 et suivants de la loi du 17 mai 1819;

Vu les pièces de l'information préparatoire à laquelle il a été pro-

cédé par le président du tribunal civil d'Ussel faisant fonctions de
juge d'instruction ;

Attendu qu'il y a prévention suffisante contre M. Huot, conseiller à
la Cour impériale de Colmar, d'avoir, dans un article inséré dans le
numéro du 22 juin 1860 d'un journal judiciaire imprimé à Colmar
sous le titre de : *Petite Gazette des tribunaux criminels et correctionnels de l'Alsace,* commis le délit de diffamation et d'injures publiques
contre M. Moncorrier, juge de paix du canton d'Eygurande ;

Et attendu la connexité,

Renvoie M. Huot et les sieurs de Neyremaud, avocat, et Hoffmann,
imprimeur à Colmar, devant la Cour impériale de Paris, pour être statué
sur la prévention dont il s'agit.

N° X. — 875. (Audience du 14 décembre 1863.)
Cour de cassation, chambre des requêtes.

**Délit de chasse allégué, non prouvé, contre un conseiller de Cour
impériale. — Arrêt de non-lieu.**

RÉQUISITOIRE (14 novembre 1863).

A la Cour de cassation, chambre des requêtes.

Le procureur général impérial près la Cour de cassation expose
qu'il est chargé par une lettre de Son Excellence M. le garde des
sceaux, ministre de la justice et des cultes, en date du 9 novembre 1863, de soumettre à la Cour les pièces d'une procédure relative à un délit de chasse imputé à M. Charavel, conseiller à la
Cour de Grenoble, pour qu'elle puisse procéder, s'il y a lieu, au
règlement de la compétence.

Par procès-verbal du 8 septembre 1863, le garde particulier de
M. de Montal, demeurant à Saint-Geoire (Isère), déclare que ce
jour, sur les huit heures du matin, il vit un chasseur en action de
chasse, armé de son fusil, posté dans une terre sur laquelle M. de
Montal a seul le droit de chasser, terre qui a pour confins, au
nord le sieur Carus, et au midi, un chemin. Le garde ajoute
qu'en approchant il reconnut le chasseur, qui était assis à trois
mètres du chemin, attendant le passage d'un lièvre que menaient
ses chiens ; que ce chasseur était M. Charavel, et qu'il lui déclara
procès-verbal pour fait de chasse sur le terrain d'autrui.

Le fait constaté par ce procès-verbal constituant un délit que
l'article 11 de la loi du 3 mai 1844 punit d'une peine correctionnelle, et qui aurait été commis par un membre d'une Cour impériale, il y a lieu d'appliquer les articles 479 et suivants du Code
d'instruction criminelle et l'article 10 de la loi du 20 avril 1810.

Dans ces sortes d'affaires, lorsqu'aucune instruction n'a été commencée et qu'il n'existe au dossier aucun document émané de la partie, renfermant des explications et tous les éléments d'une défense, la Cour, avant faire droit, est dans l'usage d'ordonner la communication du procès-verbal et du réquisitoire de son procureur général, pour que le magistrat objet de la poursuite ait à fournir des renseignements et ses moyens de défense dans un délai que fixe la Cour.

Dans la présente affaire, il existe au dossier une lettre par laquelle M. le conseiller Charavel adresse à M. le procureur général près la Cour impériale de Grenoble toutes les explications que sa défense semble pouvoir comporter; peut-être la Cour ne jugera-t-elle pas nécessaire d'ordonner dans l'espèce un avant faire droit.

Dans ces circonstances :

« Vu les articles 479 et suivants du Code d'instruction criminelle;

« Vu l'article 10 de la loi du 20 avril 1840;

« Vu la lettre de Son Excellence M. le garde des sceaux, en date du 9 de ce mois, et les pièces du dossier;

« Le procureur général requiert qu'il plaise à la Cour renvoyer, si elle estime qu'il y a lieu, l'affaire devant telle Cour impériale qu'elle voudra désigner, autre néanmoins que celle de Grenoble à laquelle appartient M. le conseiller Charavel, pour y être procédé conformément à la loi.

« Fait au parquet, le 14 novembre.

« Le procureur général,

« *Signé :* DUPIN. »

A l'audience, après le rapport de M. le conseiller Hardoin, le procureur général, qui avait lu les pièces et les explications fournies par M. Charavel, a déclaré que, d'après son appréciation, il n'existait véritablement aucun délit de chasse imputable à M. Charavel, et que dès lors il n'y avait pas lieu à suivre.

Conformément à ces conclusions, la Cour a rendu l'arrêt suivant.

ARRÊT (14 décembre 1863).

La Cour, ouï M. Hardoin, conseiller, en son rapport, M. le procureur général Dupin en ses conclusions;

Vu la lettre de M. le garde des sceaux en date du 9 novembre 1863, le réquisitoire écrit de M. le procureur général et les autres pièces du dossier;

Vu l'article 10 de la loi du 20 avril 1840, les articles 479 et suivants du Code d'instruction criminelle, l'article 11 de la loi du 4 mai 1804;

Attendu, en droit, qu'aux termes de l'article 482 du Code d'instruction criminelle, la Cour de cassation ne doit renvoyer le magistrat inculpé d'un délit devant une Cour impériale que si elle juge qu'il y a lieu d'ordonner le renvoi;

Attendu, en fait, qu'il n'y a pas prévention suffisante contre M. Charavel d'avoir commis le délit de chasse qui lui est imputé;

Déclare qu'il n'y a lieu à suivre contre M. Charavel.

Ainsi fait et prononcé en la chambre du conseil, par la Cour de cassation, chambre des requêtes, le 14 décembre 1863.

N° XI. — 827. (Audience du 14 mai 1860.) Chambre des requêtes.

Littoral maritime. — Travaux non autorisés. — Prévention de contravention contre un conseiller de Cour impériale. — Demande en autorisation de poursuites. — Renvoi devant la Cour impériale de Nîmes.

RÉQUISITOIRE (25 avril 1860).

A la Cour de cassation, chambre des requêtes.

Le procureur général impérial près la Cour de cassation expose qu'il est chargé, en vertu de l'article 482 du Code d'instruction criminelle, par une lettre de Son Excellence le garde des sceaux, ministre de la justice, de soumettre à la Cour les pièces relatives à une poursuite concernant M. Alicot, conseiller à la Cour impériale de Montpellier, inculpé d'avoir commis une contravention aux articles 2 et 5 du décret du 9 janvier 1852 sur la pêche maritime côtière.

Par procès-verbal du 2 avril 1849, une portion de l'étang de l'Arnel, situé commune de Villeneuve-lez-Maguelone, appartenant à l'Etat, fut adjugée à M. Alicot.

L'article 13 de ce procès-verbal porte que l'adjudicataire devra soumettre à l'approbation de M. le préfet de l'Hérault, dans les deux mois de sa vente, le projet des travaux à exécuter pour la mise en valeur des biens vendus.

L'article 15 est ainsi conçu : « Soit que les acquéreurs ou les ayants-droit convertissent les biens vendus en salines, soit qu'ils les rendent à la culture, cet acquéreur ou ses ayants droit seront soumis à tous les règlements relatifs à la navigation, à la grande voirie et au service des douanes. Ils devront se conformer, en outre, aux dispositions que l'autorité jugerait à propos de prendre dans l'intérêt de la salubrité. »

Il résulte du Mémoire en défense produit par M. Alicot, et joint au dossier, que « pour utiliser la propriété dont il s'agit de la seule « façon dont il soit possible d'en tirer un revenu, après avoir fait « pratiquer la pêche pour son compte, il a, dans ces derniers « temps, pour éviter que sa propriété ne fût complétement violée « et l'objet d'irruptions nocturnes, affermé la pêche à une compa-

« guie de pêcheurs de Villeneuve, marins inscrits, qui, veillant
« dans leur propre intérêt, ont su la faire respecter ».

Le 6 février 1860, un arrêté du conseil de préfecture prescrivit
à M. Alicot certains travaux, de manière à assurer le libre écoule-
ment des eaux de cet étang jusqu'à ce qu'il eût justifié des moyens
d'épuisement suffisants pour permettre la mise du sol en culture,
sans laisser subsister les causes d'insalubrité résultant de l'état
actuel de la stagnation et de la putréfaction des eaux.

Antérieurement à cet arrêté, et le 9 janvier 1860, un procès-
verbal du syndic des gens de mer à Palaras constate « que M. Ali-
« cot s'est permis de son enclos d'en faire une pêcherie irréguliè-
« rement formée, qu'il a affermée à des marins pêcheurs de la
« commune de Villeneuve, et que, d'après le décret du 9 janvier
« 1852, aucun établissement de pêcherie, où les eaux sont salées,
« ne peut être formé sans une autorisation spéciale délivrée par
« M. le ministre de la marine ».

Aux termes de l'article 5 du décret sur la pêche côtière du
9 janvier 1852 : « Tout établissement de pêcherie, de parc à huî-
« tres..... formé *sans autorisation*, sera puni d'une amende de
« *cinquante à deux cent cinquante francs*, et pourra, en
« outre, être puni d'*un emprisonnement de six jours à un*
« *mois.* »

Le fait constaté par le procès-verbal constitue donc une prévention de délit, puni d'une peine correctionnelle, commis par un
membre d'une Cour impériale, et, par suite, il y a lieu d'appliquer les articles 479 et suivants du Code d'instruction criminelle
et l'article 10 de la loi du 20 avril 1810.

En conséquence, vu lesdits articles, les pièces du procès, la
lettre de M. le garde des sceaux du 20 avril courant, les articles 1
et 5 du décret sur la pêche côtière du 9 janvier 1852 ;

Le procureur général requiert, pour l'Empereur, qu'il plaise à
la Cour renvoyer l'affaire devant telle autre Cour impériale qu'elle
voudra désigner, autre néanmoins que celle de Montpellier, à laquelle appartient le magistrat inculpé, pour y être procédé conformément à la loi.

Fait au parquet, le 25 avril 1860.

Le procureur général,
Signé : DUPIN.

ARRÊT (14 mai 1860).

La Cour, ouï M. le conseiller Taillandier en son rapport et M. le
procureur général Dupin en ses conclusions ;

Vu la lettre de Son Excellence M. le garde des sceaux en date du
20 avril 1860 et le réquisitoire de M. le procureur général en date du
25 avril 1860 ;

Vu l'article 10 du décret du 20 avril 1810, les articles 479, 481,

482 du Code d'instruction criminelle, les articles 2 et 5 du décret du
9 janvier 1852 sur l'exercice de la pêche côtière;

Attendu qu'il y a prévention suffisante contre M. Alicot, conseiller
à la Cour impériale de Montpellier, d'avoir commis une contravention
aux articles 2 et 5 du décret du 9 janvier 1852 en établissant une
pêcherie sans autorisation;

Renvoie M. Alicot devant la Cour impériale de Nîmes, pour y être
statué sur ladite prévention.

N° XII. — 842. (Audience du 25 mars 1861.)
Chambre des requêtes, en Chambre du conseil.

**Demande en autorisation de poursuites contre un conseiller de Cour
impériale. — Mémoire injurieux. — Suppression. — Arrêt de
non-lieu.**

RÉQUISITOIRE (22 février 1861).

A la Cour de cassation, chambre des requêtes.

Le procureur général impérial près la Cour de cassation expose
qu'il est chargé, par une lettre de Son Excellence M. le garde des
sceaux, ministre de la justice, de soumettre à la Cour, avec les
pièces qui les accompagnent, deux plaintes en diffamation portées
contre M. Bascle de Lagrèze, conseiller à la Cour impériale de
Pau : 1° par le tribunal de Tarbes; 2° par M. Dulon, juge de paix
du canton de Vic-en-Bigorre.

Sur l'appel interjeté, au nom de ses enfants mineurs, par M. Bascle,
conseiller à la Cour de Pau, d'un jugement qui annulait pour cause
d'insanité d'esprit du testateur, de suggestion et de captation, le
testament par lequel un sieur Habine léguait la nue propriété du
domaine de Marsac à deux des enfants mineurs de M. Bascle de Lagrèze, ce magistrat a produit un Mémoire imprimé intitulé : *Note
sur un jugement rendu par le tribunal de Tarbes, le
31 août 1860.*

Ce Mémoire est signé: Pour copie, TOUZEL, avoué des mineurs de
Lagrèze; mais M. Bascle de Lagrèze en a toujours assumé la responsabilité, soit avant, soit depuis les plaidoiries qui ont eu lieu
devant la Cour.

Le 17 janvier dernier, le tribunal entier, réuni en chambre du
conseil, par une délibération portant plainte en diffamation contre
M. Bascle de Lagrèze, a réclamé la suppression dudit Mémoire et
ordonné la transmission de la plainte à M. le premier président et
à M. le procureur général près la Cour de Pau. Les griefs avaient
pour objet dix-huit passages du Mémoire.

Le juge de paix du canton de Vic-en-Bigorre, M. Dulor, a vu
également une atteinte à son honneur et à sa considération dans un

passage du Mémoire qui lui imputait une déposition de complaisance, et il a porté plainte à la date du 16 janvier dernier.

Enfin, l'un des témoins de l'enquête principale, M. le docteur Duplan, est intervenu au procès pour demander la suppression, comme injurieux et diffamatoires, de deux passages du Mémoire. La Cour impériale de Pau, par arrêt du 11 février dernier, a infirmé dans toutes ses parties le jugement du tribunal de Tarbes. Elle a fait droit, en outre, aux conclusions de M. le procureur général tendant à la suppression du Mémoire comme injurieux pour le tribunal de Tarbes et le juge de paix du canton de Vic. Elle a fondé sa décision en cette partie, sur les dix-huit passages incriminés dans la plainte du tribunal, sur ceux relatifs au juge de paix et au docteur Duplan, et enfin sur l'ensemble du Mémoire, qui est empreint d'un esprit de dénigrement personnel qui n'était pas utile, mais pouvait, au contraire, préjudicier aux intérêts des mineurs Bascle de Lagrèze, et qui, dans tous les cas, dépasse les libertés de la défense. M. le conseiller Bascle de Lagrèze a été condamné, *en son nom personnel,* aux frais occasionnés par l'intervention de Duplan, aux frais de l'enregistrement de la disposition de l'arrêt relative à la suppression du Mémoire, et aux frais de l'expédition de l'arrêt envers Duplan.

Connaissance de cet arrêt a été donnée au tribunal de Tarbes et au juge de paix du canton de Vic-en-Bigorre. Le tribunal n'en a pas moins persisté dans sa plainte en diffamation, qu'il a régularisée, conformément à l'article 4 de la loi du 26 mai 1819, par une délibération prise en assemblée générale le 14 de ce mois et requérant des poursuites. M. le juge de paix a persisté également, ainsi qu'il résulte de sa lettre en date du même jour.

Dans ces circonstances,

Vu les articles 481 et 482 du Code d'instruction criminelle, 10 de la loi du 20 avril 1810, la lettre de Son Excellence le garde des sceaux en date du 21 février;

Vu 1° un Mémoire imprimé, intitulé : *Note sur un jugement rendu par le tribunal de Tarbes, le 31 août* 1860; 2° une délibération du tribunal de Tarbes, du 17 janvier 1861, portant plainte en diffamation et en suppression du Mémoire produit contre M. Bascle de Lagrèze; 3° autre plainte contre ce même magistrat, par M. le juge de paix de Vic-en-Bigorre; 4° l'arrêt de la Cour impériale de Pau, du 11 février dernier; 5° autre délibération par laquelle le tribunal déclare persister dans sa plainte et la régularise conformément à l'art. 4 de la loi du 26 mai 1819; 6° la lettre en date du même jour par laquelle le juge de paix de Vic-en-Bigorre déclare également persister dans sa plainte, et les autres pièces du dossier;

Le procureur général requiert qu'il plaise à la Cour, si elle pense qu'il y a lieu, renvoyer M. le conseiller Bascle de Lagrèze, et les pièces du procès, conformément à l'article 482 du Code d'instruction criminelle, modifié par l'article 10 de la loi du 20 avril 1810, devant une Cour impériale autre que celle de Pau, à laquelle appartient le magistrat inculpé.

Fait au parquet, le 22 février 1861.

Le procureur général,
Signé : DUPIN.

Le rapport de cette affaire a été fait par M. le conseiller Ferey. M. Lagrèze avait, de son côté, produit un long Mémoire dans lequel il discutait les faits.

Il présentait aussi, en droit, une fin de non-recevoir résultant, selon lui, de ce que le tribunal de Tarbes étant intervenu devant la Cour de Pau, pour y demander la suppression de son Mémoire comme diffamatoire, et ayant obtenu cette suppression, il ne pouvait pas revenir par action principale reproduire cette même imputation de diffamation. Ce serait, disait-il, violer la règle : *una via electa, non datur regressus ad alteram.*

Le procureur général repoussait cette fin de non-recevoir, en disant que cette règle n'était applicable que lorsque les deux actions avaient le même but, et non lorsqu'elles étaient différentes. La demande en suppression d'un Mémoire dans lequel on a excédé les droits de la défense ne peut être portée que devant le tribunal saisi du procès, parce qu'il est seul en position de reconnaître et de déclarer si, en effet, l'auteur du Mémoire a excédé les bornes de son droit.

Au contraire, l'action en diffamation est une action correctionnelle dans laquelle on se plaint formellement d'un délit. Cette action, dans l'espèce, étant dirigée contre un conseiller de Cour impériale, ne pouvait pas être portée devant la Cour de Pau, à laquelle ce magistrat appartient. Mais, aux termes de l'article 482 du Code d'instruction criminelle, une telle action devait d'abord être déférée à la Cour de cassation, qui, si elle estimait qu'il y avait lieu d'autoriser la poursuite, ne pouvait le renvoyer que devant une juridiction placée *hors du ressort* auquel ce conseiller appartenait.

La Cour de Pau, saisie seulement du procès civil entre M. Lagrèze et ses cohéritiers, et incidemment d'une demande en suppression de Mémoire purement *disciplinaire,* n'était donc pas saisie de l'action en *diffamation.* La suppression du Mémoire produit devant cette Cour ne pouvait être demandée que devant elle ; la plainte en diffamation, au contraire, devait aller devant les juges d'un autre ressort. Juge *nécessaire* de l'une, juge *impossible* de l'autre, la Cour de Pau, en jugeant la première action, n'avait donc pas pu préjuger la seconde.

Du reste, dans son Mémoire à la chambre des requêtes, M. Lagrèze exprimait ses justes regrets de s'être laissé emporter trop loin par le zèle avec lequel il avait défendu ses intérêts.

Dans ces circonstances, la Cour n'a pas admis en droit la fin de non-recevoir, mais passant outre et allant au fond, elle a pensé qu'elle pouvait *par de sages motifs donner satisfaction au tribunal de Pau sans autoriser une nouvelle action.*

Voici le texte de l'arrêt :

ARRÊT (25 mars 1865).

La Cour, ouï le rapport de M. le conseiller Férey en la chambre du conseil et les conclusions de M. le procureur général ;

Vu les plaintes du tribunal civil de Tarbes et du juge de paix de Vic-en-Bigorre, en date des 17 janvier et 14 février 1864, contre Bascle de Lagrèze, conseiller à la Cour impériale de Pau, transmises par Son Excellence M. le ministre de la justice au procureur général près la Cour, selon la lettre du 21 février suivant, conformément à l'article 482 du Code d'instruction criminelle ;

Vu ladite lettre ;

Vu le réquisitoire du procureur général du 22 février 1864, afin qu'il soit procédé suivant ledit article ;

Ouï enfin son réquisitoire définitif prononcé à l'audience de ce jour ;

Attendu qu'aux termes de l'article 482 du Code d'instruction criminelle, la Cour de cassation, saisie en vertu de cet article, ne doit autoriser la continuation des poursuites que *s'il y a lieu;* que cette expression, qu'aucune restriction ni condition ne limite, laisse à la conscience des magistrats toute liberté d'appréciation, la loi trouvant une suffisante garantie dans les lumières et l'indépendance de la haute juridiction à laquelle elle a exceptionnellement recours.

Attendu que le Mémoire dénoncé a été, sur une première plainte du tribunal civil de Tarbes et du juge de paix de Vic-en-Bigorre, et sur les réquisitions du procureur général, *supprimé comme injurieux* par la Cour impériale de Pau, devant laquelle il avait été produit; que *les motifs* donnés par la Cour impériale à l'appui de cette suppression contiennent, en même temps qu'un *blâme mérité* contre l'auteur du Mémoire, *une juste et solennelle satisfaction* pour les plaignants ;

Qu'il n'y a pas lieu, dans les circonstances de la cause, de renvoyer l'affaire devant une Cour impériale pour poursuivre une autre réparation ;

Par ces motifs, dit qu'il n'y a lieu à suivre.

Fait et prononcé à la chambre du conseil de la chambre des requêtes de la Cour de cassation, le 25 mars 1864.

N° XIII. — 787. (Audience du 6 juillet 1858.)
Chambre des requêtes.

Prise à partie contre des magistrats d'un tribunal de première instance et des magistrats d'une Cour impériale. — Observations orales. — Adoption de motifs. — Dol et fraude non prouvés. — Rejet.

Question. — I. En matière de prise à partie, le demandeur a le droit de présenter ou de faire présenter par un avocat des observations orales à l'appui de sa demande.

II. En cette matière, un arrêt doit être réputé avoir adopté tous les motifs d'un jugement par cette formule : « La Cour, par ces motifs et ceux des premiers juges qui n'y ont rien de contraire, confirme, etc., » si les motifs nouveaux qu'il contient sont, dans leur esprit, évidemment connexes à l'ensemble des motifs de la décision de première instance.

III. Le dol et la fraude sont les fondements nécessaires de la demande en prise à partie (art. 505 du Code de procédure civile), et il ne saurait y être suppléé par la preuve d'une faute, quelque regrettable qu'elle soit, de la part du juge, spécialement de la faute qu'il aurait commise en se livrant gratuitement à des imputations blessantes et déplacées contre un tiers étranger aux débats et qui devait l'être au jugement.

La Cour a consacré ces solutions dans les circonstances suivantes : '

M. de Burdin, ex-commissaire central de police à Toulouse, se plaint d'avoir été diffamé dans les motifs d'un jugement du tribunal correctionnel de cette ville, en date du 10 décembre 1856, motifs que la Cour impériale de Toulouse (chambre des appels de police correctionnelle) se serait appropriés, en les adoptant, par son arrêt du 30 janvier 1857.

Pour obtenir réparation du préjudice qui lui aurait été causé par ces décisions intervenues dans un procès où il n'a été ni partie ni témoin, M. de Burdin a eu recours à la voie de la prise à partie, et il a préalablement présenté à la chambre des requêtes de la Cour de cassation une requête en autorisation d'exercer ce recours exceptionnel contre les magistrats du tribunal et ceux de la Cour de Toulouse qui ont rendu le jugement et l'arrêt par lui incriminés. Cette requête, signée du demandeur et de son avocat, M⁰ Gatine, se termine par la déclaration et les conclusions suivantes :

Ce que M. de Burdin poursuit devant la Cour, c'est le succès de sa protestation, de son énergique protestation; c'est une sorte de réhabilitation rendue nécessaire et qu'il réclame par la seule voie ouverte, car, n'étant point partie, il ne peut se pourvoir en cassation. C'est là le but de ses efforts, bien plus que ne le serait la condamnation des défendeurs en des dommages et intérêts quelconques. Il y a sans doute un grave préjudice causé, facilement appréciable en présence du fait, et M. de Burdin a droit à des réparations pécuniaires proportionnées au mal qui lui a été fait. Mais ce n'est à ses yeux qu'un point secondaire et qui doit rester sans discussion de sa part.

A ces causes, plaise à la Cour admettre la présente requête en prise à partie, et autoriser le demandeur à citer les défendeurs devant la chambre civile pour y voir statuer sur sa demande et s'entendre condamner en tels dommages et intérêts que la Cour croira devoir fixer, avec dépens.

C'est sur cette demande en autorisation que la chambre des requêtes était aujourd'hui appelé à statuer. M. le procureur général Dupin occupait le siége du ministère public.

Avant de reproduire les *motifs* dénoncés par le demandeur en prise à partie, il convient de faire connaître que, par le jugement précité du 10 décembre 1856, le tribunal correctionnel de Toulouse a condamné à l'emprisonnement, comme coupables d'avoir, isolément ou de concert, excité à la débauche et à la prostitution des jeunes filles mineures de vingt et un ans, trois femmes, les nommées : Marie Bordes, sage-femme à Toulouse; Marie Cazemajor, servante de celle-ci, et Rosalie ou Rosa Mailhos, cabaretière. Le jugement contient successivement des motifs s'appliquant à chacune des prévenues; ceux qui concernent Marie Bordes, et dans lesquels se trouvent les imputations ou les appréciations dont s'est ému le demandeur, commencent d'abord ainsi :

« Attendu que Marie Bordes, après avoir donné à Toulouse le spectacle de son inconduite et de son immoralité, vint s'établir dans une maison de la rue des Trois-Mulets, où elle avait été précédée par une proxénète bien connue;

« Que, bientôt après, cette même maison fut signalée comme étant un lieu de prostitution plus scandaleux encore qu'il ne l'était antérieurement;

« Que les voisins étaient, en effet, les témoins, le jour comme la nuit, d'un mouvement de va-et-vient incessant d'hommes, de femmes et de filles mineures, lequel ne pouvait être confondu avec le mouvement de personnes qui ont affaire ordinairement chez une sage-femme;

« Que Marie Bordes, en femme exercée à déjouer en pareil cas la surveillance de la police, parvenait le plus souvent à dérober aux yeux de ses agents les personnes du sexe qui s'y trouvaient au moment de leurs perquisitions;

« Qu'entre autres circonstances, et le lendemain d'un échec de cette nature éprouvé par la police, Marie Bordes disait hautement : « La police cherchait deux filles, j'en avais quatre chez moi et en-« core des plus jolies et des plus jeunes, mais je les avais bien ca-« chées, et elle n'a pu les découvrir;

« Attendu qu'il n'avait pas échappé non plus à une fille logée dans la maison, que Marie Bordes envoyait chercher souvent par sa servante les jeunes filles mineures qu'elle désigne lorsque des messieurs venaient à en demander ; qu'enfin les filles étaient livrées par Marie Bordes à la prostitution, et qu'elle se faisait remettre partie du prix provenant de cette prostitution ;

« Qu'aussi il est sensible que Marie Bordes avait choisi à dessein une maison qui avait pour enseigne : *Maison de prostitution*, et dont la distribution et les dépendances favorisaient les rendez-vous clandestins ;

« Qu'il est constant qu'elle y a exercé depuis sa prise de possession la coupable industrie qui lui est reprochée par la poursuite. »

A ces motifs, succèdent ceux ci-après, sur lesquels se fonde la demande en prise à partie pour cause de diffamation :

« Attendu que vainement, après cela, cette prévenue a essayé d'atténuer des faits nombreux d'attentat aux mœurs en se disant l'auxiliaire du sieur de Burdin, commissaire central de cette époque, dans un intérêt de police, ou sa complaisante, au service de ses passions personnelles ;

« Attendu, à cet égard, que si le nom du commissaire central s'est trouvé mêlé et confondu dans ces débats avec celui de Marie Bordes, ainsi qu'aux faits délictueux qui font l'objet de la plainte du ministère public ; si, d'autre part, ce fonctionnaire a manqué de la manière la plus grave à tous ses devoirs, une révocation éclatante l'en a puni, et ce châtiment, dans l'état de la cause et suivant des appréciations qui n'appartiennent qu'au ministère public, est le seul qui pût l'atteindre ;

« Que, par rapport à Marie Bordes, outre les fautes par elle commises en dehors de cette influence et dans un intérêt de lucre, elle a aussi à se reprocher de s'être rendu communs tous les faits dont elle voudrait renvoyer la responsabilité à celui qui les a provoqués et qui l'aurait, a-t-elle dit, contrainte et forcée par l'ascendant de l'autorité dont il était investi ;

« Que pour que Marie Bordes pût s'abriter derrière de telles considérations, dans la limite qu'elle indique dans sa défense, il faudrait qu'elle eût exercé sa coupable industrie toujours d'une manière désintéressée, pécuniairement parlant, et au profit exclusif de celui qu'elle désigne, tandis qu'il est constant qu'elle a exercé cette industrie le plus souvent dans l'intérêt des tiers et pour de l'argent ;

« Que pour qu'on pût admettre qu'elle a agi sous l'empire de la contrainte, de la peur que lui inspirait l'homme puissant qui la menaçait de briser à son gré sa profession de sage-femme, ainsi qu'elle l'a allégué, il faudrait qu'elle n'eût pas proclamé très-haut et audacieusement qu'elle avait le commissaire central dans sa manche, et que, pour paralyser l'action des surveillants de sa maison de tolérance, elle n'eût pas menacé de son crédit auprès du chef de la police un sergent de ville, un dizenier et même un commissaire de police; il faudrait enfin qu'elle n'eût pas montré avec ostentation la somme de deux cents francs prélevée par elle en un jour, disait-elle avec cynisme, sur les riches habitués de sa maison pour lesquels elle avait les plus jolies comme les plus jeunes filles de Toulouse... »

Telle est la partie des motifs du jugement qu'il importait de faire connaître. Quant à l'arrêt du 30 janvier 1857, rendu sur l'appel d'une seule des trois condamnées, Rosalie Mailhos, il confirme le jugement, en ce qui concerne celle-ci, par des motifs nouveaux qui ne sont pas relevés dans la requête en prise à partie: seulement, il se réfère en ces termes aux motifs des premiers juges :

« ... Par ces motifs et ceux des premiers juges qui n'y ont rien de contraire, la Cour..., etc. »

Voici maintenant, en regard des termes des décisions, les explications et la justification auxquelles ils donnent lieu, de la part du demandeur, dans la requête en prise à partie :

« La police secrète, dit M. de Burdin, doit souvent recourir à des moyens d'action particuliers; elle emploie forcément des instruments difficiles ou dangereux à manier. Le service des mœurs, au milieu d'une nombreuse population, n'est pas le moins épineux; et si, pour réprimer la prostitution clandestine, les agents doivent être des femmes, ce ne sont certainement pas des Lucrèces qui prêteront à l'administration leur concours. »

Dans la ville de Toulouse, M. de Burdin, commissaire central, réorganisateur de la police, aux applaudissements de tous, avait dû employer des femmes de mauvaise vie pour la surveillance et la répression de la prostitution clandestine, comme on emploie des forçats libérés pour la police des voleurs et des meurtriers. L'avait-il fait de son chef ou de son initiative, sans assentiment supérieur? On peut en juger par les pièces. L'une de ces femmes, qu'il est inutile de nommer ici, a été autorisée, par un arrêté du préfet du 26 octobre 1855, à ouvrir un café, après une instruction dont voici l'élément principal : « D'après les renseignements fournis sur le compte de la nommée... il résulte qu'elle jouit d'une très-mauvaise réputation (*sic*) sous tous les rapports; que la maison qu'elle demande (*sic*) à établir son débit, est connue pour être une maison de prostitution, qu'elle n'est habitée que par des femmes entretenues..... Cependant M. le commissaire central peut l'autoriser provisoirement, vu les services qu'elle a déjà rendus et qu'elle promet de rendre à la police, au sujet des filles qui (*sic*) se livrent à la prostitution clandestine. Toulouse, le 17 octobre 1855. *Signé* LAROQUE. » (Dossier nº 3.)

Ces agents d'espèce particulière, le commissaire central les employait ou les laissait employer; mais, en même temps, il les faisait rigoureusement surveiller. Le jugement lui-même en fait foi, car il signale la femme Bordes, entre autres, comme exercée à déjouer la surveillance de la police.

Il résulte encore du jugement que cette femme Bordes s'est déclarée, pour sa défense, « l'auxiliaire du sieur Burdin, commissaire central, » et que l'autre, la femme Rosa Mailhos, elle aussi, a cherché à se prévaloir de ses intelligences avec des agents de police, « dans un intérêt de mœurs », a-t-elle dit. Puis, de l'arrêt, à son tour, il résulte que la même femme Mailhos attirait chez elle des filles pour les livrer soit à la prostitution, c'était son délit ; soit à la police, c'était son emploi.

Voilà le fond des choses. Est-ce là le crime du commissaire central ? On ne sache pas que jamais la justice ait su mauvais gré à la police des moyens que celle-ci peut employer, sous l'œil de l'administration supérieure, pour se faire livrer les malfaiteurs ou les prostituées.

Que peut-on voir de plus dans les faits ? Ceci encore, que la femme Bordes, pour sa défense, se serait dite non-seulement « l'auxiliaire du commissaire central, dans un intérêt de police », mais aussi « sa complaisante au service de ses passions personnelles » ; qu'elle aurait exercé sa coupable industrie au profit du commissaire central, sous l'empire de la contrainte et de la peur que lui inspirait l'homme puissant qui la menaçait de briser à son gré sa profession de sage-femme ; « qu'elle avait le commissaire central dans sa manche, et qu'elle aurait menacé de son crédit auprès de lui les surveillants de sa maison de tolérance, même un commissaire de police ! »

Mais en vérité, lorsque des sentines du vice et de l'immoralité, lorsque des bas-fonds de la police montent vers son chef, vers un fonctionnaire éprouvé, connu, apprécié, des rumeurs aussi absurdes, des choses nauséabondes ; lorsqu'une femme Bordes imagine une pareille défense, qui donc lui accordera crédit ? Sont-ce les juges qui vont la condamner pour son immoralité ? Contre cet odieux guet-apens, le fonctionnaire habile, dévoué, sans reproches jusque-là, ne sera-t-il pas protégé par son honorabilité reconnue, par ses services éclatants, « par son excellente situation », dirons-nous, en reproduisant ce mot qui se trouve dans l'une des lettres produites ? Va-t-il tout d'un coup glisser dans la boue qui lui est jetée ? Ne devra-t-on pas, au contraire, le plaindre et le relever, s'il en était besoin, du fâcheux contact auquel il n'a pu échapper, car c'était un péril inhérent à l'exercice de ses fonctions, à l'accomplissement même de ses devoirs !

Loin de là, on sait les termes du jugement. Il fait éclat de ce simple fait que M. de Burdin, ayant employé pour sa police, à Toulouse, des femmes faisant métier de proxénètes, a reçu quelques éclaboussures d'un débat correctionnel terminé par la condamnation de ces femmes. S'agissait-il de témoignages plus ou moins dignes de confiance, entendus sous la foi du serment ? Non, ce n'était qu'un impudent et ignoble système de défense que le tribunal et la Cour d'appel n'ont pas admis, puisque les prévenues ont été condamnées.

Cependant cette fange prend, dans les motifs du jugement, consistance de faits reconnus et appréciés, à la charge du commissaire central, en complicité de la femme Bordes! Il est expressément déclaré que « si son nom s'est trouvé mêlé et confondu dans les débats avec celui de Marie Bordes, ainsi qu'aux faits délictueux qui sont l'objet de la plainte du ministère public; si, d'autre part, ce fonctionnaire a manqué de la manière la plus grave à tous ses devoirs, une révocation éclatante l'en a puni, et que ce châtiment, dans l'état de la cause, et suivant des appréciations qui n'appartiennent qu'au ministère public, est le seul qui pût l'atteindre. » On ajoute : « qu'outre les fautes commises par Marie Bordes en dehors de cette influence, elle a aussi à se reprocher de s'être rendu communs tous les faits dont elle voudrait renvoyer la responsabilité à celui qui les a provoqués, et qui l'aurait, dit-elle, contrainte et forcée par l'ascendant de l'autorité dont il était investi. Que pour admettre cette excuse, il faudrait que Marie Bordes eût exercé sa coupable industrie toujours d'une manière désintéressée, pécuniairement parlant, et au profit exclusif de celui qu'elle désigne; que pour admettre qu'elle a agi sous l'empire de la contrainte, de la peur que lui inspirait l'homme puissant qui la menaçait de briser à son gré sa profession de sage-femme, il faudrait qu'elle n'eût pas proclamé très-haut et audacieusement qu'elle avait le commissaire central dans sa manche... »

Rarement, il faut le reconnaître, des juges ont à ce point dévié de la froide impassibilité qui est leur premier devoir, et des principes qui doivent diriger l'administration de la justice.

Telle est, d'une autre part, la réponse en fait que le demandeur oppose aux allégations consignées dans le jugement du 10 décembre 1850. En droit, il fonde sa demande sur les principes en matière de diffamation, et sur le devoir qu'ont les juges, comme les autres citoyens, de respecter l'honneur et la considération des tiers étrangers aux débats qui s'agitent devant eux.

M. le conseiller Nicolas, chargé du rapport de l'affaire, après avoir exposé les faits de la cause et donné lecture de tous les documents qui s'y rattachent, rappelle à la Cour les règles et sa jurisprudence en matière de prise à partie, et signale à son attention les questions que paraît comporter le litige. Au nombre de ces questions, il en est une que l'on peut appeler préjudicielle, et dont la solution est fort importante au procès, car elle peut avoir le double résultat de faire écarter la demande comme irrecevable en ce qui concerne les magistrats de la Cour de Toulouse, et de faire ensuite déclarer l'incompétence de la Cour de cassation pour statuer sur la prise à partie qui ne porterait plus que contre les magistrats du tribunal. Nous empruntons à l'honorable conseiller cette partie des observations de son rapport :

« Les faits ainsi établis, nous vous rappellerons, Messieurs, que vous avez décidé, par un arrêt de cette chambre du 26 août 1825 (Dalloz, I, 431), que la prise à partie est la seule voie qui doit être suivie pour l'exercice de l'action en réparation civile contre les magistrats, à raison des actes relatifs à leurs fonctions; et que, par un arrêt du 22 février 1825 (Dalloz, 1825, I, 89), et par un autre arrêt du 18 juillet 1832 (Dalloz, 1832, I, 281), vous avez reconnu que la haute Cour n'ayant pas été instituée, c'est à la Cour de cassation, d'après l'article 2 de la loi du 27 novembre 1790, qu'il appartient de juger les demandes de prise à partie, dans le cas de l'article 509, § 2, du Code de procédure civile.

« Mais, pour que la Cour de cassation puisse rester saisie d'une demande en autorisation de prise à partie, formée, comme dans l'espèce, simultanément contre un tribunal et contre une chambre d'une Cour, n'est-il pas nécessaire d'examiner préalablement si la permission de prendre à partie les magistrats qui composaient la chambre de cette Cour doit être accordée ?

« Dans le cas où vous décideriez que le demandeur ne doit pas être autorisé à prendre à partie les magistrats de la chambre de la Cour, ne devriez-vous pas le renvoyer à se pourvoir conformément au premier paragraphe de l'article 509 du Code de procédure civile, qui dispose que la prise à partie contre les tribunaux de première instance sera portée à la Cour impériale du ressort ?

« Ainsi que vous l'avez appris par la lecture du jugement du 10 décembre 1856, trois personnes avaient été traduites devant le tribunal de Toulouse, comme prévenues du délit d'attentat aux mœurs, en excitant habituellement à la débauche ou à la corruption des jeunes filles au-dessous de vingt et un ans; c'étaient les nommées : 1° Rosalie Laporte, épouse Mailhos; 2° Marie Bordes, sage-femme; 3° Marie Cazemajor, ménagère, habitant toutes les trois à Toulouse.

« Le jugement qui statue sur cette prévention donne des motifs particuliers pour démontrer la culpabilité de chaque prévenue. Les motifs qui sont dénoncés dans la requête, comme portant atteinte à l'honneur et à la considération du demandeur, s'appliquent exclusivement à Marie Bordes. Ceux relatifs à la femme Mailhos sont ainsi conçus... (M. le conseiller rapporteur donne lecture de ces motifs, qui sont longuement développés).

« La femme Mailhos a seule interjeté appel du jugement du 10 décembre 1856.

« La Cour n'avait donc à s'occuper, et elle ne s'est occupée en effet, que des faits personnels à la femme Mailhos. Elle confirme la décision des premiers juges par des motifs qu'elle formule ; puis elle termine ainsi les considérants de son arrêt : « Par ces motifs « et ceux des premiers juges qui n'y ont rien de contraire.... »

« L'arrêt confirmatif, dit le demandeur dans sa requête, formule des motifs nouveaux renfermés dans les limites de la prévention contre l'appelante, et dont il convient de rappeler seulement ici le suivant : qu'elle attirait chez elle de nombreuses filles majeures ou mineures, pour les livrer soit à la prostitution, soit à la police. Mais l'arrêt ne s'est pas contenté de ces motifs nouveaux, et il a fait siens ceux du jugement lui-même en ces termes formels : « Par « ces motifs et ceux des premiers juges qui n'y ont rien de contraire, « la Cour, etc. »

« La Cour a adopté les motifs des premiers juges, non contraires à ceux par elle exprimés. Mais ces motifs des premiers juges, que la Cour a adoptés, quels sont-ils? Quels pouvaient-ils être? N'étaient-ce pas ceux qui s'appliquaient à la femme Mailhos, seule appelante? Or, les motifs exprimés par les premiers juges, et particuliers à la femme Mailhos, n'ont point été signalés dans la requête du demandeur comme portant atteinte à son honneur et à sa réputation.

« Les motifs qui s'appliquent à Marie Bordes sont seuls accusés, comme contenant une diffamation. Ne faudrait-il pas que de l'ensemble des motifs du jugement on pût induire que les motifs qui sont relatifs à Marie Bordes sont aussi applicables aux deux autres prévenues, par conséquent à la femme Mailhos, pour que l'adoption des motifs des premiers juges pût servir de base à la demande de prise à partie contre la Cour? C'est ce que vous aurez à apprécier.

« Si vous veniez à penser, Messieurs, que la Cour de Toulouse, en adoptant les motifs des premiers juges, n'a pas entendu s'approprier les motifs à raison desquels la requête a été présentée; qu'ainsi, pour elle, il n'y a lieu de permettre la prise à partie, les juges du tribunal restant alors seuls en cause, vous auriez à vous demander si vous seriez compétents pour statuer sur la demande de prise à partie, et si, aux termes du premier paragraphe de l'article 509 du Code de procédure, vous devriez renvoyer le demandeur à se pourvoir devant la Cour de Toulouse. »

Après s'être ainsi expliqué sur ce point préjudiciel, M. le conseiller Nicolas passe en revue la jurisprudence de la Cour de cassation en matière de prise à partie, fait ressortir les règles d'appréciation qui paraissent se dégager du dernier état de cette jurisprudence, et se résume enfin en ces termes :

« Si vous étiez appelés à examiner le fond de la requête, vous auriez à vous demander si c'est malicieusement, dans une intention de nuire *et sans utilité pour la décision,* que le tribunal et la Cour de Toulouse y ont inséré les motifs dénoncés par M. de Burdin comme diffamatoires pour lui, et si ces motifs sont de nature à porter atteinte à son honneur et à sa considération; ou si, au contraire, ces motifs n'étaient pas nécessaires, ou au moins utiles, pour repousser les moyens proposés par Marie Bordes, afin

d'atténuer sa culpabilité et d'obtenir l'application des circonstances
atténuantes, et si, d'ailleurs, en supposant que la décision pût se
justifier par d'autres motifs que ceux signalés par la requête, l'intention des magistrats qui l'ont rendue n'est pas toujours restée
pure et exempte de tout dessein de nuire par la diffamation.

» Ces règles, pour l'appréciation des motifs dénoncés et pour la
décision que vous avez à rendre, sont tracées par les arrêts que
vous avez rendus, et que nous avons l'honneur de vous rappeler.

« Dans une affaire aussi délicate, dit en terminant M. le conseiller
rapporteur, nous avons cru que le devoir de votre rapporteur
devait se borner à vous faire connaître la requête, les pièces à
l'appui, à indiquer les questions qui paraissent naître des documents de la cause et les éléments qui lui semblaient pouvoir servir
à les résoudre. »

Après ce rapport, un incident a lieu à propos des doutes exprimés par M. le conseiller Nicolas dans un passage de son rapport
sur le droit qui appartiendrait au demandeur en prise à partie de
présenter ou de faire présenter par un avocat des observations
orales contre des magistrats absents et qui ne peuvent se défendre.
M. le conseiller a cité, d'une part, l'arrêt du 17 février 1825
(affaire Forbin-Janson), lors duquel M. Odilon Barrot fut admis à
plaider devant la chambre des requêtes à l'appui de la demande de
son client, sans que d'ailleurs la question eût été soulevée; et,
d'une autre part, un arrêt rendu en 1835 par la Cour impériale de
Paris, qui refusa à M. Raspail, malgré les conclusions formelles
déposées par son avoué, de l'entendre lui-même à l'audience pour
la justification de la prise à partie qu'il avait formée contre M. Zangiacomi, juge d'instruction au tribunal de la Seine. De là les doutes
émis par M. le conseiller rapporteur.

« M. LE PRÉSIDENT NICIAS-GAILLARD : Mᵉ Gatine, avez-vous des
observations à soumettre à la Cour relativement à l'incident que
fait naître l'objection du rapport?

« Mᵉ GATINE : Messieurs, nous nous sommes engagés sans passion
et sans inimitié dans ce malheureux débat, où nous ne cherchons
qu'une voie de salut pour nous soustraire aux conséquences désas-
treuses des décisions qui vous sont déférées; et sans doute, après
le rapport dont il vient de vous être donné lecture, et qui vous a
fait connaître tous les faits et tous les actes que nous avons nous-
mêmes à recommander à votre impartiale justice, nous pourrions
nous dispenser, sans crainte de rien compromettre, d'ajouter à ce
qui vous a déjà été dit.

« Mais, Messieurs, l'objection qui nous est faite touche à la première des prérogatives du barreau, en atteignant le droit de défense.
En l'envisageant à ce point de vue, notre devoir est d'y résister au
nom du principe qu'elle met en contestation.

« Le décret des 17 novembre-1ᵉʳ décembre 1790, sur l'institution

du tribunal de cassation, porte, article 2 : « Les fonctions du tri-
« bunal de cassation seront de juger..... les demandes de prise à
« partie. » L'article 5 met sur le même pied ces sortes de demandes
et les demandes ordinaires, en disant : « Avant que la demande en
« cassation ou en prise à partie soit mise en jugement, il sera préa-
« lablement examiné et décidé si la requête doit être admise et la
« permission d'assigner accordée. » A quoi l'article 12 ajoute : « En
« toutes affaires, les parties pourront, par elles-mêmes ou par leurs
« fondés de pouvoir, plaider et faire les observations qu'elles juge-
« ront nécessaires à leur cause ou à leur demande. »

« Nous croyons donc, Messieurs, que la Cour n'a pas à faire une
distinction que le décret ne fait pas et qu'aucune autre loi n'a faite
depuis, et qu'elle doit, en cette matière comme en toute autre,
reconnaître et consacrer le droit de défense. »

Sur l'incident, M. le procureur général a dit :

« Le droit de l'avocat du demandeur de présenter des observations
orales à l'audience, après le rapport, est de droit commun devant
la chambre des requêtes. Le défendeur éventuel est toujours
absent, et toujours cependant on entend l'avocat du demandeur.
Autrement, pourquoi juger en audience publique? La raison est
que, par là, il n'est pas préjudicié au droit du futur défendeur.
En effet, rien ne peut être jugé contre lui; on agite seulement la
question de savoir s'il sera ou non permis au demandeur de le faire
citer. Il peut gagner quoique absent, si la permission de citer est
refusée; et, si elle est accordée, il n'a rien perdu, puisqu'il sera
appelé, en ce cas, pour se défendre.

« Dans les rares exemples de prise à partie que nous a légués la
jurisprudence, c'est ainsi qu'on a procédé.

« Ainsi, dans l'arrêt d'admission de Boileau, du 25 frimaire
an XIV (1806), on lit : « Ouï le rapport de Lombard Quincieux,
« Parent-Réal, avocat, en ses observations, et Daniels, substitut... »
Dans l'arrêt de rejet de Forbin-Janson, du 17 février 1825 : « Ouï
« le rapport de M. Borel de Brétizel, conseiller; les observations
« d'Odilon Barrot, avocat du demandeur, et les conclusions de M. le
« procureur général. »

« Enfin l'arrêt d'admission Turpin, du 2 mars 1832, contient
également la mention que Mᵉ Chauveau, avocat du demandeur, a
été entendu en ses observations orales.

« A la vérité, dans la demande en prise à partie formée par le
sieur Raspail devant la Cour d'appel de Paris, le 30 janvier 1836,
l'avocat ayant demandé par des conclusions spéciales : « qu'il plût
« à la Cour permettre à Raspail de développer *oralement et en*
« *personne* par-devant la Cour les moyens et les faits à l'appui de
« sa demande, » la Cour n'a pas accordé cette permission. Mais,
quels que soient les motifs donnés à l'appui, au fond, il est permis
de croire que ce précédent unique a porté sur la partie qui deman-

dait à parler elle-même, et dont on redoutait les écarts, plus que
sur le droit généralement accordé aux avocats.

« Mais ce précédent lui-même est étranger à la Cour de cassation,
qui, par un arrêt plus récent, conforme en cela à ses arrêts antérieurs, a, dans la prise à partie du sieur Durand-Vaugarou, entendu l'avocat du demandeur en ses observations. (L'arrêt est du
10 décembre 1856.)

« Nous estimons qu'il y a lieu de maintenir ici le droit du barreau, qui n'est autre que le droit même des parties, et que l'avocat, s'il le demande, doit être entendu.

Conformément à ces conclusions, la Cour a vidé l'incident en
ces termes :

ARRÊT (6 juillet 1858).

La Cour,

Ouï M. le conseiller Daniel-Nicolas, en son rapport; Me Gatine, en
ses observations; et M. le procureur général Dupin, en ses conclusions, sur la question, soulevée d'office par le rapport, de savoir si le
défenseur du requérant la prise à partie doit être admis à présenter
des observations à l'appui de la requête;

Vu la requête de prise à partie du 8 juin 1858;

Attendu que les affaires, en matière de prise à partie, s'instruisent
et se jugent devant la chambre des requêtes de la Cour de cassation,
comme les affaires ordinaires; qu'aux termes de l'article 37 de l'ordonnance du 15 janvier 1826, les avocats des parties doivent être
entendus, s'ils le requièrent; qu'il n'est pas fait d'exception à cette
règle pour le cas de prise à partie; que seulement, comme la loi le
prescrit pour la rédaction de la requête, les avocats doivent se mon-
trer attentifs à n'employer aucun terme injurieux contre les juges dont
la prise à partie est demandée; qu'ainsi l'avocat de M. de Burdin, qui
requiert de présenter des observations à l'appui de la requête de prise
à partie, doit être entendu;

Ordonne que Me Gatine, avocat de M. de Burdin, sera entendu dans
ses observations, à l'appui de la requête de prise à partie.

Prise à partie.

Après cet incident, la parole est donnée à Me Gatine, avocat de
M. de Burdin, qui, après avoir ramené quelques instants l'attention
de la Cour sur les faits de la cause et sur les honorables attestations
qui se sont produites en faveur de son client, depuis comme avant
les décisions attaquées, s'attache à justifier la prise à partie par les
raisons de droit dont voici la substance :

On comprend que le juge sur son siége ait toute l'indépendance,
toute la liberté d'appréciation nécessaires pour administrer la justice et pour protéger efficacement l'ordre public ou les bonnes
mœurs. On comprend que les prévenus, les accusés, lui appartiennent en quelque sorte, et qu'à leur égard il ait le droit de tout
dire, notamment lorsqu'il condamne; la justice n'a pas de ména-

gements à garder envers ceux qu'elle frappe et qui ont mérité ses rigueurs. Mais on ne saurait admettre qu'il en soit ainsi lorsqu'il ne s'agit plus des parties, lorsque ce redoutable droit de tout dire rencontre des tiers étrangers au procès. La diffamation du prévenu condamné est une nécessité; elle se justifie d'ailleurs par l'obligation de motiver les jugements. La diffamation des tiers qu'aucune nécessité ne justifierait ne saurait être, au contraire, de la part du juge, qu'un délit, ou tout au moins un quasi-délit, engageant sa responsabilité.

Autrement, le pouvoir de juger ne serait plus, il faut bien le reconnaître, que le droit de nuire et d'opprimer, car donner à des hommes, quels qu'ils soient, le droit de tout dire, à l'égard de toutes personnes, dans des actes qu'ils peuvent rendre publics et revêtir de l'autorité de la chose jugée, ce serait livrer à leur discrétion, et l'honneur des citoyens, et le repos des familles, et l'ordre public lui-même. C'est ce que la loi n'a pas fait.

Loin de là, elle rend le prêtre lui-même responsable des diffamations ou des injures qu'il se permettrait, souvent par excès de zèle religieux, en chaire ou au prône, dans l'exercice de son saint ministère, de ses fonctions sacerdotales, qui, entre toutes, sembleraient être au-dessus des lois et des responsabilités civiles. Ces diffamations ou ces injures sont des cas d'abus rentrant dans les prévisions de l'article 6 de la loi du 18 germinal an X (articles organiques du Concordat). Ainsi l'ont jugé de nombreux arrêts émanés soit de la Cour de cassation, soit du Conseil d'Etat.

Plus spécialement, en ce qui concerne l'administration de la justice, l'article 23 de la loi du 17 mai 1819, reproduisant à cet égard la législation antérieure, porte : « Ne donneront lieu à aucune « action en diffamation ou injure les discours prononcés ou les écrits « produits devant les tribunaux... Pourront toutefois les faits diffa- « matoires étrangers à la cause donner ouverture, soit à l'action « publique, soit à l'action civile des parties, lorsqu'elle leur aura été « réservée par les tribunaux, et, dans tous les cas, à l'action civile « des tiers. »

Le principe est là. En dehors de la cause, la diffamation est sans immunité; elle peut donner lieu à l'action notamment des tiers; elle redevient délit, et cela, pour le juge tout aussi bien que pour les parties ou leurs avocats. Le juge de répression qui, dans le libellé de sa sentence, diffame des tiers non soumis aux débats, n'est plus dans les limites de la cause ni de son ministère; il n'en peut réclamer les priviléges ou l'inviolabilité; il peut être pris à partie.

L'avocat cite, entre autres précédents de jurisprudence, l'arrêt Forbin-Janson du 22 février 1825, dans lequel la Cour a virtuellement admis que les motifs diffamatoires d'un jugement peuvent donner lieu à prise à partie contre le juge, pourvu que ces motifs ne puissent être justifiés. Si M. de Forbin-Janson échoua cependant, c'est qu'étant d'ailleurs partie au procès, il se plaignait d'une imputation de mauvaise foi, qui avait pu l'atteindre dans la discussion des faits de la cause par le juge.

Cette décision de la Cour est topique dans l'affaire actuelle, où il s'agit précisément aussi de motifs ou considérants diffamatoires d'un jugement ou d'un arrêt, avec cette différence toute favorable dans les faits, que la diffamation des juges se hasarde contre un tiers non soumis aux débats, et qu'elle aurait pour M. de Burdin le caractère d'une véritable flétrissure, d'un douloureux et ineffaçable stigmate, s'il n'intervenait pas sur sa protestation devant la Cour un arrêt réparateur.

Sans insister davantage sur les faits de la cause, il est hors de doute que, par faute grave, peut-être par sentiment exagéré du devoir, *par défaut de surveillance sur eux-mêmes*, sans aller plus loin, et jusqu'à la passion ou l'inimitié personnelle, les magistrats pris à partie sont tombés dans la plus malheureuse déviation. Un pareil abus des pouvoirs du juge est peut-être sans précédent. Ces violentes incriminations lancées contre M. de Burdin, déplorables *hors-d'œuvre d'un jugement qui ne devait pas le toucher,* lui raviront-elles avec l'honneur son avenir et celui de sa famille? La Cour suprême en décidera.

Conclusions du procureur général.

« La première condition pour qu'un juge, un tribunal quelconque soit en droit de statuer sur la personne, l'honneur ou les biens d'un citoyen, est qu'il soit leur justiciable. Il faut avoir été cité ou accusé régulièrement devant eux, et mis par là à portée de se faire entendre avant d'être jugé et condamné; car, au civil comme au criminel, les juges ne peuvent valablement prononcer que : parties ouïes.

« Cela est si vrai, surtout en matière pénale, que, même quand un homme est accusé et renvoyé devant une Cour d'assises, il ne peut être jugé que sur les faits portés en l'acte d'accusation qui lui a été signifié, et sur lequel il a été mis à même de se défendre. La loi dit expressément et avec juste raison (Code d'instruction criminelle, art. 271) que « le procureur général ne pourra porter à la « Cour aucune autre accusation, à peine de nullité, et, s'il y a lieu, « de prise à partie ».

« Donc, à plus forte raison, quand un homme n'est ni cité, ni accusé, ni partie, à un titre quelconque, dans un procès civil ou criminel, il n'est pas permis aux tribunaux de se saisir, pour ainsi dire, d'office de sa personne; d'examiner, de discuter, d'incriminer ses actes et sa conduite, sans qu'il y ait pour lui possibilité d'élever la voix, de se faire entendre, de se disculper.

« Vainement dirait-on, comme dans l'espèce, que le dispositif du jugement ne renferme contre cette personne aucune condam-

7.

nation ; qu'il n'est question d'elle que dans les motifs. Eh ! qu'importe, si ces motifs lui infligent par le fait une peine morale qui affecte son honneur et sa considération ?

« Cela est d'autant plus étrange dans l'affaire présente, qu'il s'agissait d'un fonctionnaire public, qu'on l'incriminait en raison de ses fonctions dont on prétendait qu'il avait fait abus; et que, par conséquent, on n'aurait pu le poursuivre ouvertement qu'après l'autorisation du Conseil d'État. Ce fonctionnaire, on ne pouvait le juger, mais on l'a flétri !

« Il n'a pas pu appeler du jugement, car il n'y était point partie : il a eu recours à la prise à partie, seule voie qui lui fût ouverte pour faire effacer du jugement les motifs offensants qu'on avait dirigés contre lui, et qu'il qualifie de diffamatoires.

« La prise à partie dans l'affaire du comte de Forbin-Janson contre l'agent de change Perdonnet constitue un précédent précieux. M. de Forbin-Janson n'avait été attaqué que dans les motifs de l'arrêt contre lequel il réclamait. Cela n'a pas empêché qu'on ne reçût sa requête : et si, en statuant au fond, on l'a rejetée, c'est que M. de Forbin-Janson était dans une situation tout autre que M. de Burdin. En effet, M. de Forbin-Janson avait été partie principale dans l'arrêt. Sa conduite à la Bourse, ses négociations et leurs conséquences, avaient été déférées à l'appréciation de la Cour d'appel de Paris; il était régulièrement soumis à sa juridiction. Cette Cour eût pu le condamner, en disant pourquoi. Elle avait pu aussi, en ne le condamnant pas au fond, qualifier les faits et leur infliger un blâme; il n'y avait, en cela, ni excentricité, ni excès de pouvoir.

« Mais telle n'était pas la situation de M. de Burdin, dans l'espèce. Si l'une des prévenues l'avait impliqué dans une de ses déclarations, en alléguant la prétendue influence qu'il aurait, disait-elle, exercée sur elle en raison de ses fonctions, les juges pouvaient très-bien se contenter de repousser cette allégation comme vaine, comme n'étant nullement prouvée, et ne pouvant, en tout cas, constituer une excuse légale. Au lieu de cela, et quoique de Burdin fût absent, les juges, dans les considérants de leur jugement, se sont attaqués directement à lui, à sa personne, aux fonctions qu'il avait exercées, et ils l'ont maltraité dans leurs motifs plus même que les parties accusées et condamnées. N'est-ce point là un excès de pouvoir qui mérite d'être redressé ?

« Ce serait là, Messieurs, le fond du procès, si la demande en prise à partie devait être jugée par la Cour de cassation. Mais la Cour doit-elle en rester saisie ?

« Cette demande est dirigée tout à la fois contre le tribunal correctionnel et contre la chambre des appels correctionnels de la Cour de Toulouse. Pour que le même reproche pût atteindre également ces deux juridictions, il faudrait que le même tort pût leur être imputé : et puisque le grief a son siége dans les motifs du jugement de première instance, il faudrait que la Cour, en les adoptant, se les fût appropriés. Or, peut-on dire avec fondement qu'il en soit ainsi? Nous ne le pensons pas.

« Devant le tribunal correctionnel de Toulouse, il y avait plusieurs accusés : 1° la femme Bordes ; 2° Rosa Mailhos. C'est à l'occasion de la femme Bordes seulement, et sur un fait d'excuse allégué par elle, que le tribunal a déduit les motifs dont se plaint le sieur de Burdin. Ces motifs sont entièrement étrangers à Rosa Mailhos, qui est condamnée par des motifs spéciaux, fort détaillés d'ailleurs, et applicables seulement à la mauvaise conduite qui lui était personnellement imputée.

« La femme Bordes n'a pas appelé, Rosa Mailhos seule a porté son appel devant la Cour impériale.

« Cette Cour, en statuant sur l'appel, a formulé de nouveaux motifs, et la requête en prise à partie reconnaît que « ces motifs « sont renfermésdans les limites de la prévention contre l'appelante. » A la vérité, la Cour a ajouté : « Par ces motifs, et ceux des pre- « miers juges qui n'ont rien de contraire. » Mais cette restriction même est une preuve que la Cour n'a pas adopté tous les motifs donnés par les premiers juges, et qu'elle n'a voulu s'approprier que ceux qui se rapportaient aux motifs qu'elle-même a formulés. Or, comme ceux-ci, de l'aveu même du demandeur, « sont ren- « fermés dans les limites de la prévention contre l'appelante, » il semble logique d'en conclure que la relation établie par la Cour avec les motifs des premiers juges a pour mesure la même restriction.

« Ainsi les motifs applicables seulement à Marie Bordes et à son système de défense sont restés en dehors de l'appel, et, par suite, en dehors de l'arrêt. Comment donc la Cour d'appel pourrait-elle être atteinte par une prise à partie dirigée contre des motifs qu'elle ne s'est point appropriés, et auxquels elle a déclaré implicitement vouloir demeurer étrangère?

« Dès lors, au point de vue de la compétence, l'affaire change de face devant vous. En effet, Messieurs, la Cour de cassation ne serait compétente pour connaître de la prise à partie qu'autant que cette prise à partie pourrait atteindre la Cour impériale. C'est la disposition formelle de l'article 509 du Code de procédure, combiné avec l'article 2 de la loi du 27 novembre-1er décembre 1790.

« Et comme il résulte de la discussion à laquelle nous venons de nous livrer, que les motifs introduits dans la décision judiciaire dont se plaint le demandeur n'appartiennent qu'au tribunal correctionnel, c'est contre ce tribunal seul que la prise à partie pourrait être dirigée. Or, la prise à partie réduite à ces termes aurait dû, d'après le § 1er de l'article 509, être portée, non devant la Cour de cassation, mais devant la Cour impériale du ressort.

« Dans ces circonstances, et sans préjudice du droit qui demeurera réservé à la partie, de reproduire sa demande devant les juges compétents, nous estimons, en l'état, qu'il y a lieu de rejeter la requête. »

ARRÊT (6 juillet 1858).

La Cour,

Ouï M. le conseiller Daniel-Nicolas, en son rapport; Me Gatine, en ses observations; et M. le procureur général Dupin, en ses conclusions;

Vu la requête de prise à partie, du 8 juin 1858, et les pièces à l'appui;

Sur la compétence :

Attendu que la prise à partie, dirigée simultanément contre le tribunal correctionnel de Toulouse et contre la chambre des appels de police correctionnelle de la Cour impériale de la même ville, porte en son entier sur un seul et même grief, à savoir les motifs prétendus diffamatoires donnés par le tribunal correctionnel dans son jugement du 10 décembre 1856, et que la Cour se serait appropriés dans son arrêt du 30 janvier 1857; que cette demande, une dans ses motifs et dans son objet, a été régulièrement portée devant la Cour de cassation, qui, seule compétente (art. 509 du Code de procédure civile) pour connaître de la prise à partie contre une section de la Cour impériale, se trouve l'être, à raison de la connexité, pour statuer sur le tout;

Au fond :

Attendu que la prise à partie est une voie extraordinaire de recours qui ne doit être admise que dans les cas expressément déterminés par la loi; qu'elle est ici fondée sur une allégation de dol; mais attendu, en droit, que le dol est un tort moral qui tient surtout à l'intention, et qu'on ne saurait, en cette matière, l'assimiler à la faute, quel qu'en soit le degré; qu'il faut le dessein de nuire, et qu'en dernière analyse, sauf les cas déterminés par la loi, le juge ne peut être pris à partie que lorsqu'il a jugé par faveur, par haine ou par corruption;

Attendu, en fait, que le tribunal correctionnel de Toulouse, appelé à s'expliquer sur le système de défense de Marie Bordes, prévenue d'excitation à la débauche, lequel tendait à rejeter le délit sur le commissaire central de police, a donné à ce système, par la manière dont il l'a apprécié en fait dans les considérants de son jugement, tout en repoussant les conséquences que la prévenue prétendait en tirer, une importance et une autorité qu'il était loin d'avoir par lui-même;

Qu'il est regrettable qu'au lieu de se borner à discuter ces allégations dans une forme hypothétique; dans le but de démontrer que, fussent-elles prouvées, elles devaient rester sans influence sur le résultat de la prévention, le tribunal ait paru les considérer comme régulièrement établies et tenir les faits pour constants, jugeant ainsi, sans l'entendre, et condamnant, du moins moralement, un tiers étranger à l'instruction et aux débats, et qui n'avait point été mis à même de se défendre;

Qu'il est d'autant plus à regretter que le tribunal ait paru adopter, sur ce point, sans avoir pu en vérifier l'exactitude dans les formes légales, les allégations intéressées de la prévenue; qu'il s'agissait d'un fonctionnaire public protégé, même après la révocation dont il venait d'être l'objet, par la garantie constitutionnelle, pour des faits supposés commis par lui dans l'exercice de ses fonctions;

Que, de son côté, la chambre des appels de police correctionnelle de la Cour de Toulouse, dans l'arrêt par lequel elle a statué sur l'appel de Rosa Mailhos, condamnée en première instance comme complice de Marie Bordes, a pu paraître, soit en déclarant adopter les motifs des premiers juges, sans restreindre cette déclaration aux motifs particuliers à Rosa Mailhos, soit par les termes ambigus de l'un des propres considérants de son arrêt, s'approprier ceux dont M. de Burdin est fondé à se plaindre;

Mais attendu que ni, de la part du tribunal, une appréciation non autorisée et pouvant nuire à un tiers, ni, et moins encore, de la part de la Cour, une rédaction équivoque, ne sauraient, en l'absence de toute intention dolosive, constituer le dol non plus qu'aucune autre cause légale de prise à partie;

Par ces motifs,

La Cour rejette ladite requête de prise à partie, et, vu l'article 513 du Code de procédure civile, ainsi conçu : « Si la requête est rejetée, la partie sera condamnée à une amende qui ne pourra être moindre de trois cents francs, sans préjudice des dommages et intérêts envers les parties », condamne de Burdin à trois cents francs d'amende.

3° GREFFIERS.

Greffiers des tribunaux de commerce. — Exécution des jugements de ces tribunaux. — Registre constatant l'opposition ou l'appel. — Certificat de non-opposition ni appel.

N° XIV. — 797. (Audiences des 12 et 13 janvier 1859.) Chambres réunies.

Greffiers des tribunaux de commerce. — Exécution des jugements. — Registre constatant l'opposition ou l'appel. — Certificat de non-opposition ni appel.

Question. — Les greffiers des tribunaux de commerce sont-ils obligés, comme les greffiers des tribunaux civils, de tenir le registre et de délivrer le certificat de non-opposition ni appel, mentionnés dans les articles 163, 164, 548, 549, 550 du Code de procédure civile?

Telle est la question que les chambres réunies étaient appelées à juger; elle se présentait dans les circonstances suivantes :

Le sieur Dramard-Blandet avait obtenu du tribunal de commerce de Paris deux jugements par défaut contre un de ses débiteurs. Une somme d'argent étant déposée à la Caisse des consignations au compte de celui-ci, le sieur Dramard fit ses diligences pour se la faire attribuer en payement de sa créance; mais la Caisse refusa de se dessaisir des fonds, si on ne lui représentait un certificat constatant qu'il n'y avait eu ni opposition ni appel contre les jugements dont l'exécution était poursuivie. Le sieur Dramard réclama ce certificat; mais le greffier du tribunal de commerce déclara que les dispositions du Code de procédure civile, en cette matière, ne s'appliquaient qu'aux greffiers des tribunaux civils, qu'il ne tenait pas de registre, et qu'il ne délivrerait pas de certificat.

Pour vaincre cette résistance, le sieur Dramard assigna le greffier devant le tribunal civil de la Seine. Le greffier fut condamné; mais, sur son appel, la Cour de Paris, par arrêt du 22 juillet 1854, lui donna raison, et infirma la décision des premiers juges.

Pourvoi en cassation par Dramard, et, sur ce pourvoi, arrêt de cassation rendu après partage par la chambre civile, le 9 juin 1856, dans les termes suivants :

« La Cour, vidant le partage déclaré à son audience du 24 avril dernier ;

« Vu les articles 548, 549 et 550 du Code de procédure civile ;

« Attendu que ces articles sont compris au titre VI du livre V de la première partie du Code de procédure civile ; que les règles contenues dans ce titre sont générales et s'appliquent à l'exécution de tous les jugements, sans distinction entre ceux des tribunaux de commerce et ceux des tribunaux civils ; que c'est ce que l'on doit conclure non-seulement de la rubrique placée en tête de ce titre, mais encore et surtout de la nature même des dispositions qu'il contient ;

« Attendu que, notamment, les articles 548, 549 et 550, combinés avec l'article 163, auquel l'article 549 se réfère, ont pour objet, d'une part, de donner aux actes d'opposition ou d'appel toute leur efficacité à l'encontre des tiers ; d'autre part, de rendre l'exécution des jugements par défaut ou jugements en premier ressort possible et sûre dans celles de leurs dispositions qui prescrivent des mainlevées, des payements, ou autres choses qui doivent être faites par des tiers ;

« Qu'à cet effet, il est nécessaire que la partie qui a droit de poursuivre l'exécution d'un jugement puisse justifier aux tiers intéressés du caractère purement et simplement exécutoire de ce jugement, en prouvant, quand il y a lieu, qu'il n'est frappé d'aucune opposition ou d'aucun appel, et que l'on ne comprendrait pas pourquoi ces indispensables garanties seraient refusées aux tiers et autres parties intéressées à l'exécution des jugements consulaires, plutôt qu'aux parties intéressées à l'exécution des jugements civils proprement dits ;

« Attendu que si les articles 548, 549, 550 et l'article 163 ne sont pas au nombre des articles du Code de procédure civile que les articles 642 et 643 du Code de commerce déclarent applicables à la forme de procéder devant les tribunaux de commerce, on n'en

saurait tirer aucun argument contraire au principe ci-dessus posé ;
qu'en effet, les règles générales contenues dans la loi commune
s'appliquent aux matières spéciales, lorsqu'il y a parité de raison,
et lorsqu'on ne trouve à leur égard, dans la loi spéciale, ni dérogation expresse ni inconciliabilité ;

« Qu'il en doit donc être de la règle portée par les articles 548
à 550 du Code de procédure civile comme de celle que portent les
articles 157, 474 et suivants, 492 et suivants du même Code, dont
l'applicabilité aux jugements émanés des tribunaux consulaires n'est
pas douteuse, quoique ces articles soient omis dans la nomenclature des articles 642 et 643 du Code de commerce ;

« Attendu que si les articles 548, 549 du Code de procédure
civile, et l'article 163, auquel le second se réfère, supposent, pour
la réalisation des mesures qu'ils prescrivent, l'intervention des
avoués, on n'en saurait conclure que des prescriptions aussi générales et aussi nécessaires ne soient applicables qu'aux seuls tribunaux civils ; qu'il faut, en effet, distinguer dans ces articles le
principe général applicable à toutes les juridictions, qu'ils posent,
et le mode d'exécution particulier aux tribunaux civils, qu'ils réglementent plus spécialement ;

« Qu'il y a simplement lieu de combiner cette dernière partie
de leurs dispositions, pour leur application aux tribunaux de commerce, avec l'article 414 du Code de procédure civile, qui interdit
le ministère des avoués devant ces tribunaux ; d'où la conséquence
unique que ce qui se fait au greffe du tribunal civil, avec l'intervention ou par le ministère des avoués, doit se faire, au greffe
commercial, directement par les parties ou leur fondé de pouvoir ;

« Que rien n'empêche, du reste, que le certificat de l'avoué
dont parle l'article 548 soit remplacé par la représentation au greffier du tribunal de commerce de l'original de l'exploit même d'opposition ou d'appel, acte dont la force probante ne saurait être
inférieure à celle du simple certificat, qui ne fait que le reproduire
et s'y référer ;

« Attendu que de ce qui précède il résulte que, dans la cause,
la Caisse des dépôts et consignations, avant de payer à Dramard la
somme consignée pour sûreté de sa créance par Thuilleux, son
débiteur, était fondée à exiger de Dramard que celui-ci prouvât,
dans la forme tracée par les articles 548 à 550 du Code de procédure civile, que les jugements commerciaux dont il poursuivait
l'exécution à l'encontre de la Caisse, tiers dans la cause, n'étaient
frappés ni d'opposition ni d'appel ;

« Que Dramard était donc en droit de requérir du greffier du
tribunal de commerce la délivrance des certificats indiqués par ces
lois ;

« Que néanmoins l'arrêt attaqué de la Cour impériale de Paris
en a dispensé Lantoine, ès noms, et ce, par l'unique motif que la
délivrance de ces certificats et la tenue du registre auquel ils se

réfèrent ne pourraient être légalement exigées que des greffiers des tribunaux civils, et non des greffiers des tribunaux de commerce; qu'en le décidant ainsi, l'arrêt attaqué a faussement appliqué les articles 642 et 643 du Code de commerce, et violé tant les principes de la matière que les articles de loi ci-dessus visés;

« Casse, etc. »

L'affaire a été renvoyée devant la Cour de Rouen, qui, par arrêt du 26 février 1857, a jugé dans le même sens que la Cour de Paris, en décidant que les articles 163, 164, 548 et 549 du Code de procédure civile étaient inapplicables aux greffiers des tribunaux de commerce. L'arrêt de la Cour de Rouen est ainsi conçu :

« La Cour,

« Attendu que si les règles contenues dans la loi commune s'appliquent aux matières spéciales, lorsqu'il y a parité de raison et analogie parfaite, il en est tout autrement lorsque cette analogie n'existe point, et que la matière spéciale répugne par sa nature et son organisation légale à l'application qu'il s'agirait de lui en faire;

« Attendu que les articles 163, 164, 548 et 549 du Code de procédure civile établissent pour l'exécution des jugements par ou contre les tiers, des règles de procédure, dont les garanties salutaires résultent du caractère public des officiers ministériels chargés de s'y conformer et de les suivre; que c'est bien plutôt à ce titre d'officiers publics que comme mandataires des parties, que les avoués agissent en exécution des articles susénoncés de la loi ;

« Attendu qu'aux termes de l'article 414 du Code de procédure civile, la procédure devant les tribunaux de commerce se fait sans le ministère d'avoué et d'aucun autre officier public;

« Attendu, dès lors, que l'application des articles 163, 164, 548 et 549 du Code de procédure civile aux tribunaux de commerce est impossible, non-seulement parce qu'une obligation imposée aux avoués ne saurait être applicable à une juridiction où il n'y a pas d'avoués, mais encore et surtout parce que l'organisation légale de cette juridiction ne permet pas d'y rencontrer la garantie que le législateur, par les articles susénoncés, a cherchée et trouvée pour les juridictions civiles; qu'au point de vue de la question à résoudre, il n'y a donc aucune parité, aucune analogie même, entre la juridiction civile et la juridiction commerciale;

« Attendu que si l'on pouvait admettre l'utilité, la nécessité même pour la juridiction commerciale d'une mesure analogue à celle qu'établissent pour les tribunaux civils les articles 163, 164, 548 et 549 du Code de procédure civile, c'est au législateur qu'il appartiendrait d'y pourvoir; que les tribunaux sont, en effet, chargés d'appliquer et non de créer la loi ;

« Par ces motifs,

« Statuant par suite du renvoi prononcé par l'arrêt de cassation du 9 juin 1856 ;

« Réformant, et faisant ce que les premiers juges auraient dû faire, déclare Dramard mal fondé dans sa demande, l'en déboute, et le condamne en tous les dépens de première instance et d'appel faits devant les Cours de Paris et de Rouen. »

On voit, par le rapprochement des deux arrêts, quels sont les deux systèmes en présence. Sur un nouveau pourvoi formé par M. Dramard contre l'arrêt de Rouen, l'affaire était aujourd'hui soumise aux chambres réunies, après un arrêt d'incompétence rendu par la chambre civile.

Le rapport de l'affaire ayant été présenté par M. le conseiller Lascoux, Me Hérold, avocat de M. Dramard, a plaidé à l'appui du pourvoi et a soutenu la doctrine de l'arrêt de cassation. Après avoir rappelé les faits et posé la question, l'avocat a poursuivi en ces termes :

« Examinons d'abord l'intérêt de la question. La bien déterminer sera faire faire un premier pas au débat. Un jugement est rendu ; il prononce une mainlevée, une radiation d'inscription hypothécaire, il ordonne un payement, quelque chose à faire par un tiers. Le tiers peut-il être forcé à l'exécution ? Cela serait injuste tant qu'une voie de recours existe au profit d'une partie contre la décision ; car la décision peut être réformée, et alors, de deux choses l'une : ou l'exécution sera bonne, et cela serait injuste pour la partie qui a gagné son procès ; ou elle sera mauvaise, et cela serait injuste pour le tiers. Il faut donc que la décision soit devenue inattaquable, au moins par voie de recours ordinaire. Mais comment le tiers saura-t-il qu'elle l'est ?

« Dans l'ancien droit, le procureur de la partie gagnante délivrait un certificat attestant qu'il n'existait à sa connaissance ni opposition ni appel contre le jugement, et sur le vu de ce certificat, le tiers devait exécuter. Ce système avait de graves inconvénients ; l'erreur ou la mauvaise foi pouvaient produire une attestation fausse. Le Code de procédure civile a introduit à cet égard une heureuse innovation. Il organise un système. Un registre est tenu au greffe. Sur ce registre, il est fait mention de toute opposition ou de tout appel contre les jugements rendus. Lorsqu'une partie veut exécuter un jugement, elle s'adresse au greffier, et celui-ci, sur le vu de son registre, s'il n'existe ni opposition ni appel, délivre un certificat qui constate le fait. Ce certificat est représenté par la partie au tiers, qui est alors, mais seulement alors, tenu d'exécuter. Ce système est excellent. Ses avantages n'existent-ils que quand il s'agit de jugements rendus par les tribunaux civils ? ou, au contraire, y aurait-il la même utilité à l'appliquer lorsqu'il s'agit de jugements des tribunaux de commerce ? Évidemment. L'utilité est la même, soit qu'il s'agisse de jugements civils, soit qu'il s'agisse de jugements de commerce.

« Comme les jugements civils, les jugements de commerce peu-

, vent prononcer quelque chose à faire par un tiers. En matière de commerce, comme en matière civile, le tiers a intérêt, et le même intérêt, à ne pas exécuter tant que le jugement n'est pas définitif. La partie gagnante, d'autre part, a le même intérêt à faire exécuter, peut-être un plus grand intérêt, puisqu'en matière de commerce tout doit être prompt.

« Nos adversaires ne nient rien de tout cela; ils conviennent, eux qui n'entendent pas la loi comme nous, que si la loi était à faire, il faudrait la faire comme nous l'entendons, ou tout au moins organiser un système analogue, sinon identique. Donc, si la règle : *ubi eadem ratio, ibi idem jus*, était une règle sans exception, à coup sûr ce serait le cas de l'appliquer, et notre procès serait gagné.

« L'intérêt de la question est démontré. Abordons la discussion.

« Et d'abord, occupons-nous du texte de la loi.

« L'article 548 est le siége de la difficulté. Cinq articles, cependant, concernent la question : les articles 163, 164, 548, 549 et 550. Mais l'article 550 se borne à énoncer l'effet de la production du certificat, qui est de procurer l'exécution; les articles 163 et 549 organisent la tenue du registre : à ce point de vue, nous aurons à y revenir; l'article 164 dit pour l'opposition ce que l'article 548 dit pour l'appel, en le répétant pour l'opposition. J'avais donc raison de dire que la principale disposition de loi qui nous intéresse est l'article 548.

« Avant même de lire l'article, une première objection se présente à l'esprit.

« Cet article appartient au Code de procédure civile, et non pas au Code de commerce.

« N'y a-t-il pas là tout d'abord une fin de non-recevoir à opposer au système du pourvoi? Non. Il n'y a pas que les articles du Code de commerce qui s'appliquent aux matières de commerce, tant en ce qui concerne la procédure que le fond du droit. Loin de là, il y a des titres du Code de procédure civile qui traitent de la procédure commerciale. Mais il y a aussi, nous dit-on, des titres de ce Code qui sont spéciaux à la procédure civile. Quand cela serait, que nous importerait? Car le titre dans lequel est l'article 548 ne serait pas de ceux-là. En voici la preuve. Le Code de procédure civile traite séparément la *procédure* proprement dite, c'est-à-dire la partie de la procédure qui tend à obtenir la décision du juge et l'*exécution* de la décision obtenue. Or, quand il s'agit de procédure, le Code emploie des livres différents ou des titres distincts du même livre pour la procédure qui a lieu devant chaque juridiction : Livre 1ᵉʳ : Procédure *devant les justices de paix;* — livre IIᵉ, jusqu'au titre XXIV : Procédure *devant les tribunaux de première instance;* titre XXV : Procédure *devant les tribunaux de commerce;* — livre IIIᵉ : Procédure *devant les Cours;* — livre IVᵉ : Procédures *extraordinaires.*

Au contraire, quand il arrive à l'exécution, une seule série de dispositions : Livre V^e : *De l'exécution des jugements.*

« Il est évident que cela embrasse tout ce qui a précédé. Il s'agit des jugements des juges de paix, des tribunaux civils et des tribunaux de commerce. Il semble qu'il ne puisse y avoir rien de plus général que cela : *De l'exécution des jugements;* cependant, dans ce même livre, il y a un titre dont la rubrique renchérit encore sur cette généralité, c'est le titre VIe : Règles *générales* sur l'exécution forcée des *jugements et actes.* Eh bien, c'est précisément dans ce titre qu'est placé l'article 548.

« On nous arrête : Vous prouvez contre vous, nous dit-on, quand vous dites qu'il s'agit d'exécution, car les tribunaux de commerce ne connaissent pas de l'exécution de leurs jugements (art. 442); les règles générales sur l'exécution des jugements sont donc toujours spéciales à la procédure civile. Je réponds qu'on abuse étrangement de l'article 442. Que résulte-t-il de cette disposition? que les difficultés soulevées par l'exécution seront jugées par le tribunal civil au lieu de l'être par le tribunal de commerce. Mais cela n'empêche pas que ce soient des jugements de commerce qu'on exécute, et qu'il y ait des règles sur cette exécution, règles communes aux deux juridictions. En veut-on une nouvelle preuve? Passons rapidement en revue les articles du titre VI dont il s'agit. Ce sont des règles générales de leur nature. Article 545 : « Nécessité de la formule exécutoire; » ceci s'applique même aux actes; — article 546, « nécessité du *pareatis* pour l'exécution des jugements et actes étrangers; » même observation; — article 547, « droit d'exécution des jugements et actes français hors du ressort dans lequel ils ont été rendus ou passés; » même observation. Tout cela s'applique, sans difficulté, aux jugements de commerce. Arrivent nos articles 548, 549 et 550. Puis suivent d'autres articles, tous généraux jusqu'à la fin du titre : inutile de les lire. Une seule exception, un seul article spécial, l'article 553! Mais il est spécial *à la procédure commerciale* (c'est l'article qui règle devant quel tribunal l'exécution des jugements de commerce sera portée) : preuve évidente que, dans le titre, le législateur s'est occupé des jugements de commerce comme des jugements civils.

« Nous croyons avoir suffisamment démontré que le titre auquel appartient l'article 548 est applicable à la matière commerciale. Cette doctrine avait été nettement repoussée par l'arrêt de Paris contre lequel était dirigé le premier pourvoi. Cet arrêt avait jugé qu'aucune disposition du Code de procédure civile n'était applicable en matière de commerce, à moins d'un renvoi spécial du Code de commerce. Cette théorie, évidemment inexacte, n'a pas été reproduite par l'arrêt de Rouen, et elle est abandonnée par nos adversaires. Nos adversaires nous concèdent aujourd'hui non-seulement que le titre de l'exécution est d'une application générale, mais même lorsqu'il s'agit d'une disposition de pure procédure, ils sont obligés de convenir que de nombreux emprunts peuvent être faits à la procédure civile, en l'absence de tout renvoi du Code de commerce. Nous en trouvons un exemple frappant dans l'application aux jugements de commerce de l'article 157 du Code de procédure civile faite par un arrêt que nous avons à citer plus loin.

« Mais, malgré la concession de nos adversaires, j'ai dû insister sur l'applicabilité générale aux jugements de commerce du titre où se trouve l'article 548. Voici pourquoi. C'est qu'après avoir fait la concession, tout aussitôt il la retire en partie. En effet, l'arrêt de Rouen porte : « Attendu que si les règles contenues dans la loi commune s'appliquent aux matières spéciales lorsqu'il y a parité de raison et analogie parfaite, il en est tout autrement lorsque cette analogie n'existe point. » La Cour de Rouen a tort de parler de *parité de raison* et d'*analogie.* Cette parité et cette analogie existent, selon nous, dans la cause, mais elles ne sont pas nécessaires. Il suffit que l'application de l'article 548 à la matière commerciale ne soit pas impossible pour que l'article doive être appliqué. Quand il s'agit d'appliquer une disposition de procédure, il faut l'analogie ; au contraire, quand il s'agit d'exécution, l'application est de plein droit. Sans doute, telle disposition particulière pourra être écartée par suite de raisons spéciales et dans le cas où, comme le dit plus loin la Cour de Rouen, la matière spéciale *répugne* à l'application ; mais il faudra que ces raisons et cette répugnance soient établies. La différence est importante. Car nous passons ainsi du rôle de demandeurs au rôle de défendeurs. Nous n'avons plus à prouver que l'article 548 est applicable : on doit prouver contre nous qu'il est inapplicable.

« Voyons si cette preuve résultera de l'examen du texte.

« Lisons enfin l'article 548.

« Il y a dans cet article deux propositions intimement liées l'une à l'autre par la contexture de la phrase, mais distinctes : *Première proposition* : Aucun jugement ne sera exécutoire contre un tiers qu'à certaines conditions. *Deuxième proposition :* Ces conditions sont..., etc.

« La première de ces propositions s'applique-t-elle aux jugements de commerce ? Incontestablement, oui ; elle est on ne peut plus générale, personne n'en doute. Et la seconde serait spéciale aux jugements civils ? Il faut avouer que la rédaction de la loi serait bien vicieuse.

« Mais pourquoi serait-elle spéciale ? Parce que, nous dit-on, deux conditions sont indiquées, dont ni l'une ni l'autre ne peuvent être remplies quand il s'agit de jugements de commerce. Première condition : Le certificat de l'*avoué* du poursuivant indiquant la date de la signification à la partie condamnée. Deuxième condition : Le certificat du greffier constatant qu'il n'existe ni opposition ni appel mentionnés sur le registre tenu à l'effet de recevoir ces mentions (art. 163 et 549), mentions qui sont faites par l'*avoué* de l'appelant ou de l'opposant. On le voit, de part et d'autre, les avoués interviennent. Or, au tribunal de commerce, il n'y a pas d'avoués. Donc les conditions ne peuvent pas être remplies; l'article 548, dans sa disposition finale, est inapplicable aux matières de commerce.

« Voilà le grand argument de nos adversaires et de l'arrêt attaqué en particulier. Voici maintenant notre réponse :

« Et d'abord, quant à la première condition, au lieu du certificat de l'avoué indiquant la date de la signification, on produira l'original de la signification. Cela reviendra au même. Ce mode est parfaitement simple et parfaitement légal; il a été approuvé formellement par un arrêt de Limoges du 4 juillet 1860.

« Quant à la deuxième condition, rien de plus simple encore. La partie n'a pas d'avoué, elle fera elle-même la mention sur le registre du greffe. On se récrie : « Où avez-vous puisé le droit, « nous dit-on, de changer la disposition de la loi sous prétexte de « l'appliquer? Le Code de procédure parle de l'avoué, et non de « la partie. » Nous ne changeons rien du tout. Devant le tribunal civil, la partie a un mandataire légal, l'avoué qui la représente et se substitue à sa personne, qui devient la partie elle-même. Devant le tribunal de commerce, ce mandataire n'existe pas, la partie agit seule, elle procède elle-même; tout ce que ferait un avoué devant le tribunal civil, elle le fait devant le tribunal de commerce. Il était tout simple que la loi, ne pensant qu'au cas le plus ordinaire, c'est-à-dire à la matière civile, fît faire la mention par l'avoué; mais quand il n'y a pas d'avoué, la disposition s'applique très-facilement encore : le mandataire n'est plus là, mais le mandant reste.

» Erreur! nous dit-on. Vous supposez ici que le mandant peut autant que le mandataire : cela n'est pas. Est-ce que la partie, au tribunal civil, pourrait faire ce que fait son avoué, et se présenter au greffe pour inscrire la mention? Non sans doute, nous le reconnaissons; mais examinons les choses de plus près. Au tribunal civil, il y a un mandataire et un mandant, deux personnes qui n'en font qu'une au point de vue du droit : la loi ne devait donner la puissance qu'à une seule, et ce devait être à l'avoué, sorte de protecteur légal.

« Mais, au tribunal de commerce, la partie est seule : elle n'a pas de protecteur légal; il faut bien qu'elle puisse autant que pourrait ce protecteur; autrement, au défaut de protection la loi ajouterait une infériorité de situation qui n'a pas de raison d'être. La partie et l'avoué, au tribunal civil, peuvent être comparés à un interdit et à son tuteur. Au tribunal de commerce, il n'y a pas de tuteur; mais aussi il n'y a pas d'interdit. Que la partie soit, si vous le voulez, peu capable de se conduire, comparez-la à l'homme en démence; il n'en est pas moins vrai que tant que l'interdiction n'est pas prononcée, la capacité de cet homme reste entière. Ainsi, au tribunal de commerce, la partie est son propre avoué à lui-même. Elle fera donc la mention.

« Vous oubliez une chose, me dit-on : c'est que la loi confie ici à l'avoué une mission non pas à raison de sa qualité de *mandataire* des parties, mais à raison de sa qualité *d'officier public.* Ici, je proteste... Sans doute, l'avoué a un caractère public; c'est un officier ministériel auquel la loi donne sa confiance. Il remplit, je le veux bien, une espèce de fonction publique, quand il accomplit les actes de son ministère; mais cela n'est pas spécial au cas présent. Il en est, au contraire, toujours ainsi, de quelque acte qu'il s'agisse. Il n'y a rien de particulier dans la loi à cet égard, en ce qui touche la mention à faire en vertu de l'article 548. Quelle est la disposition qui revêt ici l'avoué d'une mission spéciale et plus grave que toutes celles qu'il reçoit et accomplit au cours ou à la suite de toute procédure ?

« Or, il y a de nombreux articles du Code de procédure qui mentionnent l'intervention des avoués, et qu'on a appliqués néanmoins en matière de commerce. De tant d'exemples je n'en citerai que deux : l'un, parce qu'il est rendu certain par la loi elle-même; l'autre, parce qu'il est consacré par votre jurisprudence.

« *Premier exemple.* — Au Code de procédure, il est un titre, le titre XII du livre Iᵉʳ, consacré aux *enquêtes.* Il s'agit là de procédure, et non d'exécution; en conséquence, il fallait, pour l'appliquer en matière de commerce, ou une raison d'analogie, ou un texte de loi. Le texte existe, c'est l'article 432 du Code de procédure lui-même, qui déclare que les enquêtes commerciales se feront dans la forme des enquêtes civiles. Le doute n'est donc pas possible. Cependant, si nous nous reportons au titre des Enquêtes, nous trouvons à chaque instant l'intervention de l'avoué, notamment dans l'article 286. En matière de commerce, pas d'avoué, et les articles s'appliquent.

« *Second exemple.* — L'article 157 du Code de procédure civile est ainsi conçu : « Si le jugement est rendu contre une partie ayant « un avoué, l'opposition ne sera recevable que pendant huitaine, à « compter du jour de la signification à avoué. » Cet article était-il applicable en matière de commerce? Il pouvait y avoir doute : car il prévoit hypothétiquement l'absence d'avoué, et, dans ce cas, il écarte sa propre application; cependant, la Cour a jugé qu'il était applicable (arrêt du 1ᵉʳ février 1841). Au tribunal de commerce, la comparution en personne produit donc le même effet que la constitution d'avoué; c'est qu'en effet, comme nous l'avons déjà dit, ici la partie est son propre avoué. Dans ces deux cas, comme dans tous autres, l'avoué cependant agit, sans nul doute, comme officier public, ni plus ni moins, au cas de l'article 548.

« Mais on insiste sur la gravité, j'oserai dire extraordinaire, de la mission que l'avoué remplit, lorsqu'il vient inscrire au greffe sa mention d'opposition ou d'appel.

« Ici , nous quittons le terrain des textes, pour suivre nos adversaires sur celui des considérations.

« La mission est grave, nous dit-on, parce qu'il y a danger, beaucoup de danger, pour diverses personnes. Voyons donc cela. Il y a ici quatre personnes en jeu : 1° la partie gagnante et poursuivante ; 2° le tiers contre qui elle exécute ; 3° le greffier ; 4° la partie perdante, et qui doit mentionner son opposition ou son appel. Examinons l'intérêt de chacun et les dangers qu'il peut courir.

« 1° La partie gagnante, c'est elle qui a intérêt à l'exécution et qui demande le certificat. Ce que vous dites ne peut s'appliquer à elle ;

« 2° Le tiers, il est entièrement désintéressé. Si on ne lui représente pas le certificat, il n'exécute pas ; si on le lui représente, son exécution est bonne : que lui importe le reste ?

« 3° Le greffier : oh ! celui-là est le plus désintéressé de tous. Il ouvre son registre, il trouve une mention ou il n'en trouve pas ; dans le second cas seulement, il donne le certificat, et il touche le droit qui lui est alloué par le tarif. Si son certificat est conforme à son registre, quel danger court-il ? Aucun ; nulle responsabilité ne pèse sur lui. Nos adversaires le constatent eux-mêmes. En vérité, on ne comprend pas sa résistance.

« 4° La partie perdante : voilà, nous dit-on, le véritable intéressé, et celui que vous sacrifiez. Jamais le perdant ne songera à inscrire la mention : Le registre restera composé de feuilles blanches. Est-ce qu'il saura faire cette inscription ? est-ce qu'il le pourra ? Il demeure peut-être à cent lieues !

« Notre réponse est bien simple : Les craintes de nos adversaires sont exagérées ; mais, de plus, le reproche dépasse le but ; il ne nous frappe pas, il s'adresse à la loi. La loi , en matière de commerce, à tort ou à raison, répute la partie capable de se diriger seule : elle doit veiller elle-même à ses propres intérêts : *vigilantibus jura subveniunt*. En fait, il y a les agréés ; mais la loi ne les reconnaît pas : je n'en puis donc parler. En droit, il n'y a que la partie ; mais c'est le système de la loi. Si ce système a des inconvénients, il n'en a pas seulement quand il s'agit de faire la mention de l'article 548, il en a toujours. Il faut penser que la partie fait (ou est censée faire) toute la procédure toute seule : elle place son assignation, elle comparaît, elle conclut, elle lève son jugement... Et vous la croyez incapable d'aller inscrire au greffe son opposition ou son appel ? Mais pourquoi donc cette crainte qui se révèle dans un cas unique ? A coup sûr, la loi ne l'a pas. Mais cette partie est à cent lieues du tribunal de commerce ! Cependant elle y a plaidé ; ou , si elle a fait défaut, elle devra y plaider pour soutenir son opposition.

« Mais puisque nous sommes, à la suite de nos adversaires , sur le terrain des considérations, opposons à leurs craintes un peu chimériques, pour le perdant, une autre considération qui a son poids,

XII.   8 le gagnant mérite bien autant de faveur que le perdant : ils le sacrifient impitoyablement. Rappelons-nous qu'il ne peut exécuter (première disposition de l'article 548) : comment fera-t-il s'il ne peut avoir le certificat? Il prendra, nous dit-on, la voie du référé; il s'adressera au président du tribunal, et celui-ci ordonnera l'exécution. Mais ce moyen est, eu égard à la matière, long et coûteux. Le tiers, condamné à exécuter, peut appeler. Ce retard, en matière commerciale, peut être désastreux. Quant aux frais, ils restent à la charge du poursuivant, car on ne peut les mettre à celle du tiers qui n'a été que prudent en exigeant des sûretés; cela n'est-il pas injuste? Et remarquons encore que l'ordonnance du juge du référé ne sera exécutoire que sur représentation du certificat du greffier du tribunal civil, conformément à l'article 548 ; cela résulte, en dernier lieu, d'un arrêt de la chambre civile du 9 juin 1858. Ainsi, après ce circuit, on revient à la formalité. Combien n'est-il pas plus simple de faire délivrer de suite le certificat?

« Nous arrivons à la jurisprudence. Tous ses monuments sont favorables au pourvoi. Nous citons d'abord l'arrêt de la chambre des requêtes, au rapport de M. Troplong, du 25 mai 1841, décision capitale de laquelle il résulte que l'article 548 est applicable alors même que le jugement est exécutoire par provision. Quelques mots du rapport indiquent parfaitement la portée de l'arrêt : « L'ar-« ticle 548 est général dans la spécialité qu'il prévoit; il s'occupe « d'une chose à faire par un tiers qui n'a pas été partie dans un « procès et qui n'y est pas intéressé. C'est là le cas particulier qu'il « a eu en vue, et il veut, en termes absolus, prohibitifs, exempts « de toute limitation, que le tiers n'exécute la chose mise à sa « charge qu'autant qu'il y aura 1° preuve de la signification du « jugement au domicile de la partie condamnée; 2° preuve qu'il « n'existe contre le jugement ni opposition ni appel.... » Ce qui est spécial, c'est le cas prévu : exécution contre des tiers; ce qui est général, c'est l'application des dispositions de l'article toutes les fois que ce cas se présente. Cette jurisprudence est aujourd'hui passée dans la pratique. (V. Grenoble, 8 février 1849.)

« Un autre arrêt (du 1ᵉʳ février 1841) a déjà été rappelé. C'est l'arrêt qui a décidé que l'article 157 du Code de procédure civile était applicable en matière de commerce, quoique dans cet article il soit parlé d'avoués. Il était, du reste, conforme à une jurisprudence antérieure résultant d'arrêts dont l'un (du 5 mai 1824) porte ce considérant : « Qu'on ne peut écarter cet article sous pré-« texte que dans les tribunaux de commerce il n'y a pas d'avoués « comme dans les tribunaux civils, *puisqu'il y a même raison* « *dans un cas que dans l'autre.* » Nous avons également cité l'arrêt de Limoges de 1850.

« Il nous reste à parler d'une décision topique. C'est l'arrêt de la Cour de Paris du 17 mai 1852, rendu sous la présidence de M. le premier président Troplong. La question soulevée était exac-

tement la même que celle du pourvoi, sauf cette différence qu'elle
était soulevée incidemment; mais la solution n'en était pas moins
nécessaire, et elle a été explicite.

« A la suite de tant de décisions, déjà si graves, se place l'arrêt
de la chambre civile du 9 juin 1856.

« En tête des auteurs, je placerais les opinions émises dans les
travaux préparatoires du Code, s'il y avait quelque lumière à y
puiser. On les a invoqués lors du premier débat. On a rappelé que
le Tribunat avait proposé un autre système que celui de l'article 548;
c'était celui d'une signification au greffe sans intervention d'avoués.
Si ce système eût été adopté, notre question n'existerait pas,
voilà tout ce qui en résulte. L'article 548 serait évidemment
général. »

L'avocat cite l'opinion de Favart de Langlade, de MM. Bioche
et Caron.

Arrivant à la pratique, il dit :

« Il y a deux cent vingt et un tribunaux de commerce, mais il
y a cent soixante-dix arrondissements privés de ces tribunaux, dans
lesquels le tribunal civil juge les affaires de commerce. Les greffiers
de ces cent soixante-dix tribunaux délivrent le certificat de l'article 540. D'où cette conséquence bizarre qu'au point de vue qui
nous occupe, l'absence de la juridiction spéciale est un avantage
pour les justiciables. Mais plusieurs greffiers de tribunaux de commerce délivrent le certificat et tiennent le registre. Quelques-uns
l'ont fait de tout temps; d'autres, notamment celui de Versailles,
depuis l'arrêt de 1832. L'arrêt de 1856 allait faire définitivement
passer dans la pratique cet état de choses incontestablement meilleur. La résistance du greffier de Paris et l'arrêt de Rouen ont
retardé ce résultat, auquel tout le monde applaudirait. On me dira
peut-être qu'une loi devra faire ce que certainement votre arrêt
peut faire; mais une loi sur un point aussi spécial ne se fera pas.
Que de lacunes plus importantes, s'il y avait lacune, votre jurisprudence a depuis longtemps comblées! Mais il n'y a pas lacune.
La Cour est en présence d'un arrêt qui a violé expressément la loi
en jugeant que l'article 548 était spécial à la procédure civile; car
cet article est au nombre des dispositions générales de cette procédure commune à la procédure du commerce, car le texte ne répugne
pas à l'application que nous demandons, car la raison exige cette
application.

·« Nous persistons dans les conclusions du pourvoi. »

M⁰ Duquénel, avocat de M. Lantoine, greffier du tribunal de
commerce de Paris, a soutenu la doctrine de l'arrêt attaqué.

« Selon l'avocat, on ne se rend pas un compte bien exact de ce
qu'on demande aux greffiers, de ce qu'on exige d'eux au nom du
Code de procédure civile. On ne distingue pas là où la loi a dis-

8.

tingué; on mêle et l'on confond, au détriment des greffiers des tribunaux de commerce, que la loi n'oblige à rien, des obligations que la loi impose, en les divisant, d'abord aux avoués, et ensuite aux greffiers des tribunaux civils.

« Que demande-t-on, dans l'espèce, au greffier du tribunal de commerce de Paris? Un certificat constatant qu'il n'existe ni opposition ni appel. Mais est-ce bien là ce qu'on a le droit d'exiger même des greffiers des tribunaux civils? L'article 550 du Code de procédure civile répond à cette question; il porte : « Sur le certi- « ficat qu'il n'existe aucune opposition ni appel sur ce registre, les « séquestres, conservateurs ou autres, seront tenus de satisfaire « au jugement. »

« Ainsi, le greffier ne délivre pas un certificat constatant qu'il existe ou qu'il n'existe pas d'opposition ou d'appel : il délivre un certificat constatant que, sur un registre spécial, il existe ou il n'existe pas mention d'une opposition ou d'un appel. Ce n'est pas un fait à sa connaissance personnelle qu'il certifie, c'est un fait qu'il ne doit pas connaître, ou que du moins il ne sait que de seconde main et quand il est attesté par un étranger. Pour lui, il n'y a qu'une chose à faire, c'est de consulter son registre, et de déclarer qu'il y a trouvé telle chose ou qu'il n'y a rien trouvé du tout.

« S'il en est ainsi (et il ne saurait en être autrement), le cer- tificat du greffier suppose nécessairement l'existence d'un fait antérieur, préalable à la délivrance du certificat, c'est-à-dire l'inscription sur le registre d'une mention ou l'absence de toute mention.

« Mais cette mention, que le greffier ne doit pas faire, qui la fera? Le registre sera-t-il à la disposition de tous, ouvert au pre- mier venu? Non, la loi détermine la personne qui seule peut et doit faire la mention. Cette personne est revêtue d'un caractère public, c'est un officier ministériel, un avoué.

« Tout cela est facile devant les tribunaux civils, parce qu'il y a des avoués qui postulent devant ces tribunaux. Mais, devant les tribunaux de commerce, il n'y a pas d'avoué. S'il n'y a pas d'avoué, pas de registre; s'il n'y a pas de registre, pas de men- tion, et s'il n'y a pas de mention, pas de certificat.

« Le demandeur en cassation a si bien senti que les choses devaient être ainsi, que, dans la sommation au greffe du tribunal de commerce, il requiert, non pas la délivrance du certificat dont parle l'article 550 du Code de procédure civile, c'est-à-dire du seul certificat que doivent les greffiers des tribunaux civils, quand ils le doivent, mais la délivrance d'un certificat constatant qu'il ne lui a été signifié aucune opposition ni appel, c'est-à-dire d'un cer- tificat inconnu et dont le Code de procédure civile ne s'est jamais occupé.

« Dira-t-on que les avoués ne sont que les mandataires des parties, et que là où il n'existe pas d'avoués, les parties peuvent agir personnellement ?

« Mais, d'abord, les avoués ne sont pas des mandataires ordinaires. Ce sont des mandataires légaux, qui ont charge de faire des actes que leurs mandants sont inhabiles à exécuter.

« N'y aurait-il pas, d'ailleurs, de graves inconvénients à abandonner une formalité aussi importante que celle dont il s'agit à la partie elle-même, et de faire dépendre le sort d'un procès de l'accomplissement d'un acte de procédure confié à une personne non initiée à la science de la procédure?

« Pour qu'il en fût ainsi, il faudrait, dans tous les cas, que la loi se fût expliquée d'une manière claire : or, elle est complétement muette. Il ne s'agit pas ici de faire une loi, mais d'appliquer la loi qui existe; et il ne doit pas être permis d'inventer des expédients, d'imaginer des droits et des devoirs, et, sous prétexte d'analogie, de soumettre la juridiction commerciale à des règles qui ne soient faites que pour la juridiction civile.

« Le Code de commerce ne se réfère pas, en termes généraux, au Code de procédure civile pour ce qui concerne la procédure commerciale. Tout au contraire, il indique, il énumère catégoriquement les dispositions de ce dernier Code qui doivent être communes aux matières civiles et aux matières commerciales. Les articles 642 et 643 ne peuvent laisser aucun doute à cet égard, et, dans la partie du Code de procédure civile qu'ils empruntent pour les besoins de la juridiction consulaire, ne figurent en aucune façon les articles où il est question du registre et du certificat. Il ne faut donc pas dire que la règle générale doit trouver ici son application. Ce principe n'est pas applicable là où il existe une règle particulière.

« Quant à l'argument tiré de la rubrique sous laquelle se trouvent placés les articles 642 et suivants du Code de procédure, et qui se fonde sur ce que ces articles n'ont trait qu'à la *forme de procéder*, tandis qu'il s'agit, dans l'espèce, d'*exécution*, cet argument va directement contre son but; car, s'agissant d'*exécution*, et les tribunaux de commerce ne connaissant pas de l'exécution de leurs jugements, il y aurait inconséquence à créer contre le greffier, en dehors des prévisions de la loi, une obligation qui ne peut se rapporter qu'à des mesures d'exécution. »

L'avocat termine en faisant observer que les tribunaux de commerce remontent déjà à plus d'un demi-siècle, et que, pendant tout cet espace de temps, les greffiers de ces tribunaux n'ont pas tenu de registre, ou que, s'ils en ont tenu, jamais les parties n'ont songé à y faire la mention que le sieur Dramard croit obligatoire pour elles. Cependant les jugements rendus par ces tribunaux, et dans lesquels des tiers se trouvaient intéressés, n'en ont pas moins été exécutés. Pour cela, il a suffi de s'adresser à la juridiction qui a le droit d'assurer l'exécution des décisions consulaires, il a suffi d'une ordonnance de référé. Ce moyen, qui a naturellement prévalu dans la pratique, est toujours suffisant, et, après cinquante ans, il est inutile, il serait peut-être dangereux d'introduire une innovation dont le besoin ne se fait pas sentir, et qui, dans l'état de notre législation, ne saurait être considérée comme une simple interprétation de la loi.

Conclusions du procureur général.

M. le procureur général s'est exprimé en ces termes :

« Messieurs, je suis toujours en défiance contre ces questions qui surgissent au bout de cinquante ans, et qui, après l'exécution uniforme d'une loi constamment entendue d'une certaine manière, apparaissent tout à coup comme une découverte, comme une soudaine illumination, dont la lueur éclaire seulement quelques rares esprits, en accusant tout le passé d'aveuglement ou d'inattention !

« Hélas ! sans doute il arrive souvent aux meilleurs esprits de se tromper et de faire fausse route. On a vu des jurisprudences s'introduire à l'aide de quelque espèce singulière, dans des circonstances propres à faire illusion, et se perpétuer par une suite de décisions vassales de celles qui les avaient précédées, sans qu'on eût entrevu à l'origine les conséquences auxquelles il faudrait arriver en persévérant dans la même voie ; et puis, tout à coup, des faits nouveaux commander un nouvel examen, réclamer une solution différente, et faire proclamer une doctrine contraire à celle des premiers arrêts. On peut même dire que, dans ces retours de la jurisprudence sur elle-même, il y a plus que de la justice ordinaire, puisqu'il s'agit pour le juge de vaincre son amour-propre en reconnaissant qu'il s'était trompé.

« Mais, dans l'espèce qui vous est soumise, et qui commande la réunion de toutes les chambres, s'agit-il donc d'une simple erreur de doctrine qui se serait produite dans une question ordinaire de droit ?

« Il s'agirait d'une erreur générale, universelle. Si le sens qu'on veut attacher aujourd'hui aux articles 163 et 164, 548, 549, 550 du Code de procédure est le vrai, si la tenue des registres que ces articles ont prescrite pour les tribunaux civils de première instance doit être regardée comme obligatoire dans les juridictions commerciales, il faut accuser la négligence de deux cents tribunaux de commerce dont pas un n'a eu l'idée que ces articles leur fussent applicables ; la négligence de tous les officiers du ministère public chargés de les surveiller, et dont pas un n'a réclamé contre l'inexécution de la loi ; enfin on trouverait l'inconcevable silence de vingt-cinq ministres de la justice, qui se sont succédé depuis cinquante ans, et dont aucun ne s'est aperçu de cette immense lacune, et n'a entrepris de rappeler à l'observation de la règle les juridictions qui s'en étaient indûment dispensées.

« Il y a plus : si tous ces yeux officiels sont restés fermés, n'est-il pas bien plus surprenant encore que, dans l'intérêt des plaideurs, cet intérêt personnel si actif et si vigilant n'ait jamais, pendant ce demi-siècle, élevé la plus légère réclamation dans tous les incidents que fait naître chaque jour l'exécution forcée des jugements ?

« Ce n'est qu'en 1854, par exploit du 2 juin, qu'un sieur Dramard a fait assigner le sieur Lantoine, greffier du tribunal de commerce de Paris, pour répondre à des conclusions dont je crois utile de rappeler les termes :

« Pour voir dire qu'il serait tenu de délivrer au sieur Dramard dans le jour du jugement à intervenir, « le certificat de non-oppo- « sition ni appel » du jugement rendu entre celui-ci et le sieur Thuil- leux, par le tribunal de commerce de la Seine, le 20 octobre 1853, « à peine de 10 francs de dommages et intérêts par chaque jour de « retard; » s'entendre en outre condamner à payer au sieur Dra- mard la somme de 100 francs à « titre de dommages et intérêts, » et de plus la différence existant entre l'intérêt à 5 pour 100 et celui servi par la Caisse, de la somme consignée depuis le 19 mai jus- qu'au retrait; s'entendre enfin condamner aux dépens dans les- quels entreront ceux du référé.

« Ainsi, c'est par voie de contrainte contre un greffier qu'on veut changer l'ordre préexistant; c'est par un arrêt, et non par une loi ou par un règlement d'administration publique, qu'on veut rendre applicable à toutes les juridictions consulaires ce qui n'a été littéralement prescrit que pour les tribunaux civils.

« A cette demande si menaçante pour sa personne, le greffier Lantoine déclara que les dispositions du Code de procédure civile en cette matière ne s'appliquaient qu'aux greffiers des tribunaux civils; que son tribunal l'avait pensé ainsi, qu'aucun président n'avait ouvert ni parafé de registre, et qu'il était dans l'impossi- bilité de délivrer le certificat demandé.

« La Cour impériale de Paris a jugé, je ne dirai pas en faveur du greffier, mais elle a jugé en principe que cet officier n'était pas tenu de délivrer des extraits d'un registre qu'aucune loi ne l'obli- geait à tenir.

« Cet arrêt a été cassé par votre Chambre civile, qui, interpré- tant le Code de procédure par voie d'induction et d'analogie, a pensé le contraire. Mais son arrêt (du 9 juin 1856) n'a été rendu qu'après une déclaration de partage : ainsi, c'est à une seule voix de majorité que cette grande innovation s'est produite. Est-ce donc à ce caractère qu'on reconnaît l'évidence et la certitude que jus- que-là tout le monde s'était trompé ?

« L'affaire, reportée devant la Cour de Rouen, y a reçu la même solution que devant la Cour de Paris, avec des motifs encore plus puissants.

« Et il est à remarquer que pendant les cinq années qu'a déjà duré ce procès, et malgré la publicité donnée à ces diverses décisions par les journaux judiciaires, aucune autorité ne s'est émue en France de l'idée que deux cents tribunaux de commerce étaient en contravention, que deux cents greffiers violaient la loi ou ne l'exécutaient pas, que deux cents présidents des tribunaux de commerce fermaient les yeux sur cette violation, et qu'aucune autorité supérieure n'en prenait souci.

« C'est en cet état que l'affaire revient devant vous. La question est donc de savoir : si, dans le silence du législateur, les articles du Code de procédure civile 163 et 164, 548 et suivants, qui n'ont disposé que pour les tribunaux de première instance, seront de plein droit appliqués aux juridictions commerciales.

« Devant votre chambre civile, la question avait été soigneusement traitée par M. Nicias Gaillard, alors premier avocat général.

« La controverse pour et contre vient de se renouveler devant vous.

« Après tant de discussions, mon dessein n'est pas de reprendre en détail tous les raisonnements si nombreux et si variés dont on a frappé vos esprits. Cela entraînerait des redites inutiles. Je ne pourrai que choisir parmi les arguments et les objections; mais je crois nécessaire de remonter un peu plus haut, et d'appeler votre attention sur les principes généraux qui me semblent devoir dominer la question.

« Il m'a paru qu'avant tout il fallait se faire une idée juste et se rendre un compte exact de ce qui regarde l'institution et la tenue des registres publics. Ne négligeons même pas la définition et l'étymologie.

« Dans la plus vieille langue du droit et des affaires, qu'appelait-on registre, en latin *regestum?* Ducange en donne cette définition : *Regestum, liber in quem referuntur acta vel dicta.* — Livre dans lequel on consigne ce qui a été fait ou dit.

« Un grammairien du onzième siècle, auteur d'un *Vocabularium latinum,* Papias, donne tout à la fois la définition et l'étymologie du mot *regestum, liber qui rerum gestarum memoriam continet, unde dicitur quasi* REI GESTÆ *statio.* — La registration, l'insertion dans un livre spécial des gestes, des faits accomplis afin d'en conserver la mémoire et d'en fixer le souvenir.

« Enfin Vicat généralise et précise encore davantage le sens juridique et le caractère public des registres en disant : *Regesta sunt acta publica præfecturæ prætorianæ, vel aliorum judiciorum vel officiorum, quæ pertinent ad utilitatem publicam.*

« L'essence des registres est donc d'avoir un caractère public, un caractère authentique et légal qui leur donne autorité.

« En France, les principaux registres sont ceux où l'on conservait les actes et les décisions judiciaires. Et vous n'avez pas oublié ce qu'on vous a dit avec autant de science que de littérature, de ces *Olim* dont les premiers volumes forment la tête des registres de l'ancien Parlement de Paris, qui se sont continués ainsi pendant plus de cinq siècles, de 1254 à 1790.

« La tenue et la garde des registres ont toujours été confiées à des officiers spéciaux appelés d'abord notaires ou garde-notes, et plus particulièrement ensuite aux greffiers, dont Loiseau, dans son *Traité des offices*, livre II, chapitre VI, décrit ainsi les fonctions : « La vraye et ancienne charge de greffiers n'est pas seule-
« ment de recevoir les actes et expéditions, mais aussi de garder
« les papiers de justice. C'est pourquoi le greffier du Parlement est
« intitulé d'ancienneté : *greffier* et *garde registre*, comme Chopin
« nous l'apprend sur la *Coutume de Paris*, livre II, titre VI. »

« A mesure que l'instruction s'est développée et que les diverses branches de l'administration publique se sont régularisées, l'usage et l'emploi des registres s'est multiplié. — Ainsi, aujourd'hui, il n'est pas d'administration financière, civile, militaire, ecclésiastique, qui n'ait ses registres.

« Citons-en quelques-uns seulement en matière civile :

« Les registres de l'état civil, si importants que le Code leur consacre un titre entier! — Les registres des hypothèques, sur lesquels reposent tant d'intérêts. — Les registres des Cours et tribunaux, pour les jugements, les délibérations. — Les plumitifs, qui sont comme une photographie de l'audience. — Les registres accessoires, tels que ceux destinés à recevoir les renonciations à succession, article 986, et à communauté, art. 1457, les bénéfices d'inventaire, art. 793. — Les registres exigés dans les tribunaux de commerce pour la publication des principales clauses des sociétés commerciales (Code de commerce, art. 42 et suiv.). — Enfin les registres qui font l'objet du procès actuel, prescrits pour les tribunaux civils par l'article 163 du Code de procédure civile.

« Ajouterai-je, dans un autre ordre, les répertoires que doivent tenir les notaires, les registres des avoués et autres officiers ministériels, le carnet des agents de change, si agités aujourd'hui, les livres de commerce des négociants? Enfin, le Code civil parle même des registres et papiers domestiques.

« Ainsi, on le voit, la matière est étendue et variée, et je n'ai point épuisé la nomenclature.

« Mais (excepté pour les registres domestiques), pour tout ce qui a le caractère de registre public, il y a des règles communes et générales que je recommande à votre attention.

« Veuillez bien le remarquer, Messieurs, la législation de cette matière n'est pas de droit naturel; elle est de droit positif. Un registre n'est pas un acte de fantaisie, mais un acte public. Rien ici ne doit donc être laissé à l'arbitraire.

« En effet, et c'est là le point sur lequel tout d'abord j'insiste avec le plus de force, aucun registre public n'existe qu'aux conditions suivantes :

« 1° Il faut une loi ou un acte de l'autorité publique compétente qui en prescrive la tenue, et dise : Il y aura tel registre;

« 2° Cette loi ou ce règlement indique toujours d'une manière précise les actes ou mentions que ce registre doit contenir;

« 3° On y trouve la désignation de la personne ou de l'officier public chargé de sa rédaction et de sa garde;

« 4° Des précautions sont prises pour s'assurer qu'il n'y aura ni suppression ni intercalation, et, pour cela, chaque feuille doit être préalablement visée et parafée par le juge;

« 5° Enfin, la loi qui institue le registre détermine le degré de confiance ou d'autorité qui s'attachera soit au registre lui-même, soit aux expéditions ou extraits qui en seront délivrés;

« 6° Les droits et salaires du garde-registre sont aussi fixés par les règlements.

« Maintenant, appliquons ces règles aux registres destinés à recevoir la mention des significations de jugements et des oppositions et appels.

« Le Code de procédure civile, article 163, dit :

« Il sera tenu au greffe un registre sur lequel l'avoué de l'oppo-
« sant fera mention sommaire de l'opposition, en énonçant les noms
« des parties et de leurs avoués, les dates du jugement et de l'op-
« position; il ne sera dû de droit d'enregistrement que dans le cas
« où il en serait délivré expédition. »

« L'article 164 continue en ces termes :

« Aucun jugement par défaut né sera exécuté à l'égard d'un
« tiers que sur un certificat du greffier constatant qu'il n'y a aucune
« opposition portée sur le registre. »

« Ces articles n'avaient parlé que des oppositions.

« L'article 549 ajoute : « L'avoué de l'appelant fera mention
« de l'appel dans la forme et sur le registre prescrit par l'ar-
« ticle 163. »

« Et, enfin, l'article 550 termine en disant : « Sur le certificat
« qu'il n'existe aucune opposition ni appel sur ce registre, les
« séquestres, conservateurs et tous autres seront tenus de satisfaire
« au jugement. »

« Là se retrouvent toutes nos conditions légales :

« 1° Il sera tenu un registre spécial;

« 2° Ce registre sera tenu au greffe (et, par conséquent, sous la garde du greffier);

« 3° Il y sera fait mention des oppositions ou appels, et de la date des significations de jugement;

« 4° Cette mention sera faite non par le premier venu, non pas même par la partie, mais par son avoué en nom qualificatif à qui le Code confie d'office cette mission;

« 5° Le greffier, s'il en est requis et s'il y a lieu, délivrera des certificats qu'il n'existe ni opposition ni appel;

« 6° Sur ces certificats, les tiers seront tenus de payer;

« 7° Les droits réservés jusque-là seront alors acquittés.

« Voilà la forme solennelle et légale strictement établie pour les tribunaux civils; elle satisfait aux conditions générales que j'ai pris soin de rappeler.

« L'exécution y a été partout conforme. »

Ici M. le procureur général dit qu'il a voulu se transporter au greffe du tribunal civil pour s'assurer par lui-même de la manière dont ces dispositions du Code de procédure étaient exécutées.

« On lui a présenté le registre dont il a relevé un extrait. En tête de la première feuille se trouve l'intitulé suivant : *Registre tenu au greffe du tribunal civil de première instance de la Seine, en conformité des articles 163 et 549 du Code de procédure civile. Ledit registre, contenant... feuillets, a été coté et parafé par premier et dernier feuillet par nous juge pour M. le président empêché, signé...*

« Ce registre est établi sur cinq colonnes contenant : la première, un numéro d'ordre; la seconde, le nom des parties; la troisième, la mention de l'opposition ou de l'appel; la quatrième, le nom des avoués; la cinquième, la date de l'exploit et la signature de l'avoué. Toutes ces mentions sont également de son écriture. Le greffier ouvre son registre, mais il n'écrit rien dessus.

« Son office se borne ensuite à délivrer, lorsqu'il y a lieu, un certificat conforme au modèle imprimé dont M. le procureur général représente un exemplaire. Au bas et en marge de ce modèle est le détail des droits perçus.

« Cette forme de registre prescrite pour les tribunaux civils, et soigneusement pratiquée dans leurs greffes, existe-t-elle également pour les tribunaux de commerce? Non, Messieurs, elle y est inconnue en fait et en droit.

« Depuis la promulgation du Code de procédure, et depuis la promulgation du Code de commerce en 1808, lorsqu'on veut exécuter un jugement de la juridiction commerciale contre les tiers, si ces derniers élèvent des doutes sur la possibilité d'une opposition ou d'un appel, le poursuivant introduit un référé, et, faute par le défendeur de comparaître et de justifier d'un acte d'opposition ou d'appel, le juge tenant les référés ordonne la continuation des poursuites. Les tiers payent et sont parfaitement libérés : et cette forme a paru si simple, si sûre, tellement suffisante, que pendant un demi-siècle personne n'a réclamé contre.

« S'il y avait eu nécessité ou utilité de changer cette forme; si l'on avait jugé opportun d'étendre aux tribunaux de commerce ce que le Code de procédure civile avait établi pour les tribunaux de première instance, le gouvernement aurait pu faire rendre une loi en ce sens. Rien de semblable n'a été provoqué ni tenté.

« Mais, en 1854, au lieu d'une loi à porter et d'un règlement à faire pour arriver à ce résultat, on s'est imaginé qu'un arrêt pourrait suffire, et sur quels motifs s'appuie-t-on ?

« On fait ce raisonnement : Les articles 548 et suivants sont placés sous ce titre : *Règles générales sur l'exécution forcée des jugements et actes.* Donc, dit-on, tous les articles compris sous ce titre doivent s'appliquer à toutes les juridictions. D'ailleurs, si l'article 549 renvoie à l'article 163, qui ne parle que des tribunaux civils, il y a même motif, il y a analogie, et c'est le cas d'appliquer la règle : *Ubi eadem ratio, idem jus.*

« L'argument tiré de la rubrique du titre II n'a aucune force par lui-même. Les titres des lois ne se discutent pas, ne se votent pas : les articles seuls sont obligatoires; et, par suite, on a jugé que l'on ne pouvait pas, dans l'interprétation des lois, argumenter du titre d'une loi pour étendre ou restreindre le sens de ses dispositions. (V. arrêt du 30 juillet 1811.)

« Au fond, en relisant tous les articles qui sont sous le titre VI, on voit que si, en effet, il y a quelques dispositions dont la généralité doit s'étendre à toute espèce de jugements et d'actes, il y a d'autres articles tout à fait spéciaux : par exemple, l'article 547, relatif seulement aux jugements rendus par les tribunaux étrangers; l'article 553, qui est spécial pour les jugements des tribunaux de commerce; et, enfin, si l'on prend l'article 549 lui-même, qui est le siége du débat, on voit qu'il ne parle pas de registre à tenir en général dans toutes les juridictions, mais qu'il ne parle que du registre dont l'ouverture est prescrite par l'article 163, placé sous un autre titre, et qui ne s'applique littéralement qu'aux greffes des tribunaux civils.

« Il y a mieux, le Code de procédure civile a un titre spécial, le titre XXV, intitulé : *Procédure devant les tribunaux de commerce.* Dans ce titre, le législateur trace des règles particulières, il indique par renvoi certains articles de la procédure générale qui seront applicables à la juridiction commerciale, et l'on n'y trouve pas de renvoi relatif au registre des oppositions.

« Et cependant, suivons la marche de ces renvois : les articles 434 à 438 correspondent aux articles 149, 150, 155 et suivants; l'article 437 est, pour les tribunaux de commerce, ce que l'article 161 est pour les tribunaux civils; l'article 438 répond non moins exactement à l'article 162; ici arrive dans l'ordre du Code de procédure l'article 163. La loi propre à la procédure commerciale « s'arrête précisément au moment où elle allait le rencontrer ». Il y a, on ne saurait en disconvenir, quelque chose de frappant dans cette différence.

« De même l'article 643 du Code de commerce renvoie aux articles 156, 153 et 159 du Code de procédure. Qu'il pût y avoir une raison particulière pour renvoyer à ces articles, auxquels le titre XXV avait dérogé et auxquels on croyait sage de revenir, je ne le nie pas, mais ce n'en était pas moins une occasion toute naturelle de combler la lacune. On était si près de l'article 163 ! Et si l'on voulait rendre cet article applicable aux tribunaux de commerce, il n'y avait qu'un chiffre de plus à ajouter : on ne l'a pas fait. Et, en conséquence, l'article 163 n'a jamais été appliqué, dans la pratique, aux juridictions commerciales.

« Mais, dit-on, quoiqu'il n'y ait pas eu de renvoi exprès, il suffit de *l'analogie*. Il y avait même raison d'utilité; donc, il faut, par cela seul, étendre la disposition.

« Messieurs, les raisonnements par analogie ont des avantages, mais ils ont aussi leurs inconvénients. Un des génies les plus propres à donner, avec autorité, des règles en cette matière, a pris soin de les tracer. Bacon, dans les célèbres aphorismes qu'on trouve dans son traité *De fontibus universi juris*, a un chapitre spécial intitulé : *De processu ad similia et de extensionibus legum*, — du procédé par analogie dans les cas semblables.

« Ce grand chancelier admet sans difficulté que souvent, dans le jugement des affaires, s'il se trouve des points omis par le législateur, on peut tirer des inductions par analogie des règles qui se trouvent dans la loi : *In casibus omissis deducenda est norma legis a similibus;* mais cela, dit-il, ne doit se faire qu'avec précaution et discernement : *Sed caute et cum judicio.* (Aphor., XI.)

« Autrement, d'encore en encore, et de proche en proche, on ira des choses semblables aux conséquences les plus opposées, et la subtilité des esprits l'emportera bientôt sur l'autorité des lois : *Alioqui labetur paulatim ad dissimilia, et magis valebunt acumina ingeniorum quam auctoritates legum.* (Aphor., XVI.)

« Qu'arriverait-il de ces extensions téméraires? C'est que le magistrat se ferait législateur, et tout alors dépendrait du caprice du juge : *Hoc enim si fieret, judex prorsus transiret in legislatorem, atque omnia ex arbitrio penderent.*

« Appliquons ces règles à notre espèce.

« Oui, dans les matières ordinaires, l'analogie peut être d'un grand secours dans la distribution de la justice. Le Code civil, dans ses prolégomènes, dit que le juge qui refusera de juger sous prétexte du silence, de l'obscurité ou de l'insuffisance de la loi, pourra être poursuivi comme coupable de déni de justice. Dans ces divers cas, il faut donc passer outre, et alors le magistrat, pour suppléer au défaut de la loi, peut recourir à l'équité naturelle, à l'interprétation doctrinale, à l'analogie, et à tous les moyens que la logique et la raison mettent au service de la conscience humaine. (M. le procureur général en donne plusieurs exemples, notamment en matière de partages.)

« Mais pour les articles 163 et 164, 458 et suivants, en tant qu'il s'agit de les appliquer aux tribunaux de commerce, il n'y a ni silence ni lacune. Il n'y a pas silence, car le législateur a parlé, il a institué un registre des oppositions et appels; mais il l'a institué limitativement pour les tribunaux civils, par innovation à l'ancienne procédure en ce qui les concerne.

« Quant aux tribunaux de commerce, y a-t-il lacune? Non. *Qui dicit de uno, negat de altero,* — ce qui a été dit des uns limitativement n'est pas applicable aux autres. À l'égard de ceux-ci, l'ancienne manière de procéder, celle des référés, a continué de subsister, et d'être pratiquée, sans embarras, sans dommage, sans réclamations, et cela pendant cinquante ans. *Optima legum interpres consuetudo.*

« Le juge n'était donc pas dans la position supposée par l'article 2 du Code civil. Il suffisait de conserver à chaque juridiction sa manière propre de procéder.

« Au lieu de cela, on a voulu tenter un effort, on a voulu étendre aux tribunaux de commerce les dispositions des articles 163 et 549 du Code de procédure civile. On l'a voulu sous prétexte d'analogie.

« Or, nous avons vu qu'en fait d'analogie, elle ne peut être invoquée que pour les choses semblables. Eh bien, ici nous trouvons la différence la plus tranchée.

« Près des tribunaux civils, il y a des avoués, et c'est d'eux que le Code de procédure a voulu se servir pour l'emploi du mode nouveau introduit par l'article 163. Ce sont eux nominativement, eux seuls, en leur qualité d'avoués, que cet article a chargés d'office d'inscrire sur le registre la mention des oppositions, des appels et des significations. Ils en sont ainsi chargés sous leur responsabilité, et elle est grande, car en cas d'omission ou d'inexactitude, leur état et leur fortune en répondent aux parties et à l'ordre public. Mais dans les tribunaux de commerce il n'y a pas d'avoués; le ministère des agréés pour plaider n'est pas reconnu par la loi. L'instrument légal désigné pour l'exécution des articles 163 et 548 manque donc dans les tribunaux de commerce, et cela explique suffisamment pourquoi cet article ne leur a jamais été appliqué.

« La même raison existe pour les deux mille sept cents justices de paix, où jamais, non plus, on n'a essayé de mettre ces mêmes articles à exécution.

« Dans notre espèce, que demande donc le sieur Dramard au greffier du tribunal de commerce de la Seine?

« Lorsqu'on se présente au greffe du tribunal civil, on trouve un registre régulièrement ouvert : le greffier personnellement n'écrit rien dessus ce registre; l'avoué seul, quand il se présente, écrit, date et signe. L'extrait que le greffier civil délivre ensuite n'a rien qui lui soit personnel; il ne dit point qu'il n'est pas à sa connaissance qu'il n'existe aucune opposition ou appel. Il constate seulement que son registre ne porte trace d'aucune mention écrite par un avoué.

« Mais vis-à-vis du greffier du tribunal de commerce, la situation était bien différente.

« Un registre ! Il n'en a pas. Le président actuel de son tribunal, aucun des présidents antérieurs n'en a ouvert ni parafé aucun. Il y en aurait eu un d'ouvert que ce registre serait resté perpétuellement en blanc, car les officiers ministériels auxquels le Code de procédure a imposé l'obligation d'écrire les mentions sur ce registre, n'existent pas près les tribunaux de commerce. Ce greffier n'est donc pas en faute tant qu'une loi, un ordre d'une autorité supérieure ne sera pas venu lui prescrire de nouveaux devoirs.

« Mais ici se produit la théorie à l'aide de laquelle l'arrêt de la chambre civile veut rendre praticable devant les tribunaux de commerce l'exécution des articles 163 et 548.

« Il y a parité de raison », dit l'arrêt.

« Non, dis-je, puisqu'il y a diversité d'organisation.

« Mais, dit encore l'arrêt, « le Code de commerce n'a pas dérogé expressément en ce point au Code de procédure, et il n'y a pas inconciliabilité entre eux. » Je réponds qu'il n'était pas besoin que le Code de commerce dérogeât à des articles faits spécialement pour les greffes civils ; il suffit que ces articles n'aient pas été rendus communs aux deux ordres de juridiction, et l'inconciliabilité résulte, comme on l'a dit, du défaut de parité dans l'organisation des deux juridictions.

« C'est alors que l'arrêt, pour remédier à cette différence d'organisation qui rend impossible dans les tribunaux de commerce l'accomplissement littéral des articles 163 et 548, y substitue l'indication de nouveaux moyens qui, suivant l'arrêt, seraient des équivalents : « Ce qui se fait au greffe du tribunal civil, dit l'arrêt, « avec l'intervention et par le ministère des avoués, doit se faire « au greffe commercial, directement par les parties ou leurs fondés « de pouvoir. Que rien n'empêche, du reste, que le certificat de « l'avoué dont parle l'article 548 soit remplacé par la représenta-« tion au greffier du tribunal de commerce de l'original de l'exploit « même d'opposition ou d'appel, acte dont la force probante ne « saurait être inférieure à celle du simple certificat qui ne fait que « le reproduire et s'y référer. »

« On concevrait cette argumentation, si le Code de procédure avait dit que la mention serait faite par l'avoué ou par la partie. Alors, l'avoué manquant, resterait l'autre branche de l'alternative. Mais les articles 193 et 548 n'admettent point cette alternative. Ces articles ne reconnaissent et ne chargent que l'avoué, et si la partie se présentait au greffe civil, le greffier lui dirait : « Je ne vous « connais pas, vous n'avez pas le droit d'écrire sur mon registre, « et je ne suis pas obligé d'écrire sous votre dictée. »

« L'arrêt sur ce point entreprend donc sur le pouvoir réglementaire. Il imagine, il crée des moyens d'exécution que les articles 163 et 548 n'ont pas eus en vue, et que le législateur seul pourrait établir à nouveau. Si une loi est jugée nécessaire, qu'on la propose, il n'y aura pas partage d'opinions parmi les législateurs ; investis, dans toute sa plénitude du droit de changer la loi, ils prononceront pour ou contre sans hésitation.

« La loi seule, en effet, pourrait imposer aux citoyens, sous peine de déchéance de leurs droits, cette obligation de remplir en personne ou par des fondés de pouvoir, à grands frais et souvent à de grandes distances, une formalité qu'aucune loi n'a établie pour les tribunaux de commerce. L'avoué, dans l'esprit des articles 163 et 548, n'agit pas comme fondé de pouvoir d'une partie ; mais il a mission de la loi, en raison du titre même de son office. Si le législateur veut faire exécuter ces articles dans les juridictions commerciales, il faut d'abord qu'il le dise, il faut ensuite qu'il réglemente les moyens d'exécution d'une manière appropriée à l'organisation des tribunaux de commerce, et qu'il remplace, par les équivalents qu'il indiquera, la garantie que le Code de procédure avait placée dans le ministère des avoués.

« C'est ainsi, Messieurs, c'est ainsi qu'il faut en revenir et se tenir aux principes.

« L'office de la Cour de cassation est de veiller à l'exacte observation des lois. Elle doit à la fois s'y tenir et y ramener ceux qui s'en écartent. Elle casse les arrêts qui lui sont déférés pour fausse interprétation ou fausse application des lois ; pour avoir distingué là où la loi n'a pas distingué, ou confondu où elle avait usé de distinction. Et ici, que fait-on autre chose ? Sous prétexte d'analogie, il s'agirait d'étendre la loi à un cas dissemblable : il ne s'agit pas d'une question de doctrine, mais d'une question d'organisation.

« Vous ne devez casser que pour contravention expresse à la loi les arrêts qui ne sont d'ailleurs entachés d'aucune nullité. Et de quel arrêt vous demande-t-on la cassation ? D'un arrêt dont tous les termes attestent le respect pour la loi ; d'un arrêt qui déclare « que, si l'on pouvait admettre l'utilité, la nécessité même pour la « juridiction commerciale, d'une mesure analogue à celle qu'éta- « blissent pour les tribunaux civils les articles 163, 164, 548 « et 549 du Code de procédure civile, c'est au législateur qu'il « appartiendrait d'y pourvoir ; que les tribunaux sont en effet « chargés d'appliquer et non de créer la loi. »

Le journal *le Droit :* « Après ces conclusions remarquables, qui ont fixé constamment l'attention de l'auditoire pendant près d'une heure et demie, la Cour a consacré le surplus de l'audience du 12 à un délibéré de quatre heures qui s'est continué le lendemain 13, jour auquel elle a prononcé l'arrêt dont voici le texte : »

ARRÊT (13 janvier 1859).

La Cour, ouï M. le conseiller Lascoux, en son rapport, Me Hérold, avocat du demandeur, et Me Duquénel, avocat du défendeur, en leurs observations, et M. le procureur général Dupin, en ses conclusions;

Vu les articles 548, 549 et 550 du Code de procédure civile;

Attendu que l'article 548 du Code de procédure civile pose une règle générale qui s'applique à la fois aux tribunaux civils et aux tribunaux de commerce;

Que c'est ce qui résulte soit de la place de cet article, qui est compris sous la rubrique : *Règles générales sur l'exécution forcée des jugements et actes*, soit de cette circonstance que les articles qui le précèdent ou qui le suivent, notamment les articles 545, 546, 547, 552, 555, sont évidemment obligatoires, non-seulement pour les tribunaux civils, mais encore pour les tribunaux consulaires; que même l'article 553 porte une disposition spéciale aux tribunaux de commerce, ce qui prouve encore plus que le titre vi du livre V du Code de procédure, général dans son ensemble, a eu pour but de régler l'exécution de tous les jugements rendus par les tribunaux inférieurs;

Attendu que, s'il en était autrement, on ne trouverait dans la loi aucune précaution pour préserver les tiers de l'exécution des jugements consulaires, puisque l'article 548 est celui qui leur donne la garantie dont ils ont besoin; qu'on ne saurait supposer que le législateur soit tombé dans une si grave et dommageable omission;

Attendu que, s'il est vrai que l'article 548 domine l'exécution des jugements consulaires, en tant qu'il pose le principe protecteur des droits des tiers, on ne saurait admettre qu'on doive écarter celles des dispositions du même article *qui organisent ce principe;* qu'il doit être pris dans son ensemble, c'est-à-dire et dans la règle fondamentale qu'il édicte, et dans la procédure qu'il prescrit, *sauf les différences* résultant du mode exceptionnel de procéder dans les matières commerciales;

Attendu qu'on ne saurait conclure, de ce que le ministère des avoués n'est pas admis dans ces mêmes matières, que ce qui, d'après l'article 548, doit se faire au greffe avec le concours de ces officiers ministériels dans les causes civiles, soit inexécutable en ce qui concerne les jugements consulaires, et doive être rejeté pour faire place à une procédure arbitraire et dispendieuse, qui ne repose sur aucune disposition légale;

Qu'il faut, au contraire, en tirer cette unique conséquence que les parties, à qui la loi interdit de se faire représenter par des avoués, doivent exécuter par elles-mêmes, ou par un fondé de pouvoir, les mesures portées dans l'article 548, et dans l'article 549, qui en est le complément;

Que cette substitution de la partie à l'avoué est de règle et de pratique constante dans tous les cas analogues, où des articles du Code de procédure civile doivent être étendus aux matières de commerce; qu'il n'y a rien d'exorbitant à faire peser cette obligation sur les parties, puisque, présumées capables de veiller à leurs intérêts en vertu du système de la loi commerciale, on ne fait qu'exiger d'elles des actes conservatoires de leurs droits, actes qui ne sont que le corollaire soit de la volonté d'exécuter de la part du poursuivant, soit de l'opposition ou de l'appel émanés de la partie poursuivie; actes enfin qui se résolvent dans la simple remise au greffier du tribunal de commerce, ici de l'exploit de signification du jugement, là de l'exploit d'opposition ou d'appel;

Attendu qu'en jugeant le contraire, la Cour impériale de Rouen, par l'arrêt attaqué, a formellement violé tant les principes de la matière que les articles de la loi ci-dessus visés;

Casse et annule l'arrêt rendu le 25 février 1857 par la Cour impériale de Rouen, etc.

Il y avait quarante-deux conseillers. En allant aux opinions, on s'est trouvé divisé, vingt et un pour le rejet, vingt et un pour la cassation. Un second tour d'opinion a confirmé le même résultat. Mais au lieu de déclarer le *partage* et d'appeler pour le vider cinq des sept conseillers qui n'avaient pas pris part au jugement, on s'est contenté de remettre au lendemain. Et ce jour-là, un conseiller qui, la veille, avait opiné pour le rejet, ayant passé dans le camp opposé, a donné pour la cassation la majorité d'une voix, et a fait l'arrêt.

Si la vingt et unième voix ne s'était pas détachée du rejet pour passer à l'opinion contraire, il y aurait eu partage. Quelle eût été la solution? M. Dalloz, qui a examiné la difficulté dans son Recueil, année 1843, 1re partie, p. 376, *pose ainsi la question*[1] : « En cas de partage, en audience solennelle de la Cour de cassation, que faudrait-il décider, si tous les conseillers avaient pris part à l'arrêt, en sorte qu'il ne se trouvât pas de conseillers départiteurs[2]? »

[1] C'était dans une affaire intéressant la commune de Versigny. L'arrêt est du 25 avril 1843. — Chambres réunies sous la présidence de M. Portalis, M. Brière de Valigny rapporteur, M. le procureur général Dupin portant la parole.

[2] La circonstance extraordinaire d'un arrêt de partage en audience solennelle s'est présentée pour la première fois depuis l'institution de la Cour de cassation, dans l'affaire qu'on rapporte ici. Cinq conseillers qui n'avaient pas siégé ont été appelés pour départiteurs, mais M. le procureur général Dupin, examinant par hypothèse la question posée dans le sommaire qui précède, a proposé la solution suivante :

« Les principes généraux du droit, explicitement consacrés par la loi romaine, offrent le moyen de sortir de la situation que créerait un tel partage. En effet, s'agit-il du droit criminel, ce doute doit s'interpréter en faveur de l'accusé, et le partage devrait se vider par la solution qui lui serait favorable. En droit civil, s'agit-il d'une question qui touche l'état ou la capacité des personnes, elle devra être tranchée en faveur de la reconnaissance du droit, de la capacité, et la solution devra toujours être au profit des personnes. Pour les décisions relatives au droit sur les choses, il faudra toujours, en cas de doute, qu'elles soient rendues pour le maintien des droits sur l'exercice desquels porte la contestation. L'application de ces principes conduit à cette proposition que la Cour suprême ne pourrait sortir d'un doute absolu, s'il existait, que par un arrêt de rejet. Car pour casser, pour prononcer une annulation, pour déclarer qu'une Cour royale a commis une illégalité, il faut une majorité; or, la déclaration d'un partage d'opinions est la négation de cette majorité..... »

4° AVOCATS.

Avocats en Cour de cassation. — Clientèle. — Délibération du conseil de l'ordre. — Pouvoir censorial de la Cour. — Annulation.

***Avocats.* — Poursuites disciplinaires contre des avocats comme composant le conseil de discipline au nom duquel ils ont agi. — Avocat en même temps juge suppléant. — Compétence. — Poursuites disciplinaires pour faits d'audience. — Appel. — Compétence.**

N° XV. — 890. (Audience des 26 et 29 juin 1865.) Chambre du conseil.

Avocats près la Cour de cassation. — Clientèle. — Délibération du conseil de l'ordre. — Pouvoir censorial de la Cour. — Annulation.

Question. — Tout acte qui peut porter atteinte à l'honneur, à la délicatesse, à la dignité et à la probité des avocats envers qui que ce soit, et à quelque occasion que ce puisse être, est de la compétence de la Cour de cassation et tombe sous son pouvoir censorial.

RÉQUISITOIRE (18 mai 1865).

A la Cour de cassation, chambres assemblées en chambre du conseil.

Le procureur général impérial près la Cour de cassation expose que, par ordonnance du 8 mai 1865, M. le premier président lui a donné communication d'une délibération du conseil de l'ordre des avocats près la Cour de cassation, avec les pièces y annexées, pour faire telles réquisitions qu'il avisera.

« Vu ladite délibération par laquelle le conseil décide qu'il y a lieu par M° Larnac de ne pas accepter la clientèle de la ville d'Avignon, et charge le secrétaire de lui donner connaissance de cette décision ;

« Vu la lettre par laquelle M. le premier président informe le président du conseil de l'ordre que M. le maire d'Avignon le prie d'intervenir près le conseil de l'ordre pour faire respecter la liberté de la défense et le choix spontané qu'elle a fait de M° Larnac, qui a déjà étudié les dossiers ;

« Vu l'article 10 du titre XVII du règlement du 28 juin 1738, ainsi conçu : « Ne pourra néanmoins ladite assemblée (le conseil

9.

« de l'ordre) prendre connaissance de la révocation qui aurait été
« faite d'un avocat par sa partie, et l'avocat que ladite partie aura
« constitué à la place du premier ne pourra se dispenser d'occuper
« pour elle, sous prétexte de vouloir y être autorisé par l'avis de
« ladite assemblée, par-devant laquelle, ou par-devant lesdits syn-
« dics en charge, les parties ou leurs avocats ne pourront être
« obligés de se pourvoir au sujet de ladite révocation. »

« Vu l'article 13 de l'ordonnance du 10 septembre 1817 ;

« Attendu que tout acte qui pourrait porter atteinte à l'honneur, à la délicatesse, à la dignité, à la probité des avocats envers
qui que ce soit, et à quelle occasion que ce puisse être, est de la
compétence de la Cour et tombe sous son pouvoir censorial (Arrêt
de la Cour suprême, chambres réunies, du 28 janvier 1850) ;

« Attendu que la délibération du conseil de l'ordre portant qu'il
y a lieu par Mᵉ Larnac de ne pas accepter la clientèle de la ville
d'Avignon, paraît de nature à porter atteinte aux principes de la
libre défense, en gênant les parties dans le choix de leur défenseur
et le défenseur lui-même dans le libre exercice de sa profession, et
contiendrait ainsi un excès de pouvoir ;

« Le procureur général requiert pour l'Empereur qu'il plaise à la
Cour ordonner que M. le président du conseil de l'ordre des avocats à la Cour de cassation sera appelé devant elle, au jour qu'elle
voudra bien indiquer, à l'effet de donner, au nom du conseil, des
explications sur la délibération dont il s'agit, pour ensuite être par
le procureur général requis et par la Cour statué ce qu'il appartiendra.

« Fait au parquet, le 15 mai 1865.

« Le procureur général,

« Signé : DUPIN. »

Sur ce réquisitoire, M. le conseiller Gastambide a présenté, le
26 juin 1865, à la Cour, sections réunies en chambre du conseil,
le rapport suivant, qui présente l'exposé des faits et l'examen de la
question qu'il s'agissait de résoudre.

Rapport de M. le conseiller Gastambide.

« Le 27 avril dernier, M. le maire d'Avignon a adressé à M. le
premier président de la Cour de cassation la lettre suivante :

« Paris, le 27 avril 1865.

« A Son Excellence Monsieur le président du Sénat, premier
président de la Cour de cassation.

« MONSIEUR LE PRÉSIDENT,

« Un des grands principes de notre droit public est la liberté de la défense ; cette liberté n'existerait plus le jour où il serait interdit aux parties de choisir leurs défenseurs.

« Par des raisons qu'il serait trop long d'exposer à Votre Excellence, la ville d'Avignon, qui avait pour avocat à la Cour de cassation M⁰ Hamot-Batardy, l'a remplacé par M⁰ Larnac.

» Ce choix a été fait par l'administration municipale tout entière, sans aucune sollicitation de la part de M⁰ Larnac, et elle s'adresse à Votre Excellence pour la prier de vouloir bien intervenir auprès du conseil de l'ordre, qui prétend avoir le droit de s'opposer au choix fait par l'administration et veut lui imposer un autre avocat, en interdisant à M⁰ Larnac d'accepter les dossiers des affaires de la ville que ce dernier vient de renvoyer.

« J'ose espérer que Votre Excellence fera respecter nos droits ; qu'elle autorisera M⁰ Larnac à reprendre les dossiers qu'il a déjà étudiés, et que la ville ne sera pas exposée à être forclose, par des retards indépendants de sa volonté.

« J'ai l'honneur d'être, de Votre Excellence, avec un profond respect, Monsieur le premier président, le très-humble et très-obéissant serviteur,

« Le maire d'Avignon, député au
Corps législatif,

« *Signé :* PAMARD. »

« M. le premier président a fait connaître cette réclamation au président de l'ordre des avocats, par une dépêche que j'ai l'honneur de mettre sous les yeux de la Cour :

« Paris, le 30 avril 1865.

« MONSIEUR LE PRÉSIDENT,

« Le maire de la ville d'Avignon m'écrit que, par des raisons qu'il serait trop long d'exposer, la ville d'Avignon, qui avait pour avocat à la Cour de cassation M⁰ Hamot-Batardy, l'a remplacé par M⁰ Larnac, et que ce choix a été fait par l'administration municipale tout entière ; que cependant le conseil de l'ordre s'est opposé à ce choix, et veut lui imposer un autre avocat, en interdisant à M⁰ Larnac d'accepter les dossiers des affaires de la ville, que ce dernier vient, en effet, de renvoyer.

« C'est pourquoi M. le maire me prie d'intervenir près du conseil de votre ordre, pour faire respecter la liberté de la défense et le choix spontané qu'elle a fait de M⁰ Larnac, qui a déjà étudié les dossiers.

« M. le maire d'Avignon ne s'en est pas tenu là ; il est venu me voir et m'a déclaré que sa résolution était bien arrêtée à l'égard de M⁰ Hamot-Batardy, et qu'il ne voulait d'autre avocat que M⁰ Larnac.

« Dans ces circonstances, qui se présentent avec un caractère de précision dont le conseil de votre ordre n'avait peut-être pas connaissance, il est difficile de supposer que le choix de M. le maire d'Avignon n'a pas été libre, et le conseil pensera sans doute qu'il y aurait quelque chose de bien grave à enlever à la ville d'Avignon l'avocat dans lequel elle place sa confiance, avec des témoignages si marqués d'une ferme volonté. Veuillez lui soumettre ces faits nouveaux, et me faire connaître sa nouvelle détermination sur une question qui touche à l'un des principes essentiels de notre droit public.

« Agréez, Monsieur le président, l'assurance de ma considération très-distinguée.

« Signé : TROPLONG. »

« A la date du 4 mai, le président de l'ordre des avocats a répondu en ces termes à M. le premier président :

« Paris, le 4 mai 1865.

« MONSIEUR LE PREMIER PRÉSIDENT,

« J'ai communiqué au conseil de l'ordre la lettre que vous m'avez fait l'honneur de m'adresser le 30 avril dernier.

« Le conseil, saisi comme *tribunal de famille* et non comme *juridiction disciplinaire*, d'une réclamation de Mᵉ Hamot contre Mᵉ Larnac, a statué, après une instruction consciencieuse et une délibération qui n'a pas occupé moins de quatre séances, dans les termes suivants :

« Le conseil, — Considérant que s'il est dans le droit absolu des parties de choisir leur avocat, sans tenir compte d'anciennes possessions de clientèles, il est dans les devoirs professionnels des membres de notre ordre, non-seulement *de s'avertir* les uns les autres des intentions de changement qui leur seraient manifestées au préjudice d'un confrère en possession, mais *de ne pas encourager*, par leur attitude vis-à-vis des clients eux-mêmes, la persistance de ceux-ci dans les intentions qui viennent d'être indiquées;

« Considérant qu'*il résulte* des explications fournies au conseil que Mᵉ Larnac, à qui la clientèle de la ville d'Avignon a été offerte dès 1863, alors que son confrère Mᵉ Hamot était *en possession* tant par lui-même que par son prédécesseur Mᵉ Roger, depuis plus de quarante ans, *n'a pas averti* tout d'abord Mᵉ Hamot *du danger* qui le menaçait;

« Que dans un entretien avec M. le maire d'Avignon, Mᵉ Larnac aurait même admis la possibilité pour lui d'accepter la clientèle de la ville, *s'il intervenait* en ce sens une délibération du conseil municipal;

« Considérant, il est vrai, qu'à la fin de décembre 1864 ou en janvier 1865, M⁰ Larnac, après avoir reçu de M. le maire d'Avignon une lettre en date du 19 décembre, par laquelle M. le maire, en lui adressant une affaire personnelle, lui annonçait « qu'il était « chargé de l'informer que l'administration municipale était *plus* « *que jamais* dans l'intention de lui confier à l'avenir la défense « des intérêts de la ville devant la Cour de cassation et le Conseil « d'Etat », a prévenu M⁰ Hamot de cette situation ; mais qu'alors les choses étaient *trop avancées* pour que cet avertissement fût utile ;

« DÉCIDE qu'il y a lieu par M⁰ Larnac de *ne pas accepter* la clientèle de la ville d'Avignon, et charge le secrétaire de lui donner connaissance de cette décision.

« Ainsi que vous le voyez, Monsieur le premier président, cette décision, uniquement fondée sur l'appréciation des devoirs de la confraternité, ne s'imposait à M⁰ Larnac que tout autant que ce confrère se montrerait jaloux d'observer ces devoirs, tels que les comprend et tels que les rappelait le conseil.

« M⁰ Larnac a accepté cette décision, et dès lors le conseil s'est trouvé dessaisi d'une affaire dont les suites n'auraient pu lui être soumises de nouveau (et cette fois en sa qualité de juridiction disciplinaire), que dans le cas où l'avocat ne se fût pas conformé à notre appréciation.

« Ce ne peut être, Monsieur le premier président, qu'à raison de l'ignorance des règles et des usages qui régissent la profession d'avocat, que M. le maire d'Avignon peut se plaindre de la situation qui lui est faite dans de telles circonstances.

« Par suite du refus de M⁰ Larnac, M. le maire est appelé à faire choix d'un autre avocat. Aucune désignation n'a été faite par la décision dont il s'agit, décision qui a eu soin de rappeler le principe du libre choix des défenseurs. La plainte ne repose donc sur aucune base sérieuse.

« Je me suis empressé, Monsieur le premier président, d'accord avec le conseil, de vous donner ces explications. J'espère qu'elles suffiront à vous prouver que le conseil, que j'ai l'honneur de présider, loin de s'écarter des règles légales, n'a fait que s'y conformer, et que consacrer une fois de plus les traditions d'honneur et de délicatesse dont le maintien lui est confié.

« Veuillez agréer, Monsieur le premier président, l'assurance de mon profond respect.

« *Signé :* MATHIEU BODET. »

« M. le premier président a immédiatement rendu l'ordonnance dont la teneur suit :

« Nous, premier président, ordonnons que la délibération du conseil de l'ordre des avocats ci-après, avec les pièces y annexées, sera communiquée à M. le procureur général pour faire telles réquisitions qu'il avisera, et avons provisoirement et vu l'urgence commis d'office Mᵉ Larnac, avocat à la Cour, pour suivre sur tous les pourvois dont la Cour est saisie, concernant la ville d'Avignon.

« Paris, le 8 mai 1865.

« *Signé :* TROPLONG. »

« Enfin, à la date du 15 mai, M. le procureur général a déposé au greffe le réquisitoire qui vous a été communiqué :

« La Cour est saisie aujourd'hui de cette seule question : Y a-t-il lieu d'ordonner, conformément au réquisitoire de M. le procureur général, que le président du conseil de l'ordre des avocats sera appelé devant elle à l'effet de donner des explications sur la délibération dont il s'agit, pour être ensuite requis et statué ce qu'il appartiendra?

« Pour résoudre cette question, deux points sont à examiner sommairement : 1° Le pouvoir censorial de la Cour peut-il s'exercer sur tout acte émané des avocats exerçant près d'elle, et intéressant la discipline? 2° Le droit de la Cour étant admis, est-ce le cas par elle de se saisir de la connaissance de l'acte qui lui est déféré?

« Quant au droit de la Cour, il résulte d'un ensemble de dispositions légales qui ne semblent pas permettre le doute. Les avocats qui exercent près de vous sont en effet placés sous votre haute autorité, pour tout ce qui se rattache à leur profession. Ils sont nommés par le gouvernement sur votre présentation. (Art. 286 de l'arrêté du 13 frimaire an IX; art. 93 de la loi du 27 ventôse an VIII.) Le conseil de leur ordre décide les questions de discipline intérieure entraînant les peines légères; mais les décisions disciplinaires plus graves, mais tous les avis que donne ce conseil, soit pour prévenir les différends entre avocats, soit pour prévenir les plaintes et réclamations des parties contre eux ou pour les terminer par des conciliations; soit sur des difficultés de taxe, soit lorsqu'il s'agit de délivrer les certificats de moralité ou de capacité aux candidats; soit enfin sur les droits et intérêts communs de l'ordre, toutes les décisions, tous les avis que peut donner le conseil en pareil cas et autres analogues sont sujets à l'homologation de la Cour. (Art. 2 de l'arrêté du 13 frimaire an IX; art. 17 de l'ordonnance du 10 septembre 1817.)

« Cette haute juridiction de la Cour sur tout ce qui concerne les avocats établis auprès d'elle a d'ailleurs été consacrée dans une délibération de vos chambres réunies, en date du 28 janvier 1850, en des termes qui méritent d'être rappelés : « M. le premier président et avec lui plusieurs magistrats, est-il dit dans cette délibération, ont pensé que la Cour peut se saisir de tous actes pouvant compromettre la dignité des avocats exerçant près d'elle, envers qui que ce soit, et à quelque occasion que ce puisse être; « que ces actes sont de la compétence de la Cour et tombent sous

« son pouvoir censorial, et qu'elle ne saurait être investie à cet
« égard d'une autorité moindre que celle qui appartient aux autres
« tribunaux..... »

« Et en effet la Cour a été plusieurs fois saisie de la connaissance
de faits disciplinaires imputés à des avocats. Elle l'a été le plus
souvent, il est vrai, comme appelée à homologuer ou à réformer
des décisions du conseil de l'ordre; mais elle a statué directement
aussi, comme en 1855, où elle a été saisie, *omisso medio*,
chambres réunies, à la suite de réserves faites contre un avocat à
l'audience de la chambre des requêtes.

« A la vérité, je ne sache pas que vous ayez jamais eu à statuer
sur un acte émané du conseil de l'ordre lui-même, acte qui,
comme dans l'espèce qui nous occupe, vous avait été déféré comme
contenant un excès de pouvoir ou toute autre infraction aux lois.
Mais le droit de la Cour, en pareil cas, ne saurait être davantage
mis en doute; il est peut-être même plus incontestable encore,
puisqu'il n'est pas possible alors de saisir préalablement le conseil
de la connaissance d'un fait qui lui est reproché à lui-même.
Aussi a-t-il été décidé, même à l'égard des avocats près les Cours
impériales, par de nombreux arrêts de ces Cours et par un arrêt
de votre chambre des requêtes du 5 avril 1841, que lorsqu'il s'agit
de faire annuler ou redresser des délibérations émanées soit d'assemblées générales d'avocats, soit de conseils de l'ordre, les Cours
doivent être saisies directement sans recours préalable à ces conseils (Paris, 13 avril 1835; Nancy, 4 mai 1835; Agen, ...;
Caen, 8 janvier 1830; — Chambre des requêtes, 5 avril 1841;
— Dall. Alph., n°s 292, note; 461, note; 462).

« Sur le deuxième point, celui de savoir si la délibération qui
vous est aujourd'hui déférée est, en effet, de nature à motiver une
intervention de votre part, M. le procureur général invoque l'article 10 du titre XVII du règlement du 28 juin 1738. Cet article est
ainsi conçu : « Ne pourra ladite assemblée (le conseil de l'ordre)
« prendre connaissance de la révocation qui aurait été faite d'un
« avocat par sa partie, et l'avocat que ladite partie aura constitué à
« la place du premier ne pourra se dispenser d'occuper pour elle,
« sous prétexte de vouloir y être autorisé par l'avis de ladite assem-
« blée, par-devant laquelle ou par-devant les syndics en charge, les s
« parties ou leurs avocats ne pourront être obligés de se pourvoir
« au sujet de ladite révocation. »

« Cette disposition consacre d'une manière expresse : 1° le droit
absolu pour la partie de remplacer l'avocat qui n'a plus sa confiance; 2° la défense faite à l'avocat constitué, en remplacement du
premier, de décliner le choix de la partie sous le prétexte de vouloir être autorisé par le conseil de l'ordre; 3° enfin la défense faite
au conseil de l'ordre de prendre connaissance de la révocation qui
a été faite d'un avocat par sa partie.

« La délibération qui vous est déférée semble contenir une infraction directe à la disposition précitée. Toutefois, M. le président du conseil de l'ordre, dans sa lettre à M. le premier président de la Cour, lettre dont j'ai eu l'honneur de vous donner lecture, soutient que le conseil, loin de s'écarter des règles légales, n'a fait que s'y conformer et que consacrer les traditions d'honneur et de délicatesse dont le maintien lui est confié ; il fait observer que le conseil n'a été saisi que comme tribunal de famille et non comme juridiction disciplinaire ; que sa décision, uniquement fondée sur l'appréciation des devoirs de la confraternité, *ne s'imposait à Mᵉ Larnac que tout autant que ce confrère se montrerait jaloux d'observer ces devoirs tels que les comprend* et tels que les rappelait le conseil ; que Mᵉ Larnac a *accepté* cette décision ; et que, dès lors, le conseil s'est trouvé *dessaisi* d'une affaire dont les suites n'auraient pu lui être soumises de nouveau, et cette fois, en sa qualité de conseil de discipline, que dans le cas où l'avocat *ne se fût pas conformé à l'appréciation du conseil.*

« Il vous appartiendra, Messieurs, de décider si ces explications écrites de M. le président du conseil de l'ordre des avocats suffisent à éclairer, dès à présent, votre religion, ou si, au contraire, il y a lieu, conformément aux réquisitions de M. le procureur général, d'ordonner que le président du conseil de l'ordre sera appelé devant vous à l'effet de donner, au nom dudit conseil, des explications sur la délibération dénoncée.

« Je dois dire encore, pour terminer sur ce point, que la chambre civile de la Cour a eu à statuer plusieurs fois sur le pourvoi des notaires qui avaient été condamnés disciplinairement par leurs chambres pour des faits analogues à ceux que le conseil de l'ordre des avocats a critiqués dans la délibération qui vous est déférée, et que la chambre civile a toujours annulé les décisions disciplinaires qui avaient méconnu le droit appartenant aux parties de donner ou de retirer leur mandat au notaire qui avait ou qui n'avait plus leur confiance. Je citerai notamment l'arrêt du 12 novembre 1856, rendu sous la présidence de M. le premier président Troplong, au rapport de M. le conseiller Renouard et sur les conclusions conformes de M. l'avocat général Sévin.

« La chambre de discipline avait dit : « que Mᵉ Lemaire avait eu « le tort de recevoir divers contrats de vente d'immeubles alors qu'il « savait que ces mêmes immeubles étaient mis en vente et annoncés « dans l'étude d'un autre notaire. » La Cour de cassation a dit, au contraire : « que le fait ainsi incriminé ne présente aucun carac- « tère illicite ; qu'une partie qui a adressé une affaire à un notaire « reste maîtresse de confier à un autre notaire la suite de la même « affaire, et qu'il n'y a lieu à faire pour ce cas aucune exception à « la règle générale posée par l'article 2004 du Code Napoléon, en « vertu de laquelle le mandant peut révoquer sa procuration quand « bon lui semble ; *que le simple fait de l'acceptation du nou-* « *veau mandat, lorsqu'il n'est pas établi que des circon-*

« *stances d'indélicatesse ont accompagné cette acceptation,*
« ne saurait être l'objet d'un juste reproche. » Et la Cour a annulé
la décision pour excès de pouvoir.

« Quant à la compétence des chambres réunies pour statuer sur
l'action intentée aujourd'hui par M. le procureur général, et quant
à la convenance d'entendre ou d'appeler, préalablement à toute décision sur le fond, M. le président du conseil de l'ordre des avocats, il doit suffire de rappeler les précédents de la Cour, fondés
d'ailleurs sur des principes incontestés.

« Toutes les fois que la Cour a statué disciplinairement, soit à
l'égard des magistrats, soit à l'égard des avocats, la personne in-
culpée ou intéressée à justifier l'acte qui lui était déféré a toujours
été appelée devant la Cour. (Arrêts du 22 février 1808, 23 janvier 1856, délibération du 28 janvier 1850, etc. [1].) — La Cour
n'a fait, du reste, en cela, qu'une application des principes généraux de la défense, et du texte même de l'article 103 de la loi du
30 mars 1808.

« En ce qui touche la compétence des chambres réunies, elle est
également consacrée par vos précédents.

« Il suffit d'indiquer les arrêts des 14 janvier et 25 avril 1835,
16 décembre 1844, 28 janvier 1850, 23 janvier 1856, tous arrêts
relatifs à des actions disciplinaires contre des avocats de cette Cour,
et tous rendus par les sections réunies en chambre du conseil. »

Après la lecture de ce rapport, le procureur général a pris, sur
de simples notes d'audience, comme toujours, des conclusions
orales, qu'il se proposait d'écrire ensuite telles qu'il les avait
développées devant la Cour : mais l'état de sa santé ne lui a pas
permis de réaliser cette intention.

Voici la copie de ces notes, dans l'affaire, telles qu'elles se
trouvent dans le dossier préparé par M. Dupin lui-même :

Avocats en cassation. — Clientèle.

1° Les questions disciplinaires,
   Pour des faits provoqués,
   Intentions non incriminées ;
2° Mais le fait est des plus graves.

Au fond, trois intérêts en présence :

1° Celui du public. — Libre défense, emportant libre choix du
   défenseur. Pas inféodé, comme un cheptel attaché à l'étude ;

   ÷ Capacité et réputation. — Pressentir *avant d'acheter.*

---

[1] *Nota.* Lorsqu'il s'est agi de magistrats, la Cour a invariablement ordonné par arrêt que l'inculpé serait appelé devant elle. — Dans le cas de poursuites contre des avocats, les inculpés ont été appelés tantôt par arrêt de la
Cour, comme dans l'affaire Leroy en 1844, tantôt par lettre de M. le procureur
général, comme dans l'affaire Paignon, 23 janvier 1856.

2° Droit de *chaque avocat* de répondre à l'appel du client;
3° Intérêt *de l'ordre* des avocats. — Jeunes gens sans fortune. — Titre nu.

Avec du talent et de la persévérance, clientèle.
Sans doute pas *de brigue,* pas *de manœuvres !* autrement, question *disciplinaire.*

Droit du conseil.

1° Pour l'appréciation des *mauvais* procédés entre confrères, *souverain;*
(Ordonnance 10 septembre 1817, art. 13.)

2° Pas pour influer sur le choix des parties.
(Règlement de 1738, titre XVII, art. 10.)

Ici :

1° Le fait;
2° Pression morale :

1° Par devoir tracé;
2° Désobéir, c'eût été y manquer;
3° En conflit avec son ordre.

1° En statuant, comme il l'a fait, *décide* : Le conseil a excédé ses pouvoirs, = et donné ouverture à l'ordonnance de M. le président.

S'est immiscé dans la révocation.

Avis est soumis à homologation. (Ordonnance de septembre 1817, art. 13.)

Annuler la délibération.
Service au conseil. — Importunité, comparution, explications du président des avocats.

Après avoir entendu le procureur général, la Cour, conformément aux conclusions du réquisitoire, a rendu l'arrêt dont la teneur suit :

ARRÊT (26 juin 1865).

La Cour de cassation, sections réunies en la chambre du conseil;
Ouï M. Gastambide, en son rapport, et M. le procureur général, en ses conclusions et réquisitions;
Vu le réquisitoire écrit de M. le procureur général et les pièces à l'appui;
Vu les articles 10 du titre XVII du règlement du 28 juin 1738; 2 de l'arrêté du 13 frimaire an IX; 1 et 2 de l'arrêté du 2 thermidor an X; 103 du décret du 30 mars 1808; 13 de l'ordonnance du 10 septembre 1817;
Attendu qu'une délibération du conseil de l'ordre des avocats est déférée à la Cour comme paraissant de nature à porter atteinte aux principes de la libre défense, en gênant les parties dans le choix de

leur avocat, et l'avocat lui-même dans le libre exercice de sa profession, et comme contenant ainsi un excès de pouvoir;

Attendu qu'il y a lieu d'appeler le président du conseil de l'ordre à l'effet de donner au nom du conseil des explications sur la délibération dont il s'agit;

Fixe au 29 juin prochain le jour auquel le président du conseil de l'ordre des avocats sera, à la diligence de M. le procureur général, appelé devant la Cour, sections réunies en chambre du conseil, où il pourra se faire assister de l'un ou de plusieurs des membres du conseil de l'ordre, pour être ensuite par le procureur général requis et par la Cour statué ce qu'il appartiendra.

Ainsi fait et prononcé par la Cour de cassation, chambres réunies, en la chambre du conseil, le 26 juin 1865.

Cet arrêt fut communiqué au président de l'ordre des avocats près la Cour : un mémoire explicatif, signé du président et de tous les membres du conseil, fut imprimé et distribué aux magistrats.

Au jour fixé par l'arrêt du 26 juin et en exécution de cet arrêt, M⁰ Mathieu Bodet, président de l'ordre, s'est présenté devant la Cour, sections réunies en chambre du conseil, et a donné les explications requises : il était assisté de tous les membres du conseil de son ordre.

Après un rapport succinct de M. le conseiller Gastambide, M. le procureur général Dupin a pris la parole et, dans ses conclusions orales, a requis l'annulation pour excès de pouvoir *de la délibération du conseil de discipline de l'ordre des avocats près la Cour de cassation du 7 avril 1865*.

Voici la copie des notes d'audience sur lesquelles le procureur général a pris les conclusions dont s'agit :

MÉMOIRE.

1° Décision ;
2° Lettre explique ;
3° Mémoire imprimé ;
4° Audience.

Avocat placé entre l'obédience et la déconsidération :

    1° Si fait de délation. — Point.
    2° Si légèreté. — Simple conseil...... verbal.

1° Principe reconnu : { *conseil de famille,*
                 { *conseil de discipline;*
2° Infraction par le fait.

    OBJ. — Autorité *toute morale*..
    R. = Cela ne suffit-il pas?

OBJ. — Il s'est soumis :

    1° Donc gêné dans sa liberté ;

    2º Client gêné dans son choix.

       1º Conduite des deux avocats :

          1º L'un revendique. — Contrat ?
          2º L'autre diffère, — Résiste :

             1º Délibération d'Avignon ;
             2º Délibération de l'ordre ;
             3º Ordonnance du président.

      2º Nature d'une clientèle :
        1º Notariat ;
        2º Cassation.

Qualité du client.

Une *ville.* = Ce pouvait être *une administration.*
Annulation importe à tous, MÊME AU CONSEIL. = Pour le délivrer des OBSESSIONS.

Conformément aux réquisitions du procureur général, la Cour a rendu l'arrêt suivant :

ARRÊT (29 juin 1865).

La Cour, sections réunies en chambre du conseil ;
Ouï M. le conseiller Gastambide, en son rapport ; M. le procureur général Dupin, dans ses conclusions et réquisitions ; Mᵉ Mathieu Bodet, président du conseil de l'ordre des avocats, assisté des membres dudit conseil, en ses explications ;
Vu l'article 10 du titre XVII du règlement du 28 juin 1738 ainsi conçu : « Ne pourra l'assemblée (le conseil de l'ordre) prendre connaissance de la révocation qui aurait été faite d'un avocat par sa partie ; et l'avocat que ladite partie aura constitué à la place du premier ne pourra se dispenser d'occuper pour elle, sous prétexte de vouloir y être autorisé par l'avis de ladite assemblée. »
Attendu que le conseil de discipline de l'ordre des avocats, saisi d'une réclamation de Mᵉ Hamot contre Mᵉ Larnac, a, tout en reconnaissant le droit des parties de choisir leur avocat, décidé cependant qu'il y avait lieu par Mᵉ Larnac de ne pas accepter la clientèle de la ville d'Avignon qui lui était offerte ;
Attendu que cette décision se fonde sur le motif que, Mᵉ Hamot étant en possession de cette clientèle par lui-même et par son prédécesseur depuis de longues années, Mᵉ Larnac aurait eu le double tort de n'avertir que tardivement Mᵉ Hamot du danger qui le menaçait et d'admettre dans un entretien avec M. le maire d'Avignon la possibilité pour lui d'accepter la clientèle de la ville si l'offre qui lui en était faite était appuyée d'une délibération du conseil municipal ;
Attendu que le conseil de l'ordre des avocats en prenant cette décision et en chargeant son secrétaire d'en donner connaissance à Mᵉ Larnac, a porté atteinte au droit qui appartient aux parties de choisir librement leur défenseur et au droit corrélatif qui appartient à l'avocat d'exercer librement sa profession, en observant d'ailleurs à

l'égard de ses confrères comme à l'égard de tous les règles d'une sévère délicatesse; qu'il a ainsi contrevenu aux dispositions de l'article 10 du titre XVII du règlement ci-dessus visées;

Par ces motifs, la Cour, usant de son pouvoir disciplinaire, annule pour excès de pouvoir la délibération du conseil de l'ordre qui lui est déférée; ordonne que le présent arrêt sera transcrit sur les registres du conseil, partout où ladite décision a été inscrite.

Ainsi jugé et prononcé par la Cour de cassation, sections réunies en chambre du conseil, le 29 juin 1865.

N° XVI. — 779. (Audience du 12 mai 1858.)
Chambre des requêtes.

Avocats composant le conseil de discipline. — Poursuite disciplinaire. — Avocat en même temps juge suppléant. — Compétence. — Appréciation des faits.

Questions. — I. Une Cour impériale, chambres assemblées, ne viole point la règle du double degré de juridiction en statuant directement sur une poursuite disciplinaire, dirigée contre des avocats pris, non pas individuellement, mais comme composant le conseil de discipline au nom duquel ils ont agi : ce n'est point là juger omisso medio, puisque ce conseil, en tant que juge de premier degré, aurait été juge et partie dans sa propre cause.

II. S'il est vrai qu'aux termes de l'article 172 du Code de procédure civile, l'on doive statuer sur le déclinatoire avant de s'occuper de l'examen du fond, ce principe, inapplicable d'ailleurs en matières disciplinaires, reçoit satisfaction alors qu'un arrêt statue par des chefs distincts sur l'exception et sur le fond.

III. Lorsque des avocats, en même temps revêtus de la qualité de magistrats, sont poursuivis pour un acte de leur profession d'avocat et spécialement comme membres du conseil de discipline de leur ordre, cet acte peut, malgré sa spécialité, être rattaché à la qualité de magistrat et être poursuivi par voie de connexité devant la même juridiction.

IV. Une Cour impériale a pu et dû voir un excès de pouvoir comportant l'annulation et une faute disciplinaire comportant une peine de discipline, dans la délibération par laquelle les avocats signataires ont, d'une part, critiqué un acte de police d'audience du président des assises, et ont décidé, d'une autre part, que, jusqu'à satisfaction suffisante, eux et leurs confrères s'abstiendraient de paraître comme défenseurs aux assises.

Cette affaire emprunte un intérêt particulier et comme une sorte de solennité au souvenir d'un regrettable conflit entre la magistrature et le barreau.

Mes Noirot, bâtonnier de l'ordre des avocats, à Vesoul, juge suppléant au tribunal de première instance de cette ville; Grand-mougin, avocat, juge suppléant au même tribunal; Personneaux, avocat, juge suppléant du juge de paix; et Guillaume, avocat; ces trois derniers également membres du conseil de l'ordre, ont déféré à la censure de la Cour de cassation deux arrêts de la Cour impériale de Besançon, des 12 et 14 décembre 1857, dont le second les condamne à des peines disciplinaires. Voici les faits à la suite desquels a eu lieu la poursuite dirigée contre les demandeurs par M. le procureur général de Besançon :

A l'audience de la Cour d'assises de la Haute-Saône, un avocat nommé d'office, Mᵉ Parrot, fut l'objet, de la part du magistrat qui présidait les débats, d'interpellations et d'interruptions successives, dans lesquelles l'avocat crut voir une atteinte portée à son caractère et à la dignité de sa profession. Il quitta la barre et sortit de l'audience, après avoir annoncé qu'il allait en référer au conseil de son ordre. Une plainte relatant les faits fut effectivement par lui remise le même jour au bâtonnier. De leur côté, les membres de la Cour d'assises dressaient, à l'issue de l'audience, un procès-verbal destiné à reproduire la physionomie exacte des débats pendant l'incident.

Il importe peu, sans doute, pour l'appréciation des questions de compétence et d'attribution disciplinaire qui étaient aujourd'hui soumises à la Cour de cassation, de transcrire ici et le contexte de la plainte et celui du procès-verbal. Ces actes n'ont pas été pris pour base de la condamnation prononcée contre les demandeurs, condamnation uniquement motivée sur la délibération prise ultérieurement par MM. Noirot, Grandmougin, Personneaux et Guillaume, en leur qualité de membres du conseil de l'ordre des avocats de Vesoul. Les faits, d'ailleurs, il faut le dire, sont pour la plupart loin d'être présentés sous le même aspect dans la plainte et dans le procès-verbal : nous nous abstiendrons donc de les rappeler, bien que les deux pièces aient été successivement lues par M. le conseiller rapporteur à la Cour, qui, en effet, ne les devait pas ignorer; on en trouvera au surplus l'analyse dans le réquisitoire que nous publions plus bas.

Il est un point cependant sur lequel les deux actes sont à peu près d'accord et que nous croyons devoir mentionner, si ce n'est pour aider à l'intelligence du litige actuel, du moins pour ne pas laisser sans une explication dont elle ne saurait guère se passer, la grave détermination à laquelle le conseil de l'ordre crut devoir se résoudre et que nous allons bientôt faire connaître : nous voulons parler de certaines expressions et de certaines mesures qui accompagnèrent, paraît-il, les dernières interpellations adressées à l'avocat qui était à la barre. La plainte porte, à cet égard :

« Sur de nouvelles protestations de ma part, M. le président s'est écrié à deux reprises différentes : « Gendarmes, mettez cet « homme à la porte, s'il dit un mot de plus »; et le brigadier de gendarmerie est venu se placer à ma droite. En présence de la situation inqualifiable qui m'était faite, je devais quitter l'audience, etc... »

On lit, d'autre part, dans le procès-verbal :

« Le Président : Gendarmes, si cet homme continue à troubler l'audience, faites-le sortir.

« Me Parrot continue à parler avec véhémence, il fait des gestes de colère.

« Le Président : Vous m'accorderez bien de vous taire.

« Me Parrot ne fait pas droit à cette invitation.

« Le Président : Gendarmes, exécutez mes ordres, si l'audience est encore troublée.

« Le brigadier de service quitte alors la place qu'il occupait près de l'accusé et se rapproche de la barre.

« Me PARROT, avec colère et frappant sur la barre : Je vais en référer au conseil de l'ordre. »

Tels sont les faits à la suite desquels le conseil de discipline de l'ordre des avocats de Vesoul prenait, le lendemain, 1er décembre 1857, la délibération dont voici la teneur :

« Attendu que d'une information scrupuleuse et de témoignages irrécusables il résulte :

« 1° Que l'avocat Louis Parrot, nommé d'office par M. le président du tribunal civil, a fait preuve d'un grand dévouement et d'un grand désintéressement pour préparer la défense du nommé Petit, dit Jouska;

« 2° Que, pendant les débats et dans le cours de cette défense, à l'audience d'hier, 30 novembre, cet avocat s'est toujours renfermé dans les limites de la modération, et a toujours observé les égards dus à la Cour et au jury;

« 3° Que cependant c'est dans ces circonstances que se sont produits les faits relatés dans sa plainte, où ils sont plutôt mitigés qu'exagérés;

« Les membres du conseil, soussignés, gardiens vigilants des prérogatives et de la dignité de l'ordre,

« Déplorant l'incident qui s'est produit, et tout en protestant de leur respect pour la justice et la magistrature, respect dont ils ont la conscience de ne s'être jamais écartés, eux et leurs confrères;

« Décident : 1° que jusqu'à satisfaction suffisante, aucun des membres du conseil ne paraîtra comme défenseur aux séances de la Cour d'assises;

« 2° Que la présente délibération sera communiquée aux autres membres du barreau de Vesoul, avec invitation d'y adhérer;

« 3° Qu'expédition des présentes sera adressée : 1° à M. le président des assises; 2° à M. le procureur impérial, à M. le procureur général près la Cour impériale de Besançon, à S. Exc. M. le ministre de la justice. »

Sur la communication qui lui a été donnée de cette délibération, M. le procureur général de Besançon a introduit une poursuite disciplinaire devant la Cour impériale, non pas en procédant contre le bâtonnier comme représentant du conseil, mais en agissant contre les quatre avocats signataires, pris comme membres du conseil de discipline (sans aucune poursuite d'ailleurs contre Mᵉ Parrot, cinquième membre du conseil, dont la plainte avait provoqué la délibération), et procédant même contre trois des signataires à raison des fonctions de juge suppléant dont ils sont aussi investis.

En conséquence, assignation a été donnée à Mᵉˢ Noirot, Grandmougin, Personneaux et Guillaume, devant la Cour impériale, chambres assemblées, avec conclusions tendantes à une condamnation disciplinaire contre ces avocats, et, en outre, à la suspension temporaire de ceux d'entre eux qui sont magistrats.

Devant la Cour, les inculpés, pour démontrer que la première et principale atteinte répréhensible avait été portée aux droits de l'avocat par la mesure prise vis-à-vis de M. Parrot, ont demandé à prouver par les témoins qu'ils avaient assignés la vérité des faits que cet avocat avait dénoncés au conseil, et qui avaient motivé sa délibération. M. le procureur général a soutenu que cette preuve ne serait pas recevable, parce qu'elle contredirait un procès-verbal de la Cour d'assises prouvant authentiquement que les premiers torts venaient du défenseur.

Par un premier arrêt, la Cour, sans admettre la fin de non-recevoir, a déclaré que l'opportunité de la preuve demandée n'était pas, quant à présent, justifiée, et a ordonné de passer outre.

Les inculpés ont cru devoir alors proposer un déclinatoire fondé notamment sur ce que, comme avocats, ils avaient droit à la garantie du premier degré de juridiction, dont on ne saurait les priver par le motif que, comme magistrats, ils pouvaient être directement poursuivis devant la Cour. Sur ce déclinatoire, et après quelques explications au fond, la Cour a renvoyé l'affaire au surlendemain, jour auquel elle a rendu l'arrêt suivant :

« Sur la compétence :

« Considérant que les conseils de discipline sont placés sous l'autorité des Cours impériales; que celles-ci, dès lors, sont compétentes pour connaître directement, et sur la citation du procureur général, des délibérations prises par ces conseils, lorsque le ministère public les dénonce comme constituant par elles-mêmes, et à raison des mesures qu'elles prescrivent, un corps de délit disciplinaire ;

« Que si, aux termes de l'ordonnance de 1822, les conseils de discipline peuvent, comme juridiction de premier degré, statuer sur la conduite d'avocats inculpés, ils n'ont et ne peuvent avoir aucune compétence lorsqu'il s'agit, comme dans l'espèce, de l'appréciation et du contrôle d'actes émanés d'eux-mêmes, puisqu'alors ils seraient juges et parties dans leur propre cause ;

« Considérant que trois des avocats inculpés sont encore compris dans la poursuite comme juges suppléants, aux termes des articles

50 et 54 de la loi du 20 avril 1810; qu'il existe une connexité évidente entre les chefs de la plainte, et que dès lors la Cour reste compétente pour connaître de l'un et de l'autre sans division;

« Au fond :

« Considérant que le 1ᵉʳ décembre, présent mois, les quatre avocats inculpés ont pris et signé, comme membres du conseil de l'ordre des avocats du barreau de Vesoul, une délibération portant : 1° que jusqu'à satisfaction suffisante, aucun des membres du conseil ne paraîtrait comme défenseur aux séances de la Cour d'assises; 2° que la présente délibération serait communiquée aux membres du barreau de Vesoul, avec invitation d'y adhérer; que cette délibération a reçu son exécution, et que, par suite, deux accusés traduits à la dernière session des assises du département de la Haute-Saône sont restés sans défenseurs; qu'un tel acte constitue un excès de pouvoir, un manquement à la discipline, une provocation à la désobéissance aux lois, une entrave à l'action de la justice criminelle, une offense à la magistrature;

« Que les inculpés invoquent en vain, comme justifiant la délibération qu'ils ont prise, l'incident qui s'est produit le 30 novembre précédent à la Cour d'assises de la Haute-Saône; qu'en principe, les mesures prises par les Cours et tribunaux pour le maintien de l'ordre et de la dignité de leurs audiences ne peuvent être l'objet de l'examen et de la censure du conseil de discipline;

« Considérant, en outre, qu'en signant cette délibération, les sieurs Noirot, Grandmougin et Personneaux, les deux premiers, juges suppléants au tribunal de Vesoul, le troisième, juge suppléant de la justice de paix de la même ville, ont compromis leur caractère comme magistrats;

« La Cour se déclare compétente; interdit comme avocats, et suspend comme juges suppléants les sieurs Noirot, Grandmougin et Personneaux; dit que cette interdiction et suspension durera pendant quinze jours, à partir de la notification du présent; prononce la peine de la réprimande contre M. Guillaume; annule pour illégalité et excès de pouvoir la délibération susmentionnée; ordonne, en marge du registre qui la contient, la transcription de la partie du présent arrêt qui prononce l'annulation de ladite délibération; condamne les sieurs Noirot, Grandmougin, Personneaux et Guillaume, aux dépens liquidés à soixante-six francs quarante-cinq centimes, en conformité des articles 49, 50, 54 de la loi du 20 avril 1810, 18 de l'ordonnance du 20 novembre 1822, et 194 du Code d'instruction criminelle... »

Tel est l'arrêt contre lequel MM. Noirot, Grandmougin, Personneaux et Guillaume, avocats, ont formé le pourvoi qui était aujourd'hui soumis à l'examen de la chambre des requêtes, et qu'ils ont fondé sur les deux moyens de cassation suivants :

1° violation des règles de compétence; 2° excès de pouvoir dans la condamnation.

Après le rapport de l'affaire présenté par M. le conseiller Hardoin, la parole est donnée à Mᵉ Achille Morin, avocat, chargé d'office, par le conseil de son ordre, de prêter au pourvoi l'appui de son expérience et de sa parole. Mᵉ Paul Fabre, président du conseil, suit l'audience, assis à côté de son confrère. Nous donnons l'analyse de la discussion présentée par Mᵉ Morin :

« Les règles de poursuite et de compétence, en matière disciplinaire, sont très-différentes, dit Mᵉ Morin sur le premier moyen, suivant qu'il s'agit de magistrats ou d'avocats.

« Le juge appartenant à une juridiction inférieure peut, d'après une disposition spéciale de la loi organique, être directement appelé devant la Cour impériale, chambres assemblées, dont les décisions en cette matière n'ont pas le caractère de jugements proprement dits, et sont soumises à la révision du ministre de la justice dès qu'elles prononcent la réprimande. (Loi du 20 avril 1810, art. 54 et 56.)

« Quant à l'avocat, il a au-dessus de lui une juridiction disciplinaire du premier degré, qui doit avant tout connaître des fautes à lui reprochées, la Cour impériale ne devant être saisie que dans les cas d'appel ou autres analogues, et ses arrêts en cette matière étant susceptibles de recours en cassation pour incompétence ou excès de pouvoir ; cette première juridiction est le conseil de discipline, que les règlements organiques ont voulu investir « de la plénitude » du droit de discipline pour perpétuer dans l'ordre l'invariable » tradition de ses prérogatives et de ses devoirs », et qui est spécialement chargé de réprimer les infractions ou fautes commises par les avocats (ordonn. du 20 novembre 1822, préambule et article 15 ; arrêt de cassation du 28 décembre 1825.) A défaut de conseil de discipline, ses attributions, comme juridiction disciplinaire du premier degré, sont exercées par le tribunal civil du lieu, alors même qu'il y a dans la ville une Cour impériale. (Ordonnance de 1822, art. 10 et 20.) La Cour ne peut être saisie, *omisso medio*, à l'égard des avocats, qu'autant qu'il s'agit soit de déférer simplement à sa censure une délibération du conseil de discipline ou de l'ordre entier, ce qui est une sorte de recours, soit de donner effet à une poursuite disciplinaire sur laquelle la juridiction de premier degré a refusé de statuer, ce qui oblige à recourir au juge supérieur. (Voir arrêts de la Cour, des 5 décembre 1833, 22 juillet 1834 et 5 avril 1841.)

« Or, cette distinction a été complétement méconnue dans la poursuite dont il s'agit et dans la décision attaquée ; car les demandeurs ont été directement cités devant la Cour impériale de Besançon, en leur double qualité d'avocats et de juges suppléants, quoique l'acte reproché fût uniquement relatif à la profession d'avocat et sans aucun rapport quelconque avec les fonctions de juge ; car ils sont condamnés à l'interdiction comme avocats et à la suspension comme juges suppléants, simultanément par une seule et même décision qu'il faudrait scinder pour que M. le ministre de la justice et la Cour de cassation pussent exercer leurs pouvoirs respectifs de révision, qui doivent être indépendants l'un de l'autre.

« L'un des motifs de l'arrêt repoussant le déclinatoire est qu'il y aurait connexité. Mais la connexité prétendue n'est aucunement démontrée, puisque les fonctions de juge sont demeurées étrangères à l'acte incriminé. Existât-elle, ce ne serait pas un motif suffisant pour priver de la garantie de deux degrés de juridiction les avocats qui n'ont agi que comme avocats, et même l'avocat qui n'a pas d'autre qualité. L'indivisibilité elle-même n'a jamais pour effet d'enlever un justiciable à ses juges naturels pour lui donner une juridiction exceptionnelle; cet effet exorbitant peut encore moins dériver d'une simple connexité, qui ne demande la jonction qu'autant qu'elle peut avoir lieu sans détruire aucun droit.

« L'autre motif est que le conseil de discipline n'aurait pu être saisi des faits qui ont amené la condamnation, parce qu'il s'agit de l'appréciation et du contrôle de ses actes. L'objection est-elle exacte en tous points? Remarquons-le bien : la poursuite exercée est individuelle; elle est dirigée contre quatre avocats personnellement inculpés, sans comprendre tous les membres du conseil de discipline; c'est une faute personnelle qui est reprochée aux quatre inculpés pour avoir fait telle chose incriminée; il ne s'agit pas uniquement de demande en annulation d'une délibération d'un conseil de discipline; demande qui serait formée contre le bâtonnier représentant le conseil; donc on ne peut dire que le recours direct à la Cour impériale soit forcé. Ne pouvait-on pas d'abord traduire les quatre avocats, soit devant le conseil de discipline autrement constitué, puisque les conseils de discipline peuvent se compléter par l'adjonction d'avocats inscrits, soit devant le tribunal civil, puisque le tribunal exerce de plein droit les attributions du conseil de discipline, lorsqu'il n'y a pas possibilité de constituer ce conseil? C'est là une question qui devait être examinée : or, elle ne l'a pas été. L'indécision sur ce point suffit pour détruire l'objection de l'arrêt, qui tend à modifier les règles de compétence en privant les inculpés de la garantie du premier degré de juridiction; et cela rend d'autant plus sensible la violation de l'article 172 du Code de procédure civile, suivant lequel la Cour aurait dû rendre avant tout un arrêt motivé sur la compétence, arrêt que l'on aurait pu immédiatement déférer à la Cour de cassation, qui eût eu alors à examiner toutes les questions touchant à la compétence, sous leurs différents aspects.

« Quoi qu'il en soit, l'objection ne justifie pas la confusion qui a eu lieu, dans la poursuite et dans la condamnation, entre deux qualités essentiellement distinctes, dont l'une comportait l'application des règles de poursuite et de compétence établies à l'égard des avocats, et dont l'autre devait, si l'on croyait pouvoir agir aussi. contre les juges suppléants, faire l'objet d'une poursuite spéciale suivant les formes particulièrement tracées vis-à-vis des juges; confusion qui a amené cet étrange résultat, qu'une même décision se trouve avoir à la fois le caractère d'un arrêt, soumis au recours en cassation, et celui d'une simple délibération, à reviser par M. le ministre de la justice.

« Eût-il été possible d'exercer simultanément la double poursuite, au moins devait-on, conformément à l'article 52 de la loi du 20 avril 1810, saisir d'abord le tribunal, qui pouvait prononcer même à l'égard des juges suppléants, ce qui eût encore laissé aux avocats inculpés la garantie du premier degré de juridiction qui leur est assurée par l'ordonnance organique. Or, il est certain que le tribunal, loin d'avoir refusé ou négligé de statuer sur la poursuite, a même été mis dans l'impossibilité de s'en saisir, puisque M. le procureur général a immédiatement saisi la Cour.

« Le rejet du déclinatoire n'est donc pas justifié. »

Abordant le deuxième moyen du pourvoi, Me Morin présente à la Cour les observations suivantes :

« Pour bien apprécier la délibération qui est imputée à faute aux avocats disciplinairement condamnés, il faut se placer au point de vue de l'institution des conseils de discipline, qui ont pour mission principale de maintenir l'honneur et les prérogatives de l'ordre des avocats, comme l'a si nettement proclamé dans son préambule l'ordonnance du 20 novembre 1822, dont les dispositions sont conformes à cette idée fondamentale ; et l'on doit aussi considérer combien était grave l'atteinte qui a été portée aux droits et à la dignité de l'ordre entier par les mesures extrêmes dont M. Parrot s'est plaint au conseil de discipline de son ordre.

« Un fait est certain, c'est que M. le président W..., après quelques paroles échangées, avait donné aux gendarmes l'ordre d'expulser, s'il disait un mot de plus, M. Parrot, défenseur d'office d'un accusé, et l'avait fait dans les termes les plus blessants pour les avocats : « Gendarmes, mettez cet homme à la porte, s'il « dit un mot de plus. » (Expressions de la plainte.) « Gendarmes, « si cet homme continue à troubler l'audience, faites-le sortir. » (Expressions du procès-verbal dressé après l'audience.)

« Inutile de rechercher ici quelles étaient les paroles antérieures. Si celles de l'avocat avaient été inconvenantes, et surtout s'il y eût eu cause de trouble, c'eût été une faute d'audience ; le ministère public en eût requis la répression immédiate, la Cour d'assises aurait prononcé un avertissement disciplinaire; tandis qu'il n'y a eu ni réquisitions ni décision à l'audience, que le procès-verbal de la séance n'a même pas fait mention de l'incident, que la pièce produite pour suppléer au silence du procès-verbal n'a été rédigée qu'ultérieurement avec complément ou ratification par le procureur impérial, dans une lettre; que Me Parrot n'a été l'objet d'aucune poursuite, pas même après la plainte qui a précisé les faits avec affirmation. La vérité de ce récit, que les quatre avocats inculpés ont offert de prouver par des témoins *de visu et auditu* (qui étaient assignés devant la Cour), n'a même pas été contredite en fait par M. le procureur général, qui s'est borné à exciper d'une présomption légale qu'aurait fournie le procès-verbal présenté comme faisant foi jusqu'à inscription de faux. Elle ne l'est pas dans les arrêts de la Cour de Besançon, dont le premier s'est borné à dire que l'opportunité de la preuve offerte n'était pas justifiée quant à présent, et dont le dernier jette un voile sur les circonstances de l'incident dont il s'agit, en disant que les conseils de discipline n'ont pas à examiner ou à censurer les mesures prises pour le maintien de l'ordre et de la dignité des audiences.

« En présence d'une atteinte aussi grave que celle qui a été portée à la dignité de l'ordre des avocats par l'injonction donnée aux gendarmes d'expulser le défenseur s'il continuait à parler, que devait faire le conseil de discipline auquel cette mesure violente était rapportée et qui reconnaissait l'exactitude du récit? Son droit et son devoir étaient de vérifier le fait et de constater les résultats de cette vérification; son droit allait même jusqu'à dénoncer aux supérieurs hiérarchiques du magistrat la grave atteinte qu'avait reçue l'honneur de l'ordre. C'est ce qu'il a entendu faire, comme le prouve la délibération portant qu'expédition sera adressée à M. le procureur général et à Son Excellence M. le ministre de la justice. Là ne peuvent se trouver toutes les fautes si répréhensibles qu'y a vues l'arrêt attaqué; car il faut bien énoncer les griefs lorsqu'on fait une dénonciation, et la répression n'est encourue qu'autant que la dénonciation est reconnue mensongère.

« Mais la délibération a été plus loin. Le conseil de discipline a pensé que ses membres, et ceux des avocats qui partageraient sa légitime émotion, devaient s'abstenir de paraître aux assises jusqu'à satisfaction suffisante, c'est-à-dire jusqu'à ce que les chefs de la magistrature leur eussent donné l'assurance que les avocats, en observant leurs devoirs, ne seraient plus exposés à une mesure aussi extrême que celle qui s'était si déplorablement produite.

« Sans doute, une pareille résolution serait très-blâmable dans toute autre circonstance, car l'un des principaux devoirs de l'avocat est de prêter son ministère aux accusés, toutes les fois que cela est possible; mais, en l'état et dans un cas aussi extraordinaire, quelle était la faute imputable? Sans se permettre ici de censurer un acte du magistrat, sans contester aucunement les pouvoirs qui appartiennent aux présidents d'assises pour la police des audiences, ne peut-on pas dire que les membres du conseil de discipline étaient excusables, eu égard à l'extrême gravité de la mesure extralégale dont le barreau se trouvait victime? L'ordre offensant donné par le président aux gendarmes vis-à-vis d'un défenseur, ordre qui allait jusqu'à le faire jeter à la porte, ne rendait-il pas à peu près impossible le ministère des avocats, devant le même magistrat qui avait pris la mesure insolite, et en présence d'un public qui en avait été le témoin?

« On impute aux membres du conseil de discipline un excès de pouvoir. Admettons-le : ne suffirait-il pas d'annuler la délibération pour cette cause? L'erreur d'un corps délibérant qui sort des limites de sa compétence est-elle donc rangée parmi les faits punissables? L'annulation d'une délibération entraîne-t-elle nécessairement l'application d'une peine?

« On accuse les exposants d'un manquement à la discipline! Un tel reproche se comprendrait vis-à-vis de l'avocat qui aurait manqué à ses devoirs devant la Cour d'assises, mais on ne l'adresse pas à Mᵉ Parrot, soit pour sa tenue devant la Cour d'assises, soit pour la plainte dont il a saisi le conseil de discipline. En accueillant cette plainte, le conseil a entendu faire respecter la discipline, loin de vouloir y contrevenir.

« On va jusqu'à voir dans la délibération une provocation à la désobéissance aux lois! En quoi se trouverait cette faute extrême? Serait-ce, pour les avocats inculpés, dans le fait d'avoir délibéré sur une plainte adressée par un membre du barreau? Mais les conseils de discipline n'ont-ils pas pour mission de veiller sur tout ce qui peut intéresser les droits, les devoirs, la dignité de la profession d'avocat? Mais la juste susceptibilité de l'ordre des avocats à l'égard d'une mesure extralégale est une garantie de leur obéissance aux lois en général.

« On suppose qu'il y a eu offense à la magistrature! Mais un pareil manquement était loin de la pensée des signataires de la délibération, qui y ont, au contraire, exprimé en termes exprès « leur respect pour la justice et la magistrature », en félicitant leurs confrères de ne s'en être jamais écartés.

« Enfin il est parlé d'entraves à la justice et d'accusés restés sans défenseurs. Ceci demande explication. Il est bien vrai que deux avocats, Mᵉˢ Pizard et Noirot, que M. le président W... voulait appeler sur l'heure à défendre deux accusés, ont décliné cette mission par des raisons diverses qui n'ont point été admises comme excuses suffisantes; mais il y avait d'autres avocats disponibles, et l'on pouvait au besoin recourir aux avoués qui plaident aussi aux assises quelquefois. S'il était arrivé que des accusés n'eussent pas de défenseurs, ce serait parce que le président des assises n'aurait pas complètement usé du pouvoir qui lui appartenait d'appeler un avocat ou un avoué pouvant prêter leur ministère.

« Quant à Mᵉˢ Pizard et Noirot, ce sont des faits personnels. S'ils ont été condamnés à la réprimande par la Cour d'assises, c'est qu'ils n'ont point été appelés à donner des explications, et s'ils se sont désistés, sur notre conseil, du pourvoi qu'ils avaient eux-mêmes formé, c'est qu'il a paru convenable de laisser entière la question plus large que soulève la poursuite portée devant les chambres assemblées de la Cour impériale. »

M. le procureur général Dupin s'exprime en ces termes :

« Messieurs, les collisions entre la magistrature et le barreau sont toujours regrettables; elles sont pourtant faciles à éviter, lorsque chacun a un sentiment juste de son devoir et ne se fait pas une idée exagérée de son droit.

« Le devoir des avocats est de respecter les juges. Jean Desmares, qui écrivait au quatorzième siècle, va plus loin, et dit, dans les règles qu'il a tracées pour ses confrères, que « li (les) « advocats doivent acquérir et garder l'amour du juge ».

« De son côté, le magistrat doit faire respecter son autorité, *se contemni non patiatur;* mais il doit, avant tout, se respecter lui-même, et se comporter sans morgue et sans orgueil, évitant de blesser l'amour-propre ou la juste susceptibilité de ceux auxquels il est dans le cas d'adresser la parole.

« En particulier, il doit à ceux qui plaident de la bienveillance et de justes égards, à cause de la difficulté de leur profession et de l'éclat que, bien exercée, cette profession répand sur l'administration de la justice.

« Il doit savoir écouter, et écouter patiemment; car la patience est une grande partie de la justice, a dit un des juges qui ont le plus illustré le règne de Trajan : *Præsertim cùm primum religioni suæ judex patientiam debeat, quæ pars magna justitiæ est.* Pline, lib. VI, epist. 2.

« Les lois romaines en font une recommandation expresse aux magistrats en apparence les plus absolus, aux délégués de César : *Circà advocatos patientem esse procuratorem Cæsaris oportet.* (L. 9, § *De officio procurat.*) Ils doivent agir avec dextérité et garder de justes tempéraments dans l'intérêt de leur propre considération : *Sed cum ingenio, ne contemptibilis videatur.*

« La loi recommande aussi à celui qui préside, le sang-froid et cette impassibilité qui, en se possédant soi-même, est souvent le meilleur moyen d'imposer aux autres. Il ne doit, dit la loi, ni s'exaspérer ni mollir : *Neque excandescere adversùs eos quos malos putat, neque intacrymari.* (L. 19, § *De officio præsidis.* Enfin, et par-dessus tout, il ne doit jamais descendre jusqu'à l'injure : *Neque enim magistratibus licet aliquid injuriosè facere.*

« En somme toute, le magistrat, en rendant la justice, doit se comporter de telle sorte que son autorité grandisse encore par la manière dont il saura l'exercer. *Et summatim, ita jus reddi debet, ut auctoritatem dignitatis ingenio suo augeat.* (D., L. 19, *in fine.*)

« Toutes ces conditions ont-elles été remplies de part et d'autre dans la cause qui vous est soumise?

« Sans recourir à une enquête, et en prenant pour base le procès-verbal particulier produit devant vous, qu'y voit-on?

« Mᵉ Parrot, défenseur de Joseph Petit, emploie un moyen de prédilection, qui semble réservé particulièrement aux défenses d'office, celui de la démence de son client; et, de fait, celui-ci avait déjà été détenu deux fois, en 1842 et 1844, par mesure administrative, en vertu de la loi du 30 janvier 1838, dans la maison d'aliénés de Maréville. Il s'en était évadé deux fois. Joseph Petit était retourné en 1848 dans cette maison, et, sur sa demande, il y avait été admis comme charpentier et même comme infirmier; car il n'était pas absolument fou, quoiqu'il eût des tendances extravagantes. Il s'était encore évadé une troisième fois, non en sortant par la porte, comme eût pu le faire un homme qui se serait cru libre, un simple ouvrier, mais en escaladant le mur d'enceinte de l'établissement, comme les deux premières fois.

« Pouvait-on dès lors soutenir, comme le faisait l'accusation, que Joseph Petit jouissait de toute sa raison en 1848, puisqu'il avait été admis, non comme aliéné, mais comme ouvrier? ou prétendre, avec le défenseur, que l'aptitude de cet homme à travailler de son état n'empêchait pas qu'il n'eût, ainsi que l'atteste la lettre du directeur, des tendances extravagantes, comme le fou d'Argos dont parle Horace, qui, hors le cas de sa monomanie, eût paru, à tous autres égards, un homme raisonnable : *cætera qui vitæ munia servabat recto more?*

« Au jury seul appartenait l'appréciation de ces faits. Or, c'est sur l'interprétation des lettres du directeur de Maréville relatives à ces faits, que porte la controverse qui s'établit entre M. le président et l'avocat. Bientôt elle prend un caractère personnel; il en résulte une vive altercation. »

M. le procureur général reprend les termes de ce dialogue, il blâme l'obstination avec laquelle l'avocat persistait à vouloir prendre la parole malgré les injonctions réitérées de M. le président; il blâme sévèrement la pantomime reprochée à l'avocat, et les gestes inconvenants dont il aurait accompagné ses paroles.

« En tout cela, dit M. le procureur général, le défenseur s'est montré irrespectueux, violent, répréhensible au plus haut degré, je l'accorde. Mais, alors, que devait faire M. le président? Il devait opposer le calme à l'emportement, et comme il avait suffisamment averti l'avocat de se taire, il devait, pour vaincre son obstination, demander au ministère public de conclure et à la Cour de délibérer sur les mesures de discipline à prendre contre cette sorte de rébellion. Tout alors eût été digne et régulier.

« Au lieu de cela, le dialogue continue, il s'échauffe de plus en plus, et M. le président, suivant le procès-verbal, en vient à dire :

« Gendarmes, si *cet homme* continue à troubler l'audience,
« faites-le sortir. »

« *Cet homme* était-il donc l'inconnu, le quidam dont parle
l'article 89 du Code de procédure, qui peut, sur l'injonction du
président, être expulsé de la salle ou même arrêté s'il trouble
l'audience?

« Cet homme était un avocat : l'avocat de la cause, nommé d'office, appelé par la justice, et dont le ministère était requis pour
son accomplissement.

« Un tel langage, une telle mesure pouvaient-ils être convena-
blement employés à son égard?.....

« L'avocat s'exaspère de son côté, « il continue avec véhémence,
« il fait des gestes de colère », et le président reprend : « Gen-
« darmes, exécutez mes ordres, si l'audience est troublée. » Le brigadier de service quitte alors la place qu'il occupait près de l'accusé, et se rapproche de la barre.

« Ainsi pressé, et menacé d'être pris au collet, l'avocat déclare
qu'il va se retirer et en référer au conseil de l'ordre.

« En référer au conseil de l'ordre, rien de mieux; mais le conseil, à son tour, va-t-il procéder régulièrement? Saura-t-il se renfermer dans les bornes de sa compétence et de son pouvoir?

« Si le conseil, après avoir écouté la plainte de Mᵉ Parrot, et la
jugeant fondée, s'y était associé; s'il avait exposé ses griefs et se
fût borné à les transmettre au procureur général de la Cour de
Besançon et au chef de la justice, en réclamant l'examen de ces
griefs et une juste satisfaction, une telle marche eût été régulière
et convenable. Mais, au lieu de cela, le conseil de l'ordre délibère,
il prend un arrêté, il se fait justice à lui-même; il décide : 1° que
jusqu'à satisfaction suffisante, aucun des membres du conseil ne
paraîtra comme défenseur aux séances de la Cour d'assises; 2° que
cette délibération sera communiquée aux autres membres du barreau de Vesoul, avec invitation d'y adhérer; 3° qu'expédition en
sera adressée, etc.

« Cette délibération a reçu son exécution; une correspondance
établie entre le président des nouvelles assises et plusieurs avocats
de ce barreau atteste leur refus d'obtempérer aux désignations de
la justice et de se charger de la défense d'office qui leur était
déférée.

« C'est en cet état que M. le procureur général a saisi la Cour
impériale de Besançon, et lui a demandé l'annulation de cette délibération, qu'elle a en effet prononcée par l'arrêt qui vous est déféré.

« Cet arrêt est attaqué : 1° pour incompétence, 2° pour excès
de pouvoir.

« Aucun de ces moyens n'est fondé.

« Et d'abord, quant à la compétence, sur laquelle la Cour impériale a statué distinctement dans la première partie de son arrêt,
cette compétence ne saurait être révoquée en doute.

« Lorsqu'il s'agit d'une plainte isolée portée contre un avocat devant le conseil de l'ordre, le conseil, dans ce cas, est un véritable tribunal, il statue en premier ressort, ce premier degré de juridiction ne peut être éludé, sauf l'appel soit des intéressés, soit du ministère public dans les cas prévus par la loi.

» Mais ici c'est le conseil même qui est inculpé en corps et par un acte qui lui est personnel; il y a mieux : si l'on considère les adhésions provoquées et obtenues, on peut dire avec votre arrêt du 5 avril 1841 : « Ce n'était pas seulement le conseil de disci-
« pline, c'était l'ordre tout entier qui était prévenu d'avoir mé-
« connu le devoir de donner l'exemple du respect et de la soumis-
« sion dus aux pouvoirs établis. » On ne pouvait donc pas considérer le conseil de discipline comme pouvant être, à un titre quelconque, saisi de la question; car alors il eût été son propre juge.

« On doit ajouter, avec un autre de vos arrêts rendu le 15 décembre 1847, au rapport de M. Troplong, que cette délibération devait être envisagée « non pas comme décision d'une juridiction
« en premier ressort, mais bien comme étant, par elle-même, *un*
« *corps de délit disciplinaire.* »

« La Cour de Besançon a donc pu être saisie directement par le procureur général, en vertu des articles de loi cités dans son réquisitoire.

« Peu importe que parmi les avocats dont la conduite était ainsi reprochée, il y eût des avocats membres du conseil, qui étaient en même temps magistrats, deux comme suppléants du tribunal de première instance, un autre comme suppléant de la justice de paix; la compétence de la Cour n'en était pas moins établie à leur égard.

« En effet, la juridiction disciplinaire des Cours impériales s'étend aux magistrats comme aux avocats, et, en général, à tous ceux qui concourent à l'administration de la justice. Lorsque des avocats ou des notaires briguent des fonctions judiciaires, lorsqu'ils les obtiennent et qu'ils reçoivent par là un reflet d'honneur qui rehausse leur profession et les recommande spécialement à la considération du public, c'est à la condition que, dans toute leur conduite, publique et même privée, ils se souviendront qu'ils sont magistrats, en ne faisant rien qui puisse compromettre la dignité de leur caractère. Le manque de respect envers la justice, reproché aux avocats, recevait donc un degré d'aggravation du fait qu'ils étaient eux-mêmes magistrats. En ces deux qualités, leur conduite tombait sous l'appréciation de la Cour.

« La seule différence, c'est que la peine prononcée contre ceux qui étaient seulement avocats était applicable de plein droit en vertu de l'arrêt; tandis que la suspension prononcée contre les magistrats avait besoin d'être approuvée par le ministre de la justice; mais cette considération, applicable seulement à l'exécution de l'arrêt, ne réagissait pas sur la compétence : ainsi s'évanouit le premier moyen de cassation.

« Sur le second moyen, et au fond, il est évident, dit M. le procureur général, que la délibération des avocats de Vesoul était empreinte d'un double excès de pouvoir.

« Le premier, en ce qu'elle exige ce qu'elle appelle « une satis- « faction suffisante », que les avocats n'avaient pas le droit, de leur autorité privée, d'imposer à la justice, vis-à-vis de laquelle cette forme constitue une véritable offense.

« Le second, en jetant un interdit sur l'ordre des avocats, en déclarant qu'aucun des membres du conseil ne paraîtrait plus aux assises, et en invitant les autres membres à y adhérer; ce qui avait été suivi d'exécution.

« En cela les avocats avaient manqué à leur premier devoir, à cette belle partie de leur profession qui, les associant à l'œuvre de la justice, les constitue défenseurs de droit et d'office des accu- sés qui n'ont pas d'autre moyen de se défendre.

« Sous l'ancien régime, à une époque où le pouvoir était mal défini, on a vu des corps judiciaires suspendre capricieusement le cours de la justice et déclarer au public qu'ils ne reprendraient point l'exercice de leurs fonctions tant qu'ils n'auraient pas obtenu du souverain le redressement de leurs griefs.

« On a vu aussi les avocats, par imitation, déclarer quelquefois qu'ils déserteraient les audiences jusqu'à ce qu'on eût fait droit à leurs plaintes.

« Aujourd'hui, de tels exemples ne peuvent plus être donnés, et, en tous cas, ils ne seraient pas tolérés.

« En 1849, la haute Cour était réunie à Bourges pour juger les auteurs de l'attentat du 15 mai, dont les chefs étaient Barbès, Blanqui, Raspail, Sobrier, etc. Les avocats choisis pour les dé- fendre, et dont plusieurs partageaient leurs opinions, imaginèrent, non pas de les excuser, ni de prouver qu'ils n'avaient point com- mis les faits qui étaient imputés à leurs clients; mais, en rappe- lant l'axiome, anarchique bien plus encore que révolutionnaire, que « l'insurrection est le plus saint des devoirs », ils annon- cèrent l'intention de plaider le *jure feci,* et de soutenir que les accusés avaient eu le droit d'agir comme ils l'avaient fait.

« Sur ce, arrêt du 10 novembre 1849, longuement et forte- ment motivé, par lequel la haute Cour, présidée par M. Béranger, « dit que la défense ne sera pas admise à plaider que toute viola- « tion de la constitution de la part du pouvoir législatif donne nais- « sance *au droit d'insurrection* ».

« Là-dessus les avocats, prétendant qu'on entravait *la liberté de la défense,* déclarèrent *s'abstenir.* Mais le conseil des avo- cats de Paris, d'accord avec la doctrine de l'arrêt, vit là un man- quement aux devoirs de la profession, et réprimanda les avocats qui avaient *déserté la défense* sous prétexte qu'on leur avait interdit l'apologie du fait qui servait de base à l'accusation.

« En 1835, quelques avocats ayant refusé d'accepter la défense d'office qui leur était déférée par la Cour de Paris, une ordonnance royale du 30 mars déclara cette désignation *obligatoire*. Plusieurs barreaux contestèrent la *légalité* de cette ordonnance, mais les délibérations par eux prises à ce sujet ont donné lieu à des arrêts qui les ont annulées. Nancy, 4 mai 1835 ; Paris, 13 avril 1835 ; Rouen et Agen, 4 mai 1835 [1].

« En résumé, l'arrêt de la Cour de Besançon, sagement et légalement motivé sur la compétence et sur le fond, ne tombe sous le coup d'aucun des moyens de cassation proposés.

« Nous estimons, en conséquence, qu'il y a lieu de rejeter le pourvoi. »

Conformément à ces conclusions, la Cour a rejeté le pourvoi formé contre l'arrêt de la Cour de Besançon. Voici le texte de l'arrêt :

ARRÊT (12 mai 1858).

La Cour,

Ouï M. Hardoin, conseiller, en son rapport ; Mᵉ Morin, avocat, en ses observations ; et M. le procureur général Dupin, en ses conclusions ;

Sur le premier moyen, relatif à la compétence :

Attendu que les Cours impériales ont un droit de surveillance et de discipline sur les magistrats et les avocats de leur ressort ; que si les avocats sont, en règle générale, justiciables du conseil de discipline de leur ordre, et de la Cour impériale, seulement sur appel, c'est lorsqu'ils sont individuellement poursuivis pour des faits entraînant une peine disciplinaire ; qu'il ne saurait en être de même lorsque, comme dans la cause, c'est une délibération du conseil de discipline qui est l'objet de la poursuite, et que tous les membres qui y ont pris part sont compris dans la plainte ; qu'on ne peut admettre dans ce cas que les avocats inculpés soient appelés à statuer dans leur propre cause ; qu'il n'appartient alors qu'à la Cour impériale de prononcer sur les réquisitions du ministère public ;

Attendu, en second lieu, que l'arrêt attaqué a statué par deux dispositions distinctes et séparées sur l'exception d'incompétence et sur le fond ; que par ce mode de procéder constamment pratiqué en matière disciplinaire, il n'a point été contrevenu aux prescriptions de l'article 172 du Code de procédure civile ;

Attendu que le caractère de magistrats dont étaient revêtus Mᵉˢ Noirot, Grandmougin et Personneaux, lorsqu'ils ont signé comme membres du conseil de discipline la délibération du 1ᵉʳ décembre 1857, loin de les soustraire à l'action disciplinaire de la Cour impériale, les y soumettait à un double titre, puisque la faute imputée à l'avocat empruntait un nouveau degré de gravité à la qualité de juge, et que, sous l'un comme sous l'autre rapport, c'est à la Cour qu'ils devaient compte de leurs actes ;

---

[1] Voyez le Recueil d'arrêts de Carette et Villeneuve, vol. de 1836, p. 440 et la note.

Il existe une lettre du 12 décembre 1835 de Ph. Dupin, alors bâtonnier des avocats, sur les *défenses d'office* en matière criminelle.

Attendu enfin que, si la décision de la Cour impériale à l'égard
des trois juges suppléants avait besoin de l'approbation du ministre de
la justice pour recevoir effet, cette circonstance, purement relative à
l'exécution de la condamnation disciplinaire, ne pouvait avoir aucune
influence sur la compétence du juge qui l'avait prononcée;

Sur le deuxième moyen :

Attendu que les demandeurs ne peuvent puiser la preuve de
l'excès de pouvoir qu'ils reprochent à l'arrêt attaqué dans les divers
incidents qui ont eu lieu à l'audience du 30 novembre; qu'en effet il
ne s'agissait point, devant la Cour de Besançon, de caractériser les
faits qui s'étaient passés à l'audience de la Cour d'assises, ni d'apprécier la conduite de l'avocat Parrot, mais seulement de décider si la
délibération du 1er décembre devait être annulée comme illégale, et
si les avocats qui l'avaient signée étaient passibles d'une peine disciplinaire;

Attendu que la Cour impériale a vu avec raison dans la déclaration qu'y font les membres du conseil que, jusqu'à satisfaction suffisante, aucun des membres dudit conseil ne paraîtrait comme défenseur
aux séances de la Cour d'assises, et dans l'invitation adressée aux
autres avocats du barreau de Vesoul d'adhérer à cette mesure, une
provocation à la désobéissance aux lois, une offense à la magistrature
et une entrave à l'action de la justice criminelle; qu'en punissant
d'une suspension temporaire les auteurs d'un acte aussi contraire aux
devoirs du juge qu'à ceux de l'avocat, la Cour impériale n'a point
abusé de son pouvoir, mais en a fait au contraire un usage juste et
modéré,

Rejette le pourvoi et condamne les demandeurs à l'amende.

N° XVII. — 822. (Audience du 10 février 1860.)
Chambre criminelle.

**Affaire Émile Ollivier. — Pouvoir disciplinaire des tribunaux. —
Peine de la suspension prononcée contre un avocat par un tri-
bunal correctionnel pour faits disciplinaires commis à l'audience.
— Appel. — Compétence.**

Question. — *C'est devant la Cour impériale (chambre des appels de police correctionnelle), et non pas devant les chambres de la Cour assemblées en chambre
du conseil, que doit être porté l'appel formé par un avocat contre le jugement
d'un tribunal correctionnel qui le condamne à la suspension pour manquements
commis à l'audience.*

La Cour était saisie aujourd'hui de l'examen du pourvoi formé
par Me Émile Ollivier, avocat à la Cour impériale de Paris, contre
l'arrêt de cette Cour, en date du 12 janvier dernier, que nous avons
déjà publié avec les débats qui l'ont précédé. (Voir la *Gazette des
tribunaux* du 13 janvier.)

Une affluence considérable se presse de bonne heure dans l'enceinte de la Cour.

Mᵉ Dufour, président du conseil de discipline des avocats à la Cour de cassation, est chargé de soutenir le pourvoi. Près de lui sont assis, à la barre, Mᵉ Plocque, bâtonnier des avocats à la Cour impériale, et plusieurs membres du conseil de l'ordre. M. le procureur général Dupin est au siège du ministère public.

M. le conseiller Legagneur, chargé du rapport de l'affaire, s'est exprimé en ces termes :

« Mᵉ Émile Ollivier, avocat à la Cour impériale de Paris, vous demande la cassation d'un arrêt rendu le 12 janvier dernier, par la même Cour, chambre correctionnelle, qui s'est déclarée compétente pour connaître de l'appel d'un jugement du tribunal correctionnel de la Seine, prononçant contre lui la peine de trois mois de suspension pour faits disciplinaires commis à l'audience.

« Cette affaire a son importance. Elle vous donne à juger la question de savoir si, au cas de suspension prononcée contre un avocat par le tribunal correctionnel, l'appel doit être porté devant la Cour impériale, chambre correctionnelle, ou devant les chambres assemblées de la Cour. Elle touche ainsi aux prérogatives du barreau, à ce précieux auxiliaire qui, chaque jour, prête à la magistrature l'utile concours de sa parole et de son talent, et qui reçoit de vous, en retour, des marques constantes d'estime et de bienveillante sympathie. Le pourvoi est donc assuré, à plus d'un titre, d'être écouté avec attention et d'exciter votre intérêt.

« Dans les occasions, heureusement très-rares, où les tribunaux ont à prendre l'initiative de pareilles mesures répressives, s'il est naturel que quelque émotion se manifeste au lieu même où l'acte vient de s'accomplir, toute effervescence doit s'arrêter aux portes de votre prétoire. Dans cette enceinte, les personnes et les questions de fait restent en dehors de la discussion. Il en doit être ainsi, à plus forte raison, quand il ne s'agit que d'une difficulté de compétence. Vous n'avez point à contrôler les faits retenus du jugement, à rechercher quelle est la gravité de la faute, pas plus qu'à vérifier si la peine a été renfermée dans de justes limites. Ce sont toutes questions réservées aux juges qui auront à statuer sur le fond.

« Voici, du fait, seulement ce qu'il vous est utile de connaître. »

Ici M. le rapporteur rappelle le fait qui a donné lieu à la condamnation, donne lecture à la Cour du jugement du tribunal correctionnel, de l'arrêt attaqué, du Mémoire en pourvoi, et poursuit ainsi :

« Le devoir du rapporteur est de placer le système contraire en regard de celui du pourvoi, et d'y ajouter ses observations personnelles, afin de vous mettre en situation de résoudre la difficulté en parfaite connaissance de cause. En remplissant cette tâche délicate,

sous quelque forme plus ou moins affirmative que se produisent
nos citations et nos arguments, nous n'entendons vous présenter
que de simples hypothèses sur lesquelles la discussion lèvera tous
nos doutes.

« La thèse du pourvoi se résume ainsi : Le demandeur n'était
inculpé que d'une faute disciplinaire. Son juge naturel était le conseil de discipline de son ordre, en premier ressort, et les chambres
assemblées de la Cour, en appel. Si les nécessités de la police de
la séance ont fait admettre la compétence du tribunal, à l'audience
duquel se produisait l'infraction, ce tribunal n'a prononcé toutefois
que comme juridiction disciplinaire, et comme substitué au conseil
de discipline. Dès que la nécessité disparaît, et qu'il s'agit de l'appel,
la juridiction naturelle doit reprendre son cours, et l'affaire revenir
aux chambres assemblées.

« Dans cet ordre d'idées, on se demande s'il ne conviendrait pas
qu'un avocat ne pût être frappé définitivement dans son existence
professionnelle de la peine grave de la suspension ou de la radiation
que de l'autorité de la Cour impériale, chambres assemblées. Une
aussi haute juridiction donnerait à l'ordre entier de précieuses
garanties de lumières, d'indépendance et d'impartialité. Sa compétence, pour le dernier ressort, pourrait être le remède aux embarras
qui ressortent de l'action disciplinaire exercée à l'audience des juridictions exceptionnelles, des conseils de guerre, par exemple. Mais
est-ce possible? La loi le permet-elle? Comment disposent, à cet
égard, les règlements législatifs sur la police et la discipline du barreau? C'est ce que nous allons rechercher.

« L'ordre des avocats, tombé avec nos anciennes institutions,
à la grande rénovation de 1789, ne reparut qu'en l'an XII, en
vertu de la loi sur les Écoles de droit, du 22 ventôse de cette
année, dont l'article 29 dispose : « Il sera formé un tableau des
« avocats exerçant près les tribunaux. » Puis l'article 38 : « Il sera
« pourvu, par des règlements d'administration publique, à l'exé-
« cution de la présente loi, et notamment en ce qui concernera :
« 1°...; 2°...; 7° la formation du tableau des avocats et la disci-
« pline du barreau. »

« L'article 1036 du Code de procédure civile, promulgué en 1806,
autorise les tribunaux, dans les causes dont ils sont saisis, à prononcer des injonctions et des suppressions d'écrits. L'article 90
permet même une suspension de trois mois, en cas de trouble à
l'audience.

« Vient ensuite le décret du 30 mars 1808.

« Son article 100 s'occupe des magistrats; l'article 101, de la
mercuriale; l'article 102 parle communément des officiers ministériels; et l'article 103, des fautes disciplinaires commises à l'audience ou en dehors, sans dire par qui, sans expliquer s'il entend
parler de tous ceux qui procèdent devant les tribunaux, avocats
et officiers ministériels, ou simplement de ces derniers.

« On eut à se demander si les avocats se trouvaient compris dans l'article. De graves arguments furent proposés dans le sens de la négative. On disait que l'article 103 devait s'interpréter par l'article 102, uniquement relatif aux officiers ministériels, et l'on ajoutait que la destitution à prononcer par le ministre de la justice, dont il est fait mention à la fin de cet article 103, prouvait de plus fort qu'il ne s'agissait que des officiers ministériels.

« Ces objections ont été écartées par votre jurisprudence dans plusieurs espèces. Un arrêt du 28 avril 1820 (Bulletin, p. 168) porte : « Attendu que cet article (103) n'est nullement dépendant « de l'article 102 qui le précède; qu'il n'est pas, comme lui, re- « latif exclusivement aux officiers ministériels; qu'il est au contraire « général et s'applique à toutes les fautes de discipline commises « dans une audience par un individu quelconque exerçant auprès « des tribunaux des fonctions qui le soumettent à la juridiction de « discipline; que le décret du 14 décembre 1810, en accordant « aux conseils de discipline des avocats une juridiction particulière, « n'a ni aboli ni restreint celle qui appartenait aux Cours et tri- « bunaux d'après les lois et règlements antérieurs... »

« Il s'agissait d'une suspension de dix jours prononcée contre un avocat par la Cour d'assises, pour infraction d'audience.

« Ainsi vous jugez en 1820, d'une part, que le droit accordé aux tribunaux par l'article 103 de réprimer les infractions de discipline commises à l'audience s'étendait aux avocats, et d'une autre, que cet article n'avait été sur ce point ni aboli ni restreint par le décret du 14 décembre 1810.

« Cette doctrine a été maintenue par de nombreux arrêts postérieurs à l'ordonnance du 20 novembre 1822, et il a été jugé, au rapport de M. Isambert, le 25 janvier 1834 (Bulletin, p. 35) que cette ordonnance elle-même avait laissé intacte la disposition de l'article 103 sur la police disciplinaire d'audience. Des décisions dans le même sens sont intervenues à cette chambre les 17 mai 1828 (Bulletin, p. 378) et 24 décembre 1836 (Bulletin, p. 455). La chambre des requêtes a de même admis l'application de cet article par arrêt du 8 janvier 1836. (S. 38, 1, 266.)

« Ce point ne paraît pas soulever de contradiction de la part du demandeur.

« Voyons maintenant quelles en sont les conséquences et comment est conçu l'article 103, qui est l'un des siéges principaux de la difficulté.

« L'article divise les infractions disciplinaires en deux classes : 1° Celles qui ont été commises à l'audience. Nous ne parlons pas des fautes commises en dehors, mais « découvertes » à l'audience. — Ce n'est pas le cas de notre espèce. Nous dirons seulement en passant que l'article 16 de l'ordonnance du 20 novembre 1822 ne semble réserver à la juridiction d'audience que les seules infractions commises à l'audience même; — 2° celles qui ont été commises en dehors de l'audience.

« Pour celles-ci, la Cour ou le tribunal était alors le seul conseil de discipline de l'ordre des avocats, et statuait à huis clos, en chambre de conseil. En 1810, le barreau obtint une première satisfaction. Il devint, en conseil de discipline, juge en premier ressort de ces infractions. Satisfaction plus large à ses vœux légitimes lui fut donnée à cet égard par l'ordonnance de 1822. Aussi, pour la seconde catégorie de fautes disciplinaires, celles qui ont été commises en dehors de l'audience, aujourd'hui l'article 103 est remplacé par le titre III de cette ordonnance.

« Nous venons de voir, au contraire, que pour la première catégorie la compétence des tribunaux n'a pas été changée.

« Vous avez également remarqué que les fautes d'audience étaient jugées publiquement, séance tenante, et que les autres l'étaient à huis clos, en chambre du conseil, et pour ainsi dire en tribunal de famille.

« Vous n'avez pas oublié non plus ces termes de l'article 103 :

« Ces mesures ne sont point sujettes à l'appel ni au pourvoi en « cassation, sauf le cas où la « suspension » serait l'effet d'une con- « damnation prononcée en « jugement ».

« N'en conclurez-vous pas que les mesures de discipline prises par le tribunal en chambre du conseil, aujourd'hui par le conseil de discipline de l'ordre des avocats, ne sont que de simples décisions intérieures, dépourvues du caractère de jugement, tandis que les mêmes mesures prononcées à l'audience constituent de véritables jugements?

« Cette distinction est importante. Elle reviendra dans un instant. Constatons dès à présent qu'elle est consacrée par de nombreux arrêts, qui décident en outre que les décisions ainsi prises en chambre du conseil ne sont soumises au pourvoi en cassation que pour incompétence ou excès de pouvoir, à la différence des jugements disciplinaires d'audience, qui sont soumis à tous les recours du droit commun d'appel ou de cassation. (Chambre des requêtes, 2 mai 1843, S., 43, 1, 378; 25 juin 1838, S., 38, 1, 885; avril 1820, S., à sa date; 4 janvier 1857, S., 58, 1, 117; 12 février 1813, S., à sa date; 5 avril 1841, S., 41, 1, 289.)

« Si vous admettez que la disposition de l'article 103, qui rend le tribunal siégeant juge des infractions d'audience, s'appliquait dès l'origine et s'étend encore aujourd'hui aux avocats, vous êtes amenés à vous demander quelle était, en 1808, la juridiction qui devait statuer en appel sur les condamnations à la suspension prononcées à l'audience d'un tribunal de première instance.

« L'article 103 ne s'en explique pas, mais ce point ne se trouvait-il pas forcément et implicitement réglé par les principes généraux de la législation de l'époque sur les appels? Il ne pouvait être alors question de porter l'appel devant la réunion des membres de la Cour, qui n'était point encore instituée comme juge d'appel en matière disciplinaire. Il ne restait, ce semble, en cas d'appel, qu'à le soumettre au supérieur hiérarchique du tribunal qui avait prononcé en premier ressort, à celui qui était institué pour reviser les jugements de ce premier juge, c'est-à-dire à la chambre civile de la Cour, si le jugement émanait d'un tribunal civil; à la chambre des appels de police correctionnelle, s'il émanait d'un tribunal siégeant en police correctionnelle.

« Dans cette hypothèse, il resterait à rechercher si le juge d'appel, en cette matière d'audience, a été changé par le décret du 14 décembre 1810, ou par l'ordonnance de 1822.

« Le décret du 14 décembre 1810 traite dans son titre III des conseils de discipline. On y trouve les articles 25, 26, 27 et 28, qui réglementent la procédure et la pénalité devant ces conseils, et l'article 29 qui autorise l'avocat atteint disciplinairement, même d'une simple censure ou réprimande, à interjeter appel devant la Cour impériale. Il est à observer que le décret ne dit pas encore que ce soit devant les chambres réunies.

« Les infractions d'audience ne sont prévues que dans le titre suivant, par les articles 38 et 39; ce dernier exprime formellement que le tribunal saisi statue sur-le-champ, par conséquent en audience. L'article 45 ajoute : « Les condamnations prononcées par « les tribunaux, en vertu des dispositions du présent titre, seront « sujettes à l'appel; et néanmoins elles seront exécutées provisoi- « rement. »

« Le décret maintient donc les deux ordres de juridiction des tribunaux en audience et des conseils de discipline, siégeant à huis clos. Il règle les appels par deux dispositions distinctes.

« Ajoutons d'ailleurs que le décret de 1810 a été abrogé dans son entier par l'article 45 de l'ordonnance du 20 novembre 1822.

« Nous arrivons à l'examen de cette ordonnance. Elle a un titre entier, le troisième, intitulé : *Du conseil de discipline,* qui réglemente l'organisation, les attributions, le mode de procéder de ce conseil et l'appel de ses décisions. Le pourvoi vous dit : Il résulte des articles 16, 24 et 27 de l'ordonnance, que tous les appels, aussi bien ceux qui s'attaquent à des jugements d'audience prononçant des peines disciplinaires, qu'à ceux qui s'adressent aux décisions disciplinaires prises par les conseils de discipline à huis clos, doivent être déférés aux chambres réunies de la Cour impériale.

« Nous nous posons ici une question : nous nous demandons si le titre III, sur les conseils de discipline, ne semble pas, d'après son texte et ses divers articles, n'entendre régler que ce qui concerne les conseils de discipline; si ce n'est pas seulement comme une incise que l'article 16 s'y trouve intercalé, pour réserver aux tribunaux leur droit antérieur de prononcer en séance publique sur les faits disciplinaires d'audience; si ce droit n'est pas maintenu dans son entier, tel que l'avait établi l'article 103 du décret de 1808;

par conséquent, s'il ne doit pas rester en dehors de ce que porte l'article 27 de l'ordonnance sur les attributions des chambres réunies. Pour vous mettre en situation de résoudre cette difficulté, nous allons placer sous vos yeux plusieurs articles de l'ordonnance, et notamment ceux qu'invoque le pourvoi.

« Les articles 7 à 10 organisent les conseils de discipline. Les articles 12, 13 et 14 précisent quelques-unes de leurs attributions. L'article 15 les institue juridiction disciplinaire.

« Il était besoin d'exprimer si ou non les attributions des tribunaux, pour les fautes d'audience, étaient maintenues; ç'a été l'objet de l'article 16.

« S'il n'est point dérogé à ce droit, ne vous semblera-t-il pas qu'il reste ce qu'il était avant, et que, pour en connaître l'étendue, et pour savoir quand et comment son exercice peut amener une révision en appel, c'est aussi le droit précédent qu'il faudrait consulter?

« Les articles 18 et suivants déterminent la peine et la procédure devant le conseil de discipline.

« L'article 24, sur lequel s'appuie essentiellement le pourvoi, est ainsi conçu :

« Dans les cas d'interdiction à temps ou de radiation, l'avocat « condamné pourra interjeter appel devant la Cour du ressort. »

« Puis vient l'article 27, conçu en ces termes :

« Les Cours statueront sur l'appel en assemblée générale et dans « la chambre du conseil, ainsi qu'il est prescrit par l'article 52 de « la loi du 20 avril 1810, pour les mesures de discipline qui sont « prises à l'égard des membres des Cours et tribunaux. »

« Les termes de ces articles sont généraux. Vous rechercherez toutefois si leur portée doit s'étendre aux jugements d'audience réservés par l'article 16. Vous verrez si les articles 23 et 25, entre lesquels se trouve classé l'article 24, ne tendraient pas à les expliquer et à les restreindre.

« Vous voyez que c'est par des délibérations antérieures de la nature de celles qui sont prises contre des magistrats disciplinairement que statuent les chambres assemblées; et en ce cas, quoique le ministère public n'ait pas appelé, il est dérogé au principe que le sort d'un inculpé ne peut être aggravé sur son seul appel, et la Cour a toute latitude pour augmenter la peine.

« Vous verrez, Messieurs, si ces conditions s'accordent avec ce qui doit se passer lorsqu'il s'agit de l'appel d'un jugement d'audience.

« Disons toutefois que c'est moins, semble-t-il, sur les articles 16, 24 et 27 de l'ordonnance de 1822 que s'appuie le pourvoi, que sur un principe général, par suite duquel, quand cesse le motif qui a fait attribuer à un juge de premier ressort une affaire qui n'est pas dans son attribution ordinaire, l'appel doit retourner de plein droit au juge supérieur qui aurait eu compétence sans l'accident qui a déterminé une déviation momentanée. Le pourvoi se fonde ici sur vos deux arrêts des 26 janvier 1854 et 7 janvier 1860. C'est peut-être là le nœud véritable de la question. Il réclame votre plus sérieux examen.

« En général, c'est au juge, placé dans l'ordre hiérarchique des juridictions au-dessus de celui dont la sentence est attaquée, qu'il appartient de statuer en appel, soit que le juge de premier degré se soit saisi d'une affaire qui ne rentre pas dans ses attributions, et dans ce cas le juge supérieur déclare l'incompétence, prononce le dessaisissement et renvoie devant qui de droit, soit que par des motifs quelconques la loi ait conféré à un juge du premier ressort une affaire que le droit commun place ordinairement sous l'autorité d'une autre juridiction. Quand le législateur proroge la compétence d'un tribunal du premier degré, il est réputé la proroger également au profit du juge, son supérieur naturel.

« En doit-il être autrement quand c'est occasionnellement, par suite d'un besoin momentané qui n'existe que devant le juge de première instance, que s'opère la déviation de compétence? L'exception se trouve-t-elle établie avec cette signification dans vos arrêts, invoqués par le pourvoi, de 1854 et 1860? Nous mettons sous vos yeux les termes du dernier arrêt, celui du 7 janvier 1860.

« L'arrêt ne dit pas, en thèse, que l'indication du juge d'appel doive dépendre de la nature de la condamnation. Il prend, il est vrai, en considération le délit et la peine, mais il s'appuie essentiellement sur ce que c'est le Code d'instruction criminelle lui-même, articles 505 et suivants, qui charge le juge civil de prononcer sur les délits commis à son audience; il décide qu'en pareil cas le juge civil disparaît, qu'il se transforme et se constitue de plein droit en juge correctionnel, et que c'est ainsi l'appel d'un jugement rendu par un tribunal devenu correctionnel qui est porté devant la chambre correctionnelle de la Cour.

« Avant d'aller plus loin, pour éclairer vos deux arrêts de 1854 et de 1860, nous devons soumettre à votre examen un autre arrêt que vous avez rendu le 24 juillet 1846, au rapport de M. Mérilhou, et qui est inséré au Bulletin, p. 208.

« Berney, gérant du journal *l'Etoile de l'Aquitaine*, avait rendu, d'une séance du tribunal civil de Condom, un compte qui fut argüé d'infidélité et de mauvaise foi. L'article 16 de la loi du 25 mars 1822 veut que le fait, quoique constituant un délit passible de 1,000 à 6,000 francs d'amende, soit jugé par le tribunal qui a tenu l'audience première, comme étant en meilleure situation pour reconnaître l'exactitude ou la fausseté de la relation. C'est ainsi, par un motif à lui personnel, qui ne s'étend pas au juge d'appel, que le tribunal civil se trouve exceptionnellement saisi de la connaissance d'un délit. Cependant le ministère public traduisit Berney devant le tribunal correctionnel de Condom, qui se déclara compétent. Sur l'appel, le tribunal correctionnel supérieur d'Auch annula le jugement pour incompétence, et il entra dans l'appréciation de l'article auquel il ne trouva pas le caractère de compte rendu. Ajoutons que si l'appel du jugement portant peine correctionnelle, bien que rendu en audience civile, devait être porté devant le tribunal correctionnel supérieur, le tribunal d'Auch, saisi comme il l'était, se serait trouvé le véritable juge d'appel de la cause telle qu'elle devait être jugée et aurait peut-être pu évoquer le fond.

« Sur le pourvoi du ministère public, vous avez rendu un arrêt qui contredit formellement la doctrine que la désignation du juge d'appel dépend de la nature de la condamnation. Selon lui, si le juge civil, statuant comme tel, fait un acte de justice correctionnelle, il ne doit pas moins observer les formes de la procédure civile, et l'appel de son jugement ne doit pas moins demeurer dans les attributions du juge d'appel civil.

« Vos arrêts des 26 janvier 1854 et 7 janvier 1860 se sont-ils mis en contradiction avec lui? Ces arrêts se concilient, ce semble, par cette distinction : dans l'affaire de 1846, il s'agissait d'un délit correctionnel connexe à une affaire civile. Le tribunal civil devait en connaître comme juge civil; d'où suivait que l'appel devait aller devant la chambre civile de la Cour impériale. En 1854 et 1860, le fait poursuivi, quoique commis à l'audience, pouvait n'être pas considéré comme un incident des débats et de la procédure.

« Le procès principal n'a pas d'influence à exercer sur lui, et réciproquement. C'est par respect pour l'autorité du juge, et afin de ne pas retarder l'exemple du châtiment, que le Code d'instruction criminelle prescrit de le juger immédiatement. Mais pour n'enlever au prévenu aucune des garanties assurées aux inculpés en police correctionnelle, il charge le juge civil de se constituer juge correctionnel, de procéder dans les formes de la procédure devant la juridiction correctionnelle, et, en cas d'appel, il attribue implicitement compétence à la chambre correctionnelle de la Cour. C'est ce que jugent vos deux derniers arrêts.

« Vous verrez, Messieurs, ce que vous devez penser de cette explication.

« Avec laquelle des espèces de 1846 ou de 1854 et 1860 la cause a-t-elle le plus d'analogie?

« Ici le tribunal correctionnel de la Seine a prononcé sans doute une peine disciplinaire pour une infraction disciplinaire : mais, d'une part, ne pourrait-on pas dire que le tribunal siégeant en audience, soit civile, soit correctionnelle, est établi par l'article 103 du décret du 20 mars, et par l'article 16 de l'ordonnance de 1822, le juge naturel de l'infraction disciplinaire commise à son audience par un avocat? Première raison de douter qu'il faille en appel changer l'ordre des juridictions.

« D'autre part, le tribunal correctionnel a-t-il, dans l'espèce, comme dans les affaires de 1854 et 1860, dépouillé son caractère

de juge correctionnel pour revêtir celui de juge purement disciplinaire? ou, pour parler plus clairement, *s'est-il constitué en
conseil de discipline,* jugeant suivant les formes imposées à cette
juridiction? Il semble bien que non, puisqu'au lieu de se retirer
en chambre du conseil, de juger à huis clos et de rendre une
simple décision, comme eût dû faire le conseil de discipline aux
termes de l'ordonnance de 1822, il a prononcé à l'audience, publiquement, par un véritable jugement. Il est même à remarquer
que l'article 103 ne lui conférait le droit de connaître de l'infraction que sous la condition d'y statuer immédiatement séance tenante.

« En quoi d'ailleurs consiste le fait? Un avocat plaide. Le tribunal trouve qu'il sort des bornes de la modération et lui applique
une peine disciplinaire. Ce débat et le jugement qui le termine ne
deviennent-ils pas un incident d'audience, ayant un lien de connexité avec l'affaire principale, et intéressant, dans une certaine
mesure, les droits de la défense? Ne s'agit-il pas de savoir si ce qu'a
dit le défenseur, peut-être sur la demande du prévenu, était permis
ou défendu, innocent ou coupable? La question n'aboutit-elle pas
en définitive à la fixation des limites imposées à la défense, et par
suite ne se rattache-t-elle pas au fond? N'est-ce pas toujours le juge
du fond qui, en cette qualité, est appelé à prononcer sur l'inculpation
disciplinaire? La connexité en pareil cas semble si admissible, que
dans une affaire d'infidélité de compte rendu, soumise à la Cour
d'assises de la Seine, cette Cour ordonna la *jonction* de l'action
disciplinaire contre l'avocat, à la poursuite principale, et vous avez
approuvé cette mesure par votre arrêt du 24 décembre 1836. (Bulletin, p. 455.)

« Si de l'examen des principes vous passez aux considérations
puisées dans les garanties qu'il convient d'accorder à l'ordre des
avocats, au cas de poursuites disciplinaires d'audience, vous êtes
amenés à vous demander si certains inconvénients de cette sorte de
procédure ne sont pas plus ou moins compensés par ces avantages.
Ainsi, sur son seul appel porté à la chambre correctionnelle, la
position de l'avocat ne peut être aggravée. Le pourvoi en cassation
est toujours admis contre l'arrêt ou le jugement définitif.

« Sans doute le nombre et l'élévation des juges qui composent
la réunion des chambres de la Cour impériale sont une puissante
garantie d'une bonne décision. Mais la publicité des débats n'a-t-elle
pas également son avantage? Si le huis clos est préférable sur l'appel
d'une décision du conseil de discipline jugeant, pour ainsi dire,
comme conseil de famille, celui qui aurait été inculpé, discuté,
condamné en audience, publiquement, pour des faits consommés
à la même séance publique, n'aurait-il pas droit d'être écouté avec
faveur s'il venait réclamer que sa défense pût se produire avec la
même publicité en appel?

« Le plus ou moins d'intérêt dépend donc du point de vue sous
lequel la partie intéressée envisage le fait.

« Y a-t-il là motif de changer les principes généraux de compétence? C'est ce que vous examinerez.

« Le grand intérêt du barreau, dans la question, serait de faire juger que le dernier mot, en cas de suspension ou de radiation d'un avocat, doit appartenir toujours aux chambres assemblées de la Cour, afin d'échapper à l'inconvénient d'une suspension prononcée définitivement par trois juges d'assises, par cinq magistrats de la chambre correctionnelle de la Cour, par un conseil de guerre, et d'avoir, dans tous les cas où la peine aurait été prononcée par un juge du premier ressort, la protection de la suprême autorité de la Cour entière.

« Mais serait-il possible de soumettre à l'appel un arrêt ou un jugement d'une juridiction de dernier ressort? En vertu de quelle loi, de quel principe demanderait-on qu'un arrêt de Cour impériale ou de Cour d'assises fût déféré à une juridiction d'appel quelconque, parce qu'il serait intervenu en matière disciplinaire? Aussi le Mémoire ne le prétend-il pas. C'est en cassation seulement que l'avocat s'est toujours pourvu contre les arrêts d'assises qui l'atteignaient disciplinairement, et vous avez constamment statué au fond. (Arrêts des 28 avril 1820, Bulletin, p. 168; 20 février 1823, Bulletin, p. 67; 25 janvier 1834, Bulletin, p. 35; 24 décembre 1836, Bulletin, p. 455.)

« Ainsi la chambre correctionnelle de la Cour de Paris aurait incontestablement le droit de prononcer en premier et dernier ressort une condamnation à la suspension contre un avocat pour infraction commise à son audience. Qu'y aurait-il donc d'énorme à ce qu'elle eût le pouvoir de statuer en deuxième ressort sur une pareille condamnation émanée d'un tribunal correctionnel placé au-dessous d'elle? Les garanties légales qu'elle donne à l'inculpé au premier cas auraient-elles disparu dans l'autre?

« Le conseil de guerre est également un juge de dernier ressort; il n'a au-dessus de lui que le conseil de révision, Cour de cassation militaire, qui est tenue d'accepter les faits et les déclarations de culpabilité, et de renfermer son examen dans les seules violations de la loi.

« Pour tous ces tribunaux, non sujets à appel, la question du juge d'appel est sans application et sans intérêt.

« On comprend qu'elle peut en avoir beaucoup à l'égard des juridictions exceptionnelles surtout, qui ne statuent qu'en premier ressort. On cite les conseils de prud'hommes notamment, qui ressortissent des tribunaux de commerce.

« Si nous avions à traiter la question à ce point de vue, nous nous demanderions s'il ne faut pas chercher la garantie ailleurs que dans la prétention, fort controversable, d'aller directement d'une audience de prud'hommes aux chambres assemblées de la Cour impériale pour faire réformer une condamnation disciplinaire à la suspension ou à la radiation. L'article 103 n'investit nommément que les Cours et les tribunaux de première instance de la juridiction disciplinaire, ce qui peut bien s'entendre des Cours actuelles ou futures, de la haute Cour, par exemple, de l'ancienne Cour des pairs ; mais faudra-t-il l'étendre aux conseils de guerre et aux autres tribunaux exceptionnels, dans toute sa plénitude? Sans doute, comme l'a jugé un arrêt de la chambre des requêtes du 23 avril 1850 (S. 50, 1, 118), sur le pourvoi contre un jugement de juge de paix, siégeant civilement, qui avait prononcé un avertissement contre un avocat plaidant à sa barre, toute magistrature constituée a sur l'avocat qui plaide devant elle un pouvoir de police et de discipline d'audience. Mais cette attribution, que l'arrêt appuie sur un texte de la loi romaine, ce qui laisse supposer qu'il hésitait à déclarer l'article 103 du décret de 1808 et l'article 16 de l'ordonnance de 1822 pleinement applicables aux juridictions exceptionnelles, devra-t-elle dépasser le besoin du moment, celui de maintenir le respect dû au tribunal et l'ordre dans le prétoire? Pourra-t-elle atteindre l'avocat de condamnations dont les conséquences le priveraient de sa profession devant la Cour impériale? Ou bien ce juge devra-t-il, quant à ce, verbaliser seulement, et laisser au conseil de discipline le soin de prononcer la répression? C'est une question grave et importante pour le barreau ; mais comme elle n'est pas dans la cause, nous la posons en passant, sans la résoudre ni la réfuter.

« Notre travail serait incomplet, si nous ne faisions passer sous vos yeux la doctrine des auteurs et des monuments de la jurisprudence.

« De tous les auteurs qui ont résolu la question de savoir devant qui devait être porté l'appel d'un jugement du tribunal correctionnel prononçant la peine de suspension contre un avocat, M. Chassan seul se prononce pour les chambres réunies. Le *Traité de la discipline* de M. Morin, tom. II, p. 347 ; le *Répertoire* de M. Dalloz, tom. V, p. 580, approuvent un arrêt de la Cour de Nîmes, du 28 avril 1836, qui admet la compétence de la chambre correctionnelle de la Cour. Cette opinion est partagée par M. Bioche, *Dictionnaire de procédure*, v° AVOCAT, p. 666 du tom. Ier ; par M. Mollot, dans ses *Règles sur la profession d'avocat*, p. 202, et par l'auteur de l'*Encyclopédie du droit*, tom. II, p. 396.

« Nous n'avons découvert aucun arrêt contraire à cette doctrine.

« Voici d'ailleurs les arrêts qui viennent plus ou moins à son appui.

« Rappelons d'abord que, dans le système du Mémoire, lorsqu'un tribunal correctionnel ou une Cour, jugeant correctionnellement ou criminellement, a été saisi exceptionnellement, et à raison de ce que le fait se passe à son audience, d'une affaire qui sort de sa compétence ordinaire et qui entre dans les attributions de la juridiction civile ou des chambres assemblées de la Cour, si sa décision est attaquée, on doit, pour faire juger ce recours, rentrer dans la voie de la compétence ordinaire. Si ce principe est vrai, de même que l'appel de jugement disciplinaire prononcé contre un avocat en première instance par le tribunal correctionnel, devra être porté devant les chambres assemblées de la Cour, de même aussi quand la condamnation émane de la juridiction correctionnelle d'appel, statuant sur des faits survenus à son audience, ou de la Cour d'assises, le pourvoi en cassation, qui est alors la seule voie de recours possible, devra, semble-t-il, être soumis, non à une chambre criminelle, mais à la chambre des requêtes. Il semble également n'y avoir pas à distinguer entre le cas où il s'agit d'un avocat et celui où l'étendue des droits d'un officier ministériel, dans l'exercice de sa profession, aurait été restreint par un jugement ou arrêt correctionnel ou criminel, et conséquemment par une juridiction qui n'a qu'une compétence exceptionnelle sur l'objet de la contestation. Me Berrié-Fontaine, avocat, avait été réprimandé par le tribunal correctionnel d'Argentan par jugement en audience. Il interjeta un appel qui fut déféré au tribunal correctionnel d'Alençon, et déclaré recevable. Le procureur impérial se pourvut en cassation, en se fondant, non pas sur l'incompétence du tribunal supérieur, mais sur ce que les jugements de discipline n'étaient sujets à appel qu'autant qu'ils prononcent la suspension ou la radiation. Vous n'avez élevé aucune objection contre la compétence, et vous avez statué au fond par l'arrêt du 17 mai 1828. (Bulletin, p. 378.) Vous vous demanderez, Messieurs, si ce premier arrêt, rendu dans une espèce analogue à la nôtre, n'écarte pas implicitement les deux arguments tirés des articles 24 et 27 de l'ordonnance de 1822 et de nos arrêts de 1854 et 1860.

« Les arrêts qui suivent vont plus directement au dernier argument.

« Me Touton, avoué à Charleville, s'était présenté pour plaider et défendre un prévenu à la barre du tribunal correctionnel. Le tribunal refusa de l'entendre, en décidant que les avoués n'avaient pas le droit de plaider devant cette juridiction. L'appel de l'avoué fut porté devant la chambre correctionnelle de la Cour de Metz, qui infirma. Sur son pourvoi, la chambre criminelle statua au fond, sans critiquer la compétence, et cassa l'arrêt du 23 janvier 1828. (Bulletin, p. 50.)

« Le tribunal correctionnel supérieur de Versailles avait refusé également à Me Ploix, avoué, le droit de plaider en police correctionnelle, par un jugement en premier et dernier ressort. Sur le pourvoi en cassation, l'affaire fut portée à la chambre criminelle, qui statua également au fond par un arrêt de cassation du 12 janvier 1828. (Bulletin, p. 13.)

« Même arrêt de cassation, sur le pourvoi de Me Benoît, avoué à Versailles, à qui la Cour d'assises avait refusé la faculté de plaider à sa barre, 23 juin 1827. (Bulletin, p. 523.)

« Dans tous les cas où des suspensions disciplinaires ont été prononcées contre des avocats à l'audience d'une Cour d'assises, c'est devant la Cour de cassation, chambre criminelle, que le pourvoi a été porté.

« Tous vos arrêts statuent au fond, et admettent conséquemment la compétence de la chambre. Arrêts déjà cités des 20 février 1823, Bulletin, p. 67; 28 avril 1820, Bulletin, p. 168; 25 janvier 1834, Bulletin, p. 35; et 24 décembre 1836, Bulletin, p. 455.

« Plus récemment encore, le 10 janvier 1852 (Bulletin, p. 31), au rapport de notre savant et regretté collègue M. Vincent Saint-Laurent, vous avez statué au fond sur le pourvoi d'un avocat frappé d'une peine disciplinaire par une Cour impériale, chambre correctionnelle, pour faits passés à son audience, et vous n'avez non plus manifesté aucun doute sur votre compétence ni sur le droit qu'avait eu la chambre correctionnelle de statuer en premier et dernier ressort.

« Vous verrez, Messieurs, quelle influence ces précédents doivent exercer sur le procès actuel.

« Nous terminons ici notre exposé, auquel l'importance du sujet nous a conduit à donner plus de développements.

« La plaidoirie achèvera de vous éclairer : votre sagesse prononcera. »

Après ce rapport, Mᵉ Dufour, président de l'ordre des avocats au Conseil d'État et à la Cour de cassation, a pris la parole en ces termes :

« Messieurs, nous ne saurions nous dissimuler la gravité de l'affaire qui a donné lieu au recours à votre juridiction suprême. Le fait incriminé a trait à l'exercice du droit de défense en matière criminelle. Son appréciation mettra nécessairement en question ce qu'il y a de plus délicat dans les rapports de l'avocat, organe du malheur, avec le ministère public, interprète et gardien de l'intérêt social. C'est là, n'en doutons pas, une des considérations qui ont amené les chefs de l'ordre des avocats à assister leur jeune confrère dans le débat, et nous nous plaisons à voir dans leur intervention la garantie que l'harmonie si désirable entre la magistrature et le barreau sera heureusement sauvegardée.

« Ici nous n'avons point à nous préoccuper du danger de la voir un instant compromise. Une difficulté de compétence a surgi, et nous venons simplement en référer à votre sagesse, et vous demander, au nom du barreau, de la résoudre. Nous ne traiterons et vous n'aurez à décider, Messieurs, qu'une question de droit. »

L'avocat rappelle les faits, et déclare que Mᵉ Ollivier n'a décliné la compétence de la chambre des appels de police correctionnelle, et demandé le renvoi devant les chambres réunies en chambre du conseil, que par déférence pour les chefs de son ordre; il donne ensuite lecture de l'arrêt attaqué et passe à la justification du pourvoi :

« Messieurs, lorsqu'on s'applique à chercher et à distinguer les pouvoirs établis pour maintenir l'ordre dans la société, on rencontre, en dehors du pouvoir institué pour la répression pénale, un pouvoir dont la mission est d'assurer l'accomplissement des devoirs inhérents à certaines professions. Les citoyens soumis à des obligations attachées aux fonctions qu'ils remplissent sont exposés à commettre des fautes d'état, et aux fautes d'état on a dû approprier un mode particulier de répression.

« De là, Messieurs, des dispositions qui déterminent les devoirs d'état, et dont l'ensemble constitue, pour chaque profession, la discipline, et de là un pouvoir qu'on appelle le pouvoir disciplinaire ou censorial.

« Dans toutes les professions soumises à son empire, le pouvoir se présente avec des caractères qui en font un pouvoir distinct.

« Il est bien évident aussi que le pouvoir disciplinaire implique dans les mains de celui qui l'exerce une délégation de la puissance publique, qu'il a sa source dans le pouvoir exécutif, et que son exercice, qui a pour sanction des peines, doit affecter les formes et offrir les garanties de la justice.

« Suivons-le dans l'organisation qu'il a reçue pour le barreau. »

Mᵉ Dufour donne lecture des articles 15, 18, 19, 20, 21 et suivants de l'ordonnance du 20 novembre 1822, et poursuit en ces termes :

« Voilà une organisation bien facile à saisir et à caractériser. Le pouvoir disciplinaire a des dépositaires institués par la loi; il est délégué aux conseils de discipline au premier degré, et aux Cours statuant en assemblée générale et en chambre du conseil.

« Les peines dont il est armé ont leur gravité, elles atteignent les avocats dans leur fortune, elles vont jusqu'à les priver de leur état, elles les menacent aussi dans leur honneur, et elles ne sauraient dès lors être arbitraires. Elles sont édictées par le pouvoir régulateur de la société, et ne sauraient être appliquées que telles qu'elles ont été édictées.

« Enfin l'exercice du pouvoir disciplinaire est soumis à des règles dont le but est d'assurer la constatation et la poursuite des infractions, et de garantir aussi la liberté de la défense.

« C'est là, certes, un pouvoir dont la nature juridique est incontestable; il a sa procédure et ses pénalités, et il est mis en jeu par une action qui est l'action disciplinaire.

« Cette action n'est pas sans analogie avec l'action criminelle, car elle tend comme elle à l'application de dispositions répressives; mais vous avez jugé, par arrêt du 6 mai 1844, « que l'action disciplinaire est essentiellement distincte de l'action correctionnelle; « que celle-ci tient à l'exercice de la justice répressive, celle-là à « l'exercice du pouvoir censorial. »

« C'est donc avec l'autorité de votre jurisprudence que, nous pouvons le dire, le pouvoir disciplinaire a sa place au rang des pouvoirs sociaux, et l'exercice de ce pouvoir est confié à une juridiction distincte de toutes les autres et qu'on ne saurait méconnaître sans porter atteinte à l'ordre des juridictions.

« N'est-ce pas, Messieurs, cette juridiction qui a été exercée par le tribunal de police correctionnelle de la Seine? La faute commise ne constituait qu'une infraction au devoir imposé à l'avocat de respecter la justice dans la personne des magistrats. Le tribunal ne l'a frappé que d'une peine édictée par l'article 30 de l'ordonnance.

« Enfin il n'a déclaré s'armer que de l'article 16 de la même ordonnance, qui réserve au juge le droit de punir les fautes de discipline commises à son audience; il est de toute évidence que le tribunal a fait acte de juridiction disciplinaire.

« Nous n'avons pas d'ailleurs à démontrer qu'il n'a statué que comme juge de premier degré. C'est là un point acquis au procès; appel a été interjeté, et le ministère public n'a pas contesté et ne conteste pas au demandeur le droit d'appeler.

« Mais on a décidé que l'appel devait se porter devant le juge hiérarchique supérieur, et nous soutenons qu'en cela on a méconnu le respect dû à l'ordre de juridiction.

« Si la faute eût été commise en dehors de l'audience et réprimée par le conseil de discipline, pas de doute : la difficulté ne peut donc venir que de cette circonstance que le juge a statué en vertu du droit dont il est investi de réprimer toute faute de discipline commise à son audience.

« C'est à ce droit qu'il faut s'attacher. Quel est-il? où prend-il son origine et quelle est sa nature? Le droit pour le juge de punir la faute de discipline commise à l'audience est identique à celui dont le même juge ferait usage, si, au lieu de relever et punir une faute de discipline, il relevait et punissait une contravention ou un délit; c'est le droit pour le juge de faire respecter son autorité, c'est le droit de police d'audience. Et à ce point de vue, la question s'agrandit et s'élève; elle ne se pose pas seulement au regard de la juridiction disciplinaire, elle se pose au regard de toutes les juridictions instituées pour l'application des lois répressives; et, prise dans ces termes, elle doit se résoudre par les principes fondamentaux en matière de compétence.

« A l'origine des sociétés, le pouvoir ne se rencontre que dans une condition, l'unité. L'autorité judiciaire est aux mains du juge dans sa plénitude, et s'y confond presque toujours avec la souveraineté; c'est ainsi qu'elle apparaissait au temps des patriarches et sous le chêne du roi saint Louis.

« Mais ces formes si simples et si absolues ne sauraient convenir à nos sociétés. Les pouvoirs n'y sont institués qu'à l'état de division, et c'est dans cette division même qu'on a cherché les garanties attachées à leur exercice. Le pouvoir judiciaire n'a point échappé à cette loi fatale. La distribution de la justice en France a pour base la répartition des matières juridiques entre les tribunaux dont là composition et les formes de procéder sont appropriées, pour chacun, à la nature des faits dont il est appelé à connaître et à la nature des lois dont l'application lui est confiée.

« Les garanties qui naissent ainsi de la distinction et de la séparation des juridictions, selon la diversité des matières, *ratione materiæ*, constituent les garanties fondamentales de la justice. Ce sont des garanties qui, au point de vue des libertés civiles, ne sauraient être suppléées par aucune, et pourraient tenir lieu de toutes les autres.

« On l'a inscrit au frontispice de l'organisation judiciaire : Les compétences sont d'ordre public, et il n'est pas une de nos trop nombreuses constitutions qui n'ait tenu à honneur de déclarer que nul ne peut être distrait de ses juges naturels.

« C'est en face de ce principe, c'est dans ses rapports avec ce droit sacré, qu'il faut se rendre compte du droit de police d'audience, saisir son origine et circonscrire ses limites.

« Une faute de discipline, une contravention, un délit se commet, au cours des débats, devant un tribunal civil; le tribunal peut sans doute pourvoir à sa constatation, et le faire poursuivre et punir devant le juge de la répression; au contraire, une peine immédiate lui semble-t-elle nécessaire, son droit est de punir lui-même! Ce droit est dans la force des choses; la loi, qui le mentionne, ne le crée pas, elle ne fait que le reconnaître.

« Or, ce droit, à quelle source faut-il le rapporter? D'où procède-t-il? Est-il inhérent à l'autorité elle-même? La suit-il dans les délégations dont il peut être l'objet? Le juge civil a-t-il dans son pouvoir de juge civil un droit de répression pour commander et imposer au besoin le respect?

« Nous venons de le dire, le principe de la séparation des juridictions domine l'organisation judiciaire; au juge civil les intérêts et les lois civiles; aux tribunaux de répression les faits prévus et punis par les lois répressives. Il est donc rationnel d'admettre que le juge qui, devant la faute d'audience, renonce à la déférer, elle et son auteur, au juge de répression, frappe et punit lui-même, ne fait qu'un emprunt à la juridiction établie en dehors et à côté de la sienne, et qu'il n'agit qu'en vertu et dans les limites d'une prorogation de juridiction.

« Le droit de police d'audience tombe donc virtuellement sous le coup des principes applicables aux dérogations en matière de compétence.

« Ces principes défendent de porter la dérogation au delà des nécessités qui l'ont commandée.

« Les considérations qui veulent que, par cela seul qu'un fait s'est produit à l'audience, son auteur échappe à son juge naturel, ces considérations ne vont pas au delà de l'audience. Ce n'est que pour l'audience et au cours de l'audience que le droit de police du tribunal peut s'exercer. L'audience levée, le juge est désarmé. Cette conséquence a reçu sa consécration dans la jurisprudence.

« Les principes mènent plus loin. Du moment que le droit de police ne va pas au delà de l'audience, la dérogation que l'ordre des juridictions a dû subir ne saurait aller au delà du juge qui a été investi de ce droit. Quand ce juge a prononcé au premier degré, on a à chercher par la voie de l'appel la garantie du second degré de juridiction : la logique contraint de revenir, pour le trouver, à cet ordre des compétences dont le maintien a été élevé à la hauteur d'un principe d'ordre public.

« J'invoquais, il n'y a qu'un instant, l'autorité de votre jurisprudence, je la trouve ici bien plus formelle et plus puissante.

« Vous avez décidé par arrêt du 7 janvier 1860 :

« En droit, qu'en donnant au juge, lorsque le fait délictueux « prévu par l'article 505 du Code d'instruction criminelle se pro- « duit à son audience, le droit de le réprimer séance tenante et « immédiatement, par l'application de peines correctionnelles ou « de police, le législateur a voulu, par la promptitude de la ré- « pression, assurer le respect dû à la justice et aux magistrats qui « accomplissent son œuvre ;

« Qu'au moment où ce droit est exercé par l'application de la « loi pénale, la juridiction du tribunal ou du juge se trouve néces- « sairement transformée et constituée de plein droit en juridiction « correctionnelle ou de simple police, alors même que, comme « dans l'espèce, elle eût, jusqu'au moment où le fait coupable s'est « produit, fonctionné comme juridiction civile ;

« Que la décision qui intervient dans cette circonstance excep- « tionnelle n'étant qu'une application de la loi pénale, est donc en « réalité rendue en matière criminelle, et ne saurait dès lors, ni « en appel, ni en cassation, être dévolue à la juridiction civile. »

« Le droit de police d'audience est là défini et limité. Il ne peut se confondre avec les dérogations que l'indivisibilité des procédures ou la connexité des faits impose à l'ordre des juridictions. Le juge qui l'exerce emprunte le pouvoir du juge de répression, il se substitue à lui, il fait son œuvre, et cette œuvre doit, pour l'appel et la cassation, être soumise au contrôle du juge répressif du second degré !

« C'est sous la protection de cette jurisprudence si nettement formulée que nous plaçons le pourvoi.

« Nous ne venons pas réclamer rien de ce qui pourrait ressembler à un privilége; nous n'avons, dans cette affaire, ni ambition ni prétentions importunes ; nous venons fermement, mais simplement, revendiquer pour la juridiction disciplinaire, pour la nôtre, pour celle à laquelle la magistrature elle-même est soumise, le bénéfice d'un privilége que vous avez pour toutes les juridictions.

« De même que les dispositions appliquées dans l'espèce de votre

arrêt du 7 janvier se trouvaient consacrées dans la législation pénale, la faute relevée et punie par le tribunal de police correctionnelle de la Seine était prévue, qualifiée et punie par la législation
disciplinaire. Il n'y a eu application que de la législation disciplinaire, et la décision a été, en réalité, rendue en matière disciplinaire.

« On oppose la connexité entre la condamnation disciplinaire et
l'affaire à l'occasion de laquelle la faute a été commise! Mais le lien
se brise dès que la décision est rendue; son mérite doit être apprécié et discuté indépendamment du jugement qui a pu intervenir
sur le principal. En quoi le juge de l'appel pourrait-il avoir à se
préoccuper de ce qui a pu advenir de l'affaire en débat au moment
où l'incident s'est produit? L'incident lui-même implique l'inter-
ruption et la suspension du cours de la justice en ce qui concerne
cette affaire. Le juge en renvoie l'examen à un temps ultérieur, et
la sépare et l'isole, par cela même, de l'incident.

« Mais, dit-on, où est l'intérêt à décliner la compétence de la
chambre des appels de police correctionnelle? Ne trouvera-t-on pas
devant elle une garantie de nature à compenser la perte de toute
autre, la garantie de la publicité?

« Messieurs, à Dieu ne plaise que notre confiance dans la magistrature puisse être mise en doute, mais revendiquer pour chaque
nature de fait le juge qui lui est assigné par la loi, comme le seul
apte à en connaître, c'est encore l'honorer. Comment! un avocat
sera frappé par un conseil de prud'hommes, et il ira en appel devant un tribunal de commerce! Il aura plaidé devant un seul juge,
le juge de paix, et l'appel se portera devant un tribunal de trois
juges!

« Mais est-ce que la juridiction disciplinaire n'a pas sa raison
d'être, est-ce qu'elle n'a pas été appropriée aux intérêts à sauve-
garder? Quelle est sa forme caractéristique, distinctive? C'est le
huis clos partout, à très-peu d'exceptions près. On a voulu échapper à la publicité : pourquoi? Est-ce dans un intérêt de privilége?
Non, cela tient à la mission même du pouvoir disciplinaire. Ce pouvoir
est institué pour assurer à certaines professions l'honorabilité dont
elles ont besoin pour tenir dans la société la place qui leur est due,
pour jouer le rôle qui leur est assigné. Son action sur ses membres
ne doit donc que s'exercer de manière à ménager la considération
du corps tout entier.

« C'est là la loi à laquelle les dépositaires de ce pouvoir doivent
obéir. Le scandale, voilà ce qu'il faut d'abord éviter, et c'est pour
cela qu'au premier et au second degré la juridiction disciplinaire
s'exerce en chambre du conseil à huis clos.

« J'entends l'objection : pour les fautes commises à l'audience.
L'avocat a été frappé publiquement, et ce qu'il poursuit, ce qu'il
espère en appel, c'est une réparation, et pour qu'elle soit complète, il la faut publique. Sans doute, nous savons ce qu'il a

fallu d'efforts pour contenir l'ardeur de ce jeune confrère et l'amener à renoncer à un débat public; mais avant son désir, avant son intérêt, devaient passer les intérêts de sa compagnie, et, j'ose le dire, les intérêts mêmes de la justice.

« Les fautes d'audience! Mais c'est pour les infractions d'audience que le débat public est surtout à redouter. Elles impliquent toujours une lutte avec la magistrature. L'avocat s'est laissé entraîner dans son zèle pour la défense, la magistrature croit sa dignité méconnue, une réparation lui est due, et elle l'obtient immédiate et publique. Cela est bien: mais ce résultat nécessaire n'est obtenu qu'au prix d'un grand mal. Le cours de la justice a été troublé; il reste interrompu. Un conflit est engagé dont le règlement ne peut sortir que d'une appréciation des limites qui doivent circonscrire la liberté de la défense.

« C'est là un sujet sur lequel l'opinion publique est prompte à s'émouvoir et facile à égarer, et on voudrait un débat public! C'est là qu'il est éminemment dangereux, et si le législateur n'a pu l'éviter au premier degré; il faut, pour rester fidèle à sa pensée, se hâter de rechercher au second degré la protection du huis clos. C'est devant la magistrature assemblée, et assemblée en chambre du conseil, que tout s'expliquera et que la défense sera claire et complète.

« Dois-je maintenant, pour ne rien laisser sans réponse, pour aller au-devant de toutes les objections, dois-je écarter l'article 103 du décret du 30 mars 1808?

« Ce décret, le barreau n'a jamais cessé de protester contre l'application qui lui en a été faite par divers arrêts. Il persiste dans ses protestations, et il les renouvelle avec d'autant plus d'énergie qu'il lui est donné de voir au siége du ministère public l'éminent magistrat qui, en 1834, soutint avec tant de force et une si grande autorité, que le décret de 1808 n'avait point été fait pour le barreau, et que d'ailleurs il eût cessé d'être en vigueur le jour où, par l'ordonnance du 20 novembre 1822, restitution fut faite aux avocats de la plénitude du droit de discipline.

« Que dit, au surplus, cet article 103 du décret du 30 mars 1808?

« Il organise toute une juridiction disciplinaire. Admettons, puisqu'on l'a jugé, que les tribunaux ont gardé, des attributions qu'il leur faisait, le droit de connaître des fautes commises à l'audience, il ne sera toujours pas possible de dire qu'ils en ont retenu autre chose qu'un droit de police d'audience.

« Or ce n'est pas dans l'article 103 que se peuvent découvrir l'organisation et la limite de ce droit. L'objet de l'article 103 n'a jamais été de régler le droit de police d'audience. Il instituait la juridiction disciplinaire et il la déléguait au tribunal lui-même pour les fautes de discipline, non-seulement pour celles commises, mais aussi pour celles découvertes au cours de l'audience.

« Si le droit de l'article 103 est maintenu, il sera le juge, et le juge exclusif, sans probabilité de renvoi au conseil de discipline, de toute infraction aux devoirs d'avocat commises ou découvertes à l'audience.

« Déjà, Messieurs, on a décidé que les Cours étaient maîtresses de saisir directement pour en connaître des fautes de discipline qui peuvent impliquer une offense à la magistrature, une atteinte à son autorité ou au respect auquel elle a droit; si l'on décide qu'aux tribunaux appartient d'ailleurs, à l'exclusion des conseils de discipline, la répression des fautes commises ou découvertes aux audiences, que restera-t-il aux avocats de ce droit de discipline dont le préambule de l'ordonnance de 1822 leur promettait la plénitude?

« Messieurs, vous ne condamnerez pas le barreau à ne voir dans le langage de l'auteur de cette ordonnance qu'une amère ironie, et à n'attendre de ses dispositions que de douloureuses déceptions. »

Conclusions du procureur général.

M. le procureur général Dupin prend la parole en ces termes :

« Dans un État bien réglé, toutes les hiérarchies ont leurs lois disciplinaires, pour obliger chacun à vivre conformément aux règles de sa profession.

« Il y a pour l'armée la discipline militaire, la plus sévère de toutes.

« Il y a pour les fonctionnaires de l'ordre administratif la juridiction, plus flexible, du Conseil d'Etat.

« Pour les différentes religions, et pour leurs ministres, la police des cultes, et la surveillance de l'Etat, qui, au point de vue de la puissance temporelle, et pour sa préservation, s'exerce, sous l'autorité du ministre des cultes et du garde des sceaux, par la voie salutaire et d'ordre public des appels comme d'abus.

« Enfin, il y a la discipline des Cours et tribunaux, qui s'étend à la fois sur les magistrats, les avocats et les officiers ministériels.

« La discipline des corps judiciaires a son siége principal dans le chapitre VII de la loi du 20 avril 1810, et dans le sénatus-consulte organique du 16 thermidor an X, articles 82, 83 et 84; celle des notaires trouve ses conditions dans la loi de ventôse an XI.

« La discipline spéciale du barreau est réglementée par l'ordonnance du 20 novembre 1822, qui a remplacé, en l'abrogeant, le décret impérial du 14 décembre 1810.

« La question que fait naître le procès actuel est nouvelle : M. le rapporteur a fait remarquer un fait vrai, savoir : que, depuis quarante ans, aucun avocat ne l'avait soulevée. Elle consiste à prétendre que, malgré les dispositions établies spécialement pour la répression des fautes commises à l'audience, il n'y a en réalité qu'une seule juridiction disciplinaire qui, exercée en premier ressort par le conseil de discipline, doit aller en appel devant toutes les chambres assemblées de la Cour impériale; et qu'il en doit être de même dans le cas où les tribunaux prononcent à l'audience, parce qu'alors ces tribunaux « sont nécessairement transformés et « constitués de plein droit en juridiction disciplinaire, dont l'appel « ne saurait être dévolu qu'à la juridiction disciplinaire. »

« Ainsi, ce qu'ont demandé les avocats, par l'organe de leur bâtonnier; ce que réclame le pourvoi, c'est que tous les appels des décisions ou des jugements qui atteignent un membre du barreau aboutissent à l'assemblée générale des chambres de la Cour impériale réunies pour statuer en la chambre du conseil.

« C'est une sorte de *committimus* qu'ils réclament, dans l'intérêt, disent-ils, de leur ordre, comme autrefois ces privilégiés qui avaient leurs causes commises à la grande chambre du Parlement.

« C'est une prétention quelque peu aristocratique, qui a été écartée par l'arrêt qui vous est déféré.

« Le pourvoi formé contre cet arrêt est-il fondé?

« Pour résoudre cette question, je l'examinerai au point de vue du droit, par la discussion des textes, et par les principes qu'ils ont consacrés.

« Dans cette revue des dispositions réglementaires, nous aurons à rechercher :

« 1° S'il n'y a pas une distinction essentielle établie entre différents ordres de faits qui donnent lieu à la répression disciplinaire ;

« 2° Si cette distinction dans la nature des faits n'en amène pas une autre, corrélative dans la manière de procéder et de prononcer, soit au premier degré de juridiction, soit en appel;

« 3° L'examen de la jurisprudence et de la discussion de quelques arrêts;

« 4° Enfin, s'il est vrai que, sur l'appel, le huis clos des chambres réunies offre réellement aux avocats (ainsi qu'on l'a prétendu pour eux) plus de garantie que la publicité de l'audience.

« L'ordonnance de 1822 institue, sous un titre spécial, un conseil de discipline composé des anciens de l'ordre, personnages consulaires de la profession, sous la présidence paternelle du bâtonnier.

« Les attributions de ce conseil consistent à exercer la surveillance que l'honneur et les intérêts de l'ordre des avocats rendent nécessaire. Ils sont chargés de maintenir les principes de modération, de désintéressement et de probité sur lesquels repose l'honneur de la profession d'avocat. Ils surveillent les mœurs des avocats stagiaires. Enfin ils appliquent, lorsqu'il y a lieu, les mesures de discipline autorisées par les règlements.

« Vous le remarquerez, l'ordonnance n'entre dans aucun détail : elle ne spécifie pas les différents manquements, comme un code pénal qui assigne et définit rigoureusement le caractère de chaque délit. Elle n'emploie que des termes généraux, qui se résument tous dans cette belle formule : « Maintenir les principes sur les- « quels repose l'honneur de la profession d'avocat. »

« En effet, la profession d'avocat, par ses principes traditionnels, est, plus que toute autre, sévère envers ses membres. Son code pratique se compose d'une foule de nuances délicates, qui s'apprécient souvent par le sentiment plus que par la logique, par la pudeur plus que par le droit. Ainsi l'ordre interdit à ses membres ces négoces dans lesquels, en cherchant la fortune, on ne rencontre trop souvent que la déconsidération et la ruine; il leur est défendu de se faire agents d'affaires; de signer des lettres de change qui, non payées, peuvent exposer à la contrainte par corps; de prendre un intérêt conventionnel dans les procès dont ils sont chargés; d'exiger des honoraires, au lieu de les attendre de la libre rémunération de leurs clients; on réprime les manques de procédés entre confrères, le défaut de sincérité dans la communication des pièces. En un mot, il est une foule de choses dont le monde ne s'offense pas, qu'il regarde même comme permises et légitimes, mais que l'ordre interdit à ses membres, comme incompatibles avec la délicatesse et l'honneur de la profession. Pour eux, *non omne quod licet honestum est.* Ils savent bien que la loi permet souvent ce que défend l'honneur.

« Dans tous ces cas, et autres semblables, les conseils de discipline statuent, d'office ou d'après les plaintes qui leur sont adressées, sur les infractions et les fautes reprochées aux avocats. Ils appellent l'avocat inculpé devant eux, ils écoutent ses explications : enfin, ils délibèrent, et prononcent à huis clos, *sine strepitu judicii.*

« Souvent l'avocat sort de cette épreuve pleinement justifié par le jugement de ses pairs. Mais s'il n'est pas tout à fait irréprochable, du moins on a évité l'éclat, le scandale; et pour qu'il ne reste pas de trace de la répression d'une faute souvent légère, et qui peut être facilement réparée, plusieurs barreaux, entre autres celui de Paris, ne tiennent pas même de registre de leurs délibérations, et en confient le souvenir à la mémoire de leurs membres, pour que la postérité n'y trouve pas ce que les lois romaines appelaient *levis notæ macula.* C'est ainsi que l'ancien Parlement de Rouen, lorsqu'il renvoyait au conseil de l'ordre à examiner la conduite d'un avocat, évitait de prononcer son nom dans l'arrêt de renvoi.

« Cette juridiction, ainsi exercée par les conseils de discipline, constitue ce que les auteurs appellent une correction domestique, *castigatio domestica.* Tout ce que les anciens apportent de bienveillance, d'utiles conseils, de sages tempéraments dans leur manière de procéder, est plus facile à concevoir qu'à exprimer. Là, souvent une légère remontrance suffit; d'autres fois, une réprimande, une peine plus sévère est infligée : mais tout cela est couvert par le huis clos ; le public n'en est point officiellement informé, la considération ébranlée peut se raffermir, l'avenir n'est point perdu... Voilà les avantages du huis clos dans les questions de discipline ordinaire intéressant la probité, la conduite, les mœurs, la considération de l'avocat, et qui sont déférées au conseil de discipline de l'ordre.

« Si l'avocat, cependant, prétend qu'il a été traité avec trop de sévérité ; s'il y a eu interdiction ou radiation prononcée contre lui, dans ces cas seulement la voie d'appel lui est ouverte, et cet appel alors est porté devant la Cour impériale, qui doit statuer en assemblée générale et dans la chambre du conseil, ainsi qu'il est prescrit par l'article 52 de la loi du 20 avril 1810, pour les mesures de discipline qui sont prises à l'égard des juges qui, suivant une formule analogue à celle employée par les avocats, ont « compromis » la dignité de leur caractère ».

« Là encore on peut apprécier les avantages du huis clos. Que de réputations ont été ainsi ménagées ! Combien de personnes soumises à cette épreuve sont rentrées dans la bonne voie ! Que de fois aussi, quand les faits étaient graves, n'a-t-on pas obtenu d'un magistrat compromis qu'il prévînt, par une démission volontaire, l'éclat d'une suspension juridique ; d'un officier ministériel, qu'il quittât son office et vendît sa charge pendant qu'il en était temps encore ; et d'un avocat, qu'il se retirât sans bruit !

« Toutefois, pour éviter la fréquence des appels, l'ordonnance, par une disposition tout exceptionnelle, permet aux Cours de prononcer contre le téméraire appelant une peine plus forte, même quand le ministère public n'a point appelé lui-même *à minimâ*. Cela remplace ce que dans l'ancien langage du palais on appelait l'amende du *fol appel*.

« Voilà, Messieurs, dans tout son développement et jusqu'à son dernier terme, la procédure de la juridiction disciplinaire, lorsqu'elle est exercée par les conseils de discipline, et par les Cours, dans les termes prescrits par le titre II de l'ordonnance de 1822.

« Mais en est-il de même pour un autre ordre de faits, et lorsqu'il s'agit de fautes commises à l'audience par les avocats ?

« L'ordonnance elle-même répond à cette question en disant dans son article 16 : « Il n'est point dérogé au droit qu'ont les « tribunaux de réprimer les fautes commises à leur audience par « les avocats. »

« Cet article 16 implique donc un renvoi à d'autres règles, à des dispositions autres que celles qui sont établies par l'ordonnance.

« Sans doute ces dispositions ne doivent pas être empruntées au décret du 14 décembre 1810, que les premiers juges ont eu tort de viser en tête de leur jugement, puisque ce décret a été abrogé par l'ordonnance de 1822, art. 45. Mais il y a lieu de recourir, soit à l'article 43 de cette ordonnance, soit aux lois antérieures, notamment à l'article 103 du décret organique du 30 mars 1808, qui n'a jamais cessé d'être en vigueur, comme l'ont uniformément reconnu tous ceux de vos arrêts qui en ont maintenu l'exécution.

« Or, d'après cet article 103, les tribunaux de première instance devant lesquels des fautes de discipline auraient été commises à l'audience, sont investis du droit de statuer.

« Ce ne sont donc plus ici les conseils de discipline qui sont juges de ces infractions, c'est l'autorité judiciaire elle-même. Et pourquoi? A cause de la nature même des manquements qui sont en pareille circonstance reprochés à l'avocat. Ainsi, par exemple, il se sera emporté au delà des limites tracées à la défense par son serment; il aura manqué de respect au ministère public ou au tribunal (cas prévu par l'article 38 de l'ordonnance); peut-être aura-t-il été plus loin : il aura dans sa plaidoirie, comme le prévoit l'article 43, manqué de respect aux lois, et, suivant ce même article, « le tribunal saisi de l'affaire devra juger immédiatement « sur les conclusions du ministère public, et prononcer l'une des « peines prescrites par l'article 18, sans préjudice des poursuites « extraordinaires, s'il y a lieu. »

« Ici, vous le voyez, la question change entièrement d'aspect.

« Il ne s'agit plus de ces faits d'ordre purement privé, intéressant un client qui se plaint d'une exaction, ou l'ordre qui s'inquiète d'un manquement de procédés, de mœurs, ou de conduite; c'est un trouble subit apporté dans l'administration de la justice.

« Son cours est arrêté par un incident : l'audience est émue, la défense interrompue, et l'avocat qui, un instant auparavant, défendait son client, va être obligé de se défendre lui-même.

« Là, tout devient d'ordre public. Le juge interrompt, parce qu'il a la police de l'audience; le tribunal, s'il s'aperçoit qu'on lui a manqué de respect, va prononcer, car la loi lui en fait une obligation; elle lui confie la garde de sa propre dignité; c'est dans ses mains un dépôt dont il est responsable envers la société : *Nec se contemni patiatur*, dit la loi romaine au préteur.

« Quant à l'avocat, il s'agit bien de sa personne, puisqu'il est interloqué, mis en péril pour sa propre considération, pour son état; mais il s'agit surtout du droit confié à sa défense, de la question de savoir si, en effet, il a passé les bornes de la modération et du devoir.

« Ainsi, l'ordre de la justice, la police de l'audience, la dignité de la magistrature, et aussi l'indépendance de l'avocat, le droit sacré de la défense, voilà les éléments de la cause à juger. Est-ce donc là une simple question de discipline ordinaire?

« Non, Messieurs, je n'en trouve pas seulement la preuve dans l'attribution spéciale donnée ici à l'autorité judiciaire, à l'exclusion du conseil de discipline; j'en atteste tous les incidents dont cette affaire s'est vue entourée.

« Eh quoi! dans ces questions de la première espèce, dont s'occupe le titre II de l'ordonnance de 1822, dans ces questions vraiment de discipline intérieure, où il s'agit de rappeler un avocat à ses devoirs vis-à-vis de son client ou de ses confrères; ou de morigéner un stagiaire qui s'est montré trop léger dans ses relations de plaisir et dans sa conduite, vit-on jamais l'ordre entier s'en émouvoir, se croire menacé dans ses prérogatives, intervenir et prendre fait et cause pour l'avocat inculpé? Non; chacun, en pareil cas, parle peu de l'affaire, en parle bas, et s'en rapporte pleinement au conseil.

« Et quand le conseil a prononcé, s'il y a appel, vit-on jamais les avocats en foule assiéger la porte du conseil, et attendre avec anxiété l'issue de la décision, et s'agiter dans la salle des Pas-Perdus? Non, assurément.

« Pourquoi donc dans l'affaire présente en a-t-il été autrement? Pourquoi l'ordre entier des avocats s'est-il ému? Pourquoi le conseil s'est-il réuni sur-le-champ? Pourquoi a-t-il à l'instant même pris fait et cause pour l'avocat, épousant sa cause pour en faire la sienne propre, et chargeant son bâtonnier de la défendre avec toute la considération qui entoure sa personne et tout le prestige qui s'attache à son talent?

« C'est qu'on a pensé, dans cette circonstance, que l'avocat ayant été interrompu et interdit à l'audience à l'occasion de sa défense, il s'agissait, non de la personne, mais du droit de l'avocat; de son droit atteint dans l'exercice même de sa profession, dans la partie vraiment sainte de son ministère, *la libre défense des accusés!*

« Voilà pourquoi l'attention n'a point déserté cette cause, et pourquoi elle a trouvé dans le barreau de la Cour de cassation la même sympathie que dans celui de la Cour impériale, en faisant éclater ce sentiment confraternel si fécond en actions généreuses et en nobles dévouements.

« Oui, Messieurs, c'est au droit général qui réside au fond de cette cause que vous devez l'affluence inaccoutumée qui se presse à votre audience, parce que le public français, toujours libéral et généreux, comprend, comme le peuple romain, que partout où le droit de défense est en débat il y va de son propre intérêt de savoir comment on jugera. *Quum in plerisque judiciis,* dit Tacite, *crederet populus Romanus suâ interesse quid judicaretur.*

« Et c'est une telle cause que l'on voudrait ravir à la publicité des débats, pour la plonger dans les ténèbres du huis clos!

« On invoque l'ordonnance de 1822, dont l'article 27 renvoie les appels des décisions des conseils de discipline devant la chambre du conseil. Mais j'ai déjà montré par la place que cet article 27 occupe sous le titre II de l'ordonnance, que sa disposition exceptionnelle ne s'applique pas aux faits d'audience, tandis que l'article 16, au contraire, place ces faits dans une catégorie très-différente, en renvoyant aux lois qui ont conféré aux tribunaux le jugement direct de ces infractions, d'un caractère tout spécial.

« Or, en remontant à ce même article 103 que j'ai déjà cité, on voit que si le paragraphe premier de cet article règle la compétence du premier degré de juridiction, le paragraphe suivant règle aussi ce qui regarde l'appel en disant : « Ces mesures » ne seront point sujettes à l'appel, ni au recours en cassation, sauf le cas où la suspension serait l'effet d'une condamnation prononcée en « ju- « gement ».

« Ce cas est précisément celui dont il s'agit dans l'espèce et qui vous est déféré, puisque l'interdiction de M. Ollivier a été prononcée à l'audience.

« En effet, après les paroles prononcées par M⁰ Ollivier au début de sa défense, et sur son refus de les rétracter, le tribunal n'a pas vu là une simple faute disciplinaire, il n'en a pas renvoyé l'examen et l'appréciation au conseil de discipline des avocats. Le tribunal ne s'est pas non plus constitué en conseil de discipline; autrement, il aurait prononcé en la chambre du conseil, à huis clos, et par forme de simple délibération. Mais ce n'est point ainsi qu'il a procédé; il n'a point changé ni dénaturé sa juridiction; il est resté tribunal; il a interrogé et entendu en public l'avocat inculpé, le ministère public a donné ses conclusions, et c'est du haut du tribunal qu'a été prononcée cette sentence : « Ordonne qu'Emile « Ollivier demeurera interdit de l'exercice de sa profession d'avo- « cat pendant trois mois. » Et ce qui prouve combien l'incident se liait à la cause principale dont le tribunal était saisi, le jugement contient cette autre disposition additionnelle : « Remet la cause à « huitaine, pour que Vacherot puisse se pourvoir d'un autre avo- « cat. »

« Ainsi, voilà bien ce cas dont parle l'article 103 du décret du 30 mars 1808, où la suspension « serait l'effet d'une condamnation « prononcée en jugement ».

« Si le droit d'appel existe en pareil cas, c'est parce que cette voie, à moins qu'elle ne soit exceptionnellement interdite, existe de droit, *jure communi;* mais, en ce cas, c'est l'appel simple, l'appel ordinaire, hiérarchique, et non pas l'appel organisé par l'ordonnance de 1822 contre les décisions des conseils de discipline exceptionnellement.

« L'article 27 de cette ordonnance, tout spécial pour les cas de discipline intérieure, ne dispose, en effet, que par assimilation avec la manière de procéder vis-à-vis et à l'encontre des juges qui ont « compromis la dignité de leur caractère », car, en 1808, la loi du 29 avril 1810 n'existait pas, et l'on ne peut concevoir de renvoi, même implicite, à cette loi.

« L'appel, autorisé sous le régime du décret de 1808, est donc l'appel ordinaire, l'appel du droit commun, devant le juge d'appel de la juridiction qui a prononcé; juge d'appel qui eût été compétent pour juger le fond de l'affaire dans laquelle l'incident s'est produit; compétent, par conséquent, pour juger l'incident lui-même; que le tribunal, s'il l'eût cru à propos, eût pu joindre au fond, sans qu'il en fût résulté aucune irrégularité, ainsi que vous l'avez reconnu vous-mêmes dans un arrêt de rejet cité par M. le rapporteur.

« On s'est efforcé d'introduire dans la cause d'autres arrêts qui n'ont rien de commun avec notre espèce.

« En effet, en présence de la jurisprudence des Cours impériales qui, jusqu'ici, ont reçu les appels ordinaires, les appels hiérarchiques des jugements rendus à l'audience pour des manquements à l'audience, et des arrêts de la Cour de cassation, qui, en statuant sur les pourvois, ont consacré cette manière de procéder; — en trouve-t-on un seul qui ait jugé que ces appels devaient être portés devant les chambres réunies, et qui ait jugé que l'on devait, dans l'intérêt soit du premier juge, soit de l'avocat, confirmer ou défaire à huis clos ce qui avait été discuté et jugé en audience? On n'en peut citer aucun.

« Les deux arrêts des 25 juin 1855 et 7 janvier 1860 ne sont pas rendus en matière disciplinaire; ils n'ont pas été rendus pour application de peines disciplinaires.

« Ils ont été rendus en conformité de l'article 505 du Code d'instruction criminelle, qui donne compétence correctionnelle à tout juge à l'audience duquel se produit « un tumulte accompagné de « voies de fait ou d'injures donnant lieu à l'application ultérieure « des peines correctionnelles ».

« Dans ces deux espèces, *sui generis*, par une disposition textuelle de la loi, — le fait constituant un délit à part, un délit caractérisé, entraînant une peine correctionnelle, le juge civil devient de droit juge correctionnel de ce délit, il prononce comme tel, et il doit le déclarer dans son jugement. Il est donc naturel que l'appel soit porté en ce cas non devant le tribunal civil, mais devant le tribunal correctionnel.

« Mais est-ce donc là une règle générale et absolue qui puisse, par analogie, être transportée à d'autres cas, régis par d'autres textes que l'article 505 du Code d'instruction criminelle?

« Il y a bien d'autres exemples dans lesquels la qualité des faits venant à changer dans le cours du procès, les tribunaux saisis restent compétents et demeurent investis du droit de statuer, sans que le caractère de leur juridiction change et soit transformé.

« Ainsi, par exemple, un de vos arrêts du 24 juillet 1846, au rapport de M. Mérilhou, a jugé que dans le cas de compte rendu infidèle et de mauvaise foi de l'audience du tribunal civil, c'est devant ce tribunal jugeant comme tribunal civil que le gérant doit être poursuivi, encore bien qu'il puisse y avoir lieu à prononcer des peines correctionnelles, et que l'appel doit être porté devant le juge civil, supérieur, hiérarchique, du tribunal qui a prononcé en première instance.

« Autre exemple. Un. individu est traduit en police correctionnelle pour un fait qualifié délit. Mais, à l'audience, le délit prétendu s'évanouit, et le fait ne constitue réellement qu'une contravention de police, qui aurait dû par conséquent être portée devant le juge de paix; n'importe, si le prévenu ne demande pas son renvoi, le tribunal correctionnel reste saisi : il demeure compétent pour appliquer une peine de simple police, et il peut statuer, s'il y a lieu, sur les dommages et intérêts.

« De même en Cour d'assises. Un homme s'y trouve traduit pour un crime; mais aux débats, le fait perd les caractères de la criminalité; il ne reste plus qu'un fait constituant un simple délit ou même une contravention : la Cour d'assises sera-t-elle dessaisie? Loin de là; l'article 365 du Code d'instruction criminelle dit que « si le fait est défendu, la Cour prononcera la peine établie par la « loi, même dans le cas où, d'après les débats, il se trouverait « n'être plus de la compétence de la Cour d'assises. »

« Dira-t-on maintenant, en argumentant de l'arrêt du 7 janvier 1860, que la juridiction de la Cour d'assises est transformée de plein droit en tribunal de police correctionnelle, parce qu'elle n'aura condamné qu'à six mois de prison; ou en tribunal de simple police, si le fait n'apparaissant plus que comme une contravention, elle n'a condamné l'accusé ou plutôt le prévenu qu'à une légère amende? Cela ne serait pas exact; car, malgré cette déviation d'attributions, la Cour d'assises restera Cour d'assises, et la condamnation, si minime qu'elle soit, sera toujours prononcée par arrêt.

. « Il n'est donc pas vrai de dire d'une manière absolue, que tout changement apporté dans la nature de l'affaire, ou dans les incidents d'une affaire, dénature et transforme la juridiction.

« En particulier, et revenant à notre espèce : de ce qu'un tribunal civil ou correctionnel réprime, audience tenante, l'injure faite à la dignité d'un de ses membres, incidemment à l'affaire dont il est et reste saisi, il ne s'ensuit pas que ce tribunal perde à l'instant son caractère de tribunal pour revêtir aussitôt le caractère de conseil de discipline.

« Il reste éminemment tribunal, il ne juge pas l'incident comme juge débonnaire, comme juge domestique, mais essentiellement comme juge en fonction auquel on a manqué publiquement en sa qualité de juge, et qui, en cette qualité aussi, est constitué le vengeur public de sa dignité blessée.

« Le juge ne pourrait même pas en ce moment suprême abdiquer sa qualité de juge public, car la loi spéciale qui réprime les insultes d'audience impose au juge de statuer immédiatement. L'avocat ne pourrait pas demander son renvoi devant le conseil de discipline, car ce conseil n'est pas l'appréciateur des fautes d'audience qui portent atteinte à la diguité de la magistrature, il n'en est pas le vengeur légal. Ce droit, ce devoir appartiennent privativement au juge, au tribunal offensé, qui doit, en cette qualité même et non à un autre titre, prononcer immédiatement et publiquement, afin que, séance tenante, le même auditoire, qui a été témoin de l'irrévérence, soit aussi témoin de la répression, *castigatio publica.*

« Cette attribution au juge, non comme conseil de discipline, mais comme juge offensé, est tellement inhérente au caractère de juge, étant et demeurant en fonction, qu'elle est accordée à tous les tribunaux, et au même titre, dans tous les degrés de juridiction.

Or, s'il est vrai que l'appel des jugements rendus par ces diverses juridictions dût être porté devant les chambres assemblées de la Cour impériale, on se créerait d'étranges embarras dont aucune loi n'a donné le moyen de sortir.

« Qu'arriverait-il, en effet, si l'avocat avait été suspendu par une chambre de Cour impériale, civile ou correctionnelle? Dirait-on encore qu'elle cesse d'être souveraine, que son arrêt de répression doit être soumis à l'appel, et que la Cour entière doit se constituer juge d'appel de sa propre juridiction exercée par l'une de ces chambres? N'est-il pas évident, au contraire, que l'interdiction prononcée par arrêt conserve le caractère d'arrêt, et que l'on ne peut se pourvoir qu'en cassation, et seulement pour cause d'incompétence ou d'excès de pouvoir?

« Si c'est une Cour d'assises, et c'est le cas où ces collisions d'audience se présentent le plus souvent, n'est-il pas évident encore que, si elle a suspendu ou interdit un avocat pour avoir manqué de mesure dans sa lutte avec le ministère public, ou dans ses réponses au président de la Cour, l'arrêt qui frappe ou suspend n'est pas une simple décision disciplinaire, une correction domestique, sujette à nouvel examen et réformation sur l'appel, mais un véritable arrêt.

« Que s'est-il passé, en effet, dans l'espèce jugée par votre arrêt du 25 janvier 1834, dans l'affaire Dupont? La Cour d'assises de la Seine avait suspendu un avocat à l'occasion de paroles outrageuses employées par lui vis-à-vis du procureur général. La Cour de cassation a-t-elle cassé par le motif qu'au lieu de s'adresser à elle, on aurait dû s'adresser aux chambres assemblées de la Cour impériale comme juges d'appel des décisions disciplinaires, et parce que la Cour d'assises n'avait été dans cette circonstance qu'un conseil de discipline? Non, Messieurs, la Cour s'est saisie du pourvoi comme régulièrement formée contre un arrêt souverain en premier et dernier ressort, et, au fond, elle a rejeté le pourvoi par ces motifs :

« Attendu, en droit, qu'il appartient aux tribunaux saisis d'apprécier la nature des fautes qui sont imputées aux membres du

« barreau, de proportionner les peines disciplinaires à la gravité
« des infractions, et qu'il n'entre pas dans les attributions de la
« Cour de cassation de se livrer à une nouvelle appréciation des
« faits, lorsque ces tribunaux ont régulièrement et compétemment
« procédé; — Et attendu que l'arrêt attaqué a reconnu constants,
« à l'égard des trois demandeurs, des faits outre-passant les limites
« posées par la loi à la défense, et outrageants pour un magistrat
« chef du parquet de la Cour royale de Paris, lesquels faits ren-
« traient dans la compétence de la juridiction disciplinaire de la
« Cour d'assises, puisqu'ils se sont passés à son audience, et qu'en
« appliquant à cet avocat la peine disciplinaire de la suspension, la
« Cour d'assises du département de la Seine n'a fait qu'user du
« pouvoir qui lui était conféré par les lois et les règlements préci-
« tés, et que cette Cour n'a nullement porté atteinte à la liberté de
« la défense des accusés. »

« La règle qu'on prétend ériger à la hauteur d'un principe, loin
d'être absolue, loin de pouvoir être étendue, sous prétexte d'analogie, doit donc être restreinte au cas exceptionnel pour lequel elle
a été établie : celui d'un délit caractérisé, surgissant à l'improviste
devant un juge civil, et changeant totalement sa juridiction.

« Mais il n'en est pas ainsi pour les faits d'un autre ordre, pour
les fautes commises à l'audience, et qui, dans chaque affaire, ne
constituent qu'un incident, dont chaque juridiction reste juge,
sans changer de caractère.

« Pour les faits disciplinaires, en effet, je ne puis trop le redire,
on confond deux ordres de faits, et deux ordres de répression, qui
ont chacun leur caractère particulier :

« 1° Les faits de discipline simple, intéressant la conduite et la
moralité privée des avocats, lesquels doivent être appréciés à huis
clos, donnent lieu à des répressions qualifiées « mesures de dis-
« cipline »; 2° les faits d'audience qui intéressent la dignité de la
justice, et qui, commis en public, *coràm populo*, doivent aussi
être réprimés en public, et par jugement, non-seulement en
première 'instance, mais sur l'appel, quand il y a lieu, afin
que partout la justification ou la répression conservent le même
caractère.

« Il me reste à examiner s'il est vrai que, devant la chambre
des appels de police correctionnelle de la Cour jugeant en audience
publique, l'avocat trouverait pour sa défense moins de protection
et d'avantages que dans le huis clos des chambres réunies.

« C'est la première fois peut-être qu'on voit les avocats préférer
l'obscurité du huis clos au grand jour de l'audience!

« Il fut dans nos fastes une triste époque, où les sombres formes
de l'inquisition étaient devenues, en France, celles de la justice
ordinaire. L'instruction était secrète; et, tant que la torture fut en
usage, d'horribles scènes se passaient à huis clos entre cinq personnes : le juge instructeur et son greffier, le patient, le bourreau

et un chirurgien seulement pour avertir quand il faudrait s'arrêter pour ne point aller jusqu'à la mort.

« Les accusés alors étaient destitués de conseils ; aucun avocat ne leur était accordé pour leur direction ou pour leur défense au jour du jugement. Les débats n'étaient point publics ; les juges prononçaient des peines arbitraires ; ils pouvaient même, sans autre explication , condamner « pour les cas résultant du « procès ».

« En 1789, on a demandé, on a conquis comme la première de toutes les garanties judiciaires, la publicité des débats en matière pénale ; dans ces causes où se trouvent en question la liberté, la vie, l'honneur des citoyens !

« Depuis ce temps (à l'exception de ces cas heureusement rares où l'intérêt des mœurs publiques réclame impérieusement le huis clos) , les avocats auraient regardé comme une diminution de garanties accordées à leurs clients toute atteinte portée à la publicité ! — Et quand il s'agit d'eux-mêmes, quand leur réputation a été complétement compromise en première instance, à l'occasion de la défense publique d'un accusé, ils réclament pour eux, sur l'appel, le huis clos, comme un privilége, pour leur justification ! ! !

« Mais quelles raisons donne-t-on pour en user ainsi? En se reportant au plaidoyer si remarquable prononcé pour M. Ollivier devant la chambre des appels correctionnels, par l'éloquent et habile bâtonnier des avocats , voici en quels termes il essaye de justifier cette résolution :

« Quel que soit l'intérêt que je porte à Ollivier, quel que soit « l'intérêt dont il est entouré par le conseil, par les anciens, il y a « quelque chose qui touche plus encore : c'est l'intérêt de l'ordre « que l'on représente, et que l'on défend.

« Aussi, en matière disciplinaire, avons-nous sacrifié cette garantie de publicité, parce que c'est la juridiction disciplinaire ou « domestique ou de famille. Cette juridiction de toutes les chambres réunies, nous la réclamons. Nous connaissons la bienveil« lance des magistrats, surtout pour un jeune, honorable et brillant avocat dont ils ont vu les succès. Nous voulons aller devant « les chefs les plus illustres de votre Compagnie, leur dire le respect que nous professons pour la magistrature, et aussi leur « expliquer l'entraînement que l'on peut avoir dans certaines « causes.

« Ollivier défendait un homme politique ; cet homme, je ne le « connais pas personnellement ; je ne le connais que par ses admira« bles études sur l'école d'Alexandrie, qui resteront comme un chef-« d'œuvre de la philosophie moderne. Je ne veux pas aller au delà « de mon droit en vous parlant de ce qui n'est pas le procès ; mais « il y a bien des choses « que je dirai en chambre du conseil, et « que je ne peux pas dire dans cette enceinte, devant le public. » « Il y a bien des choses qui s'éclairciront. Vous comprendrez que le

« cœur peut se trouver entraîné bien loin par des paroles qu'on
« juge amères; nous nous expliquerons. Ici, il me semble que je
« suis bâillonné : « il y a des droits que je veux analyser; je veux
« savoir où s'arrêtent ceux de la défense. Si nous renonçons à la
« publicité, c'est dans l'intérêt de tout le monde ».

« Messieurs, il y a dans ce beau langage quelque chose qui doit
vous surprendre. Quoi! quand il s'agit de la publicité, le défenseur en parle, non pas comme d'un droit, mais comme d'une
faculté; comme si c'était une affaire de goût; comme si la publicité, au lieu d'être d'ordre public, dépendait du caprice et du choix
des parties! « Nous avons, dit-il, sacrifié une garantie de publi-
« cité, parce que c'est la juridiction disciplinaire ou domestique
« ou de famille. » Mais j'ai prouvé qu'il y a deux natures de faits,
deux ordres de manquements aux devoirs de l'avocat; les uns d'ordre privé, dont l'appréciation est dévolue aux conseils de discipline; les autres d'ordre public, dont la répression est attribuée
aux tribunaux. Et de même que, pour les premières, les avocats ne
pourraient pas dire qu'ils préfèrent la publicité au huis clos prescrit en ce cas dans les deux degrés de juridiction, de même, pour
les faits d'audience dont la loi veut que la répression ait lieu immédiatement et publiquement en forme de jugement, on ne peut pas
dire, sur l'appel, qu'au lieu de cette publicité on préfère le huis
clos.

« Au fond, et si l'on apprécie les motifs de cette préférence allégués par l'éloquent bâtonnier, il est impossible de les considérer
comme aussi avantageux qu'il le prétend « aux intérêts de l'or-
« dre qu'il représente et qu'il défend ».

« Nous voulons, disait-il à la chambre correctionnelle de la
« Cour, aller devant les chefs les plus illustres de votre Compa-
« gnie, leur dire le respect que nous professons pour la magis-
« trature. » Assurément, les magistrats en seront flattés; mais
est-ce donc que cela ne peut pas se dire aussi bien en public qu'à
huis clos?

« Nous voulons leur expliquer l'entraînement que l'on peut avoir
« dans certaines causes. » — Eh! qui donc sait mieux cela que les
magistrats qui, chaque jour, voient plaider à leur audience de
jeunes stagiaires nommés d'office, dont la parole timide et inexpé-
rimentée trouve devant eux toute l'indulgence que de vrais magistrats ont pour des jeunes gens dont ils se plaisent à encourager les
premiers débuts?

« Mais il y a bien des choses que je dirai à la chambre du con-
« seil, et que je ne peux pas dire devant le public! » — Quelle
idée veut-on donc donner par là d'une cause qui, née en pleine
audience, instruite et jugée en public, ne saurait désormais s'expliquer que par des confidences? Devant la justice, on peut dire
tout ce qui est vrai; et, sans présenter la vérité toute nue, si cela
devait choquer les regards, n'y a-t-il pas moyen de tout faire en-

tendre? A bon entendeur demi-mot; à tout véritable orateur, le mot entier; surtout si l'appelant a, pour le défendre au fond, la parole à la fois élégante et souple, ferme et mesurée de l'éloquent bâtonnier.

« Enfin, a dit le chef de l'ordre, « il y a des droits que je veux « analyser; je veux savoir où s'arrêtent ceux de la défense. » Oui, vous avez raison; c'est là le fond, le véritable caractère de la question. C'est là ce qui la distingue avec bonheur des questions souvent mesquines, et parfois humiliantes, de discipline ordinaire, de la discipline infligée à huis clos. C'est là ce qui lui donne tout le prestige d'une véritable question d'intérêt public; car il s'agit dans ce cas de l'exercice même de la profession d'avocat. Ailleurs, l'avocat ne défend que son client, ou sa propre personnalité; ici, la profession aura à se défendre elle-même, à faire valoir ses prérogatives, à invoquer ses droits! — Et c'est pour cela que vous demandez le huis clos? Il ne tient qu'à vous de faire entendre cette oraison *pro domo* en plein forum, et vous demandez à vous expliquer dans les catacombes!... Vous renoncez, dites-vous, à la publicité ! Vous consentez à vous priver de cette assistance de vos confrères, de vos amis, de vos clients, si recherchée .des anciens orateurs! de ce grand jury de l'opinion publique, si hautement appréciée de nos jours, qui ne laisse jamais sans quelque consolation ceux-là mêmes qui succombent, quand, au fond de leurs actes, on peut saisir une pensée généreuse qui, si elle ne les absout pas entièrement, du moins les excuse! En un mot, vous demandez à vous priver de ce bénéfice de l'audience dont le criminaliste Ayrault a dit avec tant de raison : « Elle est une note infaillible « aux mauvais, quelque issue qu'ait le procès, et aux bons une « réparation d'honneur qui ne peut jamais être notoire ni trop « commune à tout le monde. »

« Ah! si j'étais encore avocat!... et qu'il s'agît pour moi de me justifier pour une parole d'audience sortie de ma bouche au début ou dans le cours d'une improvisation *dans la libre défense* d'un accusé! — soit qu'il me convînt de reconnaître loyalement que mes paroles avaient été au delà de ma pensée, et d'en exprimer mon regret à la Cour; soit que ma conscience et la vérité m'obligeassent à dire résolûment : « Non, je n'ai pas été trop loin, je « n'ai fait qu'user de mon droit : voici les faits..., la Cour appré-« ciera mes intentions... », de toute manière, et quel que dût être mon système de défense, ce n'est point à huis clos que je désirerais donner mes explications. Frappé à l'audience, interdit publiquement, c'est publiquement aussi, à l'audience encore, que je voudrais me défendre : l'audience est le champ d'honneur de l'avocat.

« Nous estimons qu'il y a lieu de rejeter le pourvoi. »

Le *Moniteur* et le journal *le Droit :* « Ce réquisitoire, dans

« lequel on retrouve la fermeté, la logique, la verve, les saillies
« qui ont donné un cachet particulier au talent de M. Dupin, a
« constamment captivé l'attention des magistrats et du nombreux
« auditoire. »

Après une courte délibération dans la chambre du conseil[1], la
Cour est rentrée à l'audience, et M. le président Waïsse a prononcé l'arrêt dont la teneur suit :

« La Cour,
« Ouï le rapport de M. Legagneur, conseiller, les observations de
M⁰ Dufour, avocat du demandeur, et les conclusions de M. Dupin,
procureur général;
« Vidant le délibéré en chambre du conseil :
« Sur l'unique moyen pris de ce que la chambre correctionnelle
de la Cour impériale de Paris, en se déclarant compétente pour
connaître de l'appel du jugement du tribunal correctionnel de la
Seine prononçant une suspension de trois mois contre un avocat,
pour infraction disciplinaire d'audience, au lieu d'en renvoyer
l'examen à la Cour, chambres assemblées, son juge naturel, aurait
faussement interprété l'article 16 de l'ordonnance du 20 novembre 1822, et violé tant les articles 24 et 27 de la même ordonnance qu'un principe de droit public prescrivant le recours en
appel devant le juge naturel de la cause, lorsque la nécessité qui
avait forcé de s'en écarter en première instance n'existe pas à
l'égard du juge supérieur;
« Sur la première branche du moyen,
« Attendu que l'article 103 du décret du 30 mars 1808, applicable aux avocats aussi bien qu'aux officiers ministériels, divise
les infractions disciplinaires en deux classes à chacune desquelles il
affecte une juridiction répressive spéciale;
« Qu'il range dans l'une les fautes commises publiquement à
l'audience, et charge les Cours et les tribunaux de première instance devant qui elles se sont produites de les réprimer séance
tenante par des jugements sujets, en cas de suspension, à tous les
recours de droit commun, en même temps qu'il place dans la seconde catégorie les infractions disciplinaires commises partout ailleurs, lesquelles, n'ayant pas acquis de publicité, sont traitées
comme des matières de discipline intérieure et jugées en chambre
du conseil de la Cour ou du tribunal, à huis clos, par de simples
délibérations ou décisions sans appel ni recours en cassation;
« Que si le décret ne désigne pas le juge supérieur à qui sera
dévolu l'appel des jugements disciplinaires d'audience, il laisse par
cela même ces appels sous l'empire des règles ordinaires en vertu
desquelles la chambre civile de la Cour doit connaître des appels

---

[1] Cet arrêt a été rendu à l'unanimité.

dirigés contre les jugements rendus par les tribunaux civils et la chambre correctionnelle des appels des tribunaux correctionnels;

« Attendu que le décret du 14 décembre 1810, maintenant abrogé, et l'ordonnance du 20 novembre 1822, n'ont modifié l'article 103 qu'à l'égard des infractions étrangères à l'audience;

« Que pour celles-ci l'ordonnance de 1822, confirmant et étendant les innovations introduites par le décret de 1810, a, par son titre II intitulé *Du conseil de discipline*, réglementé exclusivement l'organisation, les attributions et le mode de procéder de ce conseil, qu'il substitue, par ses articles 12 et 15, à la chambre du conseil du tribunal, pour la répression à huis clos;

« Qu'en outre l'article 24 autorise l'appel en certains cas, et l'article 27 en renvoie la connaissance aux chambres assemblées de la Cour, statuant en chambres du conseil;

« Mais attendu que ces articles 24 et 27, quelle que soit la généralité de leurs termes, ne s'appliquent qu'aux décisions prises à huis clos par les conseils de discipline, ainsi qu'il résulte de la combinaison des divers articles de ce titre; que leur non-application aux jugements des tribunaux en audience est virtuellement déclarée par l'article 16, portant : « Qu'il n'est point dérogé.... au « droit qu'ont les tribunaux de réprimer les fautes commises à leur « audience par les avocats », ce qui maintient ce droit tel qu'il était précédemment, aussi bien pour la compétence en appel que pour celle de première instance;

« Qu'ainsi les deux juridictions du tribunal en audience et du conseil de discipline continuent à subsister, qu'elles restent encore aujourd'hui distinctes et indépendantes l'une de l'autre; et que, quand la première a fonctionné en première instance, en séance publique, il ne peut dépendre d'une partie de conserver ou d'abandonner à son gré, en appel, la garantie de la publicité, qui est d'ordre public, pour réclamer la juridiction à huis clos des chambres assemblées;

« Sur la deuxième branche du moyen :

« Attendu que pour déterminer quel est le juge supérieur qui doit connaître d'un appel, il faut consulter la nature, non de l'affaire ou de la condamnation, mais de la juridiction qui a prononcé en premier ressort; que la connaissance de l'appel appartient au juge, soit civil, soit correctionnel, qui se trouve placé hiérarchiquement au-dessus de celui de qui émane la sentence attaquée, en suivant l'ordre des juridictions;

« Que si, au cas d'un délit correctionnel commis à l'audience d'un juge civil, et frappé immédiatement de la peine par jugement de ce tribunal, l'appel de cette décision est porté devant la chambre correctionnelle de la Cour, c'est que le Code d'instruction criminelle lui-même, par ses articles 505 et suivants, en prescrivant ce jugement immédiat, a voulu, en ce cas spécial, que le juge civil

se dépouillât momentanément de son caractère et se constituât en
tribunal correctionnel, jugeant, autant qu'il lui serait possible,
dans les formes et avec les garanties de la juridiction correctionnelle ; que c'est donc alors d'un tribunal devenu accidentellement
correctionnel qu'il s'agit de reviser la décision ; mais que si le tribunal conserve son caractère et statue comme juge civil, même en
prononçant une peine correctionnelle, l'appel de sa sentence ne
continue pas moins à rester dans les attributions de la Cour,
chambre civile ;

« Et attendu que dans l'espèce le tribunal correctionnel de la
Seine, loin de se constituer en conseil de discipline, rendant
une simple décision en chambre du conseil et à huis clos, ce que
lui interdisait l'article 103, a prononcé en audience correctionnelle, publiquement et par jugement ; que l'appel devait donc
aller devant la chambre correctionnelle de la Cour ;

« Attendu, d'autre part, que l'avocat n'a jamais été distrait de
son juge naturel, et que les Cours et tribunaux de première instance sont les juges naturels des manquements à l'ordre et au respect dû à la justice qui peuvent être commis par un avocat à leur
audience, tout comme le conseil de discipline est le juge naturel
des autres infractions ;

« Attendu qu'il résulte de ce qui précède que la Cour impériale
de Paris, chambre correctionnelle, en conservant la connaissance
de la cause, n'a fait qu'une saine interprétation de l'article 16 et
une juste application des articles 24 et 27 de l'ordonnance du
20 novembre 1822 et des principes de la matière ;

« Attendu enfin la régularité de l'arrêt,

« Rejette le pourvoi de Me Emile Ollivier, et condamne ce dernier à l'amende envers le trésor public. »

L'affaire ayant été portée, sur le fond, à l'audience du 16 février, devant la chambre des appels de police correctionnelle de
la Cour impériale, après avoir entendu les réponses de Me Ollivier
en personne, et la plaidoirie de Me Plocque son défenseur, a, conformément aux conclusions de M. le procureur général Chaix d'Est-
Ange, confirmé le jugement de première instance. (Voir la *Gazette
des tribunaux* du 18 février.)

6° DÉFENSEURS.

Algérie. — Tribunaux de commerce. — Défenseurs. — Postulation exclusive supprimée. — Mandat facultatif.

N° XVIII. — 828. (Audience du 14 mai 1860.)
Chambre des requêtes.

Algérie. — Tribunaux de commerce. — Défenseurs. — Postulation exclusive supprimée. — Mandat facultatif.

Question. — L'article 414 du Code de procédure civile a été rendu commun aux tribunaux de commerce de l'Algérie par l'arrêté du gouverneur général du 17 juillet 1848, lequel a abrogé, sinon expressément, du moins virtuellement, l'arrêté du 26 novembre 1841, et l'ordonnance du 16 avril 1843 qui, par exception à l'article précité, avaient attribué aux défenseurs, en Algérie, le droit de postuler devant les tribunaux de commerce de la colonie, comme devant les tribunaux civils.

RÉQUISITOIRE DU PROCUREUR GÉNÉRAL (2 avril 1860).
A la Cour de cassation, chambre des requêtes.

Le procureur général impérial près la Cour de cassation expose qu'il est chargé par M. le garde des sceaux, ministre de la justice, de requérir, en vertu de l'article 80 de la loi du 27 ventôse an VIII, l'annulation, pour excès de pouvoir et violation de l'arrêté du gouverneur général de l'Algérie du 17 juillet 1848, d'un jugement du tribunal de commerce d'Oran, en date du 1ᵉʳ juillet 1859, rendu dans les circonstances suivantes :

« Dans une instance en payement du montant d'un billet à ordre, le tribunal de commerce d'Oran a compris, dans la liquidation des dépens mis à la charge de la partie qui a succombé, les honoraires du défenseur de la partie qui a obtenu gain de cause.

« Le tribunal s'est fondé, pour statuer ainsi, sur l'article 12 de l'arrêté ministériel du 26 novembre 1841, contenant règlement général sur l'exercice de la profession des défenseurs en Algérie et sur l'article 47 de l'ordonnance du 16 avril 1843, articles qui, selon ce tribunal, n'auraient pas été abrogés par l'arrêté du gouverneur-général du 17 juillet 1848.

« L'arrêté ministériel du 26 novembre 1841 accordait en effet aux défenseurs le droit de postulation en matière commerciale comme en matière civile, et l'article 47 de l'ordonnance précitée, portant promulgation du Code de procédure civile en Algérie, avait maintenu le ministère des défenseurs devant les tribunaux de commerce de la colonie. Sous ce rapport, la législation de l'Algérie dérogeait à celle de la métropole, qui n'admet pas l'existence officielle de défenseurs en titre ou en exercice, avec un caractère public, devant les juridictions consulaires de France. (Art. 414 du Code de procédure et 627 du Code de commerce. Avis du Conseil d'État du 9 mars 1825 et ordonnance du 10 du même mois.)

« Mais, le 17 juillet 1848, est intervenu un arrêté du gouverneur général dont nous devons rappeler ici les dispositions :

« Article 1er. Les vingt-quatre défenseurs actuellement en exer-
« cice à Alger seront attachés, savoir : huit à la Cour d'appel et
« seize au tribunal de première instance.

« Article 2. Devant les tribunaux de commerce, la défense des
« parties pourra être présentée par toute personne pourvue d'un
« pouvoir spécial à cet effet. Ce pouvoir sera présumé en faveur
« de l'avocat ou du défenseur porteur de l'original ou de la copie
« de la citation. »

« Cet arrêté a-t-il eu pour but, comme le pense S. Exc. le garde des sceaux, d'assimiler les deux législations, en posant le principe que la défense devant les tribunaux de commerce de l'Algérie peut être présentée par toute personne munie d'un pouvoir spécial, principe qui exclurait le droit de postulation légale des défenseurs, et abrogerait implicitement les dispositions réglementaires antérieures ?

« Le jugement déféré à la Cour nie positivement cette abrogation implicite :

« Attendu, dit-il, que l'arrêté pris par M. le gouverneur géné-
« ral par intérim, les 17-27 juillet 1848, ne fait qu'accorder une
« faculté aux justiciables, et ne détruit nullement les droits que les
« défenseurs tiennent des dispositions législatives ci-dessus visées. »

« Plusieurs raisons, que nous allons successivement déduire, auraient dû révéler au tribunal d'Oran, dans l'arrêté de 1848 examiné avec soin, cette abrogation tacite qu'il n'y a pas vue.

« 1° En principe, il n'y a abrogation tacite des dispositions d'une ancienne loi par une nouvelle que relativement aux dispositions de l'ancienne qui sont incompatibles avec la loi nouvelle : *posteriores leges ad priores pertinent, nisi contrariæ sint.*

« Or, cette incompatibilité, que n'a pas reconnue le tribunal d'Oran, ressort cependant avec évidence des termes et de l'esprit de la disposition que nous examinons.

« Chacun ayant le droit de se présenter en justice, ou de s'y défendre, doit avoir celui de se faire représenter par la personne à qui il convient de confier cette mission : voilà la règle générale.

« Mais, en France, comme dans tout État bien réglé, le législateur ayant déterminé certains modes de procéder qu'il importe de suivre, tant dans l'intérêt des justiciables que dans l'intérêt d'une bonne administration de la justice, il a fallu, par voie de conséquence, instituer des officiers présentant toujours les garanties voulues, et chargés, exclusivement à tous autres, sous leur responsabilité, de l'accomplissement des formalités prescrites par le législateur.

« De là l'espèce de privilége dont sont investis les avocats dans la métropole.

« Cependant, dans certaines juridictions, telles que les justices de paix et les tribunaux de commerce, qu'on a chargées de connaître de certaines affaires spéciales et peu compliquées de leur nature; des formes très-simples ayant été prescrites, le législateur n'a pas cru devoir, dans la métropole, sortir de la règle générale, et il a laissé chacun libre de se faire représenter par toute personne munie d'un pouvoir spécial.

« Mais cette liberté absolue de se choisir un mandataire pour se faire représenter dans les juridictions commerciales, le législateur ne l'a pas, dans le principe, consacrée pour l'Algérie, dans la crainte sans doute que l'inexpérience des justiciables français et indigènes ne fût un obstacle à la bonne administration de la justice.

« Cependant notre domination s'étant affermie, et les habitants de l'Algérie s'étant familiarisés avec les formes judiciaires, on comprend que le législateur ait pensé à assimiler, quant au droit pour les justiciables de se choisir un mandataire, les juridictions commerciales de l'Algérie aux juridictions commerciales de la métropole.

« Or, tel est évidemment l'objet de l'arrêté du 17-27 juillet 1848.

« Maintenant, qu'y a-t-il de plus incompatible que l'obligation imposée par les dispositions réglementaires antérieures, aux habitants de l'Algérie, de prendre un mandataire parmi les défenseurs institués par les règlements, et le droit que l'arrêté de 1848 leur reconnaît, de se faire représenter par toute personne munie d'un pouvoir spécial? Qu'y a-t-il de plus incompatible, en d'autres termes, que le privilége accordé à quelques-uns, et le même droit attribué plus tard à tous d'une manière absolue? N'est-il pas évident que le retour à la règle générale a dû faire disparaître l'exception?

« 2° Le système du tribunal de commerce d'Oran conduirait à la plus étrange anomalie et à une souveraine injustice, car si, nonobstant les termes de l'arrêté de 1848, les défenseurs institués près les tribunaux de l'Algérie conservent le privilége de postuler devant les juridictions commerciales dans les mêmes conditions qu'avant l'arrêté, il en résultera que les parties qui perdront leur procès seront tantôt dispensées, tantôt obligées de payer les honoraires des mandataires de leurs adversaires, selon qu'il aura convenu à ceux-ci de choisir pour les représenter, ou un défenseur privilégié, ou un simple particulier.

« 3° Toujours dans le système du tribunal de commerce d'Oran, la seconde disposition de l'article 2 de l'arrêté de 1848 est complétement inutile, si la première ne renferme pas l'abrogation tacite du privilége dont il s'agit.

« En effet, l'article 4 de l'arrêté du 26 novembre 1841 porte : « Il y aura présomption de mandat en faveur du défenseur qui « se présentera porteur de la copie d'ajournement et des pièces du « procès. »

« Or, si, comme le dit le tribunal d'Oran, l'arrêté de 1848 ne détruit nullement les droits que les défenseurs tiennent des dispositions législatives antérieures, qu'était-il besoin d'une disposition nouvelle pour leur donner le droit, qu'ils tenaient déjà de la loi de 1841, de représenter les parties par cela seul qu'ils sont porteurs de l'original ou de la copie de la citation ?

« Cette seconde disposition de l'article 2 a au contraire sa raison d'être dans l'esprit de l'auteur de l'arrêté de 1848, et démontre encore davantage l'abrogation tacite des dispositions antérieures ; car, par cela même qu'il entendait dépouiller par la première partie de l'article les défenseurs de leur caractère officiel devant les juridictions commerciales, ceux-ci n'auraient pu invoquer, pour se présenter devant ces juridictions, cette circonstance qu'ils étaient porteurs de l'original ou de la copie de la citation, si le législateur de 1848 n'avait pas déclaré, à raison du caractère qu'ils conservent devant les autres juridictions, et en les assimilant au reste sur ce point aux avocats, que cette justification suffirait. Autrement, dépouillés, par la première partie de l'article, du droit principal de postuler, ils eussent été également dépouillés de l'accessoire, et obligés de justifier d'un mandat spécial.

« 4° Enfin, il aurait suffi au tribunal de commerce d'Oran de combiner l'article 1er de l'arrêté de 1848 avec l'article 2, pour se convaincre que l'intention du législateur de 1848 avait bien été de dépouiller les défenseurs institués en Algérie de leur caractère officiel devant les juridictions commerciales.

« L'article 1er du même arrêté du 26 novembre 1841 attachait les défenseurs à la Cour impériale et aux tribunaux de première instance et de commerce : « Les défenseurs ont seuls qualité, « porte cet article, pour plaider et conclure devant la Cour royale « et les tribunaux français de l'Algérie, pour faire et signer tous les « actes nécessaires à l'instruction des causes civiles et commer- « ciales. »

« Or, l'article 1er de l'arrêté de 1848 répartit les défenseurs actuellement en exercice à Alger entre la Cour d'appel et le tribunal de première instance, sans faire aucune mention du tribunal de commerce.

« Il nous paraît donc démontré que le tribunal de commerce d'Oran a méconnu la portée de l'arrêté du 17-27 juillet 1848, et fait une fausse application des dispositions réglementaires antérieures; de plus, il a commis un excès de pouvoir en mettant à la charge de la partie qui a succombé les honoraires du défenseur de la partie qui a obtenu gain de cause, et en attribuant ainsi un caractère officiel aux défenseurs devant les tribunaux de commerce de l'Algérie, tandis qu'ils ne sont plus que les mandataires facultatifs des justiciables comme en France. Déjà la Cour de cassation, par deux arrêts, en date des 7 janvier 1842 et 12 juillet 1847, a annulé pour excès de pouvoir des jugements rendus par des tribunaux de commerce de France qui, attribuant en quelque sorte un caractère officiel aux défenseurs, comprenaient les honoraires de ces défenseurs dans les dépens.

« Par toutes ces considérations, vu l'article 80 de la loi du 27 ventôse an VIII, vu la lettre de S. Exc. M. le garde des sceaux, en date du 2 mars 1860; vu les articles 1ᵉʳ et 4 de l'arrêté du 26 novembre 1841, les articles 1ᵉʳ et 2 de l'arrêté du 17-27 juillet 1848, et toutes les pièces du procès :

« Le procureur général requiert, pour l'Empereur, qu'il plaise à la Cour annuler, pour violation des dispositions précitées et pour excès de pouvoir, le jugement dénoncé; ordonner qu'à la diligence du procureur général, l'arrêt à intervenir sera imprimé et transcrit sur les registres du tribunal de commerce d'Oran.

« Fait au parquet, le 2 avril 1860.

« Le procureur général,

« DUPIN. »

Conformément à ce réquisitoire, la Cour, après avoir entendu le rapport de M. le conseiller Ferey et les conclusions orales de M. le procureur général, a rendu l'arrêt d'annulation suivant :

ARRÊT (14 mai 1860).

Attendu que l'arrêté ministériel du 26 novembre 1841, contenant règlement général sur l'exercice de la profession des défenseurs en Algérie et leur accordant le droit de postulation en matière commerciale comme en matière civile, et l'article 47 de l'ordonnance du 16 avril 1843, portant promulgation du Code de procédure civile en Algérie, qui, par exception à la loi générale, avait maintenu le ministère des défenseurs devant les tribunaux de commerce de la colonie, ont été abrogés par l'arrêté du gouverneur général de l'Algérie en date du 17 juillet 1858;

Qu'en effet l'article 2 de ce dernier arrêté régulièrement rendu et exécutoire, statuant que devant les tribunaux de commerce la défense des parties pourra être présentée par toute personne munie d'un pouvoir spécial à cet effet, est inconciliable et incompatible avec les dispositions antérieures précitées qui attribuent auxdits défenseurs le droit exclusif de postulation;

Que néanmoins le jugement du tribunal de commerce d'Oran, en

date du 1er juillet 1859, a décidé que l'arrêté susdaté du gouverneur
général n'avait fait qu'accorder une faculté aux justiciables, sans porter atteinte aux droits que les défenseurs tenaient des arrêtés précédents ;

Que cet arrêté a, au contraire, pour but d'assimiler les deux législations et de rendre applicable en Algérie, comme en France, les dispositions de l'article 414 du Code de procédure civile et l'article 627
du Code de commerce ;

Que, dès lors, le susdit jugement, en refusant de reconnaître le
caractère de l'arrêté de 1848 et en déclarant qu'il était purement facultatif et non obligatoire, en a violé les dispositions et commis un
excès de pouvoir ;

Vu l'article 80 de la loi du 27 ventôse an VIII, annule pour excès
de pouvoir le jugement du tribunal de commerce d'Oran du 1er juillet 1859, en ce qu'il a compris dans la condamnation aux dépens les
honoraires alloués au défenseur de Louis Lévy ;

Ordonne qu'à la diligence du procureur général impérial près la
Cour de cassation, le présent arrêt sera imprimé et transcrit sur les
registres du tribunal de commerce d'Oran en marge du susdit jugement.

7° NOTAIRES.

**Action disciplinaire. — Preuve du fait. — Recevabilité de l'ac-
tion. — Observations sur un manquement à des devoirs professionnels.**

N° XIX. — 786. (Audience du 5 juillet 1858.)
Chambre civile.

Action disciplinaire. — Preuve du fait. — Recevabilité de l'action.

*Question. — L'action disciplinaire à raison de faits qui, soit en matière civile,
soit même en matière criminelle, ne seraient pas susceptibles de la preuve testimoniale, est recevable, à la différence de l'action civile ou de l'action publique
en réparation de tels faits, sans qu'il y ait preuve écrite ou commencement de
preuve par écrit.*

*En d'autres termes, et spécialement, un notaire poursuivi disciplinairement pour
des faits d'indélicatesse présentant des caractères d'abus de confiance et de violation de dépôt, ne peut opposer à la justice disciplinaire qui lui demande compte
de sa conduite, une fin de non-recevoir empruntée à l'article 1341 du Code
Napoléon et résultant uniquement de l'absence d'une preuve littérale ou d'un
commencement de preuve par écrit des mandats ou des dépôts dont il aurait
abusé.*

Par suite d'une information ordonnée sur la plainte d'un sieur
Lebail, membre du conseil municipal de sa commune, Me S...,

notaire à P..., avait été traduit devant la juridiction correctionnelle sous la double prévention : 1° d'avoir détourné une somme de 1,245 francs qui lui avait été confiée à titre de mandat pour en faire un emploi déterminé; 2°. et d'avoir détruit, au préjudice du plaignant, un titre de 1,845 fr. 49 c.; délits prévus et punis par les articles 406, 408 et 439 du Code pénal.

Sa défense, devant le tribunal de police correctionnelle de Saint-Brieuc, s'était réduite à contester la recevabilité de la preuve testimoniale. Après avoir échoué dans cette fin de non-recevoir, Mᵉ S... avait interjeté appel et fait prévaloir son exception devant la Cour impériale de Rennes. Cette Cour, en effet, par arrêt du 31 mars 1857, s'arrêta devant la fin de non-recevoir proposée, appliquant ainsi ce principe : que quand le délit suppose la préexistence d'un contrat ou d'une convention qui, selon le droit civil, ne comporte d'autre preuve qu'un acte écrit, on ne peut, devant la justice répressive, recourir à la preuve testimoniale pour en démontrer l'existence.

Le ministère public eut alors recours à la voie disciplinaire. Envisageant les faits à ce point de vue, il a intenté devant le tribunal de première instance de Saint-Brieuc, contre le notaire inculpé, l'action autorisée par l'article 53 de la loi du 25 ventôse an XI.

Là, le notaire a pris des conclusions tendantes à ce qu'il plût au tribunal, « dire et juger, sans plus ample informé et dans l'état, que le ministère public n'est pas recevable en ses poursuites contre le concluant, et renvoyer ce dernier hors d'assignation. »

Par jugement du 22 juin 1857, le tribunal, statuant en matière disciplinaire, a rejeté les fins de non-recevoir proposées, et ordonné en conséquence qu'il fût procédé à l'audition des témoins. Les motifs de ce jugement révèlent avec précision la nature des fins de non-recevoir que l'officier public prétendait faire prévaloir contre l'action disciplinaire. Ils sont ainsi conçus :

« Considérant que la Cour impériale de Rennes avait à décider la question de savoir s'il y avait lieu d'admettre la preuve testimoniale pour établir les faits constitutifs de la prévention contre le notaire S...; qu'en se fondant, pour écarter la preuve par témoins et réformer le jugement correctionnel du tribunal de Saint-Brieuc, sur ce que le ministère public ne produisait à l'appui de son action ni preuve écrite, ni commencement de preuve littérale, la Cour n'a point jugé le fond, mais qu'elle s'est bornée à déclarer la plainte non recevable; qu'il s'ensuit que l'arrêt ne peut être opposé comme chose jugée à la poursuite disciplinaire;

« Considérant que les actions disciplinaires ne sauraient être soumises aux restrictions du droit civil; qu'en effet, quel que soit le résultat de la poursuite, les actes en litige conservent leur force légale ; qu'il s'agit uniquement d'apprécier les actes du fonctionnaire au point de vue de l'intérêt public ; de vérifier, dans l'espèce, si M⁽ʳ⁾ S... a manqué aux lois de la probité ou de la délicatesse, et s'il se serait rendu indigne des fonctions dont il est investi ; qu'en pareil cas les tribunaux ont un pouvoir discrétionnaire, et que la preuve testimoniale doit être admise pour l'appréciation dont il s'agit. »

Au moment où le tribunal rejetait ainsi la fin de non-recevoir et ordonnait l'audition des témoins, l'inculpé déclara interjeter appel du jugement. Le tribunal lui en donna acte, et crut devoir surseoir, en conséquence, à l'audition des témoins.

Devant la Cour impériale de Rennes, l'appelant a reproduit la thèse qui avait échoué devant les juges du premier degré, et demandé que le ministère public fût déclaré non recevable dans son action. La Cour, 1ʳᵉ chambre civile, par arrêt du 29 juillet 1857, a accueilli ce système dans les termes suivants :

« Considérant qu'il est de principe que, quand un délit suppose l'existence préalable d'un contrat ou d'une convention qui, aux termes du droit civil, ne peuvent être prouvés que par écrit, ce contrat ou cette convention ne peuvent pas être établis devant les juges de répression par la preuve testimoniale ; que cette règle a déjà été appliquée dans l'espèce par l'arrêt rendu par la Cour, chambre des appels de police correctionnelle, le 31 mars dernier, sur la poursuite dirigée pour abus de confiance et à raison de la disparition d'une quittance remise au notaire S..., à titre de dépôt ;

« Considérant qu'il résulte de la citation donnée à S..., à fin de répression disciplinaire, que les faits sur lesquels est fondée cette poursuite sont identiquement et exclusivement les mêmes que ceux qui avaient servi de base à l'action correctionnelle ; de telle sorte que si le détournement de deniers au préjudice d'un mandat et la violation de dépôt n'étaient pas et ne pouvaient pas être établis contre lui, il ne resterait absolument rien des imputations dont il est l'objet ; que cependant le ministère public ne produit aucune preuve écrite du mandat ni du dépôt, et que, par conséquent, la preuve par témoins, dont il demande l'admission, doit nécessairement s'appliquer à ces conventions comme aux faits qui les auraient suivies ;

« Considérant qu'une convention dont l'objet excède une valeur de 150 francs et de laquelle il n'existe aucun commencement de preuve par écrit, ne peut pas plus être établie par témoins en matière disciplinaire qu'elle ne peut l'être en matière civile ; qu'on objecte vainement qu'aucun intérêt civil ne se rattache à la poursuite disciplinaire et que les décisions qui interviennent en cette matière ne peuvent avoir aucune influence sur le sort des conventions en litige et sur les faits qui constituent la déclaration respective des parties ;

que de là on ne saurait conclure que les dangers de la preuve testimoniale aient complétement disparu, puisque, dans l'espèce
même, on peut remarquer que les témoins produits sur l'action
disciplinaire ont déjà engagé leur déposition dans des instances
auxquelles se rattachaient ou pouvaient se rattacher des intérêts
pécuniaires ; que, d'ailleurs, le principe est général ; qu'il doit s'appliquer à toutes les matières et devant toutes les juridictions, et
qu'aucun pouvoir discrétionnaire ne peut prévaloir contre l'une
des règles les plus absolues que la loi ait consacrées en matière de
preuve ;

« Par ces motifs, la Cour met l'appellation et ce dont est appel
au néant ; corrigeant et réformant, dit que, à défaut de preuve littérale ou de commencement de preuve par écrit, la preuve testimoniale demandée par le ministère public est inadmissible, et renvoie en conséquence S... des fins de la citation, sans dépens. »

Le procureur général près la Cour impériale de Rennes a formé
contre cet arrêt un pourvoi en cassation fondé sur une fausse application de l'article 1341 du Code Napoléon et la violation de l'article 53 de la loi du 25 ventôse an XI. Ce pourvoi était soumis à la
chambre civile, après admission prononcée par la chambre des
requêtes.

Après un remarquable rapport de M. le conseiller Laborie, la
parole est donnée à Mᵉ Legriel, avocat de Mᵉ S... ; qui s'attache
d'abord à établir que les faits du procès auraient été singulièrement
exagérés par le ministère public, et aborde ensuite la question du
pourvoi.

Selon l'avocat, le fondement juridique de la fin de non-recevoir
ne saurait être douteux.

La loi du 25 ventôse an XI est entièrement muette sur les formes de procédure et sur les modes de preuve que comporte l'action disciplinaire. Elle s'en rapporte donc aux principes généraux,
tels qu'ils sont formulés dans le Code civil. Or, au nombre de ces
principes, en matière de preuve, s'élève, avec son caractère d'ordre public, celui des articles 1341 et 1347, qui ne permet de prouver les contrats ou obligations conventionnelles au-dessus de 150
francs que par une preuve écrite, et qui prohibe la preuve testimoniale, à moins qu'il n'existe un commencement de preuve par
écrit.

Cette règle, inapplicable, il est vrai, devant la justice répressive, quand il s'agit de prouver des faits qui tombent directement
sous son action, reprend tout son empire lorsqu'il s'agit de certains faits préjudiciels, qui ont un caractère purement civil. C'est
ainsi qu'en matière d'abus de mandat, de violation de dépôt, le
fait préjudiciel de l'existence du contrat civil de dépôt ou de mandat, doit, avant tout, être prouvé selon les règles du droit civil ;

et lorsque la preuve ne peut en être faite ainsi, l'action publique, aussi bien que l'action civile, vient échouer contre une invincible fin de non-recevoir.

« M⁰ Legriel rappelle le parfait accord de la doctrine et de la jurisprudence sur ce point. (Voir Note du président Barris, rapportée au *Nouveau répertoire* de Dalloz; v° ABUS DE CONFIANCE, n° 184; arrêt conforme, *eodem;* Mangin, *De l'action publique,* n°ˢ 187 et suiv.; Merlin, *Répert.,* v° SERMENT, § 2, art. 2.)

« Pourquoi voudrait-on qu'il en fût autrement en matière disciplinaire? Les motifs qui ont justifié la fin de non-recevoir devant la justice répressive ne doivent-ils pas la faire prévaloir devant la justice disciplinaire, du moins quand il s'agit d'appliquer spécialement la loi du 25 ventôse an XI? N'y a-t-il pas là, aussi bien qu'en matière criminelle, un intérêt d'ordre public à empêcher que la cupidité ou la mauvaise foi n'use d'une voie détournée pour éluder les règles tutélaires du droit civil? Les tribunaux, en matière de discipline notariale, ne sont-ils pas appelés, par l'article 53 de la loi de ventôse, à prononcer tout à la fois et sur la poursuite disciplinaire exercée par le ministère public, et sur la demande de dommages et intérêts que le plaignant fonde sur les mêmes faits? Ne serait-ce donc pas permettre à celui-ci de rechercher, sous la protection de l'action disciplinaire, ce qu'elle ne pourrait atteindre par la voie civile?

« Ainsi, dût-on assimiler, en ce qu'elle a de faveur et d'indépendance, la justice disciplinaire à la justice répressive, il n'y aurait aucune raison d'affranchir l'action disciplinaire d'une règle d'ordre public qui prévaut même contre les exigences bien plus impérieuses de la justice répressive.

« Mais, ajoute le défenseur, il n'y a pas à se préoccuper de cette assimilation. L'action disciplinaire, quoiqu'elle tende à l'application de certaines peines, est une action civile. Intentée contre un notaire, elle est de la compétence de la juridiction civile ordinaire; elle est soumise, dès lors, aux règles de la procédure civile, notamment en ce qui concerne les moyens de preuve.

« La jurisprudence de la Cour de cassation est formelle sur ce point, et de ce que l'action disciplinaire est une action civile, elle a conclu que c'étaient les règles de la procédure civile, et non celles de l'instruction criminelle, qui lui étaient applicables. Ainsi elle a jugé : 1° que les amendes encourues par les notaires pour contraventions à la loi de ventôse étant des condamnations purement civiles, l'appel du jugement civil qui les prononce doit être porté devant la chambre civile du tribunal supérieur (Cass., 30 juin 1814, Sirey, C. nouv., 4, 1, 588); 2° que l'article 215 du Code d'instruction criminelle, relatif aux évocations en matière correctionnelle, ne s'applique point en matière de discipline, et que la Cour qui infirme, pour incompétence, un jugement rendu contre un notaire, peut retenir le fond et le juger dans les cas prévus pour les matières purement civiles par l'article 473 du Code de procédure (Rejet, 6 janvier 1835, S., 35, 1, 16); 3° que les formes de recours établies en matière civile doivent seules être observées en matière disciplinaire (Rejet, 6 mai 1844, S., 44, 1, 561); 4° qu'en cette matière, de même qu'au civil, et à la différence du droit criminel, les tribunaux ne sont pas tenus d'admettre la preuve testimoniale demandée par le ministère public, et qu'ils peuvent repousser cette offre de preuve si les faits articulés ne leur paraissent pas pertinents. (Code proc., 253; Code d'inst. crim., 154 et 190; Rejet, 15 déc. 1846, S., 47, 1, 191; Rejet, 18 février 1845, S., 45, 1, 171.)

« De ces précédents, l'avocat conclut que l'action disciplinaire ayant tous les caractères d'une action civile, doit nécessairement subir l'application des règles de droit civil écrites dans les articles 1341 et 1347 du Code Napoléon, d'autant que ces règles conservent leur empire même en matière criminelle; or, il n'y a pas de moyen terme; il faut nécessairement classer l'action disciplinaire ou dans les matières civiles, ou dans les matières criminelles, et dans l'une comme dans l'autre hypothèse, la théorie de l'arrêt dénoncé se justifie.

« Cet arrêt constate que les faits auxquels s'est attachée la poursuite disciplinaire sont identiquement ceux que la poursuite correctionnelle avait eus pour objet. On ne saurait comprendre que le mode de preuve repoussé par une invincible fin de non-recevoir, lorsqu'il s'agissait de la poursuite correctionnelle, pût être admis, au contraire, en faveur de la poursuite disciplinaire qui intéresse à un moindre degré l'ordre social.

« De la généralité du principe écrit dans les articles 1341 et 1347 résulte pour toutes les juridictions l'obligation de s'y conformer. Où voit-on qu'il y soit dérogé pour la juridiction disciplinaire? L'exception n'est formulée dans aucune disposition de loi. Le système du pourvoi attribue au juge de la discipline un pouvoir discrétionnaire en matière de preuve, mais c'est là ce qui est en question.

« On objecte que l'intérêt général serait compromis et menacé, si les notaires inculpés de faits aussi graves pouvaient échapper aux recherches de la justice disciplinaire en s'abritant derrière une fin de non-recevoir. Mais l'intérêt général exige aussi que les délits qui troublent à un plus haut degré l'ordre public, que les fautes des officiers ministériels soient punis, et cependant la vindicte publique s'arrête impuissante devant la fin de non-recevoir.

« On dit encore, à l'appui du pourvoi, que l'inexpérience des affaires et le défaut d'instruction des habitants de la campagne les conduisent à une confiance obligée, et qu'il ne faut pas les livrer à la merci des notaires. Mais les notaires n'ont-ils pas eux-mêmes droit à la protection du législateur, et doivent-ils, à leur tour, être laissés complétement à la merci de la mauvaise foi et de la fourberie de leurs clients? L'ordre public, après tout, n'est-il pas intéressé à ce que les poursuites disciplinaires ne soient pas trop facilement engagées contre les officiers ministériels, quand il est notoire que ces poursuites produisent toujours un scandale, et jettent, il faut le reconnaître, de la défaveur sur la corporation entière, dont elles altèrent la considération aux yeux du public?

« L'avocat croit n'avoir pas à répondre à l'assimilation que le demandeur prétend établir entre l'espèce actuelle et d'autres hypothèses, dans lesquelles un notaire, donnant le scandale public de l'adultère, puiserait dans le silence du mari outragé une fin de non-recevoir contre l'action disciplinaire. Il n'y a rien à conclure d'un cas à l'autre; et d'ailleurs on comprendrait très-bien que partout où l'action de la justice répressive se trouve paralysée par une fin de non-recevoir empruntée à des considérations morales d'un ordre supérieur, l'action disciplinaire, moins impérieuse dans ses exigences, dût s'arrêter à plus forte raison devant le même obstacle. »

Conclusions du procureur général.

M. le procureur général Dupin conclut à la cassation de l'arrêt, en opposant à sa doctrine les considérations dont voici la substance :

« La question soumise à la Cour se présente comme pure question de droit. L'examen des faits a été écarté par une fin de non-recevoir formulée d'une manière absolue contre l'exercice de l'action disciplinaire. On a dit au ministère public : « Vous n'avez « pas la preuve écrite du fait imputé à l'officier ministériel, vous « n'avez pas le droit de le poursuivre disciplinairement. »

« Cette exception doit-elle être admise? M. le procureur général rappelle d'abord un cas qui sans doute n'est pas analogue, mais qui cependant peut éclairer la question. Un notaire, par exemple, a été poursuivi pour crime ou pour délit, et il a été acquitté. On essaye de le reprendre disciplinairement, il oppose la maxime *Non bis in idem*. Mais sa fin de non-recevoir est repoussée par la jurisprudence, qui décide avec raison que l'action disciplinaire étant toute différente de l'action correctionnelle ou criminelle, on ne saurait voir dans celle-là la répétition de celle-ci.

« C'est qu'en effet, par l'action disciplinaire on poursuit des manquements à l'honneur du corps, à la dignité professionnelle, aux plus minutieuses susceptibilités de la délicatesse, manquements qui peuvent avoir été commis sans que se présentent les circonstances et les conditions caractéristiques du crime ou du délit. La question ne peut donc être et n'est pas alors de savoir si l'officier ministériel s'est rendu coupable d'un fait criminel ou délictueux dont la preuve puisse être rapportée contre lui, mais bien s'il a fait, dans la circonstance donnée, tout ce qu'il devait à l'honorabilité de sa fonction. Dans une appréciation de cette nature, il y a nécessairement quelque chose de discrétionnaire et d'illimité, comme dans l'appréciation du point d'honneur militaire, par exemple, ou de ce que, dans le monde, on nomme la pudeur. L'action par cela même n'est ni civile ni criminelle, elle est *sui generis.* »

Arrivant au point spécial du procès, M. le procureur général demande pourquoi, dans ce cas, le juge disciplinaire se trouverait moins libre et même paralysé dans l'exercice de son pouvoir.

« La raison qu'on en donne, c'est que la loi du 25 ventôse an XI n'ayant pas posé de règles particulières quant au mode des preuves à admettre, on doit se référer aux règles du droit ordinaire ; et que, comme il faut nécessairement avoir une preuve littérale ou un commencement de preuve par écrit pour pouvoir poursuivre au criminel la violation d'un mandat ou d'un dépôt portant sur plus de 150 francs, il en doit être de même pour que le même fait puisse être poursuivi par la voie disciplinaire.

« M. le procureur général fait d'abord remarquer que la règle invoquée ne résulte pas d'un principe écrit dans la loi ; mais d'une simple doctrine accueillie par la jurisprudence, et qu'il pourrait contester, du moins en ce qu'elle a de trop absolu, si c'était le lieu de le faire. Mais là n'est pas la question du procès. Il s'agit de savoir si, quoi qu'il en soit, l'article 1341 du Code Napoléon a pu, dans l'espèce, être opposé aux poursuites disciplinaires du ministère public. Or cet article ne pose pas une règle absolue, la même pour tous les cas ; il démontre et consacre au contraire une distinction. Il admet la preuve testimoniale jusqu'à concurrence d'une certaine somme, il la repousse au delà. Cette distinction, que justifie l'importance des intérêts débattus devant la juridiction civile, peut-elle être admise devant la juridiction disciplinaire? Non, car devant celle-ci, ce qui est en question, ce n'est pas une somme d'argent, c'est la délicatesse et la dignité d'un officier ministériel, délicatesse et dignité pour l'appréciation desquelles les questions de chiffres sont indifférentes. Il faut donc écarter, en cette matière, l'application de l'article 1341, ou du moins n'en retenir que la règle générale, l'admissibilité de la preuve par témoins, en laissant de côté les dispositions exceptionnelles, par lesquelles est limitée l'admissibilité de cette preuve. »

Il ne faut pas s'étonner, a dit en terminant M. le procureur général, si l'action disciplinaire peut échapper aux règles de l'action civile et de l'action criminelle. Elle diffère essentiellement de l'une et de l'autre ; c'est une action plus large, plus délicate, qui repose sur une infinité de nuances que le législateur n'a pu défi-

nir, pour lesquelles il n'a pu que s'en rapporter à l'appréciation
du juge.

ARRÊT (5 juillet 1858).

La Cour,

Vu l'article 53 de la loi du 25 ventôse an XI, portant : « Toutes suspensions, destitutions, condamnations d'amendes et dommages et intérêts, seront prononcées contre les notaires par le tribunal civil de leur
résidence, à la poursuite et diligence du commissaire du gouvernement, etc. ; »

Attendu que le pouvoir disciplinaire apprécie les faits soumis à son
action, non au point de vue du droit pénal et du trouble causé à l'ordre social, ni au point de vue du droit civil et de l'atteinte portée à
un intérêt privé, mais seulement dans leurs rapports avec l'honneur
et la considération du fonctionnaire inculpé ; qu'il est, par conséquent,
dans ses attributions de connaître de toute imputation, quelle qu'en
soit la nature, qui aurait pour effet de compromettre à la fois la réputation de probité ou de délicatesse de ce fonctionnaire et l'autorité
morale ou la dignité de la fonction dont il est revêtu ; qu'ainsi l'action
disciplinaire ne peut être entravée ni restreinte par des règles qui lui
sont étrangères ; qu'elle est nécessairement indépendante des modes
de preuves auxquels l'action civile ou l'action publique elle-même serait subordonnée ;

Attendu, à la vérité, que dans la poursuite d'un délit qui suppose la
préexistence d'un contrat dont le mode de preuve est réglé par le droit
civil, l'action publique n'est recevable, tout comme l'action civile,
qu'à la condition de se conformer à ce mode de preuve ; sans quoi l'action civile pourrait, soit à l'abri de l'action publique, soit à l'aide de
la chose jugée au profit de celle-ci, éluder les garanties que le législateur a entendu créer, en matière civile, contre les dangers de la preuve
testimoniale ; mais que rien de semblable n'est à craindre en matière
de discipline ; que l'action civile ne peut, en effet, se prévaloir ni des
immunités de l'action disciplinaire ni des décisions ou mesures prononcées par le juge de la discipline ; qu'il importe peu que, spécialement en matière de discipline notariale, le même juge soit investi de
la juridiction disciplinaire et de la juridiction civile, à raison des faits
qui peuvent donner lieu en même temps à des mesures de discipline,
sur la poursuite du ministère public, et à des dommages et intérêts, sur
la demande des personnes lésées ; que ces attributions n'en sont pas
moins essentiellement différentes ; que l'action civile reste là avec les
règles et les formes qui lui sont propres, et que l'action disciplinaire
ne peut, en aucune façon, lui fournir les moyens d'éluder les principes du droit civil sur la preuve des contrats et donner effet à des conventions dont l'existence ne serait pas reconnue par la loi civile ;

D'où il suit que, en décidant qu'un notaire poursuivi disciplinairement pour des faits d'indélicatesse ou d'improbité qui se rattacheraient
à un abus de mandat ou à une violation de dépôt, peut opposer à l'action disciplinaire une fin de non-recevoir empruntée à l'article 1341 du
Code Napoléon et résultant uniquement de l'absence d'une preuve littérale ou d'un commencement de preuve écrite des mandats ou des
dépôts allégués, l'arrêt attaqué a faussement appliqué les articles
1341 et 1347 du Code Napoléon, et formellement violé tant l'article 53

de la loi du 25 ventôse an XI que les principes en matière de discipline ;

Par ces motifs, casse et annule l'arrêt rendu le 29 juillet 1857 par la Cour impériale de Rennes, remet la cause au même et semblable état où elle était avant ledit arrêt ; et, pour être fait droit au fond, la renvoie devant la Cour impériale de Caen ; condamne, etc.

N° XX. — 833. Observations sur un manquement à ses devoirs professionnels par un notaire.

Lettre du procureur général à M. le garde des sceaux.

« Paris, 27 juillet 1860.

« Monsieur le garde des sceaux,

« J'ai l'honneur de signaler à Votre Excellence un fait que m'a révélé une affaire qui vient de se terminer devant la Cour par un arrêt de rejet, et dans laquelle un notaire, oubliant ses devoirs professionnels, me semble avoir porté une grave atteinte à la considération dont il importe que le notariat reste entouré. Voici dans quelles circonstances ce fait s'est produit :

« Les sieurs Hubert et consorts avaient mis en vente un domaine : le cahier d'enchères avait été dressé par M. Levé, notaire à Dreux, pour parvenir à une adjudication publique et en détail des différentes parcelles de terrain. L'article 6 des clauses et conditions de ce cahier d'enchères portait : « que les acquéreurs payeraient en « sus de leur prix d'adjudication, soit que la vente ait lieu par « adjudication en détail, soit qu'elle ait lieu en bloc de gré à « gré, 12 1/2 0/0 de leurs prix principaux pour frais de vente, sans « pouvoir requérir la taxe dont le bénéfice de convention expresse « profiterait aux vendeurs, si elle était requise. »

« L'immeuble fut acheté par la dame Michard, qui, après des pourparlers, tomba d'accord avec le vendeur, avant qu'il eût été procédé à la mise en adjudication. La vente eut lieu moyennant le prix principal de 87,500 francs, et les frais de vente ont été payés suivant le forfait de l'article 6 précité.

C'est alors que la dame Michard réclama du notaire, M. Levé, la restitution d'une partie de la somme payée, prétendant qu'elle n'aurait dû rembourser que le montant de la taxe ; M. Levé répondit que sa réclamation n'était pas recevable, puisque, d'après les conditions insérées et acceptées, le vendeur seul devait profiter de la différence entre la taxe et les 12 1/2 0/0.

« La dame Michard introduisit dans ces circonstances une action judiciaire, mit en cause les vendeurs, et soutint que la clause 6 du cahier d'enchères était illicite et nulle. Le tribunal de première instance de Dreux fut saisi de la contestation, et ne vit dans cette clause attaquée par la demanderesse qu'une violation du principe qui veut que les parties puissent en tout état de cause réclamer la taxe, et qu'un avantage stipulé exclusivement en faveur du notaire.

« Voici d'ailleurs les considérants mêmes du jugement du tribunal de Dreux :

« Considérant que la clause étrangère aux vendeurs n'a eu pour « but réel que de déterminer les droits du notaire; qu'elle n'a été « insérée évidemment que dans son intérêt exclusif; que la prohibi- « tion de demander taxe imposée à l'acquéreur prouve que la pensée « du notaire a été de se soustraire à l'obligation légale qui pèse sur « lui de soumettre ses frais à la taxe quand elle est requise par les « parties intéressées; que ce n'est que pour assurer à son profit, et « autant qu'il dépendrait de lui, le bénéfice de cette prohibition, « qu'il a stipulé qu'en cas de réduction par la taxe cette différence « profiterait aux vendeurs. Considérant en fait qu'en général les « vendeurs n'ont nul intérêt dans l'insertion de cette clause; qu'en « effet, dans une vente de gré à gré, ils ne consentent à la vente « de leur chose qu'autant qu'ils obtiennent le prix auquel ils l'es- « timent, et il leur importe peu quelle obligation prend l'acquéreur « envers le notaire; que la présence dans la cause d'un seul des « vendeurs qui, pour appuyer la présence de Levé, se borne à « demander le maintien de la clause 6 du cahier des charges, avec « acte de ce qu'il réserve pour la succession Egasse, de laquelle « dépendaient les biens vendus, le droit de requérir la taxe quand « bon lui semblera, et l'absence des deux autres vendeurs refusant « de comparaître aux débats sont encore la preuve que cette clause « a été insérée dans l'intérêt exclusif du notaire. »

« Ce jugement a été frappé d'appel; mais la Cour impériale de Paris l'a maintenu, adoptant en tous points les motifs des premiers juges.

« Un pourvoi a été formé contre cet arrêt, mais il a été rejeté par la chambre des requêtes le 20 juin 1860.

« Je transmets un extrait de cet arrêt à Votre Excellence, qui y remarquera ce considérant : « Qu'il est constaté en fait par le juge- « ment dont les motifs sont adoptés par l'arrêt, que cette condition « a été insérée dans l'intérêt exclusif du notaire, dont la pensée a « été de se soustraire à l'obligation légale de se soumettre à la « taxe. »

« L'espèce de fraude à une loi d'ordre public qu'a essayé de pratiquer le notaire Levé, est constatée par les deux degrés de juridiction auxquels l'affaire a été soumise et par la Cour de cassation.

« Stipuler que, malgré la taxe qui pourrait être réclamée par l'acheteur, le notaire (sous le nom du vendeur) devra profiter de la différence entre cette taxe et la somme stipulée dans le cahier des charges, n'est-ce pas de la part du notaire, d'un côté enfreindre la loi sur la taxe, et d'un autre côté manquer au respect dû à la justice, en annulant à l'avance de son autorité privée l'œuvre du juge taxateur?

« Une clause de cette nature a une sorte d'affinité avec ces contre-lettres toujours condamnées par les tribunaux, au moyen desquelles des officiers ministériels cherchent à s'attribuer une somme supérieure au prix de leurs charges fixé par la chancellerie.

« Je livre à la haute appréciation de Votre Excellence ces observations, et j'ai tout lieu de penser qu'elles sont l'expression des sentiments des magistrats qui ont été appelés à statuer sur cette affaire.

« Agréez, Monsieur le garde des sceaux, l'hommage de mon respect.

« Le procureur général,

« DUPIN. »

A cette lettre du procureur général, M. le garde des sceaux fit la réponse suivante :

« Paris, le 7 août 1860.

« MONSIEUR LE PROCUREUR GÉNÉRAL,

« J'ai reçu votre dépêche du 27 juillet dernier par laquelle vous m'avez signalé la conduite tenue par le sieur Levé, notaire à Nogent-le-Roi, arrondissement de Dreux, dans une affaire sur laquelle la Cour de cassation a statué récemment.

« Appréciant comme vous la faute commise par cet officier public, je viens de prescrire contre lui des poursuites disciplinaires.

« Agréez, Monsieur le procureur général, l'assurance de ma haute considération.

« Le garde des sceaux, ministre
de la justice,

« *Signé* : DELANGLE. »

DEUXIÈME PARTIE

AFFAIRES CRIMINELLES ORDINAIRES.

1º INSTRUCTION. — 2º PÉNALITÉ. — 3º RÈGLEMENTS ET LOIS DIVERSES.

1º INSTRUCTION.

SOMMAIRE. — **Maintien des juridictions.** — **Compétence.** — **Conflits entre la juridiction ordinaire et les juridictions exceptionnelles militaire et maritime** [1]. — **Règlements de juges.** — **Renvoi pour cause de sûreté publique et pour suspicion légitime.** — **Cour d'assises.** — **Tirage irrégulier du jury ; annulation d'ordre du garde des sceaux, en vertu de l'article 441 du Code d'instruction criminelle.** — **Outrage à un magistrat, appréciation du juge du fait, défaut de motif ; annulation dans l'intérêt de la loi.** — **Révision.** — **Foi due aux procès-verbaux de gendarmerie.** — **Inscription de faux, déclaration d'incompétence ; annulation dans l'intérêt de la loi.** — **Réhabilitation, condamnation correctionnelle.** — **Musulmans, mode de prestation de serment des musulmans en Algérie.**

Nº XXI. — 801. (Audience du 25 février 1859.)
Chambre criminelle.

Droit maritime international. — **Pavillon étranger.** — **Crime commis, dans un port français, à bord d'un navire étranger.** — **Compétence.**

Question. — *Les navires de commerce étrangers, quand ils stationnent dans les eaux françaises, sont soumis à la juridiction territoriale pour la répression des crimes ou délits qui peuvent se commettre à leurs bords, ou, en général, des faits qui n'intéressent pas seulement la discipline intérieure de ces bâtiments.*

Il en est ainsi, spécialement, lorsque le consul de la nation étrangère n'a pas réclamé le coupable, et surtout lorsque, par suite du crime ou du délit commis à bord, la tranquillité du port français a été troublée.

Le 17 décembre 1858, un délit et un crime étaient commis à bord du navire de commerce américain le *Tempest*, ancré dans

---

[1] Ont été portées en cette partie toutes les affaires de conflit entre la juri-

le port du Havre. Les victimes étaient les nommés Weiss et O'Brien, matelots étrangers, faisant partie de l'équipage de ce navire : le premier recevait des coups et blessures, le second tombait mortellement frappé d'un coup de pistolet. L'auteur de ce double attentat était Christophe Jally, également étranger, capitaine en second du navire.

Les circonstances dans lesquelles ont été commis les actes reprochés à Jally sont indifférentes à la question du procès actuel. Mais il convient de rappeler que, peu d'instants après le meurtre d'O'Brien, Jally venait se livrer lui-même à l'autorité française. Ce meurtre avait d'ailleurs occasionné une telle irritation non-seulement à bord du *Tempest*, mais encore parmi les équipages américains, alors nombreux dans le port du Havre, que Jally avait tout à redouter. Dans la nuit du crime, un nombre considérable de matelots se portent aux abords du poste de police où est encore déposé celui que la voix publique accuse d'avoir tué O'Brien. Ce que veut cette foule, c'est exercer contre Jally un de ces actes de justice sommaire ou plutôt de représailles homicides qui se produisent si souvent en Amérique; elle en est empêchée. Le lendemain, lors de l'inhumation d'O'Brien, des scènes de désordre éclatent. Les camarades du mort ont demandé au capitaine en second d'un autre navire, le *Nuremberg*, son pavillon pour couvrir le cercueil, ils ont essuyé un refus. L'émotion générale des matelots s'en est accrue, et, le soir, cet officier est assailli dans la rue par plusieurs hommes qui le maltraitent violemment. Le jour suivant, sa présence dans le quartier Saint-François, fréquenté habituellement par les marins étrangers, amène une nouvelle rixe entre lui et deux matelots. La police est obligée d'organiser son service d'une manière exceptionnelle, pour mettre fin à ces troubles et assurer, en cas de besoin, leur répression.

C'est au milieu de cet état de choses que les magistrats du Havre ont intenté leurs poursuites contre Jally. Un arrêt de la chambre des mises en accusation de la Cour impériale de Rouen, en date du 19 janvier 1859, le renvoie : 1° devant la Cour d'assises de la Seine-Inférieure, pour assassinat du matelot O'Brien; 2° devant le tribunal correctionnel du Havre, pour coups et blessures portés au matelot Weiss. Cet arrêt, qui était aujourd'hui déféré par Jally à la censure de la Cour de cassation, est fondé sur les motifs suivants :

« Attendu qu'il résulte de l'instruction charges suffisantes contre le nommé Jally d'avoir commis les crime et délit qui lui sont

diction *ordinaire* et les juridictions *exceptionnelles militaire et maritime* dans lesquelles la Cour a reconnu et fixé *la compétence de la juridiction ordinaire*. C'était l'ordre suivi dans les précédents volumes, et, au surplus, elles rentrent effectivement, par suite des décisions de la Cour régulatrice, dans la catégorie des affaires criminelles ordinaires.

imputés et ci-après spécifiés, mais qu'il n'existe pas de connexité entre le crime et le délit;

« Attendu qu'aux termes de l'article 3 du Code Napoléon, les lois de police et de sûreté obligent les étrangers qui habitent le territoire français;

« Attendu que le fait dont Jally est prévenu a été commis dans un port français;

« Que si, par une fiction du droit international, un navire étranger, dans les eaux françaises, peut être considéré comme étant territoire étranger, l'effet de cette fiction ne peut pas être d'arrêter, d'une manière absolue, l'action de la loi française, mais seulement d'attribuer au droit de protection des représentants de la nationalité étrangère la préférence, ou l'exclusivité, lorsqu'il demande à l'exercer;

« Attendu que, dans l'espèce, il n'y a pas eu de revendication de la part du consul dont le pavillon couvrait le navire sur lequel le crime a été commis;

« Que le prévenu lui-même s'est livré spontanément à l'autorité française;

« Que, d'ailleurs, l'émotion produite dans le port par un événement de cette nature avait naturellement provoqué l'intervention de cette autorité;

« Qu'en cet état, il n'y a aucun motif de fait ni de droit pour que la justice territoriale ne suive pas son œuvre;

« La Cour, faisant droit au réquisitoire de M. le procureur général, déclare le nommé Christophe Jally suffisamment prévenu d'avoir, etc. »

Jally demande l'annulation de cet arrêt, en se fondant sur ce que les tribunaux français seraient incompétents pour connaître du crime qui lui est imputé, ce crime ayant été commis à bord d'un navire étranger entre hommes faisant partie de l'équipage; et il invoque un avis du Conseil d'Etat du 20 novembre 1806, qui justifierait cette exception.

M. le conseiller Victor Foucher fait le rapport de l'affaire. Nous empruntons au travail de l'honorable magistrat les intéressantes observations qu'on va lire :

« La question que soulève le pourvoi, a dit M. le conseiller rapporteur, se présente pour la première fois devant la Cour, bien qu'elle ait été l'objet de l'examen des publicistes et des jurisconsultes[1], qu'elle se soit présentée plusieurs fois devant les tribunaux

---

[1] Voir WHEATON, *Éléments de droit international*, t. 1er, p. 121 et suivantes (traduction française); — AZUNI, *Droit maritime de l'Europe*, t. 1er, p. 271; — LAMPREDI, *Du commerce des neutres*, partie Ire, § 10, et les auteurs qu'il cite; — PINHEIRO FERREIRA, *Cours de droit public*, p. 2, art. 18; — FÉLIX, *Droit international*, 2e édition, t. II, p. 258 et 294; — FAUSTIN HÉLIE, *Instruction criminelle*, t. II, p. 512; — ORTOLAN, *Diplomatie de la mer*, t. 1er, p. 292 et suiv.;

français[1], et que, en ce qui touche la France, elle ait donné lieu à un avis du Conseil d'Etat du 20 novembre 1806 qu'invoque le demandeur et dont vous avez aujourd'hui à déterminer la portée.

« Il est à remarquer que cet avis a été rendu à l'occasion d'actes qui se seraient passés à bord de navires de commerce américains se trouvant dans les ports français.

« Vous connaissez les dispositions de ce décret. Les principes qu'il établit peuvent se résumer en ces termes : Le bâtiment neutre qui se trouve dans les ports de France est soumis à l'application du principe général posé en l'article 3 du Code Napoléon, que « les lois de police et de sûreté obligent tous ceux qui habitent le « territoire. » Si, par une fiction du droit public, on peut considérer son bord comme lieu neutre, la protection qui lui est accordée ne saurait dessaisir la juridiction territoriale pour tout ce qui touche aux intérêts de l'Etat; par suite, les gens de l'équipage sont justiciables des tribunaux du pays pour les délits qu'ils y commettraient, même à bord, envers des personnes étrangères à l'équipage, ainsi que pour les conventions civiles qu'ils pourraient faire avec elle.

« Le décret ne fait qu'une exception à ce principe, c'est quand la juridiction territoriale est désintéressée, c'est-à-dire quand les délits sont commis à bord d'un bâtiment neutre par un homme de l'équipage neutre, contre un autre homme du même équipage, pourvu encore que le secours de l'autorité locale ne soit pas réclamé ou que la tranquillité du port ne soit pas compromise. Le motif de cette exception est qu'alors le fait peut être considéré comme touchant seulement à la discipline intérieure du bâtiment, et qu'en conséquence les droits de la puissance neutre doivent être respectés.

« L'avis du Conseil d'Etat ajoute que cette décision est conforme aux usages suivis entre les diverses nations.

« Il n'aura pas échappé à l'attention de la Cour que l'avis ne se fonde, pour légitimer l'exception qu'il admet à la compétence de la juridiction territoriale, que d'une manière hypothétique, sur le motif que le bord du bâtiment neutre peut être considéré comme un lieu neutre, parce qu'en droit public des gens, cette fiction ne saurait rigoureusement s'appliquer qu'aux bâtiments de guerre, malgré l'opinion de quelques jurisconsultes[2], et encore ces vaisseaux doivent-ils se conformer aux lois de police des ports où ils s'abritent, soit pour leur lieu de stationnement, soit pour l'extinction de leurs feux, soit et surtout pour le dépôt de leurs munitions de guerre, etc.

HAUTEFEUILLE, *Droits et devoirs des nations neutres*, t. II, p. 7 et suiv. Cet auteur est peut-être le seul qui veuille appliquer aux bâtiments de commerce le principe de l'*exterritorialité* à l'égard des bâtiments de guerre.

[1] Voir les décisions citées par M. Ortolan.

[2] Voir particulièrement l'ouvrage de M. Hautefeuille déjà cité.

« La raison en est simple : c'est que ce n'est là qu'une fiction
de droit, et non un principe de droit; qu'une fiction ne saurait
jamais s'étendre[1] : *Fictio non ultra casum fictum exten-
ditur*, et que ce que les Etats se concèdent en ce qui touche les
bâtiments armés par eux pour en représenter la puissance partout
où ils sont admis, ne saurait s'étendre à des bâtiments de commerce
qui ne représentent que des intérêts privés, et n'ont légalement
droit qu'à la même protection que celle qui est accordée aux étrangers *transeuntes* sur un territoire ou habitant ce territoire.

« Cependant, Messieurs, la France elle-même a les plus graves
motifs pour faire respecter au dehors les principes posés dans le
décret du 20 novembre 1806, car les exigences légitimes des relations commerciales commandent qu'on ne puisse, sans raison née
de l'intérêt du territoire dans lequel se trouve le bâtiment, s'ingérer dans le fonctionnement et l'administration intérieure des bâtiments de commerce naviguant sous son pavillon, et qu'on puisse,
sous prétexte de police ou de juridiction, en arrêter la marche ou
en modifier l'équipage.

« Aussi la France a-t-elle passé avec les Etats-Unis, le 22 septembre 1853, une convention dont les articles 8 et 9 sont ainsi
conçus :

« Article 8. Les consuls généraux, consuls, vice-consuls ou
« agents consulaires respectifs seront exclusivement chargés de
« l'ordre intérieur à bord des navires de commerce de leur nation,
« et connaîtront seuls de tous les différends qui se seront élevés en
« mer ou s'élèveront dans les ports, entre le capitaine, les officiers
« et les hommes inscrits sur le rôle d'équipage, à quelque titre
« que ce soit, particulièrement pour le règlement des salaires et
« l'exécution des engagements réciproquement consentis. Les au-
« torités locales ne pourront s'immiscer, à aucun titre, dans ces
« différends, et devront prêter main-forte aux consuls, lorsqu'ils
« la requerront, pour faire arrêter et conduire en prison ceux des
« individus inscrits sur le rôle d'équipage, à quelque titre que ce
« soit, qu'ils jugeront à propos d'y envoyer. Ces individus seront
« arrêtés sur la seule demande des consuls, adressée par écrit à
« l'autorité locale et appuyée d'un extrait officiel du registre de
« bord au rôle d'équipage, et seront tenus pendant tout le temps
« de leur séjour dans le port à la disposition des consuls. Leur
« mise en liberté s'effectuera sur une simple demande des consuls
« faite par écrit.

« Les frais occasionnés par l'arrestation et la détention de ces
« individus seront payés par les consuls.

« Article 9. Les consuls généraux, consuls, vice-consuls ou
« agents consulaires respectifs, pourront faire arrêter les officiers,

---

[1] Voir un remarquable discours, sur le caractère de cette fiction, de M. le duc
de Broglie à la Chambre des pairs, lors de la discussion du droit de visite.
(*Moniteur* du 26 janvier 1843.)

« matelots, et toutes les autres personnes faisant partie des équi-
« pages, à quelque titre que ce soit, des bâtiments de guerre ou
« de commerce de leur nation, qui seraient prévenus ou accusés
« d'avoir déserté desdits bâtiments, pour les renvoyer à bord ou
« les transporter dans leur pays. A cet effet, ils s'adresseront, les
« consuls de France aux Etats-Unis, aux magistrats désignés dans
« l'acte du Congrès du 4 mai 1826, c'est-à-dire indistinctement à
« toutes les autorités fédérales d'Etat ou municipales; les consuls
« des Etats-Unis en France, à toutes les autorités compétentes, et
« leur feront par écrit la demande de ces déserteurs, en justifiant
« par l'exhibition des registres du bâtiment ou du rôle d'équipage,
« ou par d'autres documents officiels, que les hommes qu'ils récla-
« ment faisaient partie dudit équipage.

« Sur cette seule demande ainsi justifiée, et sans qu'aucun ser-
« ment puisse être exigé des consuls, la remise des déserteurs ne
« pourra leur être refusée, à moins qu'il ne soit dûment prouvé
« qu'ils étaient citoyens du pays où l'extradition est réclamée au
« moment de leur inscription sur le rôle de leur arrivée au port
« du débarquement. Il leur sera donné toute aide et protection
« pour la recherche, la saisie et l'arrestation de ces déserteurs,
« lesquels seront même détenus et gardés dans les prisons du pays,
« à la réquisition et aux frais des consuls, jusqu'à ce que ces agents
« aient trouvé une occasion de les faire partir.

« Si cependant cette occasion ne se présentait pas dans un délai
« de trois mois à compter du jour de l'arrestation, les déserteurs
« seraient mis en liberté, et ne pourraient plus être arrêtés pour
« la même cause. »

« Ces articles, loin de détruire les principes que nous avons
posés, viennent les confirmer, car il en résulte que l'action consulaire se concentre dans tout ce qui concerne le fonctionnement
et l'administration intérieure des bâtiments de commerce de leur
nation, et spécialement le règlement des salaires, l'exécution des
engagements réciproquement consentis, et l'arrestation des matelots déserteurs, mais que cette action ne saurait aller jusqu'à revendiquer, au profit de la nation sous le pavillon de laquelle navigue
le bâtiment, la répression des crimes et délits, toutes les fois que
la police du port lui-même y est intéressée, ou qu'il s'agit de crimes de droit commun que leur gravité ne permet à aucune nation
de laisser impunis sans compromettre les droits de souveraineté
juridictionnelle et territoriale, parce que ces crimes constituent
par eux-mêmes la violation la plus manifeste comme la plus flagrante des lois, que chaque nation civilisée est chargée de faire
respecter dans toutes les parties de son territoire. Cette interprétation ressort encore des traités passés par la France avec plusieurs
autres nations, et de l'ordonnance royale du 29 octobre 1833 sur
les pouvoirs des consuls de France à l'étranger. (M. le conseiller lit
successivement l'article 15 du traité du 8 mai 1827 avec le Mexi-

que ; l'article 24 du traité du 25 mars 1848 avec la république de Venezuela ; l'article 22 de l'ordonnance du 29 octobre 1833.)

« Cette interprétation des règles de droit international n'est pas seulement particulière à la France, elle est surtout le résultat de l'usage, comme le dit le décret du 20 novembre 1806, et elle est également celle admise par les trois plus grandes nations maritimes : les Etats-Unis, l'Angleterre et la Russie.

« Weathon, le plus accrédité des publicistes des Etats-Unis, et dont les opinions ont tant de poids en Europe, pose même le principe en termes si absolus, qu'il va jusqu'à critiquer les tempéraments admis par la législation française.

« Distinguant d'abord entre les vaisseaux de guerre (*publics vessels*) et les bâtiments de commerce (*private vessels*), et reconnaissant que les premiers doivent être considérés comme continuant le territoire de la nation qui les a armés, et jouir par suite du droit d'exterritorialité, il s'exprime ainsi en ce qui concerne les bâtiments de commerce :

« Les bâtiments marchands d'un Etat quelconque entrés dans le
« port d'un autre Etat ne sont pas exempts de la juridiction locale,
« à moins d'une convention expresse, et ils le sont seulement en
« ce qui a été prévu par une telle convention... Lorsque les bâti-
« ments d'une nation entrent dans le port d'une autre pour faire
« le commerce, ils ne pourraient pas être exempts de la juridic-
« tion du pays sans danger pour le bon ordre de la société et la
« dignité du gouvernement. Ce souverain étranger n'a pas même
« d'intérêt à une pareille exemption en faveur de ses sujets ou de
« leurs propriétés. Ses sujets allant en pays étranger ne sont pas
« employés par lui; ils ne sont pas employés dans les affaires pu-
« bliques, par conséquent il y a des raisons puissantes pour ne
« pas exempter de telles personnes de la juridiction du pays où
« elles se trouvent, et point de motifs pour demander une telle
« exemption [1]... »

« Plus loin, le célèbre publiciste — et son opinion prend ici une force considérable, puisqu'en droit international, alors que c'est surtout l'usage qui forme la règle, la question de réciprocité doit avoir le plus grand poids, — ajoute : « La jurisprudence ma-
« ritime reconnue en France par rapport aux bâtiments marchands
« étrangers entrant dans les ports français ne paraît pas s'accorder
« avec les principes établis par l'arrêt de la Cour suprême des
« Etats-Unis... ou, pour parler plus correctement, la législation
« française, en exemptant ces bâtiments de l'exercice de la juridic-
« tion du pays, leur accorde de plus grandes immunités que celles
« exigées par les principes du droit international [2]. »

« En Angleterre, les magistrats territoriaux n'hésitent pas à connaître des crimes et délits commis à bord des navires neutres,

---

[1] Voir la traduction française de la deuxième édition, t. 1er, p. 126.
[2] *Ibid.*, p. 129.

même entre hommes de l'équipage, et c'est surtout à l'égard des bâtiments venant des Etats-Unis qu'ils exercent leur juridiction avec une sévérité dont les feuilles publiques nous révèlent souvent les monuments.

« Ainsi, le *Moniteur français*, qui, dans l'intérêt de notre commerce, enregistre, par les soins du ministre des affaires étrangères, les décisions des tribunaux étrangers qu'il importe de connaître, nous en fournit plusieurs; je vous demande la permission d'en indiquer deux seulement, parce qu'ils ont avec les faits de la cause une grande analogie et qu'ils concernent les bâtiments américains. (M. le conseiller lit ces deux décisions dans le *Moniteur* des 30 janvier et 19 août 1857, p. 119 et 431.)

« En Russie, le même principe a été constamment maintenu, et une note verbale émanée de M. Tolstoy, ministre de cette puissance, cite un fait qui s'était passé, en 1844, à bord d'un bâtiment anglais stationnant dans le port de Riga, qui prouve jusqu'à quel point les deux puissances ont à cœur de conserver intact leur droit exclusif de juridiction territoriale.

« Un matelot d'un bâtiment anglais avait assassiné à bord son timonier; l'un et l'autre étaient sujets anglais. L'assassin fut saisi par l'autorité locale, et une enquête eut lieu à Riga même; mais, avant de statuer définitivement à cet égard, le gouvernement russe proposa à celui de la Grande-Bretagne de lui livrer le coupable, sous la réserve expresse d'une juste réciprocité, si des cas semblables venaient à se présenter à bord d'un bâtiment russe en Angleterre; mais le gouvernement britannique ne crut pas pouvoir l'accepter; le coupable, sujet anglais, fut donc jugé et condamné en Russie, pour un crime commis à bord d'un bâtiment anglais, sur un individu de sa nation, et il a subi sa peine en Russie [1].

« Tels sont, Messieurs, les usages actuellement en vigueur chez les grandes nations maritimes, et spécialement à l'égard des bâtiments de commerce américains; nous avons dû vous les faire connaître, parce que non-seulement il était essentiel de bien poser le principe, mais aussi de prouver qu'aujourd'hui, comme en 1806, les usages qu'invoquait le Conseil d'Etat dans son avis, loin de s'être modifiés, n'avaient fait que se fortifier, et même de restreindre les exceptions apportées au principe de la plénitude de la juridiction territoriale, ainsi que le prouve encore une circulaire concertée entre les ministres des affaires étrangères et de la marine, depuis le traité de 1853, puisqu'elle porte la date du 24 juin 1856, et qui, rédigée à l'occasion de recherche de déserteurs français sur les bâtiments de commerce américains mouillés dans les ports de France, rappelle le principe dans les termes suivants :

« Si on examine la législation française, on y voit inscrit le « principe sur lequel est fondée la circulaire du 26 juillet 1832,

---

[1] Voir les annexes d'une dépêche de M. le comte de Morny, ambassadeur extraordinaire de France en Russie, en date du 14 mai 1857.

« que les lois de police et de sûreté obligent tous ceux qui habi-
« tent le territoire. Si donc, en France, les consuls étrangers ne
« peuvent soustraire leurs nationaux à l'application de nos lois, il
« ne peut en être autrement des navires admis dans les ports de
« l'Empire, et la protection qui leur est accordée ne saurait aller
« jusqu'à empêcher l'exercice de la juridiction française. C'est
« ainsi qu'un avis du Conseil d'Etat, du 20 novembre 1806, a
« décidé que les navires neutres, admis dans les ports de France,
« étant de plein droit soumis aux lois de police qui régissent le lieu
« dans lequel ils sont reçus, les gens de leurs équipages sont éga-
« lement justiciables des tribunaux du pays pour les délits qu'ils y
« commettraient, même à bord, envers des personnes étrangères
« à l'équipage, ainsi que pour les conventions civiles faites avec
« elles, et que les droits de juridiction de la puissance neutre
« n'existent que lorsqu'il s'agit de délits commis à bord du navire
« neutre de la part d'un homme de l'équipage envers un autre
« homme du même équipage. D'un autre côté, les navires de
« commerce étrangers ne jouissent pas, dans les ports où ils sont
« mouillés, de l'exterritorialité acquise aux bâtiments de guerre;
« en d'autres termes, ils ne peuvent nullement invoquer la fiction
« du droit des gens qui assimile le lieu couvert par la flamme mili-
« taire ou nationale au territoire même du pays auquel les bâti-
« ments appartiennent. Ces navires sont dès lors tenus, comme les
« navires de commerce français, de subir toute visite, toute en-
« quête que nos autorités militaires ou autres jugent utile de
« prescrire à leur bord. »

Après avoir ainsi posé les principes et déterminé la portée du
décret du 20 novembre 1856, M. le conseiller rapporteur applique
les règles de compétence qui en résultent aux actes objet de la
poursuite et de l'arrêt dénoncé à la Cour; il termine en ces termes :

« Sans doute il eût été à désirer que l'arrêt eût été moins concis, plus explicite, qu'il eût indiqué dans quelles circonstances le
prévenu, fuyant devant l'émotion produite par son crime au milieu des équipages, avait en quelque sorte cherché un refuge en se
livrant à l'autorité française, dont il invoquait lui-même la justice,
espérant peut-être aussi la tromper sur le véritable caractère de
l'acte qu'il venait de commettre en se soumettant volontairement à
sa juridiction.

« Sans doute l'arrêt aurait encore dû faire connaître les causes
de l'émotion qui avait commandé l'intervention de l'autorité française pour maintenir la tranquillité du port troublée par cet événement et les incidents qu'il avait produits.

« Mais si sous ce double rapport l'arrêt laisse à désirer, le principe de compétence y est nettement indiqué, et quand vous aurez,
Messieurs, à rechercher si ce principe est la conséquence des faits

résultant de l'instruction et des documents de la procédure, comme cela est votre droit, lorsque vous avez à statuer sur une demande en nullité formée pour cause d'incompétence territoriale contre un arrêt de chambre de mises en accusation, vous trouverez le dispositif de cet arrêt justifié non-seulement par les énonciations de l'arrêt, mais aussi par les faits que révèlent les procès-verbaux dressés par les agents français pour constater le crime, même à bord du bâtiment où il avait été commis, ainsi que par d'autres documents de la procédure, car il en résulte que l'action de l'autorité française a été requise par la clameur publique, aussi bien qu'invoquée par le prévenu lui-même, et que pendant plusieurs jours la surexcitation causée parmi les matelots des équipages des bâtiments mouillés dans le port du Havre avait menacé d'amener ou même produit des collisions que la police n'a pu prévenir ou arrêter que par une vigilance toute spéciale. »

Conclusions du procureur général.

M. le procureur général Dupin se lève, et prononce un réquisitoire dont voici la substance :

« Un principe fondamental, en matière de droit des gens, c'est que la souveraineté d'un pays s'étend à tout le territoire de ce pays et à tous ceux qui l'habitent.

« A l'égard des étrangers, il est de règle absolue que leurs immeubles sont soumis à la loi territoriale; quant à leurs personnes, ils y sont soumis d'une manière absolue s'ils résident dans le pays, ou d'une manière casuelle s'ils ne s'y trouvent qu'en passant. Tel est le principe qui ressort de l'article 3 du Code Napoléon.

« Il y a de certaines règles spéciales qui forment exception à ce principe. Ces règles concernent les ambassadeurs, leur hôtel et leur suite, et, en droit maritime, les navires de guerre et les bâtiments de commerce.

« L'ambassadeur d'une puissance étrangère représente son souverain, et, pour qu'il puisse le représenter dignement, il faut que sa personne soit inviolable, et qu'il en soit même ainsi, non-seulement des personnes qu'il s'est attachées, mais encore de son hôtel, qui forme de la sorte une espèce d'oasis exceptionnelle au milieu du territoire de la puissance auprès de laquelle il est accrédité.

« Une fiction s'est donc établie à cet effet; mais tous les publicistes sont d'accord pour reconnaître qu'elle a des bornes, qu'elle ne doit jamais aller au delà de certaines limites. Ainsi nul n'admet que l'hôtel d'un ambassadeur puisse devenir pour les malfaiteurs un asile impénétrable, pour les conspirateurs un foyer où ils ourdissent leurs complots.

« Personne n'a jamais admis cela, et chacun reconnaît, au contraire, que les priviléges attachés à la personne et à la demeure du représentant d'un gouvernement étranger souffrent des exceptions nécessaires.

« Quand la reine Christine faisait assassiner son ministre et son favori sur le sol de France et dans une résidence royale, Louis XIV n'avait que dix-neuf ans, et plus tard, sans doute, son indignation n'eût pas manqué de faire justice d'une pareille exécution.

« Sous le premier Empire, quand un ambassadeur de Constantinople voulut faire étrangler dans son palais un de ses nationaux, Napoléon lui fit dire qu'il le tiendrait pour personnellement responsable de cet acte odieux.

« Lors de la conspiration de Cellamare (en 1718), l'ambassadeur espagnol, qui en avait été un des principaux agents, fut arrêté dans son hôtel et reconduit à la frontière par l'autorité française; c'est qu'en effet, lorsque l'ambassadeur conspire, il n'agit plus dans sa qualité d'ambassadeur, il la déshonore et la compromet, et le droit naturel de défense s'exerce à son égard dans les conditions les plus légitimes.

« En ce qui concerne le droit maritime, l'Océan est le libre patrimoine du genre humain. Aussi lorsque le droit de visite fut réclamé contre nous, nous opposâmes une vive résistance, et ce prétendu droit peut être considéré aujourd'hui comme abandonné. La question commence lorsque les bâtiments d'une nation viennent mouiller dans les eaux d'un autre pays, mais alors se présente une distinction fondamentale :

« S'agit-il de bâtiments de guerre, l'on considère que ces navires continuent le territoire de l'Etat auquel ils appartiennent; à ce titre ils sont plus respectables et mieux respectés en effet. Cependant ils sont soumis à la police des ports, notamment en ce qui concerne le dépôt à terre de leurs munitions; ils sont également tenus, à leur bord, de respecter le droit des gens; ainsi ils ne pourraient impunément, ni faire la contrebande, ni transporter des conspirateurs [1]. Il est donc vrai de dire qu'en chaque matière, s'ils jouissent de certains priviléges, ces priviléges n'en comportent pas moins des exceptions.

« S'agit-il de bâtiments de commerce, la question se présente sous un autre aspect. Sans doute ces bâtiments ont droit à des ménagements, à des égards, mais ils ne naviguent pas pour leurs gouvernements, ils ne naviguent que dans un intérêt privé; ce sont des particuliers, des voyageurs, des marchands; et s'il est vrai que le pavillon qui les couvre soit toujours respectable, ils ne sauraient cependant prétendre aux mêmes immunités que s'ils étaient des navires de guerre. A leur égard, les rapports sont réglés par les conventions passées avec la puissance à laquelle ils appartiennent par leur nationalité, et c'est à ces conventions qu'il faut se référer, sinon il faut recourir aux principes généraux.

[1] Voyez l'arrêt rendu dans l'affaire du *Carlo-Alberto*.

« Or, la convention passée en 1853, entre la France et les États-Unis, ne porte pas atteinte aux droits de la justice territoriale ; elle ne réserve que les cas qui intéressent la discipline intérieure de bord. S'il y a crimes ou délits, et surtout si l'ordre public est troublé dans le port où ils ont été commis, si l'autorité locale a dû intervenir pour le maintien de la tranquillité générale, la juridiction territoriale s'exerce dans toute sa plénitude.

« C'est précisément ce qui a été réglé par l'avis du Conseil d'Etat du 20 novembre 1806. Il ne s'agissait, dans cette circonstance, que d'un fait intéressant la discipline d'un navire étranger. Le capitaine se plaignait de ce qu'un de ses matelots avait disposé d'un canot sans son consentement. Ce n'était donc pas une affaire dans laquelle l'autorité française pût intervenir ; et c'est ce qu'a décidé le Conseil d'Etat. Mais, dans l'espèce actuelle, il y a eu meurtre, assassinat, et, à la suite de ces attentats, une vive émotion non-seulement à bord et au sein de l'équipage du *Tempest*, mais, en outre, parmi les nombreux équipages américains stationnant dans le port du Havre. Les choses en sont venues à ce point que, loin de revendiquer le coupable, le consul des Etats-Unis s'est estimé heureux que Jally eût trouvé entre les mains mêmes de l'autorité française, à laquelle il s'était spontanément livré, un refuge contre l'application de cette terrible loi de Lynch que les matelots américains étaient disposés à lui appliquer. Cette émotion, que constate l'arrêt, se reproduisit le lendemain, lors du convoi de la victime, dans les rues de la ville du Havre. En présence de ces faits attestés, soit par la décision attaquée, soit par les actes de l'instruction, il est clair que l'on serait exactement dans les termes du décret de 1806, qui réserve tous les droits de la juridiction française pour le cas où le désordre se serait étendu en dehors du bord du navire étranger. »

M. le procureur général estime donc que l'arrêt de la Cour de Rouen se justifie en droit comme en fait, et il conclut au rejet du pourvoi. Seulement M. le procureur général pense que la Cour, en se fondant, pour motiver sa décision, sur les circonstances de l'espèce, ne voudra pas faire de ces circonstances particulières une condition trop absolue, afin de ne pas compromettre le principe de la juridiction territoriale qui, dans d'autres circonstances impossibles à prévoir, réclamerait son application.

Conformément à ces conclusions, la Cour a rejeté le pourvoi.

ARRÊT (25 février 1859).

La Cour,

Ouï M. Victor Foucher, conseiller, en son rapport ;

Ouï M. le procureur général Dupin, en ses conclusions ;

Vu l'article 3 du Code Napoléon ;

Vu l'avis du Conseil d'Etat du 20 novembre 1806 ;

Vu les articles 296 et 299 du Code d'instruction criminelle;

Vu la requête présentée par le demandeur en nullité et par laquelle il réclame l'annulation de l'arrêt de la Cour impériale de Rouen, qui le renvoie devant la Cour d'assises de la Seine-Inférieure, par le motif que les tribunaux français seraient incompétents pour connaître du crime qui lui est imputé;

Attendu que c'est un principe du droit des gens que chaque Etat a la juridiction souveraine dans l'étendue de tout son territoire;

Attendu qu'aux termes de l'article 3 du Code Napoléon les lois de police et de sûreté obligent tous ceux qui habitent le territoire français, et que par suite les étrangers, même *transeuntes,* s'y trouvent soumis;

Attendu que les bâtiments de commerce entrant dans le port d'une nation autre que celle à laquelle ils appartiennent ne pourraient être soustraits à la juridiction territoriale, toutes les fois que l'intérêt de l'Etat dont ce port fait partie se trouve engagé, sans danger pour le bon ordre et pour la dignité du gouvernement;

Attendu que tout Etat est intéressé à la répression des crimes et délits qui peuvent être commis dans les ports de son territoire, non-seulement par des hommes de l'équipage d'un bâtiment de commerce étranger envers des personnes ne faisant pas partie de cet équipage, mais même par des hommes de l'équipage entre eux, soit lorsque le fait est de nature à compromettre la tranquillité du port, soit lorsque l'intervention de l'autorité locale est réclamée, soit lorsque le fait constitue un crime de droit commun que sa gravité ne permet à aucune nation de laisser impuni sans porter atteinte à ses droits de souveraineté juridictionnelle et territoriale, parce que ce crime est par lui-même la violation la plus manifeste comme la plus flagrante des lois que chaque nation est chargée de faire respecter dans toutes les parties de son territoire;

Attendu qu'un souverain étranger n'a aucun intérêt à revendiquer qu'il soit fait exception à l'application de ces principes en faveur des bâtiments de commerce, à moins de traités spéciaux intervenus entre Etats et dans les limites de ces traités, puisque ces bâtiments, naviguant en dehors de leur territoire pour faire le commerce, ne sont pas engagés dans les affaires publiques, ne 'sont occupés que d'intérêts privés, et que les équipages qui les composent ne sauraient avoir droit à d'autre protection que celle que pourrait invoquer une personne privée;

Attendu que, dès lors, à l'exception de ce qui concerne la discipline et l'administration intérieure du bord, dans lesquelles l'autorité locale ne saurait s'ingérer et pour lesquelles il y a lieu de respecter les droits réciproques concédés par un usage général entre les diverses nations, les bâtiments de commerce restent soumis à la juridiction territoriale;

Attendu qu'il doit surtout en être ainsi quand l'intervention de l'autorité locale a été réclamée ou que le crime ou le délit imputé à l'étranger était de nature à compromettre la tranquillité publique du port où se trouvait le bâtiment sur lequel ce crime ou ce délit aurait eu lieu;

Et attendu, en fait, qu'il résulte tant de l'arrêt attaqué que des actes, pièces et documents de la procédure, que l'accusé Jally, second du navire de commerce américain *Tempest,* mouillé dans le port du Havre, se serait rendu coupable du crime de meurtre, avec préméditation, commis à bord de ce bâtiment, sur la personne d'O'Brien, homme de son équipage, et du délit de coups et blessures volontaires envers Weiss, autre homme du même équipage ;

Que Jally se serait spontanément remis entre les mains de l'autorité française pour se soustraire aux représailles dont il était menacé par suite de la surexcitation que son crime avait soulevée parmi les équipages des nombreux navires mouillés dans le port ;

Qu'en outre, l'émotion populaire produite par cet événement a été telle, que pour faire cesser les divers incidents auxquels il a donné lieu, spécialement à l'occasion de l'enterrement d'O'Brien, l'autorité locale a dû intervenir avec énergie et constituer un service de police spécial ;

Et attendu encore que l'arrêt a été rendu, le ministère public entendu, par le nombre de juges fixé par la loi, et que le fait qui motive le renvoi de Jally devant la Cour d'assises constitue le crime prévu par les articles 295, 296, 297 et 302 du Code pénal de France ;

Par ces motifs, déclare qu'à bon droit la Cour impériale de Rouen a déclaré la juridiction française compétente pour connaître des faits imputés à Jally, et rejette la demande en nullité qu'il a formée contre l'arrêt en date du 19 janvier 1859, qui le renvoie devant la Cour d'assises de la Seine-Inférieure.

Nº XXII. — 804. (Audiences des 1ᵉʳ et 2 avril 1859.)
Chambre criminelle.

Sociétés en commandite. — Poursuite correctionnelle contre le gérant. — Action en responsabilité civile simultanément dirigée par le ministère public contre les membres du conseil de surveillance. — Compétence.

Question. — Les membres d'un conseil de surveillance de société en commandite peuvent être cités, comme civilement responsables, aux termes de l'article 10 de la loi du 17 juillet 1856, en même temps que le gérant, devant la juridiction correctionnelle, pour avoir consenti en connaissance de cause à la distribution de dividendes non justifiés par des inventaires réguliers, distribution à raison de laquelle l'article 13 de la même loi prononce contre le gérant la peine édictée par l'article 405 du Code pénal.

La Cour a rendu, à la fin de son audience du 2 avril 1859, et après un long délibéré, l'arrêt par lequel elle consacre cette solution importante.

Une poursuite correctionnelle avait été dirigée par le ministère public contre le sieur Prost, gérant de la société en commandite par actions dite Compagnie générale des caisses d'escompte. Le ministère public reprochait au gérant de s'être, à l'aide de manœuvres coupables et d'écritures mensongères, fait remettre des sommes considérables sur des bénéfices simulés, et d'avoir, en outre, en 1857, au moyen d'inventaires frauduleux, opéré entre

les actionnaires la répartition de dividendes non réellement acquis
à la société. Traduit devant le tribunal correctionnel de la Seine
comme coupable de ce double délit d'escroquerie et de distribution
de dividendes fictifs, le sieur Prost fut condamné, par jugement
du 22 septembre 1858, et en vertu des articles 405 du Code
pénal, 13 § 1ᵉʳ et 3 de la loi du 17 juillet 1856 sur les sociétés
en commandite, à trois années d'emprisonnement, 1,000 francs
d'amende, et aux frais liquidés; le jugement l'a condamné, en
outre, envers les parties civiles, à 558,315 francs de dommages et
intérêts, indépendamment d'autres dommages à donner par état.
Cette décision a été confirmée, sur l'appel de Prost, par arrêt de
la Cour impériale de Paris du 22 décembre suivant.

Or, au moment où le gérant était appelé devant le tribunal de
police correctionnelle, par suite de l'ordonnance de renvoi, le
ministère public faisait citer directement devant la même juridiction et pour le même jour MM. Bonnin, Guilhou et consorts, en
leur qualité de membres du conseil de surveillance de la société
gérée par le sieur Prost, et comme civilement responsables des
faits de sa gérance dans les termes de l'article 10 de la loi précitée
du 17 juillet 1856 sur les sociétés en commandite. Le même jugement du 22 septembre qui condamnait le sieur Prost, comme il a
été dit plus haut, a déclaré les membres du conseil de surveillance,
solidairement et par corps, civilement responsables avec le gérant
des condamnations contre lui prononcées, et spécialement de la
condamnation aux frais. Les parties civiles n'ayant pris aucune
conclusion contre les membres du conseil de surveillance, la condamnation qui les atteignait se réduisait, par le fait, à la responsabilité des frais. Les motifs de la décision sont :

« Qu'il résulte de l'instruction et des témoignages entendus que
« Bonnin, etc., étant membres du conseil de surveillance de la
« société en commandite par actions dite Compagnie des caisses
« d'escompte, dont Prost était le gérant, ont laissé sciemment
« commettre dans l'inventaire du 31 mai 1857 des inexactitudes
« préjudiciables à la société et aux tiers;

« Qu'ils ont également à la même époque consenti, en connais-
« sance de cause, à la distribution de dividendes non justifiés par
« des inventaires sincères et réguliers;

« Faits qui constituent à l'égard de chacun d'eux la responsa-
« bilité civile prévue par l'article 10 de la loi du 17 juillet 1856. »

Mais MM. Bonnin et autres avaient, antérieurement au jugement du 22 septembre (jugement qu'ils ont laissé rendre par défaut et dont ils n'ont pas eu à appeler), soulevé une question
préjudicielle qui a fait l'objet d'un premier jugement. A l'action
du ministère public ils avaient opposé des conclusions tendant à
faire reconnaître l'incompétence de la juridiction correctionnelle.
Selon leur prétention, l'article 10 de la loi du 17 juillet 1856 ne
déclarait pas les membres du conseil de surveillance *civilement*

responsables des faits prévus par l'article 13 de la même loi ; l'article 10 prévoyait seulement des négligences imputables personnellement aux membres du conseil de surveillance, sans que ces imputations eussent aucun caractère délictueux, à la différence des faits prévus par l'article 13. Cette exception d'incompétence étant précisément la question aujourd'hui soumise à la Cour de cassation par le pourvoi de M. le procureur général à la Cour de Paris, il convient de rappeler et le jugement qui l'a repoussée et l'arrêt qui, au contraire, l'a accueillie. Le jugement de première instance intervenu sur cet incident, à la date du 14 septembre 1858, est ainsi conçu :

« Attendu que les cas de responsabilité civile prévus par les
« articles 1382 et 1384 du Code Napoléon ne sont pas limitatifs,
« mais démonstratifs ; que la preuve s'en tire des dispositions
« mêmes de l'article 74 du Code pénal, qui prévoit les cas de res-
« ponsabilité qui peuvent se présenter et pour lesquels il renvoie
« textuellement aux dispositions du Code Napoléon, livre III,
« titre IV, chapitre II ;

« Attendu que la responsabilité à laquelle sont soumis les mem-
« bres du conseil de surveillance dans les sociétés en commandite,
« pour être plus étroite et plus rigoureuse que celle résultant des
« articles 1382 et 1384 du Code Napoléon, ne constitue pas
« moins une responsabilité civile ;

« Que, pour être encourue, une simple négligence ou impru-
« dence ne saurait suffire ; que le législateur exige une sorte de
« participation dans les faits reprochés au gérant lui-même ; qu'il
« faut, en effet, qu'ils aient sciemment laissé commettre des inexac-
« titudes dans les inventaires ; qu'en connaissance de cause ils
« aient consenti à la distribution de dividendes non justifiés ; que
« c'est alors une responsabilité *sui generis* et qui répond en
« partie aux faits dont le gérant lui-même s'est rendu coupable, et
« que, par leur mission, les membres du conseil de surveillance
« étaient appelés à empêcher ;

« Que, par cette responsabilité nouvelle, la loi a voulu apporter
« un terme aux scandales nombreux que présentait l'administration
« des sociétés en commandite ; qu'elle n'a fait qu'étendre les dis-
« positions des articles 1382 et 1384 du Code Napoléon, en leur
« donnant une sanction plus sévère ;

« Par ces motifs,
« Dit que c'est à bon droit que les membres du conseil de sur-
« veillance de la société en commandite des caisses d'escompte
« ont été assignés comme civilement responsables ;

« Les déboute de leurs fins et conclusions, et les condamne aux
« frais de l'incident. »

La Cour de Paris, vu la connexité, statuant, à la fois, sur l'appel du gérant contre le jugement du 22 septembre, et sur l'appel des membres du conseil de surveillance contre le jugement dont les termes viennent d'être reproduits, et contre un autre jugement du même jour, 14 septembre, qui avait refusé de leur accorder un sursis, la Cour de Paris, disons-nous, a, par son arrêt précité du 22 décembre, accueilli en ces termes l'exception d'incompétence :

« A l'égard du premier jugement concernant Bonnin et consorts, « déclarant la juridiction correctionnelle compétente pour statuer « sur la responsabilité invoquée contre eux;

« Considérant que les tribunaux correctionnels ne peuvent « connaître des actions civiles que comme accessoires de l'ac- « tion publique, ou à raison de la responsabilité civile de délits « établie par la loi contre certaines personnes spécialement déter- « minées;

« Considérant, d'une part, qu'aucune action publique n'est diri- « gée contre les appelants, qui ne sont point inculpés de s'être « rendus complices des délits objet des poursuites dirigées contre « Prost; que, sous ce rapport, le tribunal correctionnel ne pouvait « connaître de l'action civile portée contre eux;

« Considérant, d'autre part, que la responsabilité civile, prin- « cipe essentiellement rigoureux, ne peut, à ce titre, être étendue « en dehors des cas expressément indiqués par la loi;

« Que ni le droit commun ni la loi spéciale du 17 juillet 1856 « ne déclarent les membres du conseil de surveillance civilement « responsables du gérant, ou des délits commis par le gérant;

« Qu'en proclamant responsables avec le gérant les membres « du conseil de surveillance d'une société par actions qui ont « sciemment laissé commettre dans les inventaires des inexactitudes « graves, ou consenti à la distribution de dividendes non justifiés, « la loi du 17 juillet 1856, article 10, loin de couvrir d'une ma- « nière générale la personne et les biens du gérant, de la respon- « sabilité civile du conseil de surveillance, a seulement attaché la « peine de la solidarité au cas particulier de fautes personnelles « aux membres de ce conseil;

« ..... Met l'appellation formée par Bonnin, Guilhou et consorts, « et les deux jugements du 14 septembre dernier, dont est appel, « au néant; émendant, décharge les appelants des condamnations « contre eux prononcées; déclare la juridiction correctionnelle « incompétente. »

Tel est l'arrêt contre lequel M. le procureur général à la Cour impériale de Paris s'est pourvu en cassation (seulement en ce qui concerne les membres du conseil de surveillance), pour fausse in- terprétation des articles 1382 et suivants du Code Napoléon, et violation des articles 10 et 13 combinés de la loi du 17 juillet 1856. A l'appui de son pourvoi, M. le procureur général a produit un Mémoire auquel les défenseurs ont répondu par un autre Mémoire portant la signature de Mᵉˢ Paul Fabre, Dalvincourt et Maulde, avocats en la Cour.

L'affaire venait aujourd'hui à l'audience de la chambre criminelle; M. le conseiller Sénéca a fait le rapport.

Observations qui terminent le rapport de M. Sénéca.

« Les défenseurs, a dit l'honorable rapporteur, ont été cités à la requête du ministère public, conjointement avec le sieur Prost, gérant de la Compagnie générale des caisses d'escompte. Ce dernier était prévenu de trois délits, les défendeurs étaient pris comme civilement responsables. Il ne s'agit que de la responsabilité des frais vis-à-vis du trésor public; mais ce chef de conclusions suffit pour faire naître la question de compétence. Les premiers juges ont réuni et confondu peut-être, comme principe de la responsabilité invoquée, les articles 1382 et 1384 du Code Napoléon, et, quant aux délits imputés à Prost, ils les ont considérés indistinctement comme cause possible de la responsabilité civile, et par suite comme motifs suffisants de leur compétence à cet égard, tout en ne se fondant que sur les dispositions contenues en l'article 10 de la loi du 17 juillet 1856 relatif aux éléments d'un des délits seulement.

« L'arrêt attaqué, au contraire, s'est fondé, pour admettre le moyen d'incompétence, sur ce que la responsabilité civile des membres du conseil de surveillance ne résultait ni du droit commun ni de la loi spéciale, et sur ce que, dans le cas de l'article 10, les faits devant être considérés comme personnels aux membres du conseil de surveillance, et ceux-ci n'étant pas poursuivis comme complices, l'action en responsabilité ne pouvait être intentée contre eux accessoirement aux délits dont le sieur Prost était prévenu. L'arrêt attaqué admet ainsi implicitement une distinction entre la responsabilité écrite dans l'article 1382, auquel il convient d'ajouter l'article 1383, et celle qui résulte de l'article 1384. C'est peut-être par cette distinction que se trouve exactement posée la question fondamentale du pourvoi. En effet, la loi du 17 juillet 1856 n'est pas une loi de procédure ni de compétence; comme toutes les lois répressives, elle s'en réfère, par son silence à cet égard, aux règles générales du Code d'instruction criminelle. Mais comme la compétence se détermine par la nature de l'action, il faut rechercher quelle est la nature de la responsabilité qui pèse sur les membres du conseil de surveillance. Le Code Napoléon pose en cette matière les règles générales dont nous trouvons des applications soit dans ce Code lui-même, soit dans le Code pénal, soit dans les lois spéciales.

« La responsabilité, dans les termes des articles 1382 et 1383, n'est que la conséquence de l'imputabilité personnelle : elle a lieu

, dès lors à la charge des personnes qui, par leurs propres faits, négligence ou imprudence, ont causé le dommage. Elle donne naissance contre ces personnes à l'action directe, qui est purement civile, lorsqu'il s'agit d'un quasi-délit; qui comprend l'action pénale et l'action civile, lorsqu'il s'agit d'un délit. Au contraire, la responsabilité, dans les termes de l'article 1384, est exclusive de l'imputabilité du fait qui est la cause directe du dommage; elle prend sa source dans l'inaccomplissement ou la violation, prouvés ou présumés, de devoirs généraux ou spéciaux; elle n'a lieu néanmoins que lorsque le dommage s'est produit par le fait d'autrui. Mais elle n'est pas identique avec le délit ou le quasi-délit; elle n'est pas non plus leur équivalent.

« Dans l'espèce, s'il est établi que les défendeurs sont civilement responsables, dans les termes du § 1er de l'article 1384 du Code Napoléon, d'un ou de plusieurs des délits à raison desquels Prost a été poursuivi, l'arrêt attaqué devra être cassé, parce que la Cour impériale aura méconnu les caractères de la responsabilité et violé l'article 3 du Code d'instruction criminelle. Si les défenseurs doivent être considérés, relativement au dommage causé, comme ayant à répondre de leurs fautes personnelles, sans corrélation avec les faits du prévenu, l'action en responsabilité pénale ou civile sera directe contre eux; elle n'aura pu dès lors être jointe complétement à l'action exercée contre Prost, puisqu'elle ne dériverait pas de celle-ci et qu'elle en serait distincte. Si les règles générales de responsabilité sont écrites dans le Code Napoléon avec quelques applications, c'est dans la loi du 17 juillet 1856 que se trouve leur application à l'espèce du pourvoi.

« Pour mieux apprécier le sens et la portée contestée de cette loi, il est utile de reconnaître d'abord quelle était avant sa promulgation la condition des conseils de surveillance des sociétés en commandite par actions. Ce dernier mode de société n'était pas reconnu dans l'ordonnance de 1673; mais l'article 38 du Code de commerce l'a autorisé. En 1838, les abus et les scandales de la commandite par actions étaient devenus si graves, que le gouvernement présenta un projet de loi portant abrogation de l'article 38 du Code de commerce, ne laissant plus qu'aux sociétés anonymes la division du capital social en actions. Ce système parut trop radical à la commission de la Chambre des députés; elle proposa, par forme d'amendements, un projet de loi en trente-six articles, contenant des garanties efficaces; mais ce projet de loi ne fut pas discuté. On trouve dans le rapport fait par M. Legentil des appréciations du plus grand intérêt sur la position respective du gérant et des membres du conseil de surveillance. Toutefois, alors, et jusqu'en 1856, l'existence de ces conseils ne procédait pas des lois. Ils étaient les simples mandataires des actionnaires, et rien de plus. Les statuts sociaux déterminaient seuls l'objet et l'étendue de leur mandat, qui rencontrait une barrière infranchissable dans la défense d'immixtion établie et sanctionnée par les articles 27 et 28 du Code de commerce, car leurs mandants ne pouvaient leur donner à cet égard plus de droits qu'ils n'en avaient eux-mêmes. Mais s'ils commettaient avec le gérant des délits ou des quasi-délits dommageables pour la société ou pour les tiers, ils étaient directement tenus et responsables, conformément à l'article 1382 du Code Napoléon ; et si, dans l'exécution de leur mandat, il y avait dol ou faute grave, il y avait lieu à l'action directe du mandat, et à la réparation du dommage fondée sur les articles 1991 et suivants du Code Napoléon et laissée à l'appréciation des juges.

« La responsabilité civile de l'article 1384, qui ne peut résulter que des rapports reconnus par la loi entre l'auteur du dommage et ceux qui répondent de ces faits, n'existait pas alors à leur charge ; mais est survenue la loi du 17 juillet 1856. Cette loi a érigé en délits certains faits commis par les gérants ; elle a consacré l'institution et rendu nécessaire l'établissement des conseils de surveillance ; elle a défini leurs attributions et spécifié des cas de responsabilité dans leurs rapports légaux avec le gérant.

« Sans doute les gérants et les membres du conseil de surveillance peuvent encore, par des faits communs ou séparés, encourir la responsabilité directe des articles 1382, 1383, 1991 et suivants du Code Napoléon ; les membres du conseil de surveillance commanditaires peuvent être soumis, en cas d'immixtion, à la sanction de l'article 28 du Code de commerce ; mais tout cela est de droit commun et ne s'appliquerait qu'à des faits en dehors de ceux qui sont spécifiés dans la loi de 1856, comme cause spéciale de responsabilité.

« Lorsqu'on procède en vertu de la loi de 1856, comme lorsqu'on procède en dehors de cette loi, si l'action civile est seule exercée, il n'importe pas, pour la compétence, de rechercher à quel titre la responsabilité est encourue, et, notamment, dans le cas de l'article 10, la responsabilité étant établie tant à la charge des membres du conseil de surveillance que des gérants, même avec solidarité, la compétence sera réglée conformément à l'article 59 du Code de procédure civile devant les juridictions civiles.

« Mais lorsque l'application de l'article 13 qui porte une sanction pénale à l'égard du gérant est poursuivie correctionnellement, et que l'on invoque en même temps l'article 10 pour la responsabilité civile des membres du conseil de surveillance, s'il s'agit à leur égard de la responsabilité directe résultant de l'imputabilité personnelle, les membres du conseil de surveillance ne peuvent être traduits devant le tribunal de police correctionnelle que comme complices, et s'il s'agit de la responsabilité à leur charge des faits du gérant, ils auront pu être traduits avec lui devant la juridiction répressive, conformément aux articles 3, 190, 194 du Code d'instruction criminelle, 156 du décret du 18 juin 1811.

« Or, 1° la responsabilité des membres du conseil de surveillance écrite dans l'article 10 de la loi du 17 juillet 1856, rentre-t-elle dans les termes du premier paragraphe de l'article 1384 du Code Napoléon dont elle ne serait qu'une application nouvelle? 2° Cette responsabilité est-elle la même dans le cas du n° 3 de l'article 13 de la loi de 1856?

« Sur la première question, on peut reconnaître, sans doute, avec l'arrêt attaqué, que la responsabilité civile de l'article 1384 du Code Napoléon est de droit rigoureux. Cette disposition n'est, en effet, qu'une dérogation à la maxime que l'on ne répond pas des faits d'autrui. Mais ne faut-il pas reconnaître en même temps que la disposition qui établit en termes formels une responsabilité n'a pas besoin de s'expliquer sur la nature de cette responsabilité, qui est déterminée par sa cause conformément aux principes généraux de la matière? Or en quoi consiste le dommage prévu par l'article 10, cause invoquée de responsabilité dans l'espèce? Le fait dommageable est la distribution de dividendes non justifiés par des inventaires sincères et réguliers. Qui propose et opère la répartition des dividendes? C'est le gérant. Quel est le moyen à l'aide duquel cette distribution se réalise au préjudice de la société et des tiers? C'est par des inexactitudes graves dans les inventaires. Qui dresse les inventaires? C'est le gérant. Au gérant donc revient l'imputabilité du fait dommageable, et la responsabilité directe qui en est la suite en vertu de l'article 1382 du Code Napoléon.

« En est-il de même à l'égard des membres du conseil de surveillance? L'article 8 définit leur mission, et limite leurs pouvoirs en ces termes : « Ils surveillent les livres, la caisse, le portefeuille « et les valeurs de la société; ils font, chaque année, un rapport à « l'assemblée générale sur les inventaires et sur les propositions de « dividendes faites par le gérant. »

« Pour justifier la nouvelle rédaction qui a été consentie par le conseil d'Etat, le rapporteur au Corps législatif s'exprime comme il suit :

« Le rôle du conseil de surveillance nous a paru de cette manière « plus nettement déterminé. La loi n'entend pas, en effet, que le « conseil de surveillance soit partie active dans la confection de « l'inventaire, qu'il en puisse changer les bases, qu'il en fasse le « règlement. C'est un contrôle qui lui appartient : si l'inventaire « ne lui paraît pas exact, il en appelle par son rapport à l'assem- » blée générale, qui juge. »

« Il leur est donc interdit de participer aux actes incriminés du gérant.

« Sous l'influence de ce principe, la responsabilité écrite dans l'article 10 ne naît pas d'une participation réputée active aux actes du gérant; au contraire, elle naît de ce qu'ils ont laissé commettre sciemment des inexactitudes graves dans les inventaires, et de ce qu'en connaissance de cause ils ont consenti à la distribution de dividendes fictifs. Ce silence, ce consentement supposent nécessairement des actes d'un tiers. Les rôles ainsi reconnus, n'y a-t-il pas responsabilité subordonnée et purement civile des membres du conseil de surveillance ?

« L'arrêt attaqué interprète l'article 10 comme ne s'appliquant qu'au cas particulier de fautes personnelles aux membres des conseils de surveillance. Cette interprétation ne repose peut-être que sur une équivoque. Il y a certainement une faute (qui peut procéder d'un fait, et qui procède plus généralement d'une omission) de la part de celui qui encourt la responsabilité civile ; mais cette faute ne doit pas être confondue avec le fait de la personne dont on doit répondre, et qui est l'auteur direct du dommage. C'est la distinction que fait littéralement l'article 1384, et il est à remarquer que, dans le cas du dernier paragraphe de cet article, la responsabilité existe, à moins que ceux qui y sont soumis ne prouvent qu'ils n'ont pu empêcher le fait qui y donne lieu ; il est donc certain que lors même qu'ils doivent être considérés comme ayant pu empêcher le fait, les pères et mères, instituteurs et artisans, ne sont pas dans le cas de l'imputabilité, et restent soumis à une simple responsabilité. Le même principe n'est-il pas applicable aux membres du conseil de surveillance, lorsque, le pouvant, ils n'empêchent pas le gérant d'opérer, au moyen d'inexactitudes graves dans les inventaires, des distributions de dividendes non justifiés, et comment n'empêchent-ils pas le dommage par un fait purement négatif, en n'avertissant pas l'assemblée générale des actionnaires ? Dire qu'il y a faute personnelle, ce n'est donc pas dire assez, il faut préciser si cette faute va jusqu'à l'imputabilité du fait dommageable, ou si elle fait encourir seulement la responsabilité civile.

« Les défendeurs ont compris qu'il fallait compléter par quelque démonstration la simple affirmation de l'arrêt attaqué sur la faute personnelle, ils l'ont fait, en considérant les membres du conseil de surveillance comme associés ; mais n'est-ce pas changer la cause et le titre de la responsabilité ? Autre chose est d'être associé, autre chose est d'être membre du conseil de surveillance.

« Les statuts sociaux peuvent exiger que les membres de ce conseil soient actionnaires, mais la loi ne l'exige pas. Ces deux qualités réunies dans la même personne ne sont pas moins distinctes et indépendantes pour l'exercice des droits, et l'accomplissement des obligations que chacune d'elles comporte. La qualité d'associé ne suffit donc pas pour assimiler, comme le veulent les défendeurs, la responsabilité des membres du conseil de surveillance dans le cas de l'article 10 de la loi de 1856, à celle des associés commanditaires, dans le cas d'immixtion prévu par les articles 27 et 28 du Code de commerce : n'est-il pas à remarquer d'ailleurs que, dans le cas de ces derniers articles, l'immixtion résulte de faits positifs des associés, et seulement de la tolérance du gérant ? Les actes de gestion auxquels les associés se livrent leur sont bien imputables, car ce n'est pas le gérant qui les commet. Ils encourent donc dans ce cas une responsabilité directe. On peut se demander si, à raison de la différence des qualités des personnes et de la nature des actes, on peut établir quelque analogie entre les articles 27 et 28 du Code de commerce et l'article 10 de la loi du 17 juillet 1856.

« Peut-on induire une assimilation quelconque entre la responsabilité du gérant et celle des membres du conseil de surveillance, de ce que, d'après les termes de l'art. 10, ces derniers sont responsables avec le gérant? Ce serait peut-être forcer le sens du mot AVEC que de lui donner pour synonymes ces autres mots : « au « même titre que les gérants. » Et si d'ailleurs les principes du droit établissent une distinction entre les deux responsabilités, suffirait-il de ce mot *avec* pour trouver dans cette disposition une identité ou une assimilation de cause qu'elle ne comporte pas?

« L'arrêt attaqué, en disant que l'article 10 n'a fait qu'ajouter la peine de la solidarité aux fautes personnelles aux membres du conseil de surveillance, n'a-t-il pas oublié que l'article 10 est le corollaire de l'article 8, qui a créé un titre légal et nouveau de responsabilité plus étendu que la responsabilité des mandataires ordinaires? Du reste, la solidarité ne suppose nullement le concours de deux responsabilités directes. L'article 156 du décret du 18 juin 1811 sur les frais de justice criminelle en fournit une preuve manifeste; cet article porte : « La condamnation aux frais « sera prononcée dans toutes les procédures solidairement contre « tous les auteurs et complices du même fait, et contre les person- « nes civilement responsables du délit. »

« La seconde question, plus simple dans ses éléments, est de savoir si la responsabilité de l'article 10 est applicable au cas de l'article 13, n° 3. Les défendeurs font contre le rapprochement et la combinaison de ces deux articles une première objection. La loi de 1856 se divise, disent-ils, en deux parties distinctes. La première règle l'action civile, la seconde l'action publique. Mais quand bien même il faudrait supposer qu'il y a en quelque sorte deux lois dans une loi, on pourrait dire que si ces lois ont le même objet, elles doivent se combiner dans leur application, et à plus forte raison est-il conforme aux règles les plus constantes d'interprétation d'admettre que dans une même loi chaque article ne doit pas être pris isolément, et que l'œuvre du législateur ne doit pas être scindée, sous peine d'en méconnaître le sens et la portée : *Incivile est*, etc.

« Le n° 3 de l'article 13 a été ajouté par amendement au projet primitif présenté par le gouvernement. Voici comment s'exprime, sur ce nouvel article, le rapporteur de la commission du Corps législatif :

« SANCTIONS PÉNALES.

« Le gérant d'une société en commandite, qui distribue des
« dividendes fictifs, est soumis, à l'égard de la société et des tiers,
« à une responsabilité que prévoit l'article 10 du projet de loi.
« Votre commission a pensé que cette fraude mérite une répression
« d'un ordre différent, et elle a proposé, par un amendement, d'y
« appliquer l'article 405 du Code pénal. »

« Il faut convenir que ce passage ne considère pas les articles
10 et 13 comme étrangers l'un à l'autre. Serait-ce, du reste, une
erreur contre laquelle protesterait utilement la loi elle-même?
Sans doute, s'il y avait simplement analogie entre les cas de l'article 10 et celui de l'article 13, il pourrait ne pas y avoir lieu à l'application d'une même responsabilité; mais s'il y a identité dans les
dommages, dans les causes, dans la personne de l'agent, dans les
devoirs de ceux qui sont chargés de surveiller ses actes, il faudra
reconnaître avec l'honorable rapporteur de la commission du Corps
législatif qu'il ne s'agit, dans l'article 13, que d'une sanction pénale qui n'aura pas écarté la responsabilité civile, mais qui aura
changé la compétence; or, tous les éléments d'identité que nous
venons de rappeler se rencontrent dans les deux articles.

« Il y a cependant une différence, c'est que l'article 10 n'atteint
que les inexactitudes graves commises dans les inventaires, et ne
tient pas compte de la fraude du gérant, soit qu'elle existe, soit
qu'elle n'existe pas, tandis que l'article 13, nᵒ 3, veut, pour constituer le délit, que la répartition des dividendes non acquis à la
société ait été opérée au moyen d'inventaires frauduleux. On peut
même ajouter que la commission, en même temps qu'elle avait
proposé l'article 13, qui a été adopté, avait proposé de substituer,
dans l'article 10, à ces mots : « Inexactitudes graves dans les in-
« ventaires », ceux-ci : « Enonciations ou omissions frauduleuses »,
et que cette substitution n'a pas été adoptée par le Conseil d'Etat.
Il peut suivre de là qu'il y aura délit dans le cas de l'article 13, et
qu'il pourra n'y avoir qu'un quasi-délit dans le cas de l'article 10;
mais qu'importe pour la responsabilité? L'article 1384, comme
les articles 1382 et 1383, n'est-il pas placé sous la rubrique commune des délits et quasi-délits? Ce n'est donc pas la qualification
légale du fait, c'est le dommage produit qui est la cause de la
responsabilité. Que le gérant ait agi avec fraude ou sans fraude,
au point de vue du caractère de l'imputabilité, cette circonstance
morale pourra être considérable; mais en quoi peut-elle effacer la
responsabilité civile?

« Ne serait-il pas étrange que cette responsabilité cessât précisément lorsque le fait qui doit l'entraîner est plus grave? Mais, du
reste, ce n'est pas à rechercher l'intention du gérant que doivent
s'attacher les membres du conseil de surveillance, c'est sur les ac-

tes que doivent porter leur vérification et leurs avertissements aux actionnaires. La fraude n'a d'influence que pour la répression du fait; elle n'en a pas pour la réparation du dommage.

« Si le fait de l'article 13, n° 3, est une cause de responsabilité, l'action qui en résulte sous ce rapport ne doit-elle pas être portée devant la juridiction répressive? Pour qu'il en fût autrement, il faudrait que la loi de 1856 contînt une dérogation expresse, ou au moins implicite et nécessaire, aux règles ordinaires de compétence et à l'article 3 du Code d'instruction criminelle. Or, l'intention du législateur ne s'est pas manifestée dans ce sens. Quel texte invoquerait-on? L'article 10? Mais cet article comprend la responsabilité civile du gérant, comme celle des membres du conseil de surveillance. Ira-t-on jusqu'à prétendre que les parties lésées ne pourraient agir devant le tribunal de police correctionnelle contre le gérant ni contre les membres du conseil de surveillance, et qu'il faudrait intenter l'action civile séparément de l'action publique? Pourquoi cette division d'action existerait-elle dans cette matière et dans un but de protection des intérêts privés? On ne l'a pas, du reste, prétendu dans l'espèce, et le gérant, qui s'est désisté de son pourvoi, a été condamné à des dommages et intérêts par l'arrêt attaqué lui-même. Si c'est seulement à l'égard des membres du conseil de surveillance que l'action doit être divisée, l'article 10, loin de favoriser cette interprétation, ne la repousse-t-elle pas formellement? C'est avec le gérant que les membres du conseil de surveillance sont responsables, et ils ne pourraient pas être jugés avec lui lorsque sa faute est plus grave! Et les deux responsabilités devraient être jugées séparément! Il y a solidarité, et l'action serait divisée! Et pour quel résultat? Pour accorder aux membres du conseil de surveillance un privilége...., celui de n'être justiciables que des juridictions civiles, et de rendre plus difficile, plus lente, plus dispendieuse l'action en dommages et intérêts que peuvent former les tiers lésés.

« Quelquefois aussi la doctrine de l'arrêt attaqué tournerait contre les membres du conseil de surveillance. En effet, les personnes civilement responsables pouvant être citées à ce titre devant la justice répressive, peuvent par suite y intervenir (Cass., 10 mai 1845, 8 janvier 1853, 20 mars 1837). Mais si, dans les cas de l'espèce, le tribunal correctionnel est incompétent, ils ne pourront recevoir l'intervention, et alors les membres du conseil de surveillance se trouveront dans une inaction forcée, lorsque leur conduite, leur honneur seront attaqués dans des débats dont le résultat peut préjuger leur responsabilité. De telles conséquences sont contraires assurément au droit commun et peu en harmonie avec le texte et l'esprit de la loi spéciale de 1856, comme avec les principes du droit commun.

« Sur ce point, comme sur d'autres conséquences de la doctrine de l'arrêt attaqué qui ont été signalées par le pourvoi, les défendeurs répondent : Les conséquences sont ce qu'elles sont; ce n'est pas au juge à s'en occuper. Mais toute interprétation ne doit-elle pas être soumise à la juste épreuve de ses conséquences? n'est-ce pas un moyen de la juger, comme on juge l'arbre par ses fruits?... »

Discussion.

Après ce rapport, Mᵉ Paul Fabre, avocat chargé de la défense orale au pourvoi, s'attache à justifier la doctrine de l'arrêt attaqué. Il insiste principalement sur cette argumentation, que la responsabilité civile édictée par l'article 10 de la loi de 1856 n'est pas de même nature que celle de l'article 1384 du Code Napoléon, qui seule peut être discutée devant la juridiction correctionnelle en l'absence de toute participation au délit cause du dommage. Sans doute la loi nouvelle suppose une connexité entre le fait délictueux du gérant et la négligence imputable au conseil de surveillance; elle prononce même la solidarité entre la responsabilité de l'un et la responsabilité civile des autres; mais cela ne suffit pas pour autoriser une dérogation à la règle du droit commun[1].

M. le procureur général Dupin donne suite à ses conclusions, qui tendent à la cassation de l'arrêt attaqué, et dont voici la substance :

Analyse des conclusions du procureur général.

« La question à laquelle une très-habile discussion vient de donner une si grande importance, est apparue à cette audience comme une question de susceptibilité bien plus que comme une question de droit; on s'est attaché à discuter moins sur le fond de la responsabilité que sur la juridiction compétente. On répugne à voir figurer en police correctionnelle des hommes aussi considérables que MM. les membres des commissions de surveillance!... A cela, Messieurs, je réponds tout d'abord que les juridictions sont d'ordre public, et que dès lors peu importe la qualité des personnes poursuivies et le chiffre des sommes réclamées.

« Le Code Napoléon, en posant les principes sur les délits et les quasi-délits, statue distinctement sur deux sortes de responsabilité : celle attachée à la conduite propre d'un individu, au fait émanant de lui ou résultant de son imprudence (art. 1382, 1383), et celle qui résulte du fait d'autrui (1384), à moins qu'on ne prouve qu'on n'a pas pu l'empêcher. Il existe encore d'autres cas de responsabilité : ainsi le propriétaire d'un animal est responsable de l'animal qui lui appartient, il doit avoir de la raison pour lui (1385); le propriétaire répond de sa chose (1386). Ces diverses dispositions ne sont pas limitatives, mais seulement énonciatives. Le Code pré-

---

[1] La *Gazette des tribunaux* n'a pas recueilli cette plaidoirie, d'ailleurs fort remarquable, et dont le procureur général a justement fait l'éloge.

voit d'autres cas spéciaux : l'aubergiste notamment est responsable, non-seulement du dommage causé par le fait de ses domestiques, mais même de celui causé par les étrangers allant et venant dans son auberge (1953). Enfin l'article 74 du Code pénal embrasse tous les *autres cas* de responsabilité civile qui pourront se présenter dans les affaires criminelles, correctionnelles ou de police, et indique qu'ils doivent être appréciés civilement par les Cours et tribunaux devant lesquels ces affaires sont portées, et dont il fonde ainsi la compétence exceptionnelle; le cas qui fait l'objet du procès actuel rentre évidemment dans les prévisions de cet article.

« Le caractère de la responsabilité de l'article 1384 est bien nettement déterminé : cet article laisse à l'auteur du délit la peine réservée à ce délit, mais il s'occupe des réparations civiles que doivent les personnes responsables. Ces réparations comprennent les restitutions, les indemnités, les frais (art. 73 du Code pénal); quoique purement civiles, elles peuvent être prononcées par les tribunaux de répression, comme le porte l'article 74 du même Code. C'est une suite du principe général posé dans l'article 3 du Code d'instruction criminelle, qui veut que toutes les fois qu'il est possible de statuer sur le dommage qui a sa source dans un délit, la personne responsable de ce dommage soit citée devant la juridiction appelée à connaître du délit; car la preuve du délit entraînera le plus souvent la preuve de la responsabilité. Il y a d'ailleurs une raison générale de droit pour qu'il en soit ainsi. Il importe d'éviter les circuits, les involutions de procédure. C'est ainsi que le Code de procédure appelle devant la même juridiction les codéfendeurs, les cautions, les garants; et il y a même cela de particulier, en ce qui concerne ces derniers, que s'ils n'ont pas été appelés, ils peuvent décliner la garantie, en objectant qu'ils n'ont pas été mis dans la possibilité d'exercer leur droit de repousser l'action principale et de faire tomber par là l'action récursoire elle-même.

« M. le procureur général invoque ici trois arrêts rendus par la Cour les 25 février 1848, 8 janvier 1854 et 31 juillet 1857, qui rendent très-sensible l'application de ces principes sur la responsabilité civile et la juridiction qui doit en connaître. De cette jurisprudence il résulte que ce n'est pas seulement contre l'auteur du crime ou du délit qu'on peut intenter l'action civile devant les mêmes juges que l'action publique, mais encore contre ceux que la loi déclare civilement responsables. Ceux-ci peuvent même intervenir, s'ils n'ont pas été appelés, pour se défendre par les moyens et les preuves que peut leur fournir le débat ouvert devant la juridiction répressive.

« Maintenant de quelle nature est la responsabilité dans les sociétés de commerce en commandite, et alors qu'elles sont uniquement réglées par le Code de commerce? Le gérant répond de son fait et de celui de ses préposés; les commanditaires ne sont responsables que de leur mise, à moins qu'ils ne se soient immiscés dans la gestion : ils le deviennent, dans ce cas, aux termes de l'article 28 de ce Code, comme associés ayant géré la chose sociale. Quant aux sociétés anonymes par actions, les actionnaires sont en dehors de toute espèce de responsabilité, de quelque nature qu'elle soit, cela se comprend ; et le gérant lui-même n'est responsable à leur égard que dans le cas de fraude ; qu'une faillite soit déclarée, le gérant, debout sur les ruines de la société, montrera les registres et sa caisse vide, et nul ne saurait s'en prendre à lui, s'il a réellement dépensé tout ce qu'il dit avoir dépensé. C'est ce découvert de la société, cette absence de responsabilité envers elle qui a préoccupé le législateur de 1838. Un projet de loi sur les chemins de fer fut présenté, je pris part à la discussion, dit M. le procureur général, et voici en quels termes je signalais ce danger :

« Il est fâcheux que l'on n'ait pas pu faire une loi sur les sociétés anonymes ; mais, enfin, en voici l'économie.

« Quand on les constitue, on établit des directeurs qui géreront l'entreprise, un conseil qui les appuiera, et quelquefois des assemblées générales pour des cas graves, mais toujours en vue de l'exécution du pacte social.

« Ce qui différencie ces sociétés des sociétés en nom collectif, c'est que, dans la société en nom collectif, il y a une personne, il y a même tous les associés en nom, qui restent engagés jusqu'au bout ; et si les affaires ne réussissent pas, il y a non-seulement faillite de la compagnie, mais des associés, et il faut que leur ruine sorte de la question ; mais la loi, mais le contrat tiennent les associés enchaînés jusqu'au bout ; il n'y a que leur ruine qui puisse mettre un terme à la liquidation de la société.

« Pour la société anonyme, au contraire, il n'y a que des gérants, et les gérants ne sont que les mandataires d'un être abstrait, qui est la société. Ce mot abstraction est le seul qu'on puisse employer, puisque la société n'a pas de nom, et quand tous les fonds sont épuisés, eût-elle acheté pour plusieurs millions de terrains sans les payer, eût-elle fait exécuter pour des millions de travaux qui ne seraient pas soldés, quand on vient aux mandataires, ils vous ouvrent leurs livres, et s'il en résulte qu'ils ont dépensé tout l'argent de la société, il y a faillite, mais il n'y a pas de faillis, car il n'y a pas un seul individu que vous puissiez interroger pour savoir ce qu'est devenue la société. » — Sensation, dit le *Moniteur*, mais il n'y eut pas de loi.

« La législation alors existante était impuissante pour prévenir les désastres des sociétés en commandite. Les associés simples commanditaires n'étaient responsables qu'autant qu'ils se seraient immiscés dans la gestion : les articles 1382 et suivants ne pouvaient pas non plus leur être directement applicables, car ils n'avaient aucune autorité sur le gérant.

« Relativement aux membres des conseils de surveillance qui

existaient à cette époque, ils n'étaient que des mandataires dont les pouvoirs étaient limités par les statuts : leur surveillance était annoncée et promise; mais elle n'était imposée à personne; pour eux, point de devoir légal, point de responsabilité véritable.

« Et cependant que d'entreprises scandaleuses fondées à l'aide de prospectus pompeux, de grands noms mis en avant, de conseils aristocratiques qui ont été si bien définis par le rapport de la loi de 1856, lorsqu'il dit : « Les conseils de surveillance (où l'on voyait « figurer ces noms) n'étaient qu'une décoration pour la société, « une invitation à souscrire, une réunion de complaisants ou de « surveillants sans vigilance. »

« Cette situation appelait un règlement.

« La loi du 17 juillet 1856, sur les sociétés en commandite par actions, a voulu protéger les tiers d'une manière efficace; c'est dans ce but qu'elle a institué les conseils de surveillance, même pour les sociétés existant au moment de la promulgation de la loi, et qu'elle a défini leurs attributions d'une manière rigoureuse.

« Le conseil de surveillance est nommé par l'assemblée générale des actionnaires réunis immédiatement après la constitution définitive de la société, qui n'a lieu qu'après la souscription de la totalité du capital social et le versement, par chaque actionnaire, du quart au moins du montant des actions par lui souscrites. La loi prescrit, à peine de nullité de la société à l'égard des intéressés, l'observation de certaines conditions.

« Le conseil de surveillance doit avant toutes choses examiner si les conditions imposées par la loi ont été remplies préalablement à la réunion générale des actionnaires, chargée de le nommer. Si la société est annulée pour inobservation de ces conditions, le conseil de surveillance peut être déclaré responsable, solidairement et par corps avec les gérants, de toutes les opérations faites postérieurement à leur nomination.

« Le conseil de surveillance doit, aux termes de l'article 8, exercer une surveillance continue sur les actes des gérants, vérifier les livres, la correspondance, la caisse, le portefeuille et les valeurs de la société. Il a le droit et le devoir d'exercer un contrôle sérieux : l'article 10 le déclare responsable avec le gérant, s'il a méconnu ou négligé ses devoirs : 1° en laissant commettre, sciemment, des inexactitudes graves, préjudiciables à la société ou aux tiers; 2° en consentant, en connaissance de cause, à la distribution de dividendes non justifiés par des inventaires exacts.

« Et que l'on ne dise pas que les membres du conseil de surveillance sont des hommes considérables! Considérables tant qu'on voudra, mais ils n'en doivent pas moins être capables de remplir leur mission, et la remplir réellement, d'une manière efficace et protectrice des droits des tiers qui leur sont confiés; ils ne sont pas membres du conseil de surveillance *ad honores,* pour avoir un titre qui flatte leur vanité, pour percevoir de gros salaires et de gros bénéfices, mais pour surveiller les intérêts de ceux dont ils sont les mandataires, non pas gratuits, mais richement salariés, et c'est pour cela qu'une grave responsabilité pèse sur eux; car il est de principe que le mandat salarié lie plus étroitement le mandataire que le mandat à titre gratuit (art. 1992).

« Les membres du conseil de surveillance ne sont pas des gérants, mais des contrôleurs des faits du gérant, des contrôleurs responsables. Tout dans la société doit être soumis à leur contrôle, rien ne doit échapper à leur examen : écritures, caisse, portefeuille, ils doivent vérifier si la totalité des actions a été souscrite et si les versements des actions souscrites ont été effectués; enfin, si les dividendes que les gérants proposent de distribuer sont pris, non sur le capital, mais sur les profits.

« En résumé, le gérant répond de ses faits corporellement et civilement; les membres du conseil de surveillance répondent de leur négligence à éclairer les faits du gérant et de leur défaut de surveillance, non corporellement, mais civilement.

« Telle est, selon nous, l'économie de la nouvelle loi. Il ne s'agit plus maintenant d'une simple induction du droit commun; la loi spéciale étend le droit commun au fait nouveau dans des termes qui lui sont propres.

« Dans l'espèce qui est déférée à la Cour, il s'agit d'une société en commandite fondée sous le nom de Caisse générale d'escompte. Le gérant s'est rendu coupable de malversations : 1° par la confection d'inventaires frauduleux; 2° par la répartition de dividendes indûment payés. — Assignation a été envoyée à la requête du ministère public : 1° contre le gérant pour ses délits; 2° contre le conseil de surveillance comme civilement responsable pour les frais. Ici on s'est étonné de voir des associations *à prévenu* signifiées à des parties à qui l'on n'impute aucun délit, mais seulement une responsabilité civile! Mais on sait que le nombre considérable de ceux qui sont appelés devant la justice répressive oblige à leur signifier des formules imprimées, et ce qu'il y a de certain, c'est que les membres du conseil de surveillance étaient appelés devant le tribunal *correctionnel* pour répondre *civilement des délits* commis par le gérant.

« Quant aux conclusions des parties civiles, elles sont dirigées contre le gérant pour obtenir des dommages et intérêts, mais elles laissent de côté la responsabilité des membres du conseil de surveillance. Pourquoi cela? C'est par suite de cet accommodement accepté par les liquidateurs et dont on a parlé tout à l'heure. Cet accommodement est mentionné en effet dans l'étrange rapport du liquidateur qui donne d'abord un certificat de probité au gérant, et qui atteste ensuite l'honorabilité des membres du conseil, tout en constatant les négligences qui leur sont reprochées, et en les déclarant « peu capables de remplir la mission qui leur avait été « confiée. »

« Ainsi, pour les membres du conseil, la question s'est réduite au payement des frais; mais il ne faut pas oublier qu'il ne s'agit pas ici d'une mesure fiscale : le payement des frais est mis par la loi au même rang que les indemnités. C'est la seule indemnité qui puisse être réclamée par le ministère public contre les parties civilement responsables, lorsque la partie civile s'abstient.

« C'est dans ces circonstances qu'est intervenu l'arrêt qui vous est déféré. Cet arrêt constate que la simulation ressort des livres de la société. Donc les surveillants auraient dû la connaître. Il constate ensuite que Prost invoque l'approbation donnée à ses actes par le conseil de surveillance, et l'arrêt ajoute que cette approbation n'enlèverait pas le caractère du délit reproché au gérant. Sans doute; mais si cette approbation n'excuse pas le gérant, elle n'engage pas moins la responsabilité des membres du conseil, puisqu'elle prouve ou leur connivence, ou du moins leur incurie. Et c'est cependant après avoir constaté ces faits que l'arrêt repousse l'action civile en responsabilité intentée contre les membres du conseil; et par quel motif? Parce que, dit l'arrêt, il faut distinguer entre l'imputabilité personnelle, qui ne peut engendrer qu'une action personnelle, et la responsabilité du fait d'autrui; que l'article 10 de la loi de 1856, loin de couvrir d'une manière générale la personne et les actes du gérant de la responsabilité civile du conseil de surveillance, a seulement attaché la peine de la solidarité au cas particulier de fautes personnelles aux membres de ce conseil.

« Mais cette argumentation ne soutient pas l'examen : les actes du gérant sont distincts de ceux du conseil de surveillance, mais il n'y a pas moins connexité entre eux; c'est le gérant qui fait la proposition des dividendes, c'est lui qui fait dresser les inventaires. Voilà les faits directs : si, en l'absence d'inventaires, ou au moyen d'inventaires frauduleux, il distribue des dividendes non acquis à la société, il est passible des peines édictées par l'article 405 du Code pénal. Le conseil de surveillance joue un rôle différent, mais il s'agit toujours des mêmes actes. Il n'est ni gérant ni cogérant; il ne fait qu'examiner, contrôler, rappeler, avertir. Il n'y a pas de fait direct de sa part; il n'est pas partie active : c'est ce que dit positivement le rapporteur de la loi de 1856 au Corps législatif : « Le rôle de conseil de surveillance nous a paru de cette manière « plus nettement déterminé. La loi n'entend pas, en effet, que le « conseil de surveillance soit partie active dans la confection de « l'inventaire, qu'il en puisse changer les bases, qu'il en fasse le « règlement. C'est un contrôle qui lui appartient; si l'inventaire ne « lui paraît pas exact, il en appelle par son rapport à l'assemblée « générale, qui juge. »

« Mais s'il ne remplit pas les devoirs que la loi même de son institution lui impose; s'il n'a rien vérifié, quand la loi lui ordonne de vérifier les registres, les inventaires; s'il consent en connaissance de cause à la répartition de dividendes non acquis à la société, et qui reposent sur des inventaires frauduleux, ou même (l'art. 13 de la loi prévoit le cas) en l'absence d'inventaire ; s'il n'empêche pas cette distribution, n'est-il pas évident que dans tous les cas il participe, passivement sans doute, par son omission, par sa négligence, par son inaction, au fait du gérant? Sans sa faute, sans sa négligence, l'absence, l'irrégularité ou la fraude des inventaires eussent été signalées, les dividendes non acquis à la société n'eussent pas été distribués; le dommage, en un mot, n'eût pas été causé par le gérant. Il y a donc le fait d'autrui que le conseil pouvait, devait prévenir, empêcher; c'est donc le cas de la responsabilité civile prenant sa source dans les mêmes faits, et devant être soumis à la même juridiction qui appliquera la responsabilité pénale à l'auteur du délit, à celui qui l'a perpétré, et la responsabilité civile au conseil de surveillance qui, pouvant l'empêcher, l'a laissé commettre.

« Un père, un tuteur, un maître, sont souvent très-innocents du fait de leur enfant, de leur pupille, de leur apprenti; ils en sont responsables civilement. Pourquoi? Parce qu'aux yeux de la loi ils devaient prévenir, empêcher le délit!

« Mais, dit-on, il ne faut pas confondre l'autorité du père, du tuteur, du maître, avec l'autorité que la loi confère au conseil de surveillance. — Cette autorité, au contraire, est dans le conseil de surveillance plus efficace, mieux définie. C'est un droit spécial, une autorité *sui generis* ; le mode de surveillance et les actes sur lesquels elle s'exerce sont indiqués par la loi; le conseil de surveillance est, pour ainsi dire, constitué le tuteur du gérant; quand il manque à des devoirs déterminés par la loi elle-même, c'est ou par incurie, ou par connivence, ou par une faute lourde qui pourrait être assimilée au dol. Il n'est pas complice, puisque la loi ne le déclare pas tel, mais il est du moins civilement responsable.

« Et veut-on savoir comment, dans l'espèce, ce conseil de surveillance, dont on a tant fait l'éloge, remplissait ses devoirs? Voici d'abord le témoignage qu'il se rendait à lui-même :

« Dans un rapport, du 30 juin 1857, qu'il faisait à l'assemblée générale, après celui du gérant, qui, porte le procès-verbal, s'est terminé au milieu des marques les plus vives d'approbation, on lit : « Nous n'avons rien négligé pour exercer notre contrôle avec tous « les soins qu'exigeait notre mandat. Notre tâche nous a été rendue « facile par les bons résultats de la gestion que nous avons à con- « stater. »

« Ecoutons maintenant le liquidateur de la société Prost dans son rapport du 14 juin 1858 : « Avec une telle administration, « une surveillance sérieuse était impossible, surtout pour des « hommes qui, *pour la plupart, n'avaient pas une aptitude* « *suffisante pour inspecter utilement un pareil méca-* « *nisme.* Aussi, après la révélation du désastre de la Compagnie « générale, tous les membres du conseil de surveillance ont spon-

« tanément rapporté la part qu'ils ont reçue dans la distribution
« des dividendes fictifs. De plus, les administrateurs judiciaires
« ont eu, en présence de la commission, une conférence officieuse
« avec les membres de ce conseil de surveillance, et si un blâme
« sévère a pu atteindre ces Messieurs, pour avoir, par une appro-
« bation passive et toute de confiance, *favorisé cette distribu-*
« *tion de dividendes fictifs,* justice a dû être rendue à l'hono-
« rabilité personnelle de ce conseil, dont l'unique tort, dans notre
« opinion, nous le répétons, a été d'admettre *sans contrôle* les
« déclarations et les travaux des chefs de service. »

« Nous avons déjà dit, poursuit M. le procureur général, que
les devoirs des membres du conseil de surveillance de la société
Prost étaient d'autant plus étroits, qu'ils étaient mandataires salariés. Voici sur ce point un extrait du procès-verbal de la séance du
30 juin 1857 :

Répartition.

Solde créditeur :	fr.	c.
40 pour 100 à la gérance.. . . .	615,982	05
5 pour 100 au conseil.	76,997	75
5 pour 100 aux employés. . . .	76,997	75
50 pour 100 aux actionnaires. .	769,977	58
	1,539,955	13

« Un dividende de 12 fr. 25 c. par action exigerait 770,000 francs.
« C'est donc 22 fr. 42 c. à prendre sur la réserve de 1855-56 pour
« parfaire cette différence. »

« Or, ces surveillants, ces mandataires salariés, loin de tenir la
main à l'observation des statuts, en constataient eux-mêmes la violation. Voici, en effet, ce qu'on lit dans le rapport du conseil de
surveillance à l'assemblée du 30 juin 1857 : « M. le directeur géné-
« ral, dans l'inventaire et le rapport dont vous venez d'entendre la
« lecture, vous présente l'exposé des affaires de la société, et il
« vous a dit que le chiffre du capital souscrit se trouvait représenté,
« sauf les frais de premier établissement, qui, d'après l'article 29
« des statuts, se composent des dépenses faites pendant les cinq
« premiers exercices, et qui s'élèvent à 2,500,000 francs. Mais il
« vous propose le moyen de les amortir en 1864, au lieu de les
« laisser, *conformément aux dispositions du même article,*
« répartis par annuités sur toute la durée de la société, c'est-à-
« dire sur vingt-cinq exercices. »

« Est-il encore besoin de répondre à cette autre allégation de
l'arrêt, que l'article 10 de la loi de 1850 n'a voulu qu'attacher la
solidarité à la responsabilité des membres du conseil de surveillance ? N'est-il pas évident que cette solidarité est prononcée par la
loi pour mieux marquer *la connexité* entre les faits du gérant et

les fautes du conseil de surveillance? Cette solidarité est un lien de plus entre *deux coupables des mêmes faits à des titres différents*, l'un pour avoir perpétré le délit, l'autre pour ne l'avoir pas empêché.

« Quant à cette objection de la défense, que pour qu'il soit permis de poursuivre les membres du conseil de surveillance, il faut que le ministère public prouve qu'ils ont *sciemment*, en connaissance de cause, consenti à la distribution de dividendes non acquis à la société, n'est-ce pas là un moyen du fond que le conseil de surveillance pourra faire valoir, comme les pères et mères, les maîtres et commettants, sont admis à prouver qu'ils n'ont pu empêcher le fait qui donne lieu à la responsabilité? Mais ce n'est pas un moyen d'incompétence. Ce qui est certain, c'est que des dividendes non acquis à la société ont été distribués, et que les membres du conseil de surveillance n'ont pas, comme ils le devaient, empêché cette distribution : cela suffisait pour motiver la citation.

« Reste un dernier argument que la défense puise dans la différence qu'elle veut établir entre la responsabilité édictée par l'article 13, § 3, de la loi de 1856, et celle que prononce l'article 10 de cette même loi.

« L'article 10, a dit la défense, organise la responsabilité civile; l'article 13, § 3, au contraire, organise l'action publique, et il n'y est plus question de la responsabilité civile. Mais il est évident que le législateur ne peut tout dire à la fois. Les articles se complètent les uns les autres; *inutile est nisi totâ lege perspectâ, unâ aliquâ particulâ ejus propositâ, judicare vel respondere.* D'après l'article 10, le simple dommage suffit, dans tous les cas, pour entraîner la responsabilité du conseil de surveillance, encore bien que le fait du gérant ne soit pas criminel. — Mais le fait du gérant peut revêtir le caractère criminel, il y a fraude. Cela fait un changement pour les délinquants; cela n'en fait pas pour le conseil de surveillance. Il y a toujours les mêmes éléments : fait préjudiciable, dommage causé à autrui : défaut de surveillance, de contrôle, d'avertissement, d'appel à l'assemblée générale, responsabilité civile, par suite, du gérant et des membres du conseil de surveillance.

« Sans doute, pour qu'il y ait délit, la loi exige davantage. Elle veut qu'il n'y ait pas eu d'inventaire ou que les inventaires soient entachés de fraude; mais si les membres du conseil de surveillance sont responsables avec les gérants lorsqu'il n'y a qu'inexactitude, *à fortiori* quand il y a fraude, car, dans ce cas, la négligence est plus blâmable; on n'étend pas la responsabilité d'un cas à un autre, elle reste la même; seulement, quant au gérant, le délit s'ajoute au fait de responsabilité, et l'article 13, § 3, édicte la peine. Pour qu'il en fût autrement, il faudrait que la loi de 1856 eût fait exception à elle-même, en disant que lorsque le fait du gérant serait plus grave, lorsqu'il serait criminel, le devoir du conseil de surveillance serait moindre, et que la responsabilité s'évanouirait.

« Il ne s'agit, dans l'espèce, que d'un intérêt pécuniaire très-minime, de 1,500 francs de frais; mais la question se lie à un grand principe d'ordre public, c'est-à-dire à l'entente d'une bonne et prompte administration de la justice, comme le dit l'arrêt de la Cour que nous avons cité : en divisant les actions, c'est une instruction à recommencer, des preuves à rassembler, une contradiction possible dans des décisions émanées de juridictions différentes. Il faudrait donc, comme on le veut dans l'espèce, que le ministère public intentât une action civile pour les frais du procès dans lequel a succombé le gérant coupable, surtout parce que son conseil de surveillance ne l'a pas empêché de malverser : cela est-il possible?

« Enfin, la Cour se laissera-t-elle toucher par cette considération sur laquelle la défense a tant appuyé, qu'on ne trouvera plus de membres de conseils de surveillance? Soit, on ne trouvera plus de ces gens dont parle le rapport du liquidateur, dont il vante l'honorabilité, mais qui, pour la plupart, dit-il, n'ont pas une aptitude suffisante pour inspecter utilement un pareil mécanisme, et ne savent que toucher 5 pour 100. Que ceux-là se retirent! à la bonne heure! Mais prétendre que si leur responsabilité n'est pas illusoire, c'est-à-dire si la loi de 1856 est exécutée, on ne trouvera plus de conseils de surveillance, c'est une grande erreur; disons plutôt qu'on n'en trouvera plus que de bons.

« Voyez les Compagnies des chemins de fer du Nord, de Lyon, d'Orléans, est-ce qu'elles ne fonctionnent pas régulièrement? est-ce qu'elles n'ont pas résisté aux plus rudes épreuves, aux plus dures exigences? est-ce qu'elles n'ont pas à leur tête les hommes les plus habiles en affaires et aussi les plus éminents en considération personnelle? Qu'on les imite! que ceux qui veulent recevoir des appointements sachent les gagner; que ceux qui briguent et acceptent des fonctions apprennent qu'il faut les remplir fidèlement : là est la véritable honorabilité. »

En conséquence, M. le procureur général conclut à la cassation de l'arrêt.

ARRÊT (1er avril 1859).

La Cour,

Ouï, à l'audience du 1er de ce mois, M. le conseiller Sénéca, en son rapport; Me Paul Fabre, avocat en la Cour, en ses observations pour les défendeurs intervenants, et M. Dupin, procureur général, en ses conclusions, après en avoir délibéré en la chambre du conseil;

Joint les pourvois de Prost et du procureur général;

En ce qui touche le pourvoi de Prost :

Attendu que ledit Prost a déclaré se désister de son pourvoi, et que son désistement est régulier,

La Cour lui en donne acte; dit, en conséquence, qu'il n'y a lieu de statuer sur le pourvoi, lequel sera considéré comme non avenu;

En ce qui touche le pourvoi du procureur général formé seulement à l'égard de : 1° Casimir-Jean-Baptiste Bonnin ; 2° Numa Guilhon ; 3° Achille-René Fresnay de Leven ; 4° Alphonse-Edouard Jardin ; 5° Charles-Louis-Paul, comte de Châteaubourg :

Reçoit les défendeurs intervenants, et statuant tant sur l'intervention que sur le pourvoi ;

Sur le moyen unique de cassation, tiré de la fausse interprétation des articles 1382 et suivants du Code Napoléon, et de la violation des articles 10 et 13 combinés de la loi du 17 juillet 1856 ;

Vu les articles 5, 8, 9, 10, 13, n° 3, de la loi du 17 juillet 1856, 1384, § 1ᵉʳ, du Code Napoléon, 3 du Code d'instruction criminelle ;

Attendu, en fait, que Prost, gérant de la société en commandite par actions dite Compagnie générale des caisses d'escompte, a été renvoyé et cité devant le tribunal de police correctionnelle de la Seine comme prévenu de s'être, depuis moins de trois années, à diverses reprises, à Paris, en employant des manœuvres frauduleuses pour persuader l'existence d'un crédit imaginaire et faire naître l'espérance de gain et succès chimériques, fait remettre des sommes d'argent sur des bénéfices simulés et fictifs qui étaient censés acquis aux actionnaires et à la gérance de ladite société, et d'avoir ainsi escroqué tout ou partie de la fortune d'autrui ; 2° d'avoir en 1857, étant gérant de la susdite société, au moyen d'inventaires frauduleux, opéré entre les actionnaires la répartition de dividendes non réellement acquis à la société ; 3° d'avoir en mai 1857, à Paris, par la simulation de la souscription de 18,669 actions, obtenu et tenté d'obtenir des souscriptions et des versements ;

Attendu que les sieurs Bonnin et autres susnommés ont été en même temps cités directement devant le même tribunal à la requête du ministère public comme civilement responsables pour avoir, en 1857, à Paris, étant membres du conseil de surveillance de la société dont Prost était le gérant : 1° laissé commettre sciemment dans l'inventaire du 31 mai 1857 des inexactitudes préjudiciables à la société et aux tiers ; 2° consenti à la même époque, en connaissance de cause, à la distribution de dividendes non justifiés par des inventaires sincères et réguliers ; délit prévu par les articles 405 du Code pénal, 13 de la loi du 17 juillet 1856, 10 de la même loi ;

Attendu que sur l'exception de l'incompétence proposée par les défendeurs, le tribunal a dit qu'à bon droit les membres du conseil de surveillance avaient été cités comme civilement responsables et a retenu la cause ; mais que sur l'appel par eux interjeté la Cour impériale de Paris a infirmé ce jugement et s'est déclarée incompétente à leur égard, en se fondant sur ce que ni le droit commun ni la loi spéciale du 17 juillet 1856 ne déclarent les membres du conseil de surveillance civilement responsables du gérant ou des délits commis par le gérant ; qu'en les proclamant responsables avec le gérant, l'article 10 de cette loi, loin de couvrir d'une manière générale la personne et les actes du gérant de la responsabilité civile du conseil de surveillance, avait seulement attaché la peine de la solidarité au cas particulier de fautes personnelles aux membres de ce conseil ;

Attendu, en droit, que la cause de la responsabilité détermine la nature de l'action qui en résulte, et que la nature de l'action détermine la compétence ;

Attendu que la confection des inventaires, la proposition et la distribution des dividendes rentrent dans les attributions exclusives des gérants des sociétés en commandite par actions;

Qu'il suit de là que, lorsqu'un gérant contrevient à l'article 10 de la loi du 17 juillet 1856, soit en commettant des inexactitudes graves dans les inventaires, soit en proposant ou distribuant des dividendes non justifiés par des inventaires sincères et réguliers, tout dommage ainsi causé par son propre fait lui est personnellement imputable, et le rend dès lors directement responsable des réparations civiles;

Qu'il en est de même lorsqu'un gérant commet le délit prévu par le n° 3 de l'article 13 de la loi du 17 juillet 1856, en opérant, en l'absence d'inventaires ou au moyen d'inventaires frauduleux, la répartition entre les actionnaires de dividendes non réellement acquis à la société;

Attendu que les fonctions des gérants et des membres des conseils de surveillance sont distinctes; qu'il en est de même des infractions qu'ils peuvent respectivement commettre au sujet des inventaires et des distributions de dividendes : qu'elles sont corrélatives, mais non identiques ni assimilées;

Attendu, en effet, que les conseils de surveillance, institués dans un intérêt public par l'article 5 de la loi du 17 juillet 1856, ne sont plus dans les limites de la mission qu'ils tiennent directement de la loi, de simples mandataires des actionnaires;

Attendu qu'aux termes des articles 8 et 9 de la même loi ils sont chargés de vérifier les livres, la caisse, le portefeuille et les valeurs de la société; qu'ils font chaque année un rapport à l'assemblée générale sur les inventaires et sur les propositions de distribution de dividendes faites par le gérant; qu'ils peuvent convoquer l'assemblée générale, et aussi provoquer la dissolution de la société;

Attendu que ces dispositions ont pour but de mettre obstacle, par un contrôle loyal et sérieux, aux abus possibles de la gérance, et en même temps de préciser les actes qui sont de surveillance et non d'immixtion;

Attendu qu'investis du droit de contrôler et chargés du soin d'avertir, les membres du conseil de surveillance sont aussi constitués par la loi, relativement à certains cas, en une sorte d'autorité vis-à-vis du gérant et en état de devoir légal vis-à-vis des actionnaires;

Attendu que l'article 10 n'est que le corollaire et la sanction des articles 5, 8 et 9;

Que la responsabilité des membres du conseil de surveillance naît donc de la violation dolosive des devoirs légaux qui leur sont imposés à l'effet de prévenir ou d'empêcher les faits dommageables que le gérant pourrait commettre; mais que cette responsabilité ne peut être appliquée que lorsqu'il y a en effet un dommage causé par le gérant;

Attendu qu'à la vérité les membres du conseil de surveillance peuvent, comme toutes personnes civilement responsables, se rendre d'ailleurs complices, dans les termes des articles 57 et suivants du Code pénal, des délits commis par le gérant, même dans le cas de l'article 13, n° 3; mais qu'aucune complicité spéciale n'a été établie par la loi du 17 juillet 1856; que la responsabilité des membres du conseil de surveillance n'est donc, en réalité, qu'une application nouvelle du § 1er de l'article 1384 du Code Napoléon;

Attendu qu'on ne saurait induire le caractère direct des deux responsabilités du gérant et des membres du conseil de surveillance de ce qu'elles sont réunies dans une disposition commune; que ce n'est là que la conséquence de la corrélation qui existe entre elles;

Qu'on ne pourrait davantage se fonder sur ce qu'elles ont pour effets communs la solidarité et la contrainte par corps, puisque la responsabilité civile étant établie par la loi, il appartient au législateur d'en régler les conditions et l'étendue suivant les cas, sans que pour cela elles changent de nature;

Attendu que la responsabilité de l'article 10 s'applique aux délits du numéro 3 de l'article 13;

Attendu, en effet, que la responsabilité civile naît du dommage causé, quelle que soit la qualification du fait par rapport à son auteur;

Attendu que les membres du conseil de surveillance étant responsables des inexactitudes graves qu'ils laissent commettre dans les inventaires, lorsqu'un dommage en est résulté, cette cause de responsabilité est la même, qu'elle soit ou non accompagnée de fraude de la part du gérant;

Que la responsabilité, conjointement déclarée dans l'article 10, n'avait pas plus besoin d'être reproduite dans l'article 13 pour les membres du conseil de surveillance que pour le gérant lui-même;

Attendu qu'aux termes de l'article 3 du Code d'instruction criminelle l'action civile peut être portée en même temps et devant les mêmes juges que l'action publique;

Que l'action civile comprend les personnes civilement responsables, comme les prévenus et les complices, et qu'elle s'applique aux frais avancés par le trésor public;

Que c'est ce qui résulte expressément des articles 190, 194 du Code d'instruction criminelle, 456 du décret du 18 juin 1811;

Attendu que la loi du 17 juillet 1856 n'a nullement dérogé aux règles de procédure et de compétence;

Attendu qu'on peut d'autant moins admettre la division nécessaire des deux actions en responsabilité lorsque le fait dommageable constituerait un délit à l'égard du gérant; que cette action est solidaire;

Attendu que si les membres du conseil de surveillance ne pouvaient être cités comme civilement responsables en même temps que le gérant dans le cas du délit dont s'agit imputé à celui-ci, ils seraient sans qualité pour intervenir, au grand préjudice de leurs plus légitimes intérêts, lorsqu'ils voudraient défendre leur honneur attaqué et leur fortune menacée dans un débat qui pourrait préjuger leur responsabilité;

Attendu, dès lors, que le tribunal de police correctionnelle de la Seine, compétent à l'égard de Prost, cité comme prévenu, l'était également à l'égard des membres susnommés du conseil de surveillance cités en même temps comme civilement responsables;

Que du moins la compétence était justifiée à raison du délit prévu par le nº 3 de l'article 13 de la loi du 17 juillet 1856, sauf l'appréciation des autres chefs, considérés soit en eux-mêmes, soit pour cause de connexité, le cas échéant;

D'où il suit qu'en se déclarant incompétente, la Cour impériale de Paris a faussement interprété les articles 5, 8, 9, 10, 13, nº 3, de la loi du 17 juillet 1856, et expressément violé l'article 3 du Code d'instruction criminelle;

Casse et annule l'arrêt rendu le 22 décembre 1858 par la Cour impériale de Paris, chambre des appels correctionnels, entre le ministère public et les sieurs Bonnin et consorts;

Et pour être conformément statué à la loi sur le jugement du 14 septembre précédent, par lequel le tribunal de police correctionnelle de la Seine s'était déclaré compétent, ainsi que sur tout ce qui aurait suivi, renvoie les parties avec les pièces du procès devant la Cour impériale de Rouen;

Ordonne, etc.

N° XXIII. — 855. (Audience du 7 février 1862.)
Chambre criminelle.

Marins. — Gardes maritimes. — Compétence.

Question. — Les gardes maritimes qui n'ont qu'une simple surveillance sur les bateaux de pêche, n'étant ni marins par état, ni assimilés aux marins à raison des fonctions qu'ils exercent, sont, pour les délits qu'ils commettent, justiciables de la juridiction ordinaire.

RÉQUISITOIRE (16 décembre 1861)

A la Cour de cassation, chambre criminelle.

Le procureur général impérial près la Cour de cassation expose qu'il est chargé par lettre de Son Excellence M. le garde des sceaux, ministre de la justice, en date du 29 novembre 1861, sur la demande du ministre de la marine, de requérir, en vertu de l'article 401 du Code d'instruction criminelle, l'annulation, dans l'intérêt de la loi, d'un arrêt de la chambre des mises en accusation de la Cour de Poitiers du 10 juillet 1861, et la décision du 1er conseil de guerre maritime de Rochefort du 14 septembre 1861.

La lettre de Son Excellence est ainsi conçue :

« Monsieur le procureur général, le nommé Pierre Gaborit, garde-marine à la résidence de Saint-Michel-en-l'Herm, dénoncé au parquet de Fontenay-le-Comte (Vendée), comme coupable de tentative de viol et d'attentats à la pudeur sur un enfant de moins de quinze ans, a été l'objet d'une instruction judiciaire qui s'est terminée, le 15 juin 1861, par une ordonnance du juge d'instruction portant renvoi de l'inculpé devant la chambre des mises en accusation de la Cour impériale de Poitiers.

« Sur le rapport du procureur général, la Cour, se fondant sur ce que le garde Gaborit, en sa qualité *d'agent* au service de la marine, était justiciable d'un conseil de guerre maritime, s'est déclarée incompétente, et l'a renvoyé devant qui de droit par arrêt du

10 juillet. Voici quels en ont été les motifs, il importe de les connaître :

« Attendu que l'article 77 de la loi du 4 juin 1858 déclare justiciables des conseils de guerre permanents des arrondissements maritimes, *pour tous crimes et délits*, les officiers de tout grade, les employés et les *agents* des différents corps de la marine ;

« Attendu que les gardes maritimes sont des agents placés immédiatement sous les ordres et la surveillance des fonctionnaires du commissariat de la marine ;

« Que la décision ministérielle du 6 décembre 1844, qui les institue, porte : « Il sera établi *dans les divers quartiers de* « *l'inscription maritime des agents* désignés sous le titre de « gardes maritimes. Les commissaires de l'inscription maritime « régleront, sous l'approbation du commissaire général, le mode « des relations des gardes, soit avec les syndics auxquels ils sont « subordonnés, soit avec eux-mêmes ; »

« Attendu que, d'après la même décision, les gardes maritimes sont nommés par le ministre, reçoivent une commission et prêtent serment devant le tribunal de première instance de leur résidence avant d'entrer en fontions ;

« Attendu qu'en créant les gardes maritimes on a ainsi défini leurs attributions :

« Sur le littoral de la mer, ces agents surveilleront les bateaux « employés à la navigation ou à la pêche, ainsi que les parcs et pê- « cheries, en vue *d'assurer l'inscription sur les matricules* « des individus qui se livrent à la navigation ou à la pêche, et « l'observation des prescriptions réglementaires touchant les pêche- « ries, filets et instruments de pêche.

« Dans la partie maritime des fleuves et rivières affluants à la « mer, les gardes maritimes surveilleront les navigateurs ou pê- « cheurs, au point de vue *de l'action de l'inscription mari-* « *time,* et ils exerceront la police de toute espèce de pêche. »

« Les gardes maritimes signaleront sans délai, à l'autorité *dont* « *ils relèvent,* tout naufrage ou toute épave ; »

« Attendu que les lois ou décrets postérieurs ont consacré et étendu même le pouvoir de ces agents ;

« Que notamment le décret du 9 janvier 1852, sur l'exercice de la pêche côtière, porte (art. 16) que les infractions sont recherchées et constatées par les commissaires de l'inscription maritime..... et par les gardes maritimes, dont les procès-verbaux font foi jusqu'à inscription de faux, et qui, d'après l'article 21, ont qualité pour faire et remettre les citations aux délinquants ;

« Que le décret du 19 mars 1852 concernant le rôle d'équipage et les indications des bâtiments ou embarcations exerçant une navigation maritime (art. 7), et le décret du 20 mars 1862 sur la navigation et bornage (art. 8), portent que les gardes maritimes concourront avec les commissaires de l'inscription maritime à la constatation des infractions prévues par lesdits décrets;

« Attendu que, dans tous les cas, les gardes maritimes transmettent leurs procès-verbaux au commissaire de l'inscription maritime, de qui ils relèvent, pour que celui-ci les fasse parvenir au ministère public ou intente lui-même directement la poursuite;

« Attendu qu'à raison de ces attributions et de la position hiérarchique des gardes maritimes, il est évident qu'ils sont les agents d'un corps de la marine, et, à ce titre, justiciables des conseils de guerre maritimes, d'après l'article 77 précité;

« Attendu qu'on ne saurait induire du silence gardé à leur égard dans le tableau annexé au décret du 21 juin 1858 et indiquant les divers individus qui, dans les services de la marine, sont assimilés aux marins ou militaires, qu'ils doivent exceptionnellement rester soumis à la juridiction des cours d'assises et des tribunaux correctionnels;

« Que ce tableau, comme celui qui est joint à l'article 10 de la loi du 4 juin, a pour objet d'indiquer quel sera, dans certains cas et selon le grade de l'accusé, la composition particulière du conseil chargé de le juger;

« Que pour tous les individus non compris dans ces tableaux, la composition ordinaire du conseil de guerre reste maintenue telle qu'elle est déterminée par l'article 3;

« Attendu que, dans tous les cas, les énonciations du tableau annexé au décret du 21 juin pour l'exécution de l'article 13 de la loi du 4 juin, ne pourraient avoir la force de détruire le principe général posé en termes formels dans l'article 77 de cette loi;

« Que cette interprétation de l'article 77 est conforme à l'esprit de la loi, qui a voulu créer une juridiction spéciale et correctionnelle pour *tout le personnel de la marine*, même pour les fonctionnaires dont l'assimilation avec les marins proprement dits paraît la plus éloignée;

« Que l'on n'a pu vouloir exclure des agents qui se rattachent aussi directement que les gardes maritimes au service de la marine, puisqu'ils sont immédiatement placés sous les ordres des officiers du commissariat dont ils assurent l'action, notamment au point de vue du recrutement des marins. »

« L'inculpé fut en conséquence mis à la disposition de l'autorité maritime, et traduit, conformément au Code de justice maritime, devant le 1er conseil de guerre maritime de Rochefort, le 14 septembre 1861.

« Ce conseil, devant qui la question de compétence ne fut ni soulevée ni discutée, se bornant à apprécier les faits imputés à l'accusé, l'a déclaré à l'unanimité non coupable, et a prononcé son acquittement.

« M. le ministre de la marine, à l'attention duquel ont été signalés l'arrêt de la chambre des mises en accusation et le jugement du conseil de guerre, a pensé que ces deux juridictions, ayant considéré l'inculpé comme justiciable d'un conseil de guerre maritime, avaient fait en cette circonstance une fausse application des articles 77, 13 et 10 du Code maritime, et il m'a demandé de provoquer l'annulation de leurs décisions dans l'intérêt de la loi.

« Dans la lettre qu'il m'a écrite à cet effet, et que vous trouverez jointe au dossier, M. le ministre de la marine s'attache à démontrer qu'il ne suffit pas qu'un individu soit pourvu d'une commission émanée de son département pour devenir justiciable des tribunaux maritimes, qu'il faut surtout que l'emploi que lui confère cette commission appartienne à l'armée ou soit assimilé par la loi aux fonctions militaires, et que tel n'est pas le caractère de l'emploi de garde-marine, ainsi que cela résulte d'abord de la circulaire du 18 décembre 1844, qui a réglé l'organisation de ce service, et ensuite des articles 77, 13 et 10 du Code maritime, rapprochés du tableau annexé au décret du 21 juin 1858, lequel, dans l'énumération qu'il donne des divers corps, emplois et états appartenant au cadre de l'armée de mer, ne comprend pas les garde-marine.

« Quoi qu'il en soit de cette doctrine, dont il convient de laisser à la Cour de cassation le soin d'apprécier la légalité, comme il importe surtout de ne jamais laisser douteuses les questions qui touchent à la compétence respective des diverses juridictions, je vous charge, Monsieur le procureur général, sur la demande expresse de M. le ministre de la marine, et conformément à l'article 441 du Code d'instruction criminelle, de dénoncer à la chambre criminelle l'arrêt de la chambre des mises en accusation de la Cour de Poitiers, et la décision du 1ᵉʳ conseil de guerre maritime de Rochefort, et d'en provoquer l'annulation dans l'intérêt de la loi seulement.

« Vous trouverez ci-joint, avec les pièces de la procédure, la copie de ces décisions, la circulaire précitée relative à l'organisation des garde-marine, et la dépêche du 15 novembre courant de M. le ministre de la marine.

« Agréez, Monsieur le procureur général, l'assurance de ma haute considération.

« Le garde des sceaux, ministre de la justice,

« *Signé :* DELANGLE. »

M. le ministre de la marine, dans sa lettre à Son Excellence le garde des sceaux, jointe aux pièces, cite à l'appui de ses observations, comme établissant l'incompétence des conseils de guerre maritimes pour juger les *agents de la marine*, un arrêt de la Cour de cassation du 24 février 1860 (affaire Collignon), qui pose en principe que la commission du ministre de la guerre, acceptée par celui qui en est l'objet, ne saurait avoir à elle seule pour effet de changer la nature de la fonction au point de vue de la compétence et d'attribuer le caractère militaire à un emploi civil. Cet arrêt déclare, il est vrai, le portier-concierge Collignon justiciable des conseils de guerre, mais c'est uniquement par le motif que le tableau, joint au décret du 18 juillet 1857, comprend une sixième catégorie intitulée : Employés divers dans les corps ou établissements militaires, au nombre desquels le tableau classe nommément « les portiers-consignes et les *portiers-concierges*, éclusiers, et tout autre agent y assimilé. » Le ministre, appliquant la doctrine de l'arrêt du 24 février 1860 à l'espèce présente, en tire cette conséquence que les gardes maritimes ne se trouvant pas nommément compris sur le tableau annexé au décret du 21 juin 1858, qui détermine le ressort des conseils de guerre et des tribunaux maritimes, ces fonctionnaires ne sont pas justiciables des conseils de guerre, puisqu'ils ne peuvent pas l'être en vertu de leur commission seule.

Nous remarquons, en effet, que les *gardes maritimes* ne se trouvent pas mentionnés nommément dans le tableau annexé au décret du 21 juin 1858 ; ils étaient indiqués dans une note qui avait été distribuée, par les soins du ministre de la marine, à la commission chargée de préparer le Code maritime. (Duvergier, vol. 58, p. 394.) Mais, en se reportant à l'exposé des motifs qui donne l'énumération détaillée de tous ceux qui sont justiciables des conseils de guerre permanents dans les arrondissements maritimes, on n'y rencontre plus les gardes maritimes. (Duvergier, vol. 58, p. 394.) On ne pourrait donc déclarer ces fonctionnaires justiciables des conseils de guerre maritimes qu'en les rangeant, comme le fait la Cour impériale de Poitiers, parmi les *agents* au service de la marine, dont s'occupe l'article 77 de la loi du 4 juin 1858, ou du moins parmi les *agents administratifs* classés dans la quatrième catégorie du tableau annexé au décret du 21 juin 1858 ; mais Son Exc. M. le ministre de la marine, dans sa lettre jointe aux pièces, s'élève contre toute espèce d'assimilation des gardes maritimes aux marins de l'armée de mer.

Dans ces circonstances :

« Vu l'article 441 du Code d'instruction criminelle ; les articles 10, 13 et 77 de la loi du 4 juin 1858 ; le décret du 20 juin 1858 et le tableau y annexé, et toutes les pièces du dossier ;

« Le procureur général requiert, pour l'Empereur, qu'il plaise à la Cour casser et annuler, dans l'intérêt de la loi, les décisions dénoncées ; ordonner qu'à la diligence du procureur général, l'arrêt à intervenir sera imprimé et transcrit sur les registres des juridictions qui ont rendu lesdites décisions.

« Fait au parquet, le 16 décembre 1861.

« Le procureur général,
« *Signé :* DUPIN. »

ARRÊT (7 février 1862).

La Cour, ouï M. Victor Foucher, conseiller, en son rapport; ouï M. le procureur général Dupin, en ses conclusions;

Vu les articles 441 du Code d'instruction criminelle, 10, 13, 76 et 77 du Code de justice maritime, le décret du 20 juin 1858 et le tableau y annexé;

Attendu qu'aux termes des dispositions ci-dessus visées, sont seuls soumis aux juridictions maritimes les individus qui y sont désignés ou qui font partie des corps et administrations militaires ou assimilés aux militaires qui y sont spécifiés;

Attendu que les gardes maritimes organisés par une simple décision ministérielle ne sont *ni agents de l'un des corps de la marine, ni assimilés aux marins ou militaires de l'armée de mer par les ordonnances ou décrets d'organisation, et n'appartiennent pas à l'armée en vertu de leurs commissions qui ne leur confèrent qu'un emploi civil;*

Attendu qu'on ne saurait argumenter de ce que ces agents sont placés sous les ordres des commissaires de la marine qui appartiennent à un corps organisé de la marine, puisque les gardes maritimes ne sont pas compris par les ordonnances et les décrets parmi les individus qui en font partie;

Attendu que si les gardes maritimes sont appelés à surveiller les bateaux employés à la navigation ou à la pêche et à constater les contraventions aux règlements de la pêche ou prévues par les sections 7 et 8 du décret du 20 mars 1852, ils ne sauraient, à raison de ces attributions, être justiciables des juridictions militaires, leurs fonctions n'étant pas militaires de leur nature et pouvant être remplies aussi bien par des agents civils que par des agents militaires ou assimilés aux militaires;

Attendu que les gardes maritimes ne sont pas compris dans le tableau annexé au décret du 21 juin 1858, rendu pour déterminer la composition des conseils de guerre maritimes à l'égard de tous les individus qui, dans les divers services de la marine, sont assimilés aux militaires, et que le silence gardé par ce décret, qui fixe la composition des juridictions pour tous les assimilés depuis le grade le plus élevé jusqu'à celui correspondant au simple marin ou soldat, prouve que les gardes maritimes n'ont pas été alors considérés par le pouvoir, auquel appartient seul le droit de réglementer l'organisation des armées de terre et de mer, comme devant être assimilés aux individus qui en faisaient partie;

Attendu qu'aucun décret postérieur à celui du 21 juin 1858 n'est venu donner aux gardes maritimes une organisation qui les assimile aux militaires de l'armée de mer;

Attendu, dès lors, que c'est par une fausse interprétation des articles 3, 10, 76 et 77 du Code de justice maritime et du décret du 21 juin 1858 que la Cour impériale de Poitiers s'est déclarée incompétente pour statuer sur les faits imputés au sieur Gaborit, garde maritime, et que le premier conseil de guerre maritime de Rochefort a connu de ces faits;

Par ces motifs, la Cour, statuant sur le pourvoi formé d'ordre de M. le garde des sceaux par M. le procureur général, casse et annule, mais dans l'intérêt de la loi seulement, l'arrêt rendu le 10 juillet 1861 par la chambre des mises en accusation de la Cour impériale de Poitiers et la décision du 1er conseil de guerre maritime de Rochefort du 14 septembre suivant dans l'affaire concernant le nommé Gaborit, garde maritime;

Ordonne qu'à la diligence du procureur général le présent arrêt sera imprimé et transcrit en marge des décisions annulées;

Ainsi jugé et prononcé en audience publique, par la Cour de cassation, chambre criminelle, le 7 février 1862.

N° XXIV. — 870. (Audience du 9 juillet 1863.)
Chambre criminelle.

Soldats laissés dans leurs foyers. — Délit de droit commun. — Conflit négatif.

Question. — Les conscrits laissés dans leurs foyers ne sont justiciables des conseils de guerre que lorsqu'ils sont réunis pour des revues et des exercices; — et seulement pour délits commis pendant le temps strict que durent ces revues et exercices.

RÉQUISITOIRE DU PROCUREUR GÉNÉRAL (25 juin 1863)

A la Cour de cassation, chambre criminelle.

Le procureur général impérial près la Cour de cassation expose qu'il est chargé par Son Excellence M. le garde des sceaux, ministre de la justice, de faire statuer en règlement de juges, par la Cour de cassation, sur un conflit négatif qui s'est élevé entre le juge d'instruction de Bourges et le Conseil permanent de révision de Lyon, dans les circonstances suivantes :

« Jean Signoret, dit Boutron, jeune soldat de la réserve du département du Cher, et demeurant à Vierzon, avait été convoqué par l'autorité militaire à une revue d'inspection à laquelle il avait assisté. Après la revue, il était entré dans un cabaret, d'où il était sorti en complet état d'ivresse, et, dans cet état, il avait frappé plusieurs personnes de Vierzon et s'était porté à des voies de fait sur un gendarme qui voulait intervenir.

« Ces faits amenèrent tout d'abord, sur le réquisitoire de M. le procureur impérial de Bourges, un commencement d'instruction devant le tribunal correctionnel; mais, sur de nouvelles réquisitions de M. le procureur impérial, M. le juge d'instruction déclara se dessaisir de l'affaire pour cause d'incompétence, et rendit, le 18 avril 1863, une ordonnance dont voici les termes :

« Nous, juge d'instruction de l'arrondissement de Bourges ;

« Vu l'article 127 du Code d'instruction criminelle et la procé-
« dure suivie contre Signoret, détenu, inculpé de coups et bles-
« sures et rébellion ;

« Considérant que Signoret est de la classe de 1859, en congé
« renouvelable ;

« Qu'au moment où il a commis le délit qui a motivé la pour-
« suite, il se trouvait à Vierzon (16 avril 1863) pour une revue ou
« exercice prévu par l'article 30 de la loi du 21 mars 1832 ;

« Qu'il est justiciable de la justice militaire, aux termes de l'ar-
« ticle 56, § 4, du Code de justice militaire ;

« Disons qu'il n'y a lieu à suivre quant à présent contre lui ;
« mais, attendu sa qualité, ordonnons qu'il sera tenu, à la maison
« d'arrêt, à la disposition de M. le général commandant la 19ᵉ divi-
« sion militaire. »

« A la suite de cette ordonnance, et sur un ordre d'informer le
général commandant la 19ᵉ division militaire, Signoret fut traduit
devant le conseil de guerre de la division, qui le condamna, le
15 mai 1853, à six mois d'emprisonnement et aux frais du procès,
en vertu des articles 134, §§ 3 et 4, du Code de justice militaire,
311 du Code pénal, 225, 135 et 139 du Code de justice militaire.

« Sur le pourvoi de Signoret, le conseil permanent de révision
de Lyon a annulé, le 30 mai 1863, pour cause d'incompétence,
le jugement du conseil de guerre permanent de la 19ᵉ division militaire, en se fondant sur les motifs suivants :

« Attendu que, d'après l'article 56 du Code de justice mili-
« taire, les hommes faisant partie de la réserve sont justiciables
« des conseils de guerre lorsqu'ils sont réunis pour des revues ou
« exercices ;

« Attendu qu'il résulte des termes formels de cet article que la
« compétence des conseils de guerre doit cesser avec les actes pour
« lesquels la convocation a eu lieu ;

« Attendu que, d'après l'instruction, les hommes de la réserve
« ont été réunis à Vierzon, le 16 avril 1863, pour une revue qui a
« été terminée à deux heures environ ; qu'à dater de ce moment ils
« ont été rendus à leurs occupations ordinaires ;

« Attendu que les délits dont se serait rendu coupable Signoret,
« qui habite Vierzon, ont été commis à sept heures du soir, et que,
« dès lors, le conseil de guerre n'était plus compétent pour en
« connaître ;

« En conséquence, annule à l'unanimité le jugement dont est
« recours, pour cause d'incompétence ;

« Renvoie les pièces de la procédure à M. le procureur impérial
« près le tribunal de première instance de Lyon, en vertu des ar-
« ticles 167 et 169 du Code de justice militaire, pour être statué
« ce que de droit. »

« Il résulte de l'ordonnance de M. le juge d'instruction près le tribunal de Bourges, et de la décision qui précède, un conflit négatif qu'il importe de faire cesser pour rétablir le cours de la justice.

Observations.

« La position de l'inculpé Signoret, qui ne paraissait pas bien fixée devant le juge d'instruction, a, au contraire, été nettement déterminée par l'instruction et les débats devant le conseil de révision.

« La revue à laquelle avait assisté Signoret s'était terminée à *deux heures,* et les délits imputés à Signoret, qui habite Vierzon, auraient été commis à *sept heures du soir.*

« Ainsi, il n'assistait plus dans ce moment à la revue, et n'était même plus sur le lieu où elle avait été passée.

« D'un autre côté, il s'agissait non de délits militaires, mais de délits de droit commun. Ces points de fait bien établis, la compétence de la juridiction ordinaire ne nous paraît pas pouvoir être mise en doute.

« Les jeunes soldats laissés dans leurs foyers, en conformité de l'article 30 de la loi du 21 mars 1832, font partie de la réserve et sont militaires; mais si *pour les délits militaires* ils restent justiciables des conseils de guerre, malgré leur qualité de militaires, ils sont, *pour les délits de droit commun,* assimilés aux autres citoyens.

« Tel est le principe posé dans l'article 57 du Code de justice militaire.

« Il y a cependant une exception, même pour les délits de droit commun; elle est écrite dans l'article 56 du même Code, portant :
« Sont justiciables des conseils de guerre des divisions territoriales,
« *pour tous crimes et délits...,* 4° Les jeunes soldats laissés dans
« leurs foyers et les militaires envoyés en congé illimité, lorsqu'ils
« sont réunis pour les revues et les exercices prévus par l'article 30
« de la loi du 21 mars 1832. »

« Mais pourquoi cette exception? C'est que remplissant, au moment où ils sont réunis pour une revue ou un exercice, des devoirs militaires, la discipline, sans laquelle ces devoirs ne pourraient s'accomplir, les a ressaisis.

« C'est ce que dit, en termes bien explicites, l'exposé des motifs
« du Code de justice militaire : « La *répression militaire* ne peut,
« en effet, commencer pour les individus *que du moment où les*
« *devoirs et les obligations* militaires les ont saisis, et où, sortis
« des conditions du droit commun, *ils se trouvent soumis à une*
« *discipline exceptionnelle.* »

« Or, le moment où les devoirs et les obligations militaires saisissent les jeunes soldats laissés dans leurs foyers, c'est évidemment le moment où, comme le porte l'article 56 du Code militaire, ils sont *réunis* pour la revue ou l'exercice. C'est de ce moment seulement qu'ils sont soumis à une *discipline exceptionnelle.*

« Mais si cette discipline exceptionnelle et, par suite, cette répression militaire exceptionnelle ne commencent qu'à ce moment, l'une et l'autre doivent finir au moment où finit la revue, c'est-à-dire lorsque, les devoirs et les obligations militaires étant accomplis, la réunion militaire a cessé d'exister.

« S'il n'en était pas ainsi, les juridictions qui sont d'ordre public seraient livrées, dans le cas qui nous occupe, au plus déplorable arbitraire.

« Si, au lieu de s'être trouvé dans un lieu public cinq heures après la revue, Signoret, qui habitait Vierzon, fût rentré chez lui et eût commis un délit chez lui, l'aurait-on livré à la juridiction militaire ? Si, au lieu d'habiter Vierzon, Signoret eût demeuré dans une ville voisine, et qu'il eût commis, en s'en allant, à sept heures du soir, à plusieurs lieues de Vierzon, un délit de droit commun, aurait-on pu prétendre qu'il était en ce moment *réuni* pour la revue, et l'aurait-on ramené pour le faire juger par un conseil de guerre ? Assurément non !

« Il faut donc, comme toutes les exceptions, renfermer dans son sens littéral l'exception écrite dans l'article 56, et décider que les jeunes soldats laissés dans leurs foyers ne sont soumis à la répression militaire, pour les délits de droit commun, qu'autant qu'ils sont en effet *réunis* pour la revue ou l'exercice, parce que c'est pendant ce temps seulement que, soumis à une *discipline exceptionnelle,* ils sont sortis du droit commun.

« Dans ces circonstances,

« Vu la lettre de M. le garde des sceaux, du 12 juin 1863, les articles 527 et suivants du Code d'instruction criminelle, les articles 56 et 57 du Code de justice militaire pour l'armée de terre, et toutes les pièces de l'affaire,

« Le procureur général requiert, pour l'Empereur, qu'il plaise à la Cour régler de juges, et, sans s'arrêter à l'ordonnance du juge d'instruction près le tribunal de Bourges, laquelle sera considérée comme non avenue, renvoyer le prévenu et les pièces du procès devant la juridiction compétente.

« Fait au parquet, le 25 juin 1863.

« Le procureur général,

« *Signé* DUPIN. »

L'affaire est venue devant la Cour à l'audience du 9 juillet 1863, et M. le rapporteur s'est exprimé ainsi :

« Nous n'avons pas, nous paraît-il, d'observations à ajouter à celles dont la Cour vient d'entendre la lecture. Elles posent, de la

manière la plus exacte, et les questions à résoudre, et les raisons
de décider.

« En effet, le conflit négatif de juridiction est constant ; il résulte
des deux décisions d'incompétence rendues, l'une par la juridiction ordinaire, l'autre par la juridiction militaire, décisions passées
en force de chose jugée et ne pouvant plus être réformées par les
voies accoutumées. Le règlement de juges est donc indispensable.

« Quant au juge que la Cour doit saisir, il ne semble pas que
son choix puisse être douteux. Rien n'est plus rationnel, nous
paraît-il, que l'interprétation donnée par le réquisitoire à l'article 56
du Code de justice militaire. L'exception qu'admet cet article pour
les *jeunes soldats laissés dans leurs foyers* a uniquement sa
raison d'être dans le fait de leur *réunion pour les revues ou
exercices*. Son application commence donc au moment où cette
réunion se produit ; mais en même temps, et par une conséquence
nécessaire, elle cesse avec la réunion elle-même, et comme il est
certain en fait, d'une part, que la réunion ordonnée pour une revue s'est terminée à deux heures ; d'autre part, que les faits reprochés à Signoret ont eu lieu cinq heures après la dissolution officielle
de cette réunion ; en troisième lieu, que ces faits constituent non
des délits militaires, mais des délits de droit commun, la compétence des tribunaux de droit commun échappe à l'exception autorisée par l'article 56. C'est d'ailleurs ce que la Cour appréciera. »

ARRÊT (9 juillet 1863).

Ouï M. le conseiller Nouguier, en son rapport, et M. le procureur
général Dupin, en ses conclusions ;

Vu l'ordonnance du juge d'instruction du tribunal de Bourges, en
date du 18 août dernier, ordonnance rendue sur les poursuites commencées contre Jean Signoret, dit Boutron, et par laquelle a été
déclarée l'incompétence de la juridiction correctionnelle ;

Vu la décision rendue le 30 mai suivant par le conseil permanent
de révision de Lyon, par laquelle a été déclarée, dans la même affaire,
l'incompétence de la juridiction militaire, ensemble la demande en
règlement de juges formée, le 25 juin dernier, de l'ordre de Son Excellence M. le garde des sceaux, ministre de la justice, par M. le procureur général près la Cour ;

Attendu que des deux décisions contradictoires ci-dessus visées,
décisions passées en force de chose jugée et ne pouvant plus être
réformées par les voies ordinaires, résulte un conflit négatif de juridictions qui interrompt le cours de la justice ;

La Cour, réglant de juges en exécution des articles 526, 12, 13, 14,
15, 16 et suivants du Code d'instruction criminelle ;

Et attendu qu'aux termes de l'article 56, § 4, du Code de justice
militaire, les jeunes soldats laissés dans leurs foyers ne sont justiciables des conseils de guerre, pour la répression des délits de droit
commun qu'ils ont pu commettre, que lorsqu'ils sont *réunis* pour des
revues ou exercices ;

Qu'il résulte des termes exprès de cet article et de l'esprit qui en a déterminé la disposition, que, dans les cas qu'il prévoit, la compétence des tribunaux militaires commence et finit avec la réunion même qui a motivé exceptionnellement cette compétence ;

Attendu, en fait, qu'il appert de la décision du conseil permanent de révision précitée :

1º Que la réunion du 16 avril dernier, pour la revue, à Vierzon, des hommes de la réserve, s'est terminée à deux heures environ ;

2º Que les délits dont Signoret se serait rendu coupable auraient été commis à sept heures du soir ;

3º Que ces délits, consistant dans un acte de rébellion contre des officiers de police judiciaire et des coups volontaires contre divers particuliers, constituent des délits de droit commun prévus et punis par les articles 209 et 311 du Code pénal ;

Qu'en cet état la juridiction correctionnelle était seule compétente ;

Par ces motifs, la Cour, sans s'arrêter à l'ordonnance ci-dessus visée du juge d'instruction de Bourges, laquelle sera considérée comme nulle et non avenue, renvoie Jean Signoret, dit Boutron, en l'état où il se trouve, ainsi que les pièces de la procédure, devant le juge d'instruction du tribunal de Sancerre, pour par lui être procédé conformément à la loi, tant sur l'instruction déjà faite que sur le supplément d'instruction qu'il jugera nécessaire ; ordonne qu'à la diligence du procureur général près la Cour le présent arrêt sera imprimé et notifié à qui de droit.

<h2 style="text-align:center">N° XXV. — 881. (Audience du 28 juillet 1864.)
Chambre criminelle.</h2>

Soldat déclaré déserteur et non porté sur les contrôles de son régiment. — Compétence des tribunaux criminels ordinaires. — Inapplicabilité de l'article 56 du Code de justice militaire.

Question. — Les tribunaux criminels ordinaires sont compétents pour connaître des délits de vagabondage et d'escroquerie imputés à un soldat, s'ils ont été commis à une époque où ce soldat, déclaré déserteur, n'était plus porté sur les contrôles de son régiment.

Dans ce cas, il n'y a pas lieu d'appliquer l'article 56 du Code de justice militaire, aux termes duquel les soldats en activité de service, ou portés sur les contrôles, sont justiciables des conseils de guerre.

<h3 style="text-align:center">RÉQUISITOIRE (16 juillet 1864)
A la Cour de cassation, chambre criminelle.</h3>

Le procureur général impérial près la Cour de cassation expose qu'il est chargé par M. le garde des sceaux, ministre de la justice et des cultes, de requérir, en vertu de l'article 547 du Code d'instruction criminelle, qu'il soit statué par la Cour en règlement de juges, sur un conflit négatif qui s'est élevé entre M. le juge d'instruction de Saint-Lô et M. le général commandant la 2ᵉ division militaire dans les circonstances suivantes :

« Le nommé Lotin (Victor), soldat rengagé et titulaire de la médaille commémorative d'Italie, obtint une permission de quatre jours le 29 août 1863, il devait, par conséquent, se trouver présent à l'appel le 2 septembre suivant. N'ayant pas reparu au corps dans les quinze jours qui suivirent le jour fixé pour son retour, il fut, le 17 septembre 1863, considéré comme déserteur, aux termes de l'article 231 du Code de justice militaire.

« Il fut ramené au corps par la gendarmerie le 31 mars 1864, n'ayant plus aucun effet militaire. Pendant cet intervalle de temps, c'est-à-dire du mois de septembre 1863 au mois de mars 1864, il a été presque constamment en état de vagabondage, et s'est rendu coupable de différentes escroqueries sous divers noms.

« Il fut poursuivi à raison de ces faits devant le tribunal correctionnel de Saint-Lô, mais M. le procureur impérial de ce tribunal pensa que le soldat Lotin, en état de désertion, n'ayant pas cessé de figurer sur les contrôles du 33ᵉ régiment, était par suite, pour les délits qui lui étaient imputés, justiciable des tribunaux militaires.

« Conformément au réquisitoire du procureur impérial, M. le juge d'instruction au tribunal de Saint-Lô rendit le 30 mars 1864 l'ordonnance suivante :

« Considérant que Lotin est soldat au 33ᵉ régiment et *se trouve*
« *en état de désertion, mais n'a pas cessé de figurer sur les*
« *contrôles de ce régiment*, que par suite c'est la juridiction mi-
« litaire qui est compétente pour connaître des délits d'escroquerie
« et de vagabondage qui lui sont imputés;

« Vu l'article 128 du Code d'instruction criminelle, nous déclarons
« dessaisi et ordonnons que les pièces de la procédure seront trans-
« mises à l'autorité compétente, pour être statué ce que de droit,
« et que Lotin sera remis à la disposition des autorités militaires. »

« Les pièces ayant été transmises à M. le général commandant la 2ᵉ division militaire, un rapport fut fait le 13 avril 1864 à ce haut fonctionnaire, dans lequel le rapporteur du conseil de guerre émit l'avis que le prévenu Lotin, ayant cessé d'être porté présent à son corps à l'époque des délits d'escroquerie et de vagabondage qui lui étaient imputés, était pour ces faits justiciable des tribunaux civils, et que c'était seulement sous la prévention : 1° de désertion à l'intérieur; 2° de dissipation d'effets appartenant à l'Etat, qu'il devait être traduit devant un conseil de guerre.

« Ce fut, en effet, sur ces deux chefs de prévention seulement que porta l'ordre de mise en jugement du prévenu Lotin, en date du 16 avril 1864.

« Le 21 avril, le conseil de guerre déclara Lotin coupable sur

ces deux chefs, et le condamna, à l'unanimité, à la peine de trois
années de prison, en vertu des articles 231 et 232 du Code de justice militaire.

« Mais M. le juge d'instruction s'étant dessaisi même en ce qui
touchait la prévention de vagabondage et d'escroquerie, et M. le
général commandant la 2ᵉ division militaire n'ayant pas compris,
dans son ordre de mise en jugement, ces chefs de prévention qui
lui étaient renvoyés, dut s'en dessaisir à son tour; c'est ce qu'il a
fait par décision du 4 juin 1864, contenant refus d'informer sur
les points dont il s'agit.

« Cet acte exposant parfaitement les circonstances de l'affaire et
la position du soldat Lotin, au point de vue de la compétence de la
juridiction ordinaire, quant aux faits qui lui étaient reprochés de
vagabondage et d'escroquerie, nous croyons devoir transcrire ici
en son entier ce document important du procès :

« Vu les articles 98 et 99 du Code militaire;

« Attendu qu'il résulte de l'examen du dossier ci-joint de la
« procédure instruite contre le nommé Lotin (Victor), soldat au
« 33ᵉ de ligne, condamné le 21 avril 1864, par le 2ᵉ conseil per-
« manent de la 2ᵉ division, à la peine de trois ans de prison pour
« désertion à l'intérieur, en emportant des effets d'habillement;

« 1° Que cet homme est, en outre, prévenu des délits de vaga-
« bondage et d'escroquerie, commis du 1ᵉʳ septembre 1863 au
« 23 janvier 1864, pendant qu'il était en état de désertion;

« 2° Que ces chefs de prévention ont été l'objet d'une informa-
« tion dirigée par M. le juge d'instruction du tribunal de Saint-Lô,
« information dont les conclusions ont amené la constatation
« d'identité dudit Lotin et la nécessité de le traduire en justice
« pour répondre desdits délits;

« 3° Que M. le juge d'instruction s'est dessaisi de cette affaire
« par une ordonnance du 30 mars 1864, en renvoyant cet homme
« devant la juridiction militaire;

« Attendu qu'il est constaté que le nommé Lotin, au moment
« où se sont passés les faits motivant les accusations de vagabon-
« dage et d'escroquerie formulées contre lui, se trouvait en état de
« désertion et n'était plus porté *présent* sur les contrôles de son
« régiment; d'où il suit, aux termes de l'article 56 du Code mili-
« taire, qu'il avait cessé dès lors d'être, pour tous délits de droit
« commun, justiciable des tribunaux de l'armée, et qu'en consé-
« quence, c'est devant les tribunaux ordinaires qu'il devait être
« traduit, contrairement aux conclusions de l'ordonnance rendue
« par M. le juge d'instruction de Saint-Lô;

« Le général de division, commandant la 2ᵉ division militaire,
« déclare que, dans l'état, il ne peut ordonner d'information pour
« l'envoi du nommé Lotin devant un conseil de guerre, sous pré-
« vention de vagabondage et d'escroquerie. »

Observations.

« Au moment de l'instruction par le juge de Saint-Lô, le fait de désertion étant constant à ses yeux, il aurait pu y avoir lieu pour lui d'examiner si ce fait était plus grave que les faits de vagabondage et d'escroquerie imputés à Lotin, et renvoyer l'affaire au général commandant la division, pour qu'il traduisît le prévenu, dans ce cas, devant les tribunaux militaires qui, aux termes de l'article 60 du Code militaire, devaient connaître d'abord de la désertion comme entraînant la peine la plus grave.

« Mais ce n'est pas ce qu'il a fait : il constate bien que Lotin *est en état de désertion,* mais il déclare en même temps que ce soldat n'ayant pas cessé de figurer sur les contrôles du régiment, la juridiction militaire était compétente pour connaître des délits de vagabondage et d'escroquerie qui lui étaient imputés.

« Deux lettres qui se trouvent au dossier nous apprennent comment M. le juge d'instruction a été conduit à décliner sa compétence dans l'affaire dont s'agit.

« Par la première de ces lettres, en date du 12 mars 1864, M. le procureur impérial de Saint-Lô informe le procureur impérial de Caen, « qu'il poursuit sous inculpation d'escroquerie le nommé « Lotin, et que cet individu a déclaré avoir déserté, à la fin de « l'année dernière, du 33ᵉ de ligne, en garnison à Caen. » — « J'ai « l'honneur, ajoute-t-il, de vous prier de vouloir bien me faire « connaître si cette assertion est exacte et demander à l'autorité « militaire à quelle époque Lotin *a été déclaré déserteur, et à* « *quelle époque il a été rayé des contrôles du régiment.* » Ce renseignement a été demandé à l'autorité militaire, car on trouve également au dossier une lettre du colonel du 33ᵉ de ligne adressée au procureur impérial de Caen et ainsi conçue :

« Le nommé Lotin, sur le compte duquel vous m'avez fait l'hon- « neur de me demander des renseignements, appartient en effet au « 33ᵉ de ligne.

« Cet homme, parti de Caen le 29 août 1863, en vertu d'une « permission de quatre jours, valable jusqu'au 1ᵉʳ septembre inclus, « pour aller à Luot (Manche), manque à l'appel du 2 *septembre et* « *a été déclaré déserteur le* 17 *dudit.* »

« Ainsi l'autorité militaire n'avait répondu qu'à la première question que le procureur impérial de Saint-Lô lui faisait adresser ; elle avait gardé le silence sur *l'époque à laquelle Lotin avait été rayé des contrôles.*

« Et le procureur impérial de Saint-Lô, ainsi que le juge d'instruction, en avaient conclu que, bien que *déclaré déserteur* depuis le 17 septembre 1863. Lotin figurant toujours sur les contrôles, était resté par cela même *justiciable des tribunaux militaires.*

« Comme il importe qu'une erreur de cette nature ne se reproduise pas, nous croyons utile de rappeler ici les principes qui régissent la position des militaires en état de désertion, quant aux juridictions dont ils sont justiciables.

« M. le juge d'instruction de Saint-Lô n'a pu se déclarer incompétent que par suite de fausse interprétation du § 5, n° 1ᵉʳ de l'article 56 du Code de justice militaire, portant : « Sont justi- « ciables des conseils de guerre des divisions territoriales, en temps « de paix, pour tous crimes et délits, les soldats, pendant qu'ils « sont en activité de service ou *portés présents* sur les contrôles « de l'armée. »

« Il a pensé sans doute que, tant qu'on n'était pas rayé des contrôles de l'armée, on était nécessairement porté *présent* sur ces mêmes contrôles, et conséquemment justiciable des conseils de guerre, même pour les délits non militaires.

« Or, la saine entente de la loi militaire résiste à cette interprétation.

« Autre chose est d'être *inscrit* sur les contrôles, autre chose « d'y être *porté présent.*

« En se servant des expressions *présents sur les contrôles de* « *l'armée* », dit l'honorable auteur du *Commentaire sur le Code* « *de justice militaire*, « la loi a voulu embrasser non-seulement « les militaires *présents de fait sous le drapeau,* mais aussi ceux « qui, ne faisant pas partie d'un corps, sont attachés à un service « spécial, ou qui, absents momentanément de leurs corps, sans « congé ou permission, figurent encore sur les contrôles. En effet, « dans ces diverses positions, le militaire n'en compte pas moins « *dans les rangs de l'armée active,* et il ne saurait, par ce « seul fait, se soustraire aux obligations et aux devoirs qui sont la « conséquence de cette position. »

« Ainsi, indépendamment des militaires *présents de fait* sous le drapeau, les militaires que l'article 56, § 5, a eu particulièrement en vue sont les militaires *présents de droit* sur les contrôles, bien qu'ils n'y soient pas *présents* de fait.

« Cette position ne saurait être celle du militaire en état de désertion.

« Qu'est-ce que la désertion ? C'est, dit le *Dictionnaire de l'Académie,* l'action de déserter, de *quitter sans congé* le service de l'État. Il en est de même de celui qui, ayant eu un congé, ne revient pas au jour fixé, et qui prolonge son absence : *Qui commeatûs spatium excessit, desertoris loco habendus est. Habetur tamen ratio dierum, quibus tardius reversus est.* L. 14, ff, *De re militari.*

« En effet, quand un militaire est-il dans cet état ? C'est le législateur lui-même qui, dans l'article 231 du Code de justice militaire, répond à cette question : « Est *considéré* comme *déser-* « *teur* à l'intérieur, *six jours* après celui de l'*absence constatée,*

« tout sous-officier, caporal, brigadier et soldat qui *s'absente de*
« *son corps ou détachement* sans autorisation... Tout sous-offi-
« cier, caporal, brigadier ou soldat voyageant isolément d'un corps
« à un autre, ou dont le congé ou la permission est expirée, et qui,
« dans les *quinze jours* qui suivent celui qui a été fixé pour son
« retour ou son arrivée au corps, ne s'y est pas présenté. »

« La distinction qui résulte de ces dispositions est sensible.

« Le militaire qui s'absente de son corps sans autorisation et le
militaire en congé sont : le premier, quoique absent, porté présent sur les contrôles pendant les *six jours* qui suivent le jour où
il s'est absenté, et le second porté également présent quoique absent, pendant les quinze jours qui suivent le jour de l'expiration
de sa permission ou de son congé, de sorte qu'ils seraient nécessairement *justiciables* des conseils de guerre pour tous *crimes
et délits* commis par eux dans ces délais de grâce.

« Mais, à partir de l'expiration de ces délais, ils sont *considérés*
de plein droit, en vertu de l'article 231 du Code de justice militaire précité, *comme déserteurs*, c'est-à-dire en état d'*absence
illégale* de leur corps. Ils ne peuvent donc plus, ni de fait ni de
droit, être *portés présents* sur les contrôles, car il y aurait contradiction évidente entre cette déclaration et leur état constaté de
désertion.

« Mais s'ils ne sont plus *portés présents* sur les contrôles, ils
n'en restent pas moins *inscrits* sur les contrôles, puisqu'ils ne
cessent pas d'appartenir à un contingent, tant qu'ils n'ont pas
accompli leurs sept années de service, aux termes de la loi du
21 mars 1832.

« Sous ce rapport leur position est semblable à celle des militaires
en congé illimité, qui, n'étant plus *portés présents* sur les contrôles, ne sont justiciables des tribunaux militaires, *pour tous
crimes et délits*, aux termes du n° 4 du même article 56, que
« lorsqu'ils sont réunis pour les revues ou exercices prévus par
l'article 39 de la loi du 21 mars 1832. » Ceux-là restent bien aussi
inscrits sur les contrôles, en leur seule qualité, quoique non présents sous le drapeau.

« Nous avons désiré connaître comment s'exécutaient, dans la
pratique, ces dispositions de la loi militaire. Nous avons, en conséquence, écrit à M. le ministre de la guerre pour qu'il voulût
bien nous renseigner, 1° sur la forme dans laquelle se formule la
déclaration de l'état de désertion des militaires absents; 2° sur leur
radiation des contrôles.

« Relativement à la première question, Son Excellence garde le
silence, parce que sans doute il n'est pas d'usage qu'il soit fait un
acte particulier pour déclarer l'état de désertion. L'article 231 du
Code de justice militaire veut que *l'absence* soit *constatée* pour
faire courir les délais de grâce; cette *constatation* résulte suffisamment de la déclaration que le militaire a manqué à l'appel de

tel jour, et s'il ne s'est pas représenté dans le délai de grâce qui lui est imparti, il est considéré de plein droit, à l'expiration de ce délai, comme déserteur, et cesse d'être porté présent sur les contrôles [1].

« Quant à l'inscription sur les contrôles, la Cour verra, par la lettre de M. le ministre de la guerre qui passera sous ses yeux, que la radiation des contrôles annuels du corps, contrôles se rapportant spécialement à la comptabilité, ne s'opère qu'après six mois d'absence, et que les déserteurs n'en demeurent pas moins inscrits sur les *registres matricules* tant qu'ils n'ont pas accompli leurs sept années de service.

« Ces explications, qui peuvent avoir, nous le répétons, leur utilité comme doctrine, n'étaient pas absolument nécessaires pour établir la compétence de la juridiction ordinaire pour le jugement des délits qui lui étaient soumis, dès lors qu'elle reconnaissait que le prévenu était en état de désertion et que les délits qui lui étaient soumis avaient été commis par lui pendant qu'il était en cet état. La jurisprudence de la Cour, sur ce point, est constante.

« Attendu, porte un arrêt du 3 juillet 1858, que le militaire « détenu dans un pénitencier reste inscrit sur les contrôles, et que « sa qualité de militaire lui demeure pleine et entière; attendu que « l'évasion n'a pas pour effet immédiat de la lui enlever; que cette « conséquence ne s'accomplit que *par l'expiration des délais* « *fixés* par l'article 231, et lorsque l'évadé est *devenu déserteur,* « que *dans l'intervalle* sa qualité le suit partout, et que l'inscrip- « tion au contrôle qui le maintient *présent au corps* ou au lieu « de la détention, le soumet par cela même pour les délits qu'il « peut commettre, à la juridiction spéciale. » (Bulletin criminel, année 1858, p. 309; voir encore deux autres arrêts des 24 février et 9 avril 1860, Bulletin criminel, p. 83 et 328.)

« Dans ces circonstances,

« Vu la lettre de M. le garde des sceaux, en date du 15 juin 1864;

« Les articles 526 et suivants du Code d'instruction criminelle;

« Les articles 56, 98, 99 et 231 du Code de justice militaire,

« Et toutes les pièces de la procédure,

« Le procureur général requiert, pour l'Empereur, qu'il plaise à la Cour régler de juges, et sans s'arrêter à l'ordonnance du juge d'instruction près le tribunal de Saint-Lô, laquelle sera considérée comme non avenue, renvoyer le prévenu et les pièces du procès devant la juridiction compétente.

« Fait au parquet, le 16 juillet 1864.

« Le procureur général,

« DUPIN. »

---

[1] Il n'existe pas au dossier d'autre déclaration que cette ligne qui se trouve à la fin de l'état signalétique et de service de Lotin : « Manque à l'appel du 1ᵉʳ septembre; déclaré déserteur le 16 dudit. »

La Cour a rendu l'arrêt suivant :

ARRÊT (28 juillet 1864).

La Cour,

Ouï M. le conseiller Lascoux, en son rapport, et M. l'avocat général Bédarrides, en ses conclusions ;

Vu les articles 56, 98, 99 et 231 du Code de justice militaire ;

Vu les articles 525 et suivants du Code d'instruction criminelle ;

Vu les articles 269 et 405 du Code pénal ;

Vu la requête de M. le procureur général et les diverses pièces de la procédure ;

Vu l'ordonnance en date du 30 mars 1864, par laquelle le juge d'instruction de Saint-Lô se déclare incompétent pour connaître des délits de vagabondage et d'escroquerie imputés au nommé Lotin, soldat au 33e régiment de ligne ;

Vu la décision en date du 4 juin 1864, par laquelle le général commandant la 2e division militaire refuse d'informer sur les deux délits reprochés à Lotin ;

Attendu que de ces deux décisions, passées l'une et l'autre en force de chose jugée, résulte un conflit négatif de juridiction, qui interrompt le cours de la justice et pour lequel il y a lieu à règlement de juges ;

Attendu que les délits susénoncés, s'ils ont été commis, ont eu lieu postérieurement au 17 septembre 1863, c'est-à-dire à une époque où Lotin, déclaré déserteur, n'était plus porté présent sur les contrôles de son régiment, et que, dès lors, les dispositions de l'article 56 du Code de justice militaire, portant que les soldats en activité de service ou portés présents sur les contrôles sont justiciables des conseils de guerre, ne lui sont pas applicables ;

Par ces motifs,

La Cour, réglant de juges, sans s'arrêter ni avoir égard à l'ordonnance du juge d'instruction de Saint-Lô précitée, laquelle sera considérée comme non avenue, renvoie la cause et le prévenu, en l'état où il se trouve, devant la Cour impériale de Caen, chambre des mises en accusation, laquelle, sur le vu de la procédure déjà existante, et d'après tout supplément d'information qui pourra être ordonné, s'il y a lieu, statuant, tant sur la prévention que sur la compétence, conformément à la loi ;

Ordonne qu'à la diligence du procureur général le présent arrêt sera notifié à qui de droit.

Nᵒ XXVI. — 835. (Audience du 9 août 1860.)
Chambre criminelle.

Militaire en congé. — Rébellion avec effusion de sang. — Compétence. — Règlement de juges.

Question. — Il y a lieu à règlement de juges, lorsque le juge d'instruction s'étant déclaré incompétent pour statuer sur des faits reprochés à un militaire en congé, faits qui à ses yeux ne constituent que le délit de rébellion prévu par l'article 225 du Code de justice militaire, la juridiction militaire, à son tour saisie, s'est également déclarée incompétente par le motif que les mêmes faits ne constituent pas le simple délit de rébellion, mais bien le crime de violences envers des agents de la force publique, avec effusion de sang et incapacité de travail de plus de vingt jours.

RÉQUISITOIRE (27 juillet 1860).

Le procureur général impérial près la Cour de cassation expose qu'il est chargé par Son Excellence le garde des sceaux, ministre de la justice, de faire statuer en règlement de juges, par la Cour de cassation, sur un conflit négatif qui s'est élevé entre M. le juge d'instruction près le tribunal de la Seine et M. le maréchal commandant la première division militaire, dans les circonstances suivantes :

« Le nommé Charles-Philippe Tissier, soldat au 1ᵉʳ régiment de zouaves, en congé à Paris, a été arrêté dans cette ville le 22 mai, sous l'inculpation de menaces verbales de mort sous condition et de rébellion envers l'inspecteur de police Dubois et les sergents de ville Lorgnet et Lenfant. Il fut mis à la disposition des magistrats du tribunal de la Seine; mais M. le juge d'instruction près le tribunal de cette ville a rendu, le 14 juin 1860, une ordonnance de dessaisissement portant que l'inculpation de menaces de mort sous condition n'est pas justifiée, et que, d'après l'article 225 du Code militaire combiné avec l'article 57 du même Code, c'est aux tribunaux militaires qu'il appartient de connaître de l'inculpation de rébellion.

« M. le maréchal commandant la première division militaire, devant lequel Tissier a dû être renvoyé, a rendu, à la date du 6 juillet courant, une ordonnance qui déclare la justice militaire incompétente en ce qui concerne les faits de rébellion imputés à Tissier, parce qu'ils présentent les caractères d'un crime et sont ainsi en dehors des prévisions de l'article 225 du Code de justice militaire, se réservant de statuer ultérieurement, s'il y a lieu, sur la prévention de rébellion simple.

Nous pensons, comme M. le garde des sceaux et comme M. le maréchal commandant la première division militaire, que c'est à la juridiction ordinaire que le nommé Tissier doit être renvoyé, aux termes de l'article 60 du Code de justice militaire.

« M. le préfet de police du département de la Seine, transmettant, par dépêche du 7 juin, à M. le procureur impérial des renseignements sur le nommé Tissier, annonce que ces renseignements présentent cet inculpé comme ayant atteint, le 18 mai, c'est-à-dire antérieurement aux faits qui ont motivé son arrestation, le terme du congé dont il jouissait, « situation, ajoute M. le préfet, qui « replacerait le nommé Tissier sous la juridiction militaire. » Il existe en effet au dossier un congé de convalescence pour aller à Paris, délivré à Oran, par M. le général commandant la division d'Oran, au nommé Tissier, à la date du 8 février 1860. Mais ce congé porte qu'il ne datera que du jour de l'arrivée en France du militaire qui l'a obtenu. Sa feuille de route porte qu'il est débarqué à Marseille le 19 février, et est revêtue du visa du chef d'escadron, sous la date du 22 mai, pour rejoindre; or, d'un côté, comme il fallait au nommé Tissier un délai pour rejoindre son corps à Oran, et que, d'un autre côté, l'article 231 du Code militaire accorde aux militaires en congé un terme de grâce de quinze jours, à partir de l'expiration du congé, il en résulte que le nommé Tissier était ou devait être légalement considéré comme en congé au moment de la perpétration des faits qui lui sont reprochés.

« Dans cette situation, il n'était justiciable des conseils de guerre, aux termes de l'article 57 du Code de justice militaire, que pour les crimes et les délits militaires prévus par le titre II, livre IV du même Code.

« Or, le fait de rébellion imputé à Tissier avait un caractère plus grave que le délit de rébellion prévu par le titre ci-dessus énoncé du Code militaire.

« Parmi les agents de la police administrative auxquels résistait avec violence le nommé Tissier, se trouvait l'inspecteur de police Dubois, que Tissier, qui était parvenu à s'emparer de l'épée d'un sergent de ville, blessa grièvement à la cuisse, blessure dont il résulta effusion de sang. Bien qu'un rapport en date du 23 mai, émané d'un docteur en médecine mandé par le commissaire de police, et constatant cette grave blessure, ait dû passer sous les yeux de M. le procureur impérial et de M. le juge d'instruction, puisque ce rapport est joint au dossier, ces magistrats ne paraissent pas en avoir été frappés; car ils n'ont vu dans l'acte de rébellion imputé à Tissier, comme le portent le réquisitoire et l'ordonnance de dessaisissement, que le fait de rébellion simple prévu et puni par l'article 225 du Code militaire.

« Or, cet article 225 ne prévoit et ne punit qu'un simple délit; il porte en effet : « Tout militaire coupable de rébellion envers la « force armée et les agents de l'autorité est puni de deux mois à

« six mois d'emprisonnement, et de six mois à deux ans de la
« même peine, si la rébellion a eu lieu avec armes. »

« Mais les violences exercées par Tissier ayant causé à l'un des
agents auxquels il résistait une blessure grave avec effusion de
sang, ce fait prenait les proportions d'un crime, et tombait sous
l'application de l'article 231 du Code pénal, ainsi conçu : « Si les
« violences exercées contre les fonctionnaires désignés aux arti-
« cles 228 et 230 ont été cause d'effusion de sang, de blessures ou
« maladies, la peine sera la réclusion. »

« C'est donc avec raison que l'autorité militaire, après avoir constaté par des témoignages et le rapport d'un docteur en médecine
la blessure faite à l'inspecteur de police Dubois par l'inculpé, a vu,
dans ce fait, non le délit de rébellion prévu par l'article 225 du
Code militaire, mais le crime prévu par les articles 228 et 231 du
Code pénal ordinaire.

« Et comme ce crime, plus grave que ne le serait le délit de
rébellion prévu par l'article 225, a été commis par un militaire en
congé, ce militaire doit être traduit devant la juridiction ordinaire,
aux termes de l'article 60 du Code de justice militaire, sauf à être
renvoyé ensuite, s'il y a lieu, devant la juridiction compétente pour
le délit militaire qui ne serait pas purgé.

« Dans ces circonstances, vu la lettre de Son Excellence M. le
garde des sceaux du 19 juillet; vu les articles 525 et suivants du
Code d'instruction criminelle, les articles 60, 228 et 231 du Code
pénal et les pièces du dossier,

« Le procureur général requiert, pour l'Empereur, qu'il plaise
à la Cour régler de juges, et, sans s'arrêter à l'ordonnance de
M. le juge d'instruction du tribunal de la Seine du 14 juin 1860,
renvoyer la cause et le prévenu devant la juridiction compétente,
conformément aux dispositions de l'article 60 du Code de justice
militaire.

« Fait au parquet, le 27 juillet 1860.

« Le procureur général,

« *Signé :* DUPIN. »

Conformément à ce réquisitoire, appuyé à l'audience par
M. l'avocat général Blanche, en l'absence de M. le procureur
général, la Cour a rendu l'arrêt dont la teneur suit :

ARRÊT (9 août 1860).

La Cour, ouï M. Victor Foucher, conseiller, en son rapport;
Ouï M. Blanche, avocat général, en ses conclusions;
Vu les articles 57, 60 et 225 du Code de justice militaire pour l'ar-
mée de terre, les articles 228, 230, 231 et 309 du Code pénal;

Vu également les articles 525 et suivants du Code d'instruction criminelle;

Vu l'ordonnance du juge d'instruction près le tribunal de première instance de la Seine, en date du 14 juin 1860, par laquelle ce juge se déclare incompétent pour poursuivre sur les faits imputés à Tissier (Charles-Philippe), soldat au 2e régiment de zouaves, en congé à Paris; attendu que ces faits ne constitueraient que le délit de rébellion prévu par l'article 225 du Code de justice militaire, de la compétence de la juridiction militaire, aux termes de l'article 57 du même Code;

Vu la décision de M. le maréchal commandant la 1re division militaire, du 6 juillet 1860, qui déclare la juridiction militaire incompétente pour statuer sur ces mêmes faits, en ce que, en dehors du délit de rébellion, ils constitueraient le crime de violence envers un agent de la force publique avec effusion de sang et ayant occasionné une incapacité de travail de plus de vingt jours, lesquels sont prévus par les articles 228, 230, 234 et 309 du Code pénal, et qui, ayant été commis par un militaire en congé, seraient de la compétence des tribunaux ordinaires;

Attendu que ces deux décisions, ayant acquis l'autorité de la chose jugée, constituent un conflit négatif de juridiction qui interrompt le cours de la justice;

La Cour, réglant de juges, déclare que l'ordonnance du juge d'instruction près le tribunal civil de première instance de la Seine sera considérée comme non avenue; et pour être statué, tant sur la compétence que sur le fond, renvoie Tissier, en l'état où il se trouve, devant la chambre des mises en accusation de la Cour impériale de Paris, qui, sur le vu des pièces et au besoin sur tout supplément d'instruction, prononcera ainsi qu'il appartiendra;

Ordonne, etc.;

Ainsi jugé.

N° XXVII. — 805. (Audience du 28 avril 1859.)
Chambre criminelle.

Militaire. — Désertion. — Radiation des contrôles après l'expiration du délai de grâce. — Rébellion envers les agents de l'autorité publique. — Compétence.

Question. — *Le militaire en état de désertion et rayé, à ce titre, des contrôles de son corps, après l'expiration du délai de grâce accordé par l'article 231 du Code de justice militaire, est justiciable des tribunaux ordinaires, et non du conseil de guerre, à raison des actes de rébellion dont il se rend coupable envers les agents de l'autorité publique.*

La Cour de cassation a fixé ce point important de jurisprudence, par interprétation des articles 56, 57 et 225 combinés du nouveau Code de justice militaire. C'est pour faire cesser un conflit négatif de juridiction entre la Cour impériale d'Aix et le conseil de guerre

de la division, que la Cour a été appelée à faire le règlement de juges que contient sa décision, sur le réquisitoire par lequel M. le procureur général Dupin l'a saisie de la question.

RÉQUISITOIRE.

« Le procureur général impérial près la Cour de cassation expose que le nommé Molinari (Joseph), déserteur de la première légion étrangère, 2ᵉ régiment, a été condamné le 11 novembre 1858, par jugement du tribunal correctionnel de Marseille, à trois mois d'emprisonnement, pour avoir résisté avec violences et voies de fait à des agents de la force publique.

« Le ministère public près la Cour impériale d'Aix frappa d'appel ce jugement, et conclut à ce qu'il plût à la Cour, réformant ledit jugement, se déclarer incompétente et renvoyer le prévenu et les pièces du procès devant l'autorité militaire. Par arrêt du 8 janvier dernier, la Cour statua en ces termes :

« Attendu que Molinari (Joseph), bien qu'en état de désertion, « est toujours incorporé dans la légion étrangère, où il est entré « comme engagé volontaire ; que dès lors il appartient à l'armée ;

« Attendu qu'il est inculpé du délit militaire de rébellion envers « les agents de l'autorité ;

« Attendu que Molinari étant militaire et inculpé d'un délit mi-« litaire, était justiciable des conseils de guerre (art. 57 et 225 « Code de justice militaire) ;

« Par ces motifs, vu lesdits articles 57 et 225 du Code de jus-« tice militaire.... la Cour, faisant droit à l'appel du ministère « public, annule le jugement dont est appel, et se déclare incom-« pétente. »

« Par suite de cet arrêt, Molinari fut mis à la disposition du général commandant la 9ᵉ division militaire, qui, sur les conclusions conformes du commissaire impérial près le premier conseil de guerre, rendit l'ordonnance suivante, le 10 février dernier :

« Attendu que le nommé Joseph Molinari, dit Silly, était en état « de désertion lorsqu'il a commis le délit qui a motivé le jugement « du tribunal correctionnel de Marseille du 11 novembre 1858 ; « qu'il était rayé des contrôles de son corps pour cause de trop « longue absence ; que dès lors il ne se trouve pas dans les cas « prévus par les articles 57 et 225 du Code de justice militaire, « déclare le conseil de guerre incompétent, en ce qui concerne les « actes de rébellion et de voies de fait commis par le susdit Molinari « contre les agents de l'autorité. »

« Il résulte de ces deux décisions un conflit qu'il importe de faire cesser pour rétablir le cours de la justice. Cette affaire, dans laquelle il s'agit de fixer le véritable sens de plusieurs dispositions importantes du nouveau Code de justice militaire, nous a paru réclamer des développements que ne comportent pas ordinairement les questions de règlement de juges.

« En fait : il est constaté par une lettre de M. le chef d'état-major de la division d'Oran, en date du 22 octobre dernier, et jointe au dossier, que le nommé Molinari, dit Silly, est absent du corps depuis le 26 juin 1856, et qu'il a été rayé des contrôles pour longue absence, la situation de déserteur dudit Molinari a été reconnue à toutes les phases de l'instruction militaire et dans l'arrêt même de la Cour impériale d'Aix, ainsi que dans l'ordonnance de M. le général commandant la 9e division militaire. La question qui ressort de ce point de fait est celle de savoir si, en droit, un militaire en état de désertion, et rayé à ce titre des contrôles de son corps, est justiciable des conseils de guerre pour fait de rébellion, par application des articles 57 et 225 du Code de justice militaire.

« La solution de la question nous paraît résulter de la saine interprétation et du rapprochement des articles 55, 56 et 57 du Code de justice militaire.

« L'article 55 de ce Code porte : « Tout individu appartenant à « l'armée, en vertu, soit de la loi de recrutement, soit d'un brevet « ou d'une commission, est justiciable des conseils de guerre per- « manents selon les distinctions établies dans les articles suivants. »

« L'article 56 est ainsi conçu : « Sont justiciables des conseils « de guerre des divisions territoriales en état de paix, pour tous « crimes et délits, sauf les exceptions portées au titre IV du pré- « sent livre : 1° les officiers de tout grade, les sous-officiers, ca- « poraux et brigadiers, les soldats, les musiciens, les enfants de « troupe, les membres du corps de l'intendance militaire, etc... ; « pendant qu'ils sont en activité de service, ou portés présents sur « les contrôles de l'armée, ou détachés pour un service spécial. »

« L'article 57 dispose en ces termes : « Sont également justi- « ciables des conseils de guerre des divisions territoriales en état de « paix, mais seulement pour les crimes et délits prévus par le « titre II du livre IV, les militaires de tout grade, les membres « de l'intendance militaire, et tous individus assimilés aux militai- « res : 1° lorsque, sans être employés, ils reçoivent un traitement, « et restent à la disposition du gouvernement ; 2° lorsqu'ils sont en « congé ou permission. »

« Le sens de chacune de ces dispositions est facile à saisir, si on se rappelle quelles étaient à l'époque de la rédaction du nouveau Code les variations de la jurisprudence en ce qui concernait les militaires en congé.

« La Cour avait d'abord, par interprétation de l'avis du Conseil d'Etat du 30 thermidor an XII, et d'autres lois spéciales, décidé que les militaires en congé ou en permission cessaient d'être justiciables des conseils de guerre pour ne relever que des tribunaux de droit commun, même pour les délits qui avaient un caractère militaire (arrêt du 1er décembre 1827). Depuis, et par un très-

18.

grand nombre d'arrêts (arrêts des 7 février et 10 juin 1840, et un dernier arrêt du 30 juillet 1857), la Cour a décidé que les militaires en congé ou en permission ne devaient être justiciables de la juridiction ordinaire que pour les délits communs, et devaient être renvoyés devant les conseils de guerre pour les délits militaires.

« C'est ce dernier état de la jurisprudence que le législateur a consacré dans les articles 56 et 57 du nouveau Code de justice militaire.

« Dans l'un comme dans l'autre article, il s'agit de militaires inscrits sur les contrôles, l'article 56 le dit en termes formels pour les militaires portés présents sur les contrôles; et, quant au militaire en congé ou en permission, il n'a pas cessé, dit le rapporteur de la loi de 1856, d'être soldat : toujours inscrit sur les contrôles du corps, il n'est que dispensé du service pour un temps passager; il reste à la disposition du ministre de la guerre, qui, au premier signal, peut l'obliger à rejoindre son drapeau.

« Il n'y a, en réalité, entre le militaire porté présent sur les contrôles et le militaire inscrit sur les contrôles, mais en congé ou en permission, qu'une seule différence. Aux termes de l'article 57, le militaire porté présent sur les contrôles est justiciable des conseils de guerre pour tous les crimes et délits qu'il peut commettre; tandis que le militaire en congé ou en permission n'est justiciable des mêmes tribunaux que pour les crimes qui ont un caractère militaire, soit par eux-mêmes, soit à raison de la qualité de militaire.

« La raison de cette différence n'a pas besoin d'être indiquée; mais c'est ici que commence la difficulté. A côté du militaire porté présent sur les contrôles, et du militaire en congé ou en permission, dont s'occupent en termes exprès les articles 56 et 57, il y a les militaires qui s'absentent de leur corps sans congé ni permission; quelle sera la juridiction compétente pour statuer sur les crimes et délits qu'ils peuvent commettre?

« Il nous semble qu'en l'absence de textes qui prévoient ce cas, il doit être apprécié au moyen d'une distinction importante qu'il faut faire entre le militaire absent de son corps sans congé, mais qui n'est pas encore en état de désertion, et le militaire en état de désertion, rayé des contrôles.

« Cette distinction résulte, selon nous, des termes et de l'esprit de la nouvelle législation militaire.

« Sous l'empire de l'ancienne législation, la Cour de cassation jugeait que les crimes ordinaires commis par les militaires qui ont quitté clandestinement leur régiment, bien que se trouvant encore dans le délai de grâce accordé au soldat déserteur pour se représenter, n'en devaient pas moins être réputés commis par des militaires hors de leurs corps, dans le sens de l'avis du Conseil d'Etat du 30 thermidor an XII; et que, par suite, la connaissance des crimes et délits qu'ils avaient pu commettre appartenait exclusivement aux tribunaux ordinaires. (Arrêt du 19 septembre 1844, Bulletin crim., 1844.)

« Cet état de choses subsiste-t-il encore? Cela nous paraît douteux. Le législateur de 1856 n'a pas entendu assurément que les dispositions de l'avis du Conseil d'Etat du 7 fructidor an XII survivraient à la promulgation du nouveau Code de justice militaire; c'est donc d'après les dispositions du nouveau Code qu'il faut apprécier la position des militaires dont il s'agit.

« D'après ces dispositions, il n'y a plus que deux catégories de militaires inscrits sur les contrôles : les militaires portés présents (art. 56) et les militaires en congé ou en permission (art. 57). Or, les militaires absents de fait de leur corps, mais non en état de désertion, n'étant ni en congé ni en permission, ne tombent pas, pour les crimes communs, sous l'empire de l'article 57 du Code de justice militaire; ils sont, tant qu'ils ne sont pas rayés des contrôles, portés présents et réputés tels, aux termes de l'article 56; c'est une fiction, mais cette fiction a toute la force de la vérité. Ils sont donc aujourd'hui, par la force même des choses, lorsqu'on les saisit, justiciables des conseils de guerre, pour tous les crimes et délits, sans qu'on puisse distinguer, comme pour les militaires en congé ou en permission, entre les crimes et délits communs et les crimes et délits militaires.

« Mais si telle nous paraît devoir être aujourd'hui la position des militaires absents par congé, mais non rayés des contrôles, la position des militaires absents en état de désertion et rayés des contrôles nous semble devoir être toute différente.

« Et d'abord, remarquons que c'est la loi elle-même qui qualifie l'état de désertion. Article 231 du Code de justice militaire : « Est « considéré comme déserteur à l'intérieur : 1° six jours après celui « de l'absence constatée, tout sous-officier, caporal, brigadier ou sol- « dat qui s'absente de son corps ou détachement sans autorisation ; « néanmoins, si le soldat n'a pas six mois de service, il ne peut être « considéré comme déserteur qu'après un mois d'absence. »

« La désertion est donc un fait dont la constatation s'opère par l'autorité militaire au moyen d'un simple rapprochement de dates; constatation indépendante des poursuites et des peines dont les juges auront à faire l'application d'après les circonstances. L'état de désertion constaté, la radiation des contrôles en est la conséquence naturelle.

« Or, le militaire ainsi rayé des contrôles est bien justiciable des conseils de guerre pour le fait de désertion en lui-même, qu'il n'a pu commettre qu'en qualité de militaire inscrit sur les contrôles. Mais pour tous les délits commis depuis sa radiation, il ne peut être poursuivi que devant la juridiction ordinaire; car, à la différence du militaire en congé ou en permission, le déserteur, devenu étranger à l'armée par l'abandon qu'il fait de son corps, par l'état de désertion dans lequel il s'est placé, et que constate sa radiation des contrôles, ne peut plus blesser le devoir militaire et les lois de la discipline, dont il s'est affranchi par son fait en brisant le contrat et en foulant aux pieds l'obligation qui le liait au service militaire.

« Voilà évidemment pourquoi l'article 57, qui s'occupe des militaires non présents à leur corps justiciables des conseils de guerre, ne parle pas des militaires absents de leur corps d'une manière quelconque, mais des militaires en congé ou en permission, c'est-à-dire des militaires qui ont conservé leur qualité de militaires par cela même qu'ils n'ont pas cessé d'être inscrits sur les contrôles.

« Si le législateur n'eût pas restreint la disposition de l'article 57 aux militaires en congé ou en permission, un déserteur, dix ans, vingt ans après la désertion constatée par sa radiation des contrôles, aurait donc continué d'être justiciable des tribunaux militaires? Cela est-il admissible?

« Si ce premier point paraît justifié aux yeux de la Cour, la fausse application par la Cour impériale d'Aix de l'article 225 du Code de justice militaire en sera la conséquence. Cet article porte : « Tout militaire coupable de rébellion envers la force armée et les « agents de l'autorité est puni de deux mois à six mois d'emprison- « nement. » Il est clair que le fait prévu par cet article ne peut constituer un délit militaire qu'autant qu'il est commis par un militaire inscrit comme présent sur les contrôles ou par un militaire en congé, mais toujours inscrit sur les contrôles.

« En effet, le militaire en état de désertion, et rayé pour ce fait des contrôles, n'est plus un militaire dans le sens de l'article 225. Etranger désormais à l'armée, c'est un simple particulier, et, dès lors, l'acte de rébellion qu'il commet est l'acte d'un simple particulier, prévu par la loi commune, c'est-à-dire par l'article 209 du Code pénal.

« La Cour pèsera, dans sa sagesse, ces considérations, et décidera si la Cour impériale d'Aix ne s'est pas trompée sous ces deux rapports, lorsque, par application des articles 57 et 225 du Code de justice militaire, elle a cru devoir annuler le jugement du tribunal de Marseille, et renvoyer l'affaire devant l'autorité militaire.

« Conséquences de l'arrêt à intervenir :

« Le conflit dont il s'agit se présente dans des circonstances particulières. Ce n'est pas un de ces conflits qui naissent au seuil même de l'instruction entre deux juridictions qui refusent de connaître de l'affaire. Dans l'espèce, un degré de juridiction a déjà été parcouru; le tribunal de Marseille a statué au fond en prononçant une condamnation contre le prévenu; le condamné n'a pas frappé d'appel ce jugement de Marseille. Il n'existe au dossier qu'un acte d'appel du procureur général près la Cour d'Aix, qui n'a attaqué le jugement que pour vice d'incompétence. La Cour ne statue que sur ce chef. Or, devait-elle, comme elle l'a fait, se déclarer incompétente? Elle eût pu le faire sans doute, si le condamné avait lui-même interjeté appel sur le fond, mais en l'absence de l'appel du condamné, la Cour était véritablement compétente pour statuer sur le point qui lui était soumis, et la preuve, c'est qu'elle a, pour ce chef, annulé le jugement dont était appel.

« Quoi qu'il en soit, nous devons rechercher, dans cet état de choses, quel doit être le caractère de l'annulation qui sera prononcée par la Cour.

« Si la Cour juge que l'inculpation rentrait dans les attributions de la juridiction militaire, le renvoi par la Cour devant cette juridiction, en considérant comme non avenue l'ordonnance du général commandant la 9e division militaire, ne peut soulever aucune difficulté, c'est un véritable règlement de juges. Mais si, comme il est permis de le croire, c'est la juridiction ordinaire qui devait connaître de l'affaire, l'effet de l'annulation nous paraît avoir un autre caractère. L'arrêt de la Cour d'Aix aurait, dans ce cas, violé, en annulant le jugement du tribunal de Marseille, les règles de la compétence, puisque le tribunal de Marseille aurait régulièrement statué sur le fond.

« Cet arrêt annulé, que devra faire la Cour, en présence du jugement du tribunal de Marseille? Renvoyer, selon nous, conformément à l'article 429 du Code d'instruction criminelle, devant une autre Cour impériale, pour statuer sur l'appel du procureur général près la Cour d'Aix, et alors, ou la nouvelle Cour admettra le système de la Cour d'Aix, ou elle déboutera le procureur général de son appel.

« Dans le premier cas, l'affaire reviendra devant la Cour de cassation, chambres réunies.

« Dans le second cas, l'appel étant rejeté, le jugement du tribunal de Marseille, dont le bénéfice est acquis au condamné, qui n'a pas appelé, reprendra toute sa force, et il n'y aura évidemment aucun renvoi à faire devant une juridiction quelconque pour statuer sur le fond. Ce n'est pas le cas, en effet, pour éviter un circuit de procédures nouvelles, de décider que l'arrêt de la Cour d'Aix étant annulé, et le bénéfice du jugement du tribunal de Marseille étant acquis au condamné, il n'y a lieu de prononcer aucun renvoi, car, l'arrêt annulé, reste toujours l'appel du procureur général près la Cour d'Aix, qui n'est pas évacué.

« Dans le cas où la Cour croirait devoir annuler l'arrêt de la Cour d'Aix, comme il n'y aurait aucun renvoi à prononcer sur le fond, mais simplement une question de compétence à juger par la Cour de renvoi, on peut dire qu'il serait plus régulier que la Cour eût été saisie, en tant que de besoin, de l'ordre formel du garde des sceaux, en vertu de l'article 441 ; mais, en dernière analyse, il est certain que le cours de la justice est interrompu à raison de l'existence de décisions contradictoires émanant de juridictions différentes. La Cour pensera peut-être qu'il y a, dans la réalité, un véritable conflit, et qu'elle est, dès lors, suffisamment saisie.

» Dans ces circonstances :

« Vu la lettre de M. le garde des sceaux en date du 23 février dernier ; les articles 527 et suivants du Code d'instruction criminelle ; les articles 55, 56, 57, 225 du Code de justice militaire, 209 du Code pénal, et toutes les pièces de l'affaire ;

« Le procureur général requiert, pour l'Empereur, qu'il plaise à la Cour, si elle pense que c'est l'autorité militaire qui est compétente, déclarer non avenue l'ordonnance de M. le général commandant la 9ᵉ division militaire, et renvoyer l'inculpé et les pièces de l'affaire devant tel conseil de guerre qu'elle désignera ;

« Si elle croit que la juridiction ordinaire avait été justement saisie de la poursuite, plaise à la Cour casser et annuler l'arrêt de la Cour d'Aix du 8 janvier dernier, et, pour être statué sur l'appel du ministère public près la Cour d'Aix, renvoyer l'affaire devant telle Cour impériale qu'elle voudra bien désigner ;

« Ordonner qu'à la diligence du procureur général, l'arrêt à intervenir sera imprimé et transcrit sur les registres de la Cour d'Aix.

« Fait au parquet, le 12 mars 1859.

« Le procureur général,
« *Signé* : DUPIN. »

Conformément aux conclusions de ce réquisitoire, la Cour a rendu l'arrêt suivant :

ARRÊT (28 avril 1859).

Ouï M. le conseiller Jallon, en son rapport, et M. l'avocat général Guyho, en ses conclusions ;

Vu la demande en règlement de juges formée le 12 mars dernier par M. le procureur général près la Cour de cassation dans le procès instruit contre Joseph Molinari ;

Attendu, en fait, que Molinari, déserteur de la 1ʳᵉ légion étrangère, a été condamné, le 11 novembre 1858, par le tribunal correctionnel de Marseille, à trois mois d'emprisonnement pour avoir résisté avec violences et voies de fait à des agents de la force publique ;

Attendu que, sur l'appel du ministère public, la Cour impériale d'Aix s'est déclarée incompétente par arrêt du 8 janvier dernier, donnant pour motifs que, bien qu'en état de désertion, Molinari est toujours incorporé dans la légion étrangère, et que dès lors, étant militaire et inculpé d'un délit militaire, il était justiciable des conseils de guerre ;

Attendu que, sur le renvoi de la cause devant l'autorité militaire, le général commandant la 9ᵉ division militaire, ayant constaté que Molinari avait laissé écouler les délais de grâce accordés au déserteur pour se représenter, n'était plus justiciable des tribunaux militaires, rendit, le 10 février courant, sur les conclusions conformes du commissaire près ledit conseil de guerre, une ordonnance par laquelle il déclare incompétente la juridiction militaire ;

Attendu qu'il résulte de la combinaison des articles 56, 57 et 225 du Code pénal militaire, que les seuls individus justiciables des conseils de guerre pour les crimes et délits dont ils se rendent coupables sont tous ceux qui sont inscrits sur les contrôles de l'armée;

Attendu que le militaire déserteur n'est plus justiciable que des tribunaux ordinaires pour les crimes et délits commis depuis l'expiration des délais de grâce qui lui sont accordés pour se représenter;

Attendu que Molinari a été déclaré déserteur et rayé des contrôles de son corps; que, dès lors, l'autorité militaire n'avait pas à statuer sur le délit de rébellion qui lui était imputé et pour la répression duquel le tribunal de Marseille l'avait condamné à trois mois d'emprisonnement;

Mais attendu que de la contrariété qui existe entre la décision émanée de l'autorité militaire et l'arrêt de la Cour d'Aix résulte un conflit négatif de juridiction qui interrompt le cours de la justice qu'il importe de rétablir;

Vu les articles 526 et suivants du Code d'instruction criminelle;

La Cour, statuant sur la demande en règlement de juges, et sans s'arrêter à l'arrêt de la Cour d'Aix, lequel sera considéré comme non avenu, renvoie Molinari en l'état où il se trouve, et les pièces du procès, devant la Cour impériale de Nîmes, chambre des appels de police correctionnelle, pour, sur les pièces de la procédure, être par ladite Cour statué sur l'appel du procureur général près la Cour d'Aix, conformément à la loi.

N° XXVIII. — 853. (Audience du 22 novembre 1861.)
Chambre criminelle.

Vol par un engagé volontaire avant son arrivée au corps. — Compétence. — Conflit négatif.

Question. — *Le délit de vol commis chez un particulier par un engagé volontaire avant son arrivée au corps, n'est pas de la compétence du conseil de guerre, mais reste dans la compétence de la juridiction ordinaire.*

RÉQUISITOIRE (13 novembre 1861)

A la Cour de cassation, chambre criminelle.

Le procureur général impérial près la Cour de cassation expose qu'il est chargé par Son Excellence le garde des sceaux, ministre de la justice, de requérir, en vertu de l'article 527 du Code d'instruction criminelle, qu'il soit statué par la Cour en règlement de juges sur un conflit négatif qui s'est élevé entre M. le juge d'instruction du tribunal de première instance de Versailles, et M. le maréchal commandant la première division militaire.

« Le nommé Jean-Louis Aulagne s'est engagé volontairement à Saint-Étienne (Loire), le 30 juillet 1861.

« Le 1ᵉʳ août, il a reçu une feuille de route pour se rendre au 6ᵉ régiment d'infanterie, en garnison à Saint-Germain en Laye, où il a été incorporé le 3 du même mois.

« Le 1ᵉʳ août, avant son départ de Saint-Étienne, Aulagne avait soustrait frauduleusement une montre au domicile d'un horloger de cette ville.

« Ce fait ayant été dénoncé à M. le juge d'instruction de Versailles, ce magistrat, conformément au réquisitoire de M. le procureur impérial, a rendu, le 15 octobre 1861, une ordonnance par laquelle il s'est déclaré incompétent, donnant pour raison qu'à l'époque où le vol a été commis, Aulagne était porté *comme présent sur les contrôles de l'armée.*

« M. le maréchal commandant la première division militaire, devant lequel l'inculpé a été renvoyé, a rendu, le 20 du même mois d'octobre, une ordonnance dans laquelle il déclare la juridiction militaire incompétente, attendu qu'Aulagne *n'était arrivé à son corps que deux jours après la perpétration du vol.*

« Le cours de la justice se trouvant ainsi interrompu, c'est à la Cour qu'il appartient de le rétablir par un arrêt réglant de juges.

« M. le juge d'instruction près le tribunal de Versailles s'est principalement fondé, pour se déclarer incompétent dans cette affaire, sur une lettre écrite par le capitaine du 6ᵉ régiment de ligne.

« Dans cette lettre, qui est au dossier, cet officier constate ainsi la position de l'accusé : « Le fusilier Aulagne s'est engagé au 6ᵉ de « ligne ; le 1ᵉʳ août, il a été chercher sa feuille de route de onze « heures à midi ; il était soldat du 1ᵉʳ août au moment où il a com- « mis le vol ; il n'est *arrivé que le 3 au corps.* Il figurait sur « les contrôles de l'armée du 1ᵉʳ août *comme engagé volontaire,* « puisqu'il avait à midi une feuille de route pour Saint-Germain. »

« M. le juge d'instruction déclare dans son ordonnance qu'il résulte de cette lettre que l'accusé était, à l'époque du vol dont il s'agit, porté *comme présent sur les contrôles de l'armée;* et, vu l'article 56 du nouveau Code militaire, il se déclare incompétent, et renvoie l'affaire devant la juridiction qui doit en connaître.

« Si Aulagne avait été, à l'époque de la perpétration du vol, porté *comme présent sur les contrôles de l'armée,* il eût en effet été justiciable des tribunaux militaires : c'est ce qui serait résulté des termes formels de l'article 56, qui est ainsi conçu :

« Sont justiciables des conseils de guerre *pour tous crimes et* « *délits :* 1° les officiers de tout grade, les soldats, les musi- « ciens..., pendant qu'ils sont en activité de service ou *portés* « *présents sur les contrôles de l'armée.* »

« Mais telle n'était pas la position du fusilier Aulagne. La lettre du capitaine du 6ᵉ régiment de ligne ne dit pas que l'accusé, au moment du vol, fut porté, dès le 1ᵉʳ août, *présent* sur les contrôles de l'armée: ce qui aurait signifié qu'il aurait été, dès le 1er août, porté *comme présent au corps;* cet officier énonce seulement que l'accusé *figurait* sur les contrôles de l'armée du 1er août *comme engagé volontaire,* et il constate en même temps qu'il n'est arrivé au corps que le 3 *août.*

« La position du fusilier Aulagne était dès lors régie, non par l'article 56, mais par l'article 58 du même Code, portant : « Les « jeunes soldats, *les engagés volontaires* et les remplaçants ne « sont, *depuis l'instant qu'ils ont reçu leur ordre de route* « jusqu'à celui de leur réunion en détachement ou de leur arrivée « *au corps,* justiciables des mêmes conseils de guerre que pour « les faits d'insoumission, sauf les cas prévus par les numéros 2 « et 4 de l'article 56. »

« Ainsi l'accusé Aulagne, au lieu d'être justiciable des conseils de guerre *pour tous crimes et délits* qu'il aurait pu commettre, d'après l'article 56, si en effet il eût été *porté présent* sur les contrôles, n'était plus, aux termes de l'article 58, justiciable de ces conseils que *pour les faits d'insoumission,* puisque c'est seulement au 1er août, jour de la perpétration du vol, qu'il avait reçu sa feuille de route, et qu'il n'était arrivé au corps que le 3 *août.*

« Or, le vol qui lui était imputé n'était pas un fait d'insoumission, et, d'un autre côté, l'accusé ne se trouvait pas, au moment de la perpétration du délit, dans le cas du n° 2 de l'article 56, qui rend justiciables des conseils de guerre, pour tous crimes et délits, les jeunes soldats, remplaçants et engagés volontaires, *voyageant sous la conduite de la force publique;* ou dans le cas du n° 4 du même article, qui dispose de la même manière à l'égard des jeunes soldats laissés dans leurs foyers, *lorsqu'ils sont réunis pour les revues.*

« C'était donc, dans l'espèce, la juridiction ordinaire qui était compétente pour statuer sur le sort de l'accusé Aulagne, relativement au délit commis trois jours avant son arrivée au corps.

« Dans ces circonstances :

« Vu la lettre de Son Excellence le garde des sceaux du 31 octobre 1861 ;

« Vu les articles 525 et suivants du Code d'instruction criminelle, les articles 56 et 58 du Code de justice militaire et les pièces du procès ;

« Le procureur général requiert, pour l'Empereur, qu'il plaise à la Cour régler de juges, et, sans s'arrêter à l'ordonnance de M. le juge d'instruction du tribunal de Versailles, laquelle sera déclarée non avenue, renvoyer le nommé Aulagne et les pièces du procès devant la juridiction compétente.

« Fait au parquet, le 13 novembre 1861.

« Le procureur général,

« *Signé :* DUPIN. »

ARRÊT (22 novembre 1861).

Ouï M. le conseiller Nouguier, en son rapport, et M. le procureur général Dupin, en ses conclusions;

Vu la requête en règlement de juges, présentée par le procureur général, dans la procédure instruite contre Jean-Louis Aulagne, engagé volontaire, inculpé d'un vol commis avant son arrivée au corps;

Vu l'ordonnance de l'un des juges d'instruction près le tribunal de Versailles, en date du 15 octobre dernier, qui déclare la juridiction ordinaire incompétente; — ensemble l'ordonnance rendue, le 20 du même mois, par le maréchal commandant la 1ʳᵉ division militaire, qui déclare la juridiction militaire également incompétente;

Attendu que *de ces deux décisions, qui ne peuvent plus être réformées par les voies ordinaires, résulte un conflit négatif* qui interrompt le cours de la justice;

Vu les articles 525 et suivants du Code d'instruction criminelle, ensemble l'article 58 du Code de justice militaire, qui porte : « Les « jeunes soldats, *les engagés volontaires* et les remplaçants ne sont, « depuis *leur arrivée au corps*, justiciables des mêmes conseils de « guerre que pour les faits d'insoumission, sauf les cas prévus par les « nᵒˢ 2 et 4 de l'article 56. »

Attendu qu'il est constant, en fait, qu'Aulagne aurait commis *le 1ᵉʳ août* le vol qui lui est imputé, alors qu'il ne serait arrivé à son corps que le 3 *août;* que, dès lors, le fait dont il est prévenu est de la compétence de la justice ordinaire;

Par ces motifs, la Cour, réglant de juges, sans s'arrêter à l'ordonnance du juge d'instruction ci-dessus visée, laquelle sera considérée comme non avenue, renvoie Aulagne, en l'état où il se trouve, et les pièces de la procédure, devant un des juges d'instruction de Versailles autre que celui qui a rendu ladite ordonnance, pour, par ce magistrat, sur l'instruction déjà faite et sur tel supplément d'instruction qu'il lui plaira ordonner, être procédé et statué ce que de droit; ordonne qu'à la diligence du procureur général le présent arrêt sera notifié à qui de droit.

Ainsi fait et jugé en audience publique de la Cour de cassation (chambre criminelle), le 22 novembre 1861.

N° XXIX. — 769. (Audience du 6 février 1858.)
Chambre criminelle.

Crimes de droit commun commis par un militaire en congé. — Compétence. — Règlement de juges.

Question. — Les tribunaux ordinaires sont compétents, à l'exclusion des tribunaux militaires, pour connaître des délits n'ayant pas le caractère des délits militaires commis par les militaires en congé.

Spécialement, le militaire en congé renouvelable qui a commis un vol dans une église, à l'aide d'effraction, et un autre vol sur un chemin public, est justiciable des tribunaux ordinaires, ces crimes n'ayant pas le caractère de crimes ou délits militaires, dont parle l'article 248 du Code militaire nouveau; par suite, c'est à tort que le juge d'instruction, au lieu de rendre une ordonnance de renvoi devant les tribunaux ordinaires, se déclare incompétent et renvoie devant le général commandant la division pour qu'il soit procédé ainsi que de droit par la justice militaire.

RÉQUISITOIRE (20 janvier 1858)
A la Cour de cassation, chambre criminelle.

Le procureur général impérial près la Cour de cassation expose qu'il est chargé par Son Excellence le garde des sceaux, ministre de la justice,

De requérir, en vertu des articles 525 et suivants du Code d'instruction criminelle, qu'il soit statué par la Cour en règlement de juges sur un conflit négatif qui s'est élevé entre M. le juge d'instruction de Laon, et M. le général de division commandant la quatrième division militaire.

Voici les faits d'où résulte le conflit :

« Le nommé Bolzé (Jean-Antoine-Ferdinand), canonnier au 10° régiment d'artillerie, se trouvant en congé renouvelable, a été arrêté à Barenton, arrondissement de Laon, le 6 novembre dernier, sous l'inculpation de vol et de coups et blessures.

« Par ordonnance du 17 novembre 1857, rendue sur les réquisitions conformes du ministère public, le juge d'instruction près le tribunal de première instance de Laon s'est déclaré dessaisi des poursuites dirigées contre Bolzé, par le motif que l'article 57 du Code de justice militaire rendait le prévenu justiciable du conseil de guerre, et il l'a, en conséquence, renvoyé devant la juridiction compétente.

« Le général de division commandant la quatrième division militaire, averti par lettre du procureur impérial de Laon, du

14 novembre 1857, que le prévenu était mis à sa disposition, a décidé qu'il n'y avait pas lieu de saisir un des conseils de guerre de la division, par la raison que l'article 57 du Code de justice militaire ne rend les militaires *en congé* justiciables des conseils de guerre que pour les crimes et délits prévus par le titre II du livre IV, et par lettre du 29 décembre 1857, il s'est adressé à Son Excellence le ministre de la guerre pour qu'il voulût bien obtenir, par l'entremise de M. le garde des sceaux, un règlement de juges.

« C'est à la Cour qu'il appartient, dans cette circonstance, de rendre à la justice son cours interrompu.

« Le conflit résulte de l'interprétation différente donnée à l'article 57 par le juge d'instruction et par le général commandant de la quatrième division militaire.

« Quel est le sens véritable de cet article?

« Aux termes de l'article 56 du nouveau Code de justice militaire, « sont justiciables des conseils de guerre des divisions terri- « toriales, en état de paix, *pour tous crimes et délits*, les « militaires en activité de service, ou portés présents sur les con- « trôles de l'armée, ou détachés pour un service spécial, etc. »

« Ces expressions *pour tous crimes et délits* comprennent évidemment dans leur généralité non-seulement les crimes et délits militaires énoncés dans le titre II du livre IV, mais encore *les crimes et délits ordinaires* non prévus par le présent Code, et dont fait simplement mention l'article 267, placé sous le titre III du livre IV.

« Mais le principe général ainsi posé, l'article 57 du même Code fait une exception pour les militaires *en congé*, et il est ainsi conçu : « Sont également justiciables des conseils de guerre des « divisions territoriales, en état de paix, *mais seulement pour* « *les crimes et délits prévus par le titre II du livre IV, les* « *militaires de tous grades...*, 2° Lorsqu'ils sont en congé ou « en permission. »

« Or, il suffit de jeter les yeux sur le titre II du livre IV pour se convaincre que le titre ne s'occupe que des crimes ou délits militaires.

« Le chapitre 7 dudit titre IV est, il est vrai, intitulé : *Du vol;* mais en lisant l'article 248, qui forme seul ce chapitre, on voit qu'il a spécialement pour objet : « 1° le vol des armes et des muni- « tions appartenant à l'État, celui de l'argent de l'ordinaire, de la « solde, des deniers ou effets quelconques appartenant à des mili- « taires ou à l'État, etc... ; 2° le vol commis par un militaire au « préjudice de l'habitant chez lequel il est logé. »

« Or, d'un côté, les vols, ainsi que les coups et blessures impu- tés au canonnier Bolzé, n'avaient nullement le caractère de crimes ou délits militaires (il s'agissait d'un vol commis dans une église, et d'un vol commis sur la grande route envers un particulier); et, d'un autre côté, il est constant qu'au moment de leur perpétration Bolzé était en congé.

« C'était donc aux tribunaux ordinaires qu'il appartenait d'en connaître, et, par suite, le juge d'instruction de Laon s'est à tort dessaisi de cette affaire.

« Dans ces circonstances :

« Vu la lettre de Son Excellence le garde des sceaux, en date du 13 janvier 1858, les articles 525 et suivants du Code d'instruction criminelle, les articles 56, 57 et 267 du Code de justice militaire, et les pièces du dossier,

« Le procureur général requiert qu'il plaise à la Cour régler de juges, et, sans s'arrêter à l'ordonnance du juge d'instruction de Laon, du 17 novembre 1857, laquelle sera considérée comme non avenue, renvoyer l'artilleur Bolzé et les pièces du procès devant tel juge d'instruction qu'il lui conviendra désigner.

« Fait au parquet, le 20 janvier 1858.

« Le procureur général,
« Signé : DUPIN. »

ARRÊT (6 février 1858).

La Cour, ouï M. Foucher, conseiller, en son rapport; ouï M. le procureur général Dupin, en ses conclusions;

Vu les articles 527 du Code d'instruction criminelle, 56, 57, 82, 248 du Code militaire;

Attendu que le juge d'instruction près le tribunal de Laon s'est déclaré incompétent, par une ordonnance rendue le 17 novembre 1857, pour connaître d'une double accusation de vol commis, l'un dans une église, l'autre sur un chemin public à l'aide de coups et violences envers un particulier, par le nommé Bolzé (Jean-Antoine), canonnier au 10e régiment d'artillerie, se trouvant en congé renouvelable au moment de la perpétration des crimes qui lui étaient imputés, parce que ces crimes seraient prévus par l'article 248 du Code militaire;

Attendu que le général commandant la 4e division militaire a rendu, le 29 décembre suivant, une ordonnance déclarant l'incompétence de la juridiction militaire pour connaître des crimes reprochés à Bolzé, parce que ce militaire étant en congé renouvelable au moment où ils auraient été commis, les tribunaux ordinaires étaient seuls compétents aux termes de l'article 57 du Code militaire;

Attendu que ces deux décisions ont acquis l'autorité de la chose jugée, ne sont susceptibles d'être réformées par aucune des voies ordinaires et constituent un conflit négatif de juridiction;

Attendu, en droit, qu'aux termes de l'article 57 du Code militaire, les militaires en congé ou en permission ne sont justiciables des conseils de guerre que pour les crimes et délits prévus par le titre II du livre IV de ce Code;

Attendu que le crime de vol n'est prévu que par l'article 248 du Code militaire, et que cet article ne s'applique qu'aux vols d'armes, de munitions appartenant à l'Etat, à ceux de l'argent de l'ordinaire, de la solde des deniers ou effets quelconques appartenant à des *militaires* ou à l'*Etat,* ou encore aux vols commis par les militaires au préjudice de l'habitant chez lequel ils sont logés;

Attendu que Bolzé, militaire en congé renouvelable, était inculpé, non de vols de cette nature, mais de deux soustractions frauduleuses, dont l'une aurait été commise dans une église avec effraction, et dont l'autre aurait eu lieu sur un chemin public à l'aide de violences sur un individu non militaire;

Attendu, dès lors, que Bolzé n'était pas justiciable de la juridiction militaire à raison de ces soustractions frauduleuses;

Par ces motifs, la Cour, réglant de juges et faisant droit sur les réquisitions de M. le procureur général en la Cour, sans s'arrêter à l'ordonnance du juge d'instruction de Laon du 17 novembre 1857, laquelle sera considérée comme non avenue, renvoie le canonnier Bolzé, et les pièces de la procédure, devant le juge d'instruction du tribunal de première instance de Saint-Quentin.

Ainsi jugé et prononcé, en audience publique, par la Cour de cassation, chambre criminelle, le 6 février 1858.

Nᵒ XXX. — 840. (Audience du 13 décembre 1860.)
Chambre criminelle.

Déserteur. — Vol. — Conflit entre la juridiction militaire et la juridiction ordinaire. — Règlement de juges.

Question. — Le militaire qui, au moment où il aurait commis le vol pour lequel il est poursuivi, était en état de désertion et avait cessé d'être porté présent à son corps, est justiciable, pour ce fait, des tribunaux ordinaires.

Dans le cas de concours de la juridiction militaire avec la juridiction ordinaire à raison de plusieurs faits imputés à un militaire, ce dernier doit être traduit d'abord devant le tribunal auquel appartient la connaissance du fait emportant la peine la plus grave.

Décidé, dans l'espèce, que le fait de vol sera jugé par la juridiction ordinaire préalablement au jugement du fait de désertion par le conseil de guerre.

Ces solutions ont été consacrées par la Cour dans les circonstances que va faire connaître le réquisitoire de M. le procureur général Dupin :

RÉQUISITOIRE (24 novembre 1860)
A la Cour de cassation, chambre criminelle.

Le procureur général impérial près la Cour de cassation expose qu'il est chargé par Son Excellence le garde des sceaux, ministre de la justice, de requérir, en vertu de l'article 527 du Code d'instruction criminelle, qu'il soit statué par la Cour en règlement de juges sur un conflit négatif qui s'est élevé entre M. le juge d'instruction du tribunal de première instance de Coulommiers, et le général commandant la 18e division militaire, dans les circonstances suivantes :

« Le nommé Alexandre-Clément Pichon, fusilier au 84e de ligne, entré au service le 22 septembre 1854, au 9e léger, manquant à l'appel le 7 février 1860, fut déclaré déserteur le 22 février, et rayé des contrôles pour cause de longue absence le 7 avril 1860.

« Le 4 juin, il commit un vol au préjudice d'un nommé Kaëble, tailleur, chez lequel il travaillait.

« Il fut poursuivi, à raison de ce fait, devant le tribunal correctionnel de Coulommiers ; mais M. le procureur impérial de ce tribunal pensa qu'en raison de sa qualité de militaire, Pichon était justiciable d'un conseil de guerre ; et, sur ses réquisitions, le juge d'instruction rendit, le 22 septembre 1860, une ordonnance de dessaisissement.

« Les pièces furent alors transmises à M. le général commandant la 18e division militaire ; mais, le 27 octobre 1860, M. le général commandant reconnut que le conseil de guerre ne pouvait, conformément aux dispositions de l'article 56 du Code de justice militaire, être appelé à statuer que sur les crimes et délits commis pendant le temps où cet homme avait continué d'être porté présent sur les contrôles de l'armée.

« Que telle n'était point la position du nommé Pichon, puisque, déclaré en état de désertion le 22 février 1860, il ne figurait plus comme présent à son corps le 4 juin suivant, jour de la perpétration du délit de vol qui lui est reproché.

« Qu'en conséquence, les tribunaux militaires n'ont point à connaître de ce délit, commis postérieurement au jour où Pichon a été déclaré déserteur.

« En conséquence, le général commandant déclare la justice militaire incompétente pour statuer sur le fait de vol imputé au nommé Pichon, tout en la déclarant compétente sur le délit de désertion imputé au même militaire, et ordonne qu'il sera pour ce fait déféré au conseil de guerre après son arrestation.

« Il suffira de rappeler quelques dispositions du Code de justice militaire pour démontrer qu'aucune de ces ordonnances ne pouvant recevoir son exécution, c'est le cas pour la Cour de régler de juges, afin de rendre à la justice son cours interrompu.

« Aux termes de l'article 60 du Code de justice militaire :

« Lorsqu'un justiciable des conseils de guerre est poursuivi en « même temps pour un crime ou un délit de la compétence des « conseils de guerre, et pour un autre crime ou délit de la compé- « tence des tribunaux ordinaires, il est traduit d'abord devant le

« tribunal auquel appartient la connaissance du fait emportant la
« peine la plus grave, et renvoyé ensuite, s'il y a lieu, pour l'autre
« fait, devant le tribunal compétent. »

« Dans l'espèce, le général commandant ne dessaisit pas le tribunal militaire, il ordonne au contraire que le fusilier Pichon sera
déféré au conseil de guerre pour le fait de désertion après son
arrestation. Que le fusilier Pichon fût en état de désertion au moment de la perpétration du vol commis le 4 juin, c'est un point
qui résulte positivement des actes émanés de l'autorité militaire et
qui sont au dossier. Le prévenu a donc été justement poursuivi
tout à la fois et pour le fait de vol et pour le délit de désertion.

« Ceci posé, si le délit de désertion est plus grave que le délit
commun de vol imputé au prévenu, l'ordonnance de M. le général
commandant sera, aux termes de l'article 60 précité, compétemment
rendue.

« Mais si, au contraire, c'est le délit de vol qui est plus grave,
M. le général commandant n'a pu, sans méconnaître les termes du
même article, ordonner que le fusilier Pichon sera déféré au conseil de guerre après son arrestation.

« Il ne s'agit donc, pour déterminer, dans l'espèce, la juridiction qui doit connaître la première des faits imputés au fusilier
Pichon, que de comparer ces faits entre eux, et de rechercher la
peine dont la loi les frappe.

« Il résulte de la déclaration du nommé Kaëble, tailleur d'habits, au préjudice duquel le vol a été commis, déclaration reçue,
le 4 juillet, par M. le juge d'instruction de Coulommiers, que le
nommé Pichon est entré chez Kaëble, le 4 avril, en qualité d'ouvrier tailleur, qu'il couchait dans la même chambre que lui, et
que, le 4 juin, le prévenu disparaît emportant un porte-monnaie
qui renfermait 2 fr. 50 c. et un paletot donné à réparer au plaignant. Le prévenu, dans plusieurs lettres qui sont au dossier, se
reconnaît coupable des soustractions dont il s'agit.

« Or, ce fait tombe évidemment sous l'application de l'article 386
du Code pénal ordinaire, portant : « Sera puni de la peine de la
« réclusion tout individu coupable de vol commis dans l'un des cas
« ci-après :

« Si le voleur est un domestique..... ou si c'est un ouvrier,
« compagnon ou apprenti dans la maison, l'atelier ou le magasin
« de son maître... »

« Quant au délit de désertion imputé au fusilier Pichon, il est
prévu par l'article 232 du Code de justice militaire ainsi conçu :
« Tout sous-officier, caporal, brigadier ou soldat coupable de déser-
« tion à l'intérieur, en temps de paix, est puni de deux ans à cinq
« ans d'emprisonnement. »

« Le fait le plus grave imputé au fusilier Pichon est donc le crime
de vol qualifié puni par la loi d'une peine afflictive et infamante,
et conséquemment, aux termes de l'article 60 du Code de justice

militaire, le prévenu doit être traduit d'abord devant la juridiction ordinaire, à laquelle appartient la connaissance du fait dont il s'agit, sauf à ce qu'il soit renvoyé ensuite, s'il y a lieu, devant la juridiction compétente pour le délit militaire de désertion.

« Dans ces circonstances :

« Vu la lettre de Son Excellence M. le garde des sceaux, du 12 novembre 1860 ;

« Vu les articles 525 et suivants du Code d'instruction criminelle ; les articles 57, 60, 231, 232 du Code de justice militaire, l'article 386 du Code pénal ordinaire, et les pièces du procès,

« Le procureur général requiert, pour l'Empereur, qu'il plaise à la Cour régler de juges, et, sans s'arrêter à l'ordonnance de M. le général commandant la 18ᵉ division militaire, laquelle sera déclarée non avenue, en tant qu'elle ordonne que le fait de désertion sera déféré au conseil de guerre, après l'arrestation du prévenu, non plus qu'à l'ordonnance de M. le juge d'instruction du tribunal de Coulommiers, du 22 septembre, en tant qu'elle dessaisit illégalement la juridiction ordinaire ; renvoyer le nommé Pichon et les pièces du procès devant la juridiction compétente, conformément aux dispositions de l'article 60 du Code de justice militaire.

« Fait au parquet, le 24 novembre 1860.

« Le procureur général,

« *Signé :* DUPIN. »

Conformément à ce réquisitoire, appuyé à l'audience par M. le procureur général, la Cour, après avoir entendu le rapport de M. le conseiller Legagneur, a rendu l'arrêt suivant :

ARRÊT (13 décembre 1860).

Ouï le rapport de M. Legagneur, conseiller, et les conclusions de M. Dupin, procureur général ;

Vu la requête en règlement de juges présentée par le procureur général dans la procédure instruite contre Alexandre Clément Pichon, soldat déserteur du 84ᵉ régiment de ligne, inculpé de désertion et de vol commis dans la maison du tailleur Kaëble, pendant qu'il y travaillait comme ouvrier ;

Vu l'ordonnance du juge d'instruction près le tribunal de Coulommiers, en date du 22 septembre dernier, qui déclare la juridiction ordinaire incompétente, et renvoie la cause devant le général commandant la division militaire dont fait partie le 84ᵉ de ligne ;

Vu l'ordonnance rendue le 27 octobre suivant par le général commandant la 18ᵉ division militaire, qui, considérant que Pichon avait été déclaré en état de désertion le 22 février, et qu'il ne figurait plus comme présent à son corps le 4 juin, jour de la perpétration du vol commis chez Kaëble, déclare la justice militaire incompétente pour statuer sur l'inculpation de vol, maintient la compétence sur le délit de désertion, et ordonne que Pichon sera de ce chef déféré au conseil de guerre après son arrestation;

Attendu que ces deux décisions, qui ne sont plus susceptibles d'être réformées par les voies ordinaires, établissent un conflit négatif qui interrompt le cours de la justice, et qu'il importe de faire cesser;

En ce qui concerne le vol;

Vu les articles 525 et suivants du Code d'instruction criminelle;

Vu les articles 56, 57, 60, 231 et 232 du Code de justice militaire et l'article 386 du Code pénal;

Attendu qu'aux termes des articles 56 et 57 du Code militaire, ne sont justiciables des conseils de guerre que les militaires *portés présents* sur les contrôles ou détachés pour un service spécial, ou bien en congé ou en permission;

Et attendu que Pichon avait cessé d'être porté présent à son corps dès le 22 février, et qu'il était en état de désertion lorsqu'il aurait commis le vol objet des poursuites; qu'il est donc justiciable des tribunaux ordinaires à raison de ce fait;

Attendu qu'aux termes de l'article 60 du Code militaire, en cas de concours de la juridiction militaire avec la juridiction ordinaire à raison de plusieurs faits imputés à un militaire, ce dernier doit être traduit d'abord devant le tribunal auquel appartient la connaissance du fait emportant la peine la plus grave;

Attendu que le vol imputé à Pichon entre dans l'application de l'article 386 du Code pénal, qui prononce la peine de la réclusion, et que le délit de désertion, dont la connaissance appartient exclusivement à la juridiction militaire, n'entraîne qu'un emprisonnement de deux à cinq ans (art. 233 du Code militaire);

La Cour, réglant de juges, sans s'arrêter à l'ordonnance du juge d'instruction de Coulommiers, qui sera considérée comme non avenue, ayant tel égard que de raison à la décision du général commandant la 18ᵉ division militaire, maintient au conseil de guerre la connaissance du délit de désertion, et renvoie, sur le chef de vol, la cause et l'inculpé devant la Cour impériale de Paris, chambre d'accusation, pour, sur l'instruction déjà faite et sur tout supplément d'information qui pourra être ordonné, être par elle statué, préalablement à la traduction devant le conseil de guerre, tant sur l'indication du tribunal ou de la Cour qui devra connaître du vol, que sur la prévention elle-même;

Ordonne la signification du présent arrêt au prévenu.

N° XXXI. — 852. (Audience du 22 novembre 1861.)
Chambre criminelle.

Militaire. — Désertion et vol. — Conflit négatif. — Compétence.

Question. — 1° Le délit de vol commis par un militaire en état de désertion est de la compétence des tribunaux ordinaires, mais les tribunaux militaires resteront juges du fait de désertion;

2° En conséquence, le vol caractérisé par des circonstances aggravantes devant, si elles sont reconnues exister, entraîner la peine la plus forte, le prévenu sera d'abord traduit devant la juridiction ordinaire, sauf ensuite, s'il y a lieu, à le traduire devant la juridiction militaire pour le délit de désertion.

RÉQUISITOIRE (12 novembre 1861).
A la Cour de cassation, chambre criminelle.

Le procureur général impérial près la Cour de cassation expose qu'il est chargé par Son Excellence le garde des sceaux de requérir, en vertu de l'article 527 du Code d'instruction criminelle, qu'il soit statué par la Cour en règlement de juges, sur un conflit négatif qui s'est élevé entre M. le juge d'instruction du tribunal de première instance de Vesoul (Haute-Saône) et M. le maréchal commandant la 1re division militaire, dans les circonstances suivantes :

« Le nommé Parlet (Joseph), fusilier au 44e régiment de ligne, manquant à l'appel le 28 septembre 1859, fut déclaré déserteur le 6 octobre suivant.

« Les 9, 12 et 13 août 1861, il commit dans trois communes de l'arrondissement de Vesoul, au préjudice de plusieurs habitants, divers vols avec les circonstances, l'une de domesticité, les autres d'escalade et d'effraction.

« L'accusé fut mis, à raison de ces faits, à la disposition de M. le juge d'instruction de Vesoul, mais M. le procureur impérial de ce tribunal pensa « qu'en quittant son régiment, sans avoir été dis- « pensé du service, pour un temps déterminé, Parlet n'avait pas « cessé un seul instant d'être soumis légalement à la surveillance « de l'autorité militaire, et qu'il n'était pas dès lors justiciable des « tribunaux ordinaires pour les faits à raison desquels les poursui- « tes avaient été commencées. »

« Sur ces réquisitions, le juge d'instruction rendit le 22 septembre 1861 une ordonnance de dessaisissement.

« Les pièces furent alors transmises à M. le maréchal commandant la 1re division militaire, qui rendit, le 18 octobre 1861, l'ordonnance suivante :

« Le maréchal commandant la 1ʳᵉ division militaire, vu la pro-
« cédure instruite devant le tribunal de Vesoul (Haute-Saône),
« contre le nommé Parlet (Joseph), fusilier au 44ᵉ de ligne, la-
« quelle procédure a été suivie d'une ordonnance de dessaisisse-
« ment qui renvoie devant la juridiction militaire ledit Parlet,
« comme inculpé d'avoir, les 9, 12 et 13 août 1861, commis plu-
« sieurs vols au préjudice de divers habitants, avec la circonstance
« qu'un de ces vols a été commis à l'aide d'effraction, ce qui con-
« stitue les délits et crimes prévus par les articles 401, 381 et 384
« du Code pénal ;

« Attendu que ledit Parlet, qui manquait aux appels depuis le
« 29 septembre 1859, a été déclaré déserteur le 6 octobre suivant,
« antérieurement à la perpétration des délits indiqués ci-dessus ;

« Vu les articles 60 et 56 du Code de justice militaire ;

« Déclare la juridiction militaire incompétente pour connaître
« des faits indiqués ci-dessus, et ordonne que la présente ordon-
« nance et toutes les pièces de la procédure seront renvoyées de-
« vant M. le maréchal ministre de la guerre, pour recevoir telle
« suite que de droit, se réservant de statuer ultérieurement, s'il y
« a lieu, sur la prévention de désertion à l'intérieur, imputable au
« nommé Parlet, ci-dessus qualifié. »

« Le fusilier Parlet, étant en désertion au moment de la perpétration des vols qui lui sont reprochés, pouvait être justement
poursuivi tout à la fois et pour le fait de vol et pour le délit de désertion. Mais l'article 60 du Code de justice criminelle régissait la
position particulière de cet accusé. Cet article est ainsi conçu :
« Lorsqu'un justiciable des conseils de guerre est poursuivi en
« même temps pour un crime ou pour un délit de la compétence
« des conseils de guerre et pour un autre crime ou délit de la com-
« pétence des tribunaux ordinaires, il est traduit d'abord devant
« le tribunal auquel appartient la connaissance du fait emportant
« la peine la plus grave et renvoyé ensuite, s'il y a lieu, pour l'au-
« tre fait devant le tribunal compétent. »

« Il est clair qu'en présence de cette disposition il ne s'agit plus,
pour déterminer la juridiction compétente, que de comparer entre
eux les faits reprochés à Parlet et à rechercher la peine dont la loi
les frappe.

« Or il résulte des pièces du dossier et de l'instruction suivie
contre Parlet, qu'il s'est rendu coupable de plusieurs vols avec les
circonstances, l'une de domesticité, les autres d'escalade et d'effraction. Ces faits tombent sous l'application des articles 381, 4°,
et 384 du Code pénal, qui portent :

« Article 381, 4° : S'ils ont commis le crime, soit à l'aide d'ef-
« fraction extérieure ou d'escalade ou de fausses clefs, dans une
« maison, appartement, chambre ou logement habités ou servant
« à l'habitation, ou leurs dépendances, soit en prenant le titre d'un
« fonctionnaire public ou d'un officier civil ou militaire, ou après

« s'être revêtus de l'uniforme ou du costume du fonctionnaire ou
« de l'officier, ou en alléguant un faux ordre de l'autorité civile ou
« militaire. »

« Article 384 : Sera puni de la peine des travaux forcés à temps,
« tout individu coupable de vol commis à l'aide d'un des moyens
« énoncés dans le n° 4 de l'article 381, même quoique l'effraction,
« l'escalade et l'usage des fausses clefs aient eu lieu dans des édifi-
« ces, parcs ou enclos non servant à l'habitation et non dépendants
« des maisons habitées, et lors même que l'effraction n'aurait été
« qu'intérieure. »

« Quant au délit de désertion, il est prévu par l'article 232 du
Code de justice militaire, ainsi conçu : « Tout sous-officier, caporal,
« brigadier ou soldat, coupable de désertion à l'intérieur en temps
« de paix, est puni de deux ans à cinq ans d'emprisonnement. »

« Le fait le plus grave imputé au fusilier Parlet est donc le crime
de vol qualifié, puni par la loi d'une peine afflictive et infamante,
et conséquemment le prévenu doit être traduit d'abord devant la
juridiction ordinaire à laquelle appartient la connaissance du fait
dont il s'agit, sauf à le renvoyer ensuite, s'il y a lieu, devant la
juridiction compétente pour le délit militaire de désertion.

« La Cour ayant, dans une affaire identique, consacré formellement ces principes le 13 décembre 1860 (Bulletin criminel), nous
ne pouvons que nous référer à son arrêt.

« Dans ces circonstances,

« Vu la lettre de Son Excellence M. le garde des sceaux, du
28 octobre 1861 ;

« Vu les articles 525 et suivants du Code d'instruction criminelle ; les articles 57, 60, 231, 232 du Code de justice militaire ;
les articles 381, 4°, et 384 du Code pénal ordinaire, et les pièces
du procès ;

« Le procureur général requiert, pour l'Empereur, qu'il plaise
à la Cour régler de juges et, sans s'arrêter à l'ordonnance de M. le
juge d'instruction du tribunal de Vesoul, laquelle sera considérée
comme non avenue, renvoyer le nommé Parlet (Joseph) et les pièces du procès devant la juridiction compétente, conformément aux
dispositions de l'article 60 du Code de justice militaire.

« Fait au parquet, le 12 novembre 1861.

« Le procureur général,

» Signé : DUPIN. »

ARRÊT (22 novembre 1861).

La Cour, ouï M. Auguste Moreau, conseiller, en son rapport, et
M. Dupin, procureur général, en ses conclusions ;

Vu la requête en règlement de juges présentée par le procureur
général dans le procès instruit contre Joseph Parlet, soldat déserteur

du 44ᵉ régiment de ligne, inculpé de désertion et de vols qualifiés, crimes commis dans les environs de Vesoul au mois d'août 1861 ;

Vu l'ordonnance du juge d'instruction près le tribunal de Vesoul, en date du 20 septembre dernier, qui déclare la juridiction ordinaire incompétente et renvoie la cause devant le commissaire impérial près le conseil de guerre compétent ;

Vu l'ordonnance rendue, le 18 octobre dernier, par le maréchal commandant la 1ʳᵉ division militaire, qui, considérant que Parlet avait été déclaré en état de désertion le 6 octobre 1859 et qu'il avait cessé d'être présent au corps lors de la perpétration des vols susénoncés, déclare la juridiction militaire incompétente pour statuer sur l'inculpation relative à ces vols, réservant toutefois la compétence du conseil de guerre sur le délit de désertion ;

Attendu que ces deux décisions, qui ne sont plus susceptibles d'être réformées par les voies ordinaires, établissent un conflit négatif qui interrompt le cours de la justice, qu'il importe de faire cesser en ce qui concerne les vols ;

Vu les articles 525 et suivants du Code d'instruction criminelle, les articles 56, 57, 60 et 221 du Code de justice militaire et les articles 381, 384 et 386 du Code pénal ;

Attendu qu'aux termes des articles 56 et 57 du Code militaire, ne sont justiciables des conseils de guerre que les militaires portés présents sur les contrôles ou détachés pour un service spécial ou bien en congé ou en permission ;

Attendu que Parlet avait cessé d'être porté présent à son corps dès le 6 octobre 1859, et qu'il était en état de désertion lorsqu'il avait commis les vols qui sont l'objet des poursuites ; qu'il est donc justiciable des tribunaux ordinaires à raison de ces faits ;

Attendu qu'aux termes de l'article 60 du Code militaire, en cas de concours de la juridiction militaire avec la juridiction ordinaire à raison de plusieurs faits imputés à un militaire, ce dernier doit être traduit d'abord devant le tribunal auquel appartient la connaissance du fait emportant la peine la plus grave ;

Attendu que les vols imputés à Parlet paraissent avoir été commis avec les circonstances aggravantes de l'effraction, de l'escalade et de la domesticité ; qu'ils peuvent rentrer dans l'application des articles 381, 384 et 386 du Code pénal, qui prononcent la peine de la réclusion et des travaux forcés à temps ; que le délit de désertion, dont la connaissance appartient exclusivement à la juridiction militaire, n'entraîne qu'un emprisonnement de deux à cinq ans, aux termes de l'article 232 du Code militaire ;

Réglant de juges, sans s'arrêter à l'ordonnance du juge d'instruction de Vesoul, qui sera considérée comme non avenue, renvoie la cause et le prévenu Parlet sur les chefs de vol devant la Cour impériale de Besançon, chambre d'accusation, pour, sur l'instruction déjà faite, et sur tout supplément d'information qui pourra être ordonné, s'il y a lieu, statuer tant sur l'indication du tribunal ou de la Cour qui devra connaître desdits vols que sur la prévention ;

Sauf ensuite son renvoi, s'il y a lieu, devant la juridiction militaire dont la compétence est maintenue à l'égard du délit de désertion ;

Ordonne que le présent arrêt sera notifié à qui de droit ;

Ainsi jugé et prononcé en l'audience publique de la Cour de cassation, chambre criminelle, le 22 novembre 1861.

N° XXXII. — 834. (Audience du 9 août 1860.)
Chambre criminelle.

Militaire. — Déserteur. — Soldat libéré. — Engagement volontaire. — Compétence. Règlement de juges.

Question. — Le militaire libéré qui rentre au service par suite d'un engagement volontaire, doit être considéré comme déserteur six jours après celui de son absence constatée, et non pas après six mois d'absence, encore bien que moins de six mois se soient écoulés depuis sa rentrée au service au moment où il a abandonné son corps.

Par suite, ce militaire est justiciable des tribunaux ordinaires à raison des crimes par lui commis plus de six jours après son absence constatée.

RÉQUISITOIRE (27 juillet 1860).

« Le procureur général impérial près la Cour de cassation expose qu'il est chargé par Son Excellence le garde des sceaux, ministre de la justice, de faire statuer en règlement de juges, par la Cour de cassation, sur un conflit négatif qui s'est élevé entre M. le juge d'instruction près le tribunal de Château-Thierry et M. le maréchal commandant la 1re division militaire, dans les circonstances ci-après exprimées :

« Le nommé Antoine Lecomte, déserteur au 18" régiment d'artillerie, a été arrêté, le 22 mai dernier, par la gendarmerie de Dormans, en flagrant délit de vol et de tentative d'homicide. Il fut mis à la disposition des magistrats de Château-Thierry, mais M. le juge d'instruction près le tribunal de cette ville a rendu, le 9 juin, une ordonnance par laquelle il se déclare incompétent, en se fondant sur ce que Lecomte était en activité de service.

« M. le maréchal commandant la 1re division militaire, devant laquelle Lecomte a dû être renvoyé (son régiment étant alors stationné à Vincennes), a rendu, à la date du 6 juillet courant, une ordonnance qui déclare la juridiction militaire incompétente, en ce qui concerne les faits de vol et de tentative d'homicide, sous toutes réserves, pour statuer ultérieurement sur le délit de désertion.

« Il résulte des actes de M. le juge instructeur qui sont au dossier, que Lecomte était accusé d'une tentative de meurtre commise le 22 mai 1860, et du vol d'une voiture commis le même jour.

« M. le maréchal, dans son ordonnance d'incompétence, a déclaré que : « Ledit Lecomte, qui manquait aux appels depuis « le 13 mai 1860, a été déclaré déserteur le 20 dudit mois, anté- « rieurement à la perpétration des crimes indiqués ci-dessus. »

« Il résulte de cette déclaration de M. le maréchal commandant qu'il a été fait application, au nommé Lecomte, de la première partie de l'article 231 du Code de justice militaire, portant : « Est « considéré comme déserteur à l'intérieur : 1° six jours après celui « de l'absence constatée, tout sous-officier ou soldat qui s'absente « de son corps ou détachement sans autorisation. »

« Mais le même article ajoute : « Néanmoins, si le soldat n'a pas « six mois de service, il ne peut être considéré comme déserteur « qu'après un mois d'absence. » Or, si Lecomte n'avait pas, au moment où il s'est absenté de son corps, six mois de service, il ne pouvait être considéré comme déserteur qu'un mois après le 13 mai, jour auquel il avait manqué à l'appel.

« Dans ce cas, il devrait être considéré comme s'étant trouvé encore en activité de service et inscrit sur les contrôles au moment de la perpétration des crimes et délits commis le 22 mai, et justiciable, par voie de conséquence, pour ces crimes et délits, ainsi que pour le délit de désertion, du conseil de guerre, aux termes de l'article 56 du Code militaire. (Arrêt du 24 février 1860, Bulletin criminel, année 1860.)

« Mais il existe au dossier un état signalétique et de service du nommé Lecomte, sous la date du 31 mai 1860, qui constate que ce militaire, engagé en 1850, et libéré du service le 5 août 1859, a été incorporé, à compter du 15 décembre 1859, au 14° régiment d'artillerie, comme engagé volontaire ledit jour, pour sept ans.

« On ne pourrait prétendre que Lecomte n'avait pas six mois de service au 22 mai 1860, jour de la perpétration des crime et délit à lui imputés, qu'en assimilant le soldat libéré qui reprend du service au conscrit qui entre au service. Or, l'esprit de la loi résisterait à cette interprétation trop judaïque.

« La situation du nommé Lecomte ainsi établie, sa qualité de déserteur ne saurait être contestée, et, par suite, aucun doute ne peut s'élever sur la compétence des tribunaux ordinaires pour connaître des faits de meurtre et de vol imputés à l'accusé, ces crimes étant punis par le Code pénal ordinaire de la peine de mort (art. 304), tandis que la désertion est punie de deux à cinq ans d'emprisonnement (art. 232, Code militaire).

« Dans ces circonstances, vu la lettre de Son Excellence le garde des sceaux, en date du 19 juillet présent mois, les articles 525 et suivants du Code d'instruction criminelle, les articles 56, 60, 231, 232 du Code de justice militaire, 304 du Code pénal ordinaire, et les pièces du dossier,

« Le procureur général requiert, pour l'Empereur, qu'il plaise à la Cour régler de juges, et, sans s'arrêter à l'ordonnance de M. le juge d'instruction du tribunal de Château-Thierry, du 9 juin dernier, laquelle sera considérée comme non avenue, renvoyer le nommé Lecomte et les pièces du procès devant la juridiction compétente, conformément aux dispositions de l'article 60 du Code de justice militaire.

« Fait au parquet, le 27 juillet 1860.

« *Signé :* DUPIN. »

Conformément à ce réquisitoire, appuyé à l'audience par M. l'avocat général Blanche, en l'absence du procureur général, la Cour a rendu l'arrêt suivant :

ARRÊT (9 août 1860).

La Cour, ouï M. Victor Foucher, conseiller, en son rapport ;

Ouï M. Blanche, avocat général, en ses conclusions ;

Vu les articles 56, 57, 60, 234, 232 du Code de justice militaire pour l'armée de terre ;

Vu également les articles 525 et suivants du Code d'instruction criminelle ;

Vu l'ordonnance du juge d'instruction près le tribunal de première instance de Château-Thierry, en date du 9 juin 1860, par laquelle ce juge se déclare incompétent à raison des faits de vol et de tentative d'homicide imputés à Lecomte (Antoine), soldat au 18e régiment d'artillerie, parce que ces crimes auraient été commis par un militaire en activité de service ;

Vu la décision de M. le maréchal commandant la 1re division militaire, du 6 juillet 1860, qui déclare la juridiction militaire incompétente pour statuer sur ces mêmes faits de vol et de tentative d'homicide, attendu que Lecomte aurait été en état de désertion au moment où il s'en serait rendu coupable ;

Attendu qu'il résulte de ces deux décisions, qui toutes deux ont acquis l'autorité de la chose jugée, un conflit négatif de juridiction qui interrompt le cours de la justice ;

Attendu, en outre, que Lecomte (Antoine), bien qu'incorporé dans le 18e régiment d'artillerie seulement depuis le 15 décembre 1859, par suite d'engagement volontaire, avait antérieurement à cet engagement servi dans l'armée et avait été libéré le 5 août 1859 ; d'où il suit qu'il doit être considéré comme ayant plus de six mois de service, dans le sens de l'article 234 du Code de justice militaire pour l'armée de terre, au moment où il a abandonné son corps ;

Réglant de juges,

Déclare que l'ordonnance du juge d'instruction de Château-Thierry, en date du 9 juin 1860, sera considérée comme *non avenue*, et, en ce qui concerne les faits de vol et de tentative d'homicide, *renvoie* Lecomte (Antoine), en l'état où il se trouve, ainsi que les pièces de la procédure, devant la chambre des mises en accusation de la Cour impériale d'Amiens, pour être statué tant sur la compétence que sur le fond ce qu'il appartiendra, réservant toutefois à la juridiction militaire la connaissance du délit de désertion, s'il y a lieu ;

Ordonne, etc. ;

Ainsi jugé, etc.

Nᵒ XXXIII. — 808. (Audience du 10 juin 1859.)

Armée de mer. — Ouvrier des équipages en congé renouvelable. — Inculpation de plusieurs délits. — Compétence. — Conflit négatif. — Règlement de juges.

Question. — Un ouvrier chauffeur des équipages de la flotte, lorsqu'il est en congé ou permission, est justiciable du conseil de guerre maritime, comme le sont tous les assimilés aux militaires ou marins, pour les crimes et délits prévus par le titre II, livre IV du Code de justice maritime.

S'il est poursuivi en même temps pour un crime ou un délit de la compétence du conseil de guerre, et pour un autre crime ou délit de la compétence soit des tribunaux ordinaires, soit des tribunaux maritimes, il doit être traduit d'abord devant le tribunal auquel appartient la connaissance du fait emportant la peine la plus grave, et renvoyé ensuite, s'il y a lieu, pour l'autre fait, devant la juridiction compétente.

Ce règlement de juges a été prononcé par la Cour dans les circonstances que fait connaître le réquisitoire dont la teneur suit :

RÉQUISITOIRE (20 mai 1859).

A la Cour de cassation, chambre criminelle.

« Le procureur général impérial près la Cour de cassation expose que le nommé Chasset, ouvrier chauffeur de la division des équipages de la flotte de Toulon, a été renvoyé le 4 janvier 1859 devant le tribunal correctionnel de Villefranche (Rhône), par ordonnance du juge d'instruction (dans laquelle il est simplement qualifié d'ouvrier forgeron, demeurant à Villefranche), comme inculpé d'avoir, dans cette ville, outragé par paroles M. le commissaire de police dans l'exercice de ses fonctions, et de lui avoir volontairement porté des coups, ainsi qu'à l'agent de police Dumagnin et à M. Millet-Rimbert, demeurant dans ladite ville, faits prévus et punis par les articles 222 et 311 du Code pénal.

« Le 15 janvier, le tribunal de Villefranche, après avoir constaté l'existence des trois délits dont Chasset était inculpé, a statué en ces termes :

« Considérant qu'aux termes de l'article 365 du Code d'instruc« tion criminelle, en cas de conviction de plusieurs crimes ou dé« lits, la peine la plus forte doit être seule prononcée ; que, par « conséquent, dans l'espèce, ce doit être celle édictée par l'arti« cle 311 du Code pénal qui doit être appliquée ;

« Vu lesdits articles, déclare Pierre Chasset coupable de coups « et blessures volontaires et d'outrages par paroles envers un ma« gistrat de l'ordre administratif dans l'exercice de ses fonctions,

« et, lui faisant l'application de l'article 311 précité, le condamne
« contradictoirement à deux années d'emprisonnement. »

« Il suffit de jeter les yeux sur l'intitulé de l'ordonnance du juge
d'instruction et sur l'intitulé du jugement correctionnel pour être
convaincu que le magistrat instructeur et le tribunal ignoraient la
qualité de Chasset d'ouvrier chauffeur des équipages de ligne. Le
prévenu est dénommé, en effet, dans l'ordonnance et dans le jugement : « Pierre Chasset, ouvrier forgeron, demeurant à Ville-
« franche. »

« Chasset ayant interjeté appel de ce jugement, la Cour impériale de Lyon apprit, sans doute par l'interrogatoire du prévenu,
qu'il était militaire, et, sur les conclusions du ministère public,
elle le renvoya devant l'autorité militaire par arrêt du 9 février
1859, ainsi conçu :

« Attendu que Pierre Chasset appartient à l'armée, et qu'aux
« termes des articles 60 et 225 du Code pénal militaire, il est jus-
« ticiable du conseil de guerre;

« La Cour réforme pour cause d'incompétence le jugement dont
« est appel, et renvoie Pierre Chasset devant la juridiction mili-
« taire, réserve les dépens, etc. »

« Il existe au dossier, sous la date du 4 janvier 1859, un procès-verbal du maréchal des logis et du brigadier de la gendarmerie
de Villefranche, constatant l'arrestation pour coups et blessures du
nommé Pierre Chasset, ouvrier chauffeur des équipages de ligne,
en congé temporaire renouvelable, à Saint-Étienne-Lavarenne
(Rhône).

« Ce procès-verbal, s'il eût passé sous les yeux du tribunal correctionnel et de la Cour, leur eût révélé la véritable qualité du
nommé Chasset, et prévenu le circuit de procédures qui a donné
naissance au conflit dont la Cour est aujourd'hui saisie.

« Quoi qu'il en soit, M. le procureur général, mieux renseigné,
transmit, non à la juridiction militaire, comme le porte l'arrêt de
la Cour impériale, mais à M. le vice-amiral préfet maritime de
Toulon, « les pièces de l'instruction suivie contre le sieur Pierre
« Chasset, soldat à la 1re compagnie des mécaniciens des équipages
« de ligne, en congé renouvelable à Saint-Étienne-Lavarenne
« (Rhône). »

« Cette qualité de Chasset est d'ailleurs légalement constatée par
l'extrait de la matricule générale des équipages de la flotte en date
du 26 février 1859 (extrait qui se trouve au dossier, cote 6).

« M. le vice-amiral ordonna, le 25 février 1859, qu'il fût informé contre le nommé Pierre Chasset, ouvrier chauffeur en congé
renouvelable à Saint-Étienne-Lavarenne.

« Après qu'il eut été procédé aux divers actes de l'instruction,
Chasset comparut devant le 1er conseil de guerre maritime permanent du port de Toulon, qui, le 20 avril 1859, déclara son incompétence en ces termes :

« Ouï M. le commissaire impérial en ses réquisitions, tendant à
« ce que le conseil de guerre maritime permanent se déclare in-
« compétent pour connaître des faits reprochés au nommé Chasset,
« conformément aux articles 79, 109, 238, 304 du Code de jus-
« tice maritime, — 222-311 du Code pénal ordinaire, et 226 et
« 227 du Code d'instruction criminelle ;.

« Le conseil délibérant à huis clos, le président a posé la ques-
« tion ainsi qu'il suit : « Le 1er conseil de guerre permanent con-
« voqué par l'ordre de M. le préfet maritime, le 16 avril 1859, à
« l'effet de juger le nommé Pierre Chasset, ouvrier chauffeur de
« 2e classe de la division de Toulon, en congé renouvelable de six
« mois, à Lyon depuis le 20 novembre 1856, prévenu 1° d'outra-
« ges par paroles tendant à inculper l'honneur ou la délicatesse d'un
« magistrat de l'ordre administratif dans l'exercice de ses fonc-
« tions ; 2° de coups et blessures volontaires envers un particulier ;
« 3° de rébellion contre la force armée, délits commis à Villefran-
« che (Rhône), le 2 janvier 1859, est-il compétent? Les voix re-
« cueillies, le conseil, faisant droit aux réquisitions écrites du
« commissaire impérial, déclare, à la majorité de quatre voix con-
« tre trois, que le 1er conseil de guerre maritime permanent est
« incompétent pour connaître des faits reprochés à Pierre Chasset ;

« Sur quoi le conseil étant rentré en séance publique, le pré-
« sident a lu les motifs et le dispositif ci-dessus ;

« En conséquence, le 1er conseil de guerre permanent se dé-
« clare incompétent pour connaître des faits reprochés à Pierre
« Chasset ci-dessus qualifié, conformément aux articles 79 et 109
« du Code de justice maritime ci-après transcrits... »

« Sur le recours de Pierre Chasset, le conseil permanent de ré-
« vision a maintenu, le 2 mai 1859, le jugement du conseil de
« guerre maritime par les motifs suivants :

« Vu la teneur de l'article 109 du Code de justice maritime
« ainsi conçu :

« Lorsqu'un justiciable des conseils de guerre ou de justice ma-
« ritime est poursuivi en même temps pour un crime ou un délit
« de la compétence de l'un de ces conseils, et pour un autre crime
« ou délit de la compétence des tribunaux maritimes ou des tri-
« bunaux ordinaires, il est traduit d'abord devant le tribunal au-
« quel appartient la connaissance des faits emportant la peine la
« plus grave, et renvoyé ensuite, s'il y a lieu, pour l'autre fait de-
« vant le tribunal compétent ; »

« Attendu qu'il résulte de la procédure suivie par le tribunal
« correctionnel de Villefranche que le nommé Chasset s'est rendu
« coupable : 1° de coups et blessures envers un particulier ; 2° d'ou-
« trages par paroles et voies de fait envers un magistrat de l'ordre
« administratif ; 3° de rébellion envers la force armée ;

« Attendu que ce dernier délit ne saurait être confondu avec les
« deux autres ;

« Attendu que les coups et blessures envers un particulier, et
« l'outrage par paroles et voies de fait envers un magistrat de l'or-
« dre administratif, sont des délits communs de la compétence ex-
« clusive des tribunaux ordinaires, bien que le délit de rébellion
« soit justiciable des conseils de guerre;

« Attendu que la peine portée contre ce délit par l'article 304
« du Code de justice maritime est moins grave que celle édictée
« par le Code pénal ordinaire contre l'outrage par paroles et voies
« de fait envers un magistrat de l'ordre administratif;

« Repoussant la prétention du défenseur à faire admettre que
« les trois délits ne constituent qu'un seul et même fait justiciable
« du conseil de guerre;

« Par ces motifs,

« Le conseil de révision, à l'unanimité, rejette le pourvoi. »

« Il résulte de ces deux décisions et de l'arrêt de la Cour impériale de Lyon un conflit négatif de juridiction qui interrompt le
cours de la justice, et qu'il importe de faire cesser.

« Il nous semble que, dans l'état des faits de la procédure que
nous venons de soumettre à la Cour, c'est à la juridiction ordinaire
qu'il appartient de connaître des délits dont Chasset est inculpé.

« Et d'abord, que le prévenu fût justiciable en principe, non
de la juridiction militaire, mais de la juridiction maritime en sa
qualité d'ouvrier chauffeur de deuxième classe de la division des
équipages de la flotte, c'est ce qui ne peut faire le moindre doute,
puisque les ouvriers chauffeurs sont spécialement compris dans la
nomenclature des justiciables des conseils de guerre permanents
des arrondissements maritimes par l'article 77, n° 1, du Code de
justice militaire pour l'armée de mer. Sous ce rapport, la Cour
impériale de Lyon, en renvoyant à la juridiction militaire, par application des articles 60 et 225 du Code militaire, s'était évidemment trompée, faute d'avoir connu la véritable qualité de Chasset.
Celui-ci, il est vrai, était en congé renouvelable depuis 1856,
mais sa postition à cet égard était régie par l'article 79 du Code
maritime, ainsi conçu :

« Sont également justiciables des conseils de guerre permanents
« des arrondissements maritimes, mais seulement pour les crimes
« et les délits prévus par le titre ii, livre IV du présent Code, les
« marins ou militaires de l'armée de mer de tout grade et les indi-
« vidus assimilés aux marins ou militaires :

« 1° Lorsque, sans être employés, ils reçoivent un traitement
« et restent à la disposition du gouvernement;

« 2° Lorsqu'ils sont en congé ou en permission. »

« Si donc le délit dont Chasset est inculpé était au nombre de
ceux prévus par le titre ii, livre IV du Code de justice maritime, il
était, bien qu'en congé renouvelable, justiciable de la juridiction
maritime. Or, nous verrons tout à l'heure qu'au nombre des délits dont Chasset est inculpé se trouvait celui de rébellion, puni

par l'article 304 du Code de justice maritime, qui fait partie des délits prévus par le titre II, livre IV dudit Code.

« Mais d'autres dispositions du Code de justice maritime, combinées avec plusieurs dispositions du Code pénal ordinaire, replaçaient, comme l'ont jugé les deux décisions émanées de la juridiction maritime, Chasset sous la juridiction ordinaire.

« L'article 109 du Code de justice maritime porte : « Lorsqu'un « justiciable des conseils de guerre ou de justice est poursuivi en « même temps pour un crime ou un délit de la compétence des « tribunaux maritimes ou des tribunaux ordinaires, il est traduit « d'abord devant le tribunal auquel appartient la connaissance du « fait emportant la peine la plus grave, et renvoyé ensuite, s'il y a « lieu, pour l'autre fait, devant le tribunal compétent. En cas de « double condamnation, la peine la plus forte est seule subie.

« Si les deux crimes ou délits emportent la même peine, la « priorité appartient aux juridictions maritimes, et, entre ces juri- « dictions, aux conseils de guerre et de justice. »

« Or, dans l'espèce, trois faits très-graves étaient reprochés à Chasset. Ils sont énoncés dans l'ordonnance du juge d'instruction et dans le jugement du tribunal correctionnel :

« 1° Résistance à l'agent Dumagnin, assailli par Chasset à coups de pied et à coups de poing;

« 2° Violences et voies de fait contre un sieur Millet, qui, dans sa chute, se démit l'épaule;

« 3° Outrage à M. le commissaire de police en le traitant de canaille et de vermine, à qui, de plus, il a porté deux coups de pied qui l'ont atteint au ventre.

« Deux de ces faits ne sont pas érigés en délits maritimes par le Code maritime : ce sont les faits de violences et voies de fait contre un particulier, et l'outrage et les coups portés à un magistrat de l'ordre administratif.

« Le premier de ces faits, lorsque les blessures ou les coups n'auront occasionné aucune maladie ou incapacité de travail, est puni, par les articles 309 et 311 combinés du Code pénal ordinaire, d'un emprisonnement de six jours à deux ans, et d'une amende de 16 francs à 200 francs.

« Le deuxième fait, lorsqu'il y a outrage par paroles et coups portés, emporte deux espèces de pénalités : l'outrage par paroles tendant à inculper l'honneur du magistrat ou sa délicatesse est puni, par l'article 222 du même Code, d'un emprisonnement d'un mois à deux ans.

« Quant aux coups portés à un magistrat, l'article 228 du Code pénal ordinaire dispose : « Tout individu qui, même sans armes, « et sans qu'il en soit résulté de blessures, aura frappé un magis- « trat dans l'exercice de ses fonctions, ou à l'occasion de cet exer- « cice, sera puni d'un emprisonnement de deux à cinq ans. »

« Le troisième fait, c'est-à-dire la résistance avec violence et voies de fait à un agent de la police administrative, constituait, aux termes de l'article 209 du Code pénal ordinaire, le délit de rébellion.

« Comme délit commun, la rébellion qui a lieu par une ou deux personnes, sans armes, est punie par l'article 212 du Code pénal d'un emprisonnement de six jours à deux ans.

« Mais le législateur du Code de justice maritime a érigé ce délit en délit maritime par l'article 304 du Code de justice maritime, ainsi conçu : « Tout marin, tout militaire embarqué, tout « individu faisant partie de l'équipage d'un bâtiment de l'Etat, « coupable de rébellion envers la force armée et les agents de l'au- « torité, est puni de la réduction de grade ou de classe; la peine « est celle de l'inaptitude à l'avancement si la rébellion a eu lieu « avec armes. »

« Or, pour déterminer la compétence des juridictions appelées à connaître de ces délits aux termes de l'article 109 du Code de justice maritime plus haut transcrit, qui veut que « le justiciable « soit traduit devant le tribunal auquel appartient la connaissance « du fait emportant la peine la plus grave, et renvoie ensuite, pour « l'autre fait, devant le tribunal compétent », il suffit de rechercher quel était des deux faits constituant des délits communs dans l'espèce et du fait constituant un délit maritime, celui ou ceux de ces faits emportant la peine la plus grave.

« Nous avons vu que les violences et voies de fait contre un particulier sont punies, par les articles 309 et 211 du Code pénal ordinaire, d'un emprisonnement de six jours à deux ans; l'outrage à un magistrat par paroles inculpant son honneur et sa délicatesse est frappé d'un emprisonnement d'un mois à deux ans.

« L'article 304 du Code de justice maritime, au contraire, ne frappe le délit de rébellion envers la force armée et les agents de l'autorité que de la réduction de grade ou de classe, et si nous nous reportons à l'article 238 du même Code de justice maritime, qui règle l'ordre décroissant des pénalités en matière maritime, nous voyons que ces peines de réduction de grade ou de classe sont placées au troisième degré au-dessous de la peine d'emprisonnement.

« La juridiction ordinaire était donc compétente, aux termes de l'article 109 du Code de justice maritime, pour connaître des deux délits communs frappés de la peine de l'emprisonnement par le Code pénal ordinaire, sauf à renvoyer ensuite Chasset, s'il y avait lieu, pour le fait de rébellion, puni par la loi maritime de la réduction de grade ou de classe, devant la juridiction maritime.

« Il en devait être ainsi, à plus forte raison, si on se reporte aux chefs de la prévention constatés par l'ordonnance du juge d'instruction et par le tribunal correctionnel, ainsi que par la Cour impériale.

« On lit, en effet, dans un jugement du tribunal correctionnel la qualification suivante d'un des chefs de prévention : « Considé-

« rant encore que Chasset ayant été ensuite arrêté dans le cabaret
« du sieur Aulaz, a outragé M. le commissaire de police en le
« traitant de canaille, de Mandrin et de vermine, que de plus il
« lui a porté deux coups de pied qui l'ont atteint au ventre; que
« tous ces faits constituent les délits de coups et blessures volon-
« taires et d'outrage par paroles envers un magistrat de l'ordre
« administratif. »

« Or, lorsqu'il était constaté par le tribunal qu'un magistrat de
l'ordre administratif avait été frappé dans l'exercice de ses fonctions ou à l'occasion de cet exercice, la peine la plus forte qui devait être appliquée, en vertu de l'article 365 du Code d'instruction criminelle, n'était pas celle de six jours à deux ans, qu'édictent
les articles 309 et 311 combinés du Code pénal ordinaire et cités
dans le jugement du tribunal correctionnel, mais bien celle d'un
emprisonnement de deux à cinq ans que prononce l'article 228 du
Code pénal ordinaire « contre tout individu qui, même sans armes
« et sans qu'il en soit résulté de blessures, aura frappé un magis-
« trat dans l'exercice de ses fonctions ou à l'occasion de cet exer-
« cice. »

« La Cour impériale de Lyon, en se déclarant incompétente pour
statuer sur l'appel interjeté devant elle par le nommé Chasset, et
en le renvoyant devant la juridiction militaire, a donc méconnu
tous les principes qui régissaient l'affaire soumise à sa décision.

« Par toutes ces considérations,

« Vu la lettre de M. le garde des sceaux, du 13 mai courant,
les articles 526 et suivants du Code d'instruction criminelle, les
articles 222, 228, 309 et 311 du Code pénal ordinaire, 77, 79,
109, 238 et 304 du Code de justice militaire pour l'armée de mer,
et toutes les pièces de l'affaire ;

« Le procureur général requiert, pour l'Empereur, qu'il plaise
à la Cour, réglant de juges, et sans s'arrêter à l'arrêt de la Cour de
Lyon, lequel sera considéré comme non avenu, renvoyer l'inculpé
en l'état où il se trouve, et les pièces du procès, pour être statué,
conformément à la loi, sur l'appel par lui interjeté, devant telle
Cour impériale qu'elle voudra bien désigner.

« Fait au parquet, le 20 mai 1859.

« Le procureur général,

« Signé : DUPIN. »

ARRÊT (10 juin 1859).

La Cour,

Ouï M. le conseiller Meynard de Franc, en son rapport, et M. le
procureur général Dupin, en ses conclusions;

Vu la demande en règlement de juges formée, de l'ordre de M. le
garde des sceaux, par M. le procureur général près la Cour, dans le

procès instruit contre Pierre Chasset, ouvrier chauffeur de la division des équipages de la flotte de Toulon, en congé renouvelable;

Vu les articles 526 et suivants du Code d'instruction criminelle, 222, 228, 309, 311 du Code pénal de 1810; 77, 79, 109, 238 et 304 du Code de justice militaire pour l'armée de mer, ensemble toutes les pièces du procès, et notamment la lettre de M. le garde des sceaux, ministre de la justice, en date du 13 mai 1859;

Attendu que Pierre Chasset, renvoyé devant le tribunal correctionnel de Villefranche (Rhône), par ordonnance du juge d'instruction du même siége, sous inculpation de plusieurs délits, y a été condamné, le 15 janvier 1859, à deux années d'emprisonnement, aux termes des articles 365 du Code d'instruction criminelle et 311 du Code pénal ordinaire;

Que Chasset ayant interjeté appel de ce jugement, la Cour impériale de Lyon l'a réformé pour cause d'incompétence, en se fondant sur ce que le prévenu appartenait à l'armée, et qu'il était, d'après les articles 60 et 225 du Code pénal militaire, justiciable du conseil de guerre;

Attendu que la véritable qualité de Chasset, d'ouvrier chauffeur de la division des équipages de la flotte en congé renouvenable, ayant été constatée, il fut traduit devant le 1er conseil de guerre maritime permanent du port de Toulon, comme prévenu : 1° d'outrages par paroles tendant à inculper l'honneur ou la délicatesse d'un magistrat de l'ordre administratif dans l'exercice de ses fonctions; 2° de coups et blessures volontaires contre un particulier; 3° de rébellion contre la force armée ; mais que le conseil se déclara incompétent à son tour, aux termes des articles 79 et 100 du Code de justice maritime, par décision du 20 avril 1859;

Qu'enfin, sur le recours de Chasset, le conseil permanent de révision de Toulon a, le 2 mai suivant, rejeté son pourvoi;

Attendu qu'il résulte de ces deux dernières décisions, et de l'arrêt de la Cour impériale de Lyon, un conflit négatif qui interrompt le cours de la justice et qu'il importe de faire cesser;

Attendu, sur la question de compétence, qu'il résulte de l'article 79 du Code de justice maritime, que sont justiciables des conseils de guerre permanents des arrondissements maritimes, pour les crimes et délits prévus par le titre II, livre IV, dudit Code, les marins ou militaires de l'armée de mer de tout grade, et les individus qui leur sont assimilés, lorsqu'ils sont en congé ou permission;

Que, d'après l'article 109, lorsqu'un justiciable des conseils de guerre ou de justice est poursuivi en même temps pour un crime ou un délit de la compétence de ces conseils, et pour un autre crime ou délit de la compétence des tribunaux maritimes ou des tribunaux ordinaires, il est traduit d'abord devant le tribunal auquel appartient la connaissance du fait emportant la peine la plus grave, et renvoyé ensuite, s'il y a lieu, pour l'autre fait, devant le tribunal compétent;

Et attendu que les coups et blessures envers un particulier sont punis, par les articles 309 et 311 du Code pénal ordinaire, d'un emprisonnement de six jours à deux ans; l'outrage par paroles envers un magistrat, tendant à inculper son honneur ou sa délicatesse, d'un emprisonnement d'un mois à deux ans, et les violences envers un magistrat dans l'exercice de ses fonctions, d'un emprisonnement de deux à cinq ans, tandis que l'article 304 du Code de justice maritime ne frappe le délit de rébellion que de la réduction de grade ou de classe placée par l'article 238 du même Code, qui règle l'ordre décroissant des pénalités en matière maritime, au troisième degré au-dessous de la peine de l'emprisonnement ;

Qu'ainsi les deux premiers faits étaient de la compétence des tribunaux ordinaires, le troisième dans les attributions des conseils de guerre maritimes, et qu'il appartenait à la juridiction ordinaire de statuer, préalablement à la poursuite, devant qui de droit, du délit maritime de rébellion, sur la prévention : 1° d'outrages par paroles tendant à inculper l'honneur et la délicatesse d'un magistrat de l'ordre administratif dans l'exercice de ses fonctions ; 2° de coups et blessures volontaires envers un particulier ;

Faisant droit au réquisitoire de M. le procureur général, et réglant de juges, sans s'arrêter à l'arrêt de la Cour impériale de Lyon du 9 février 1859, lequel sera considéré comme non avenu, renvoie Pierre Chasset, en l'état où il se trouve, et les pièces du procès, devant la Cour impériale de Grenoble à ce spécialement désignée, pour être statué sur l'appel interjeté par ledit Chasset du jugement rendu contre lui par le tribunal de Villefranche (Rhône), le 15 janvier précédent ;

Ordonne que le présent arrêt sera notifié à qui de droit.

Nº XXXIV. — 886. (Audience du 7 avril 1865.)
Chambre criminelle.

Marine marchande. — Tribunal maritime commercial. — Assistance d'un défenseur. — Position de la question de discernement. — Preuves de l'âge du prévenu. — Vols à bord des navires marchands. — Incompétence. — Renvoi devant la chambre des mises en accusation de la Cour impériale de Rennes.

Questions. — *I. Les tribunaux commerciaux maritimes n'ayant compétence que pour statuer sur les infractions qualifiées délits et punies des « peines correctionnelles » portées en l'article 55 du décret du 24 mars 1852, il n'y a pas nullité du jugement si le prévenu n'a pas demandé à être assisté d'un défenseur.*

II. En l'absence de dispositions spéciales sur le mode de position des questions, dans le décret de 1852, le tribunal commercial maritime doit se conformer aux prescriptions du droit commun, et spécialement à celles de l'article 162 du Code de justice pour l'armée de mer.

III. Le décret du 24 mars 1852 ne déroge en aucune façon aux dispositions des articles 67 du Code pénal ordinaire et 162 du Code de justice maritime ; dès lors le tribunal commercial maritime doit poser la question de discernement à l'égard de l'accusé, qui est âgé de moins de seize ans.

IV. Le vol commis à bord de tout navire constituant un crime punissable de la peine de la réclusion et réservé à la juridiction ordinaire du jury par le décret du 24 mars 1852, un tribunal maritime commercial ne peut en connaître sans violer les règles de la compétence, et, en prononçant une peine autre que les peines correctionnelles déterminées par l'article 55 du décret précité, il commet un excès de pouvoir.

V. Les juges doivent se prononcer par questions séparées sur la culpabilité des prévenus et sur la circonstance aggravante. (Art. 36 et 162 du Code de justice maritime.)

VI. Un extrait du rôle d'équipage, et la déclaration de l'accusé consignée dans le jugement et faite dans les mêmes termes que l'extrait, indiquent suffisamment l'âge de l'accusé, de telle sorte que les juges ne peuvent se dispenser, à peine de nullité, de poser la question de discernement.

VII. Le défaut de constatation par le tribunal maritime commercial dans le jugement, que les accusés ont refusé de choisir un défenseur ou ont préféré se défendre eux-mêmes, ne peut constituer une cause de nullité.

Ces diverses solutions sont intervenues sur le réquisitoire dont la teneur suit :

RÉQUISITOIRE (1ᵉʳ février 1865).

A la Cour de cassation, chambre criminelle.

Le procureur général impérial près la Cour de cassation expose qu'il est chargé par M. le garde des sceaux, ministre de la justice et des cultes, en vertu de l'article 441 du Code d'instruction criminelle, de requérir, tant dans l'intérêt de la loi que dans celui des condamnés, l'annulation d'un jugement rendu, le 9 janvier 1864, par le tribunal maritime commercial réuni à bord de la frégate l'*Isis*, dans les circonstances suivantes :

« Les nommés Guiovenetti et Bellebon, l'un cuisinier, l'autre mousse à bord du navire de commerce *le Mayotte*, ont été accusés d'avoir volé dans la chambre du capitaine des objets dont la valeur excédait dix francs. Traduits devant un tribunal maritime commercial établi à bord de l'*Isis*, frégate de l'État, en station à Melbourne (Australie), ils ont été reconnus coupables et condamnés à cinq ans de réclusion par application de l'article 93 du décret disciplinaire et pénal pour la marine marchande, du 24 mars 1852.

« Ce jugement, contre lequel aucune voie de recours n'est ouverte aux condamnés, aux termes de l'article 43 dudit décret de 1852, consacre une violation des règles de la compétence et un excès de pouvoir.

Discussion.

« L'incompétence et l'excès de pouvoir résultent ici formellement de la combinaison des articles 9, 22 et 93 du décret du 24 mars 1852, sur la marine marchande.

« Voici le texte de ces articles :

« Art. 9. Il est institué des tribunaux maritimes commerciaux

« Ces tribunaux connaissent des délits maritimes prévus par le
« présent décret.

« Art. 22. Les tribunaux ordinaires connaissent des crimes ma-
« ritimes prévus par le présent décret. »

« L'article 93, qui appartient à la section intitulée : *Des crimes*
(titre III, chap. 2), porte :

« Les vols commis à bord de tout navire par les capitaines,
« officiers, subrécargues ou passagers, sont punis de la réclusion.

« La même peine est prononcée contre les officiers mariniers,
« marins, novices et mousses, quand la valeur de l'objet excède
« dix francs, ou quand le vol a été commis avec effraction. »

« Le jugement du tribunal maritime commercial de l'*Isis* constate en termes formels que le vol reproché au cuisinier Guiovenetti et au mousse Bellebon a été commis à bord, et qu'il s'appliquait à des effets dont la valeur excédait dix francs.

« Ce vol constituait donc un crime punissable de la peine de la
réclusion et réservé à la juridiction ordinaire du jury. En en rete-
nant la connaissance et en prononçant une peine autre que les
peines correctionnelles déterminées par l'article 55 du décret du
24 mars 1852, le tribunal commercial a violé les règles de la compétence établies par ce décret et commis un excès de pouvoir.

« Déjà la Cour suprême a consacré ce principe dans une affaire
absolument identique, par un arrêt du 10 janvier 1857, rendu dans
l'intérêt de la loi et du nommé Knoblauch, novice à bord de la
corvette *l'Oise*. (*Bulletin criminel*, 1857, nᵒ 19.)

« Un second moyen d'annulation résulte encore de cette circonstance que le tribunal commercial maritime de l'*Isis*, en supposant
qu'il eût été compétent pour statuer sur des faits qualifiés crimes
par la loi pénale, devait au moins se conformer aux dispositions des
articles 36 et 162 du Code de justice maritime et aux principes
généraux de la procédure criminelle, qui veulent que les juges se
prononcent par questions séparées sur la culpabilité des prévenus
et sur la circonstance aggravante.

« Or, les juges de l'*Isis*, au lieu de se prononcer par des questions séparées sur la culpabilité des prévenus et sur la circonstance
aggravante de la valeur des objets volés excédant dix francs, se sont
bornés à poser et à examiner cette unique question : « Les accusés
« sont-ils coupables des vols qui leur sont imputés? »

« Le jugement déféré à la Cour est donc entaché du vice de
complexité.

« Mais M. le garde des sceaux, dans sa lettre, signale un autre
moyen d'annulation qui pourrait soulever quelques objections.

« Ce moyen consisterait en ce que le mousse Bellebon, au moment où le tribunal prononçait contre lui la peine de la réclusion,
étant âgé de moins de seize ans, les juges auraient dû poser la
question de discernement à l'égard de cet accusé, né le 28 novembre 1848, et dès lors âgé de moins de seize ans. Cette omis-

sion, qui a conduit les juges à frapper un mineur de moins de seize ans d'une peine afflictive et infamante, constituerait donc la violation d'un principe fondamental, consacré par l'article 67 du Code pénal, et les articles 162 et 257 du Code de justice maritime.

« Quoique le décret disciplinaire et pénal du 24 mars 1852, pour la marine marchande, soit muet sur la question de discernement qui doit être posée lorsque l'accusé a moins de seize ans, aux termes de l'article 67 du Code pénal ordinaire, nous n'hésitons pas à penser que la prescription de cet article, qui renferme un grand principe d'humanité, ne doive recevoir son application dans les affaires qui, comme celles dont il s'agit, sont régies par des lois spéciales, aussi bien que dans les affaires qui sont régies par la loi générale.

« Mais, dans les circonstances particulières du procès, ce moyen peut-il être accueilli par la Cour ?

« A la différence des faits d'excuse pour lesquels les présidents d'assises ne doivent, à peine de nullité, poser la question au jury qu'autant que l'excuse aura été « proposée par l'accusé » (art. 339 du Code d'instruction criminelle), l'article 340 du même Code n'exige pas que ce soit l'accusé qui propose lui-même la circonstance qu'il est âgé de moins de seize ans : « Si l'accusé a moins « de seize ans », dit d'une manière générale l'article 340, « le « président posera, à peine de nullité, cette question : L'accusé « a-t-il agi avec discernement ? »

« Mais la nullité sera-t-elle encourue parce que, sur une simple allégation, le président n'aurait pas posé la question dont il s'agit ?

« Tel ne paraît pas devoir être l'esprit de la loi, si nous nous reportons aux principes posés par la jurisprudence : « Attendu « qu'aux termes de l'article 340, porte un arrêt de la Cour « suprême, si l'accusé a moins de seize ans, le président doit, à « peine de nullité, poser une question relative au discernement ; « que la question de savoir si l'accusé a moins de seize ans, ayant « pour objet un fait essentiellement modificatif de la criminalité, doit « être posée au jury toutes les fois que les énonciations de l'arrêt « de mise en accusation ou les résultats du débat paraissent l'in-« diquer... » (Arrêt du 26 septembre 1850. *Bulletin criminel,* p. 490.)

« Dans l'espèce, le seul document relatif à l'âge de Bellebon, qui soit joint au dossier, est un extrait du rôle du *Mayotte,* ainsi conçu :

« Bellebon (Henri-Arthur), fils de Henri et de Marie Chardonel, « né le 28 novembre 1848 à Dinan (Côtes-du-Nord), inscrit à « Dinan, fol. 1312, n° 6297. »

« Rien ne constate, d'ailleurs, qu'il soit résulté des débats qui ont eu lieu devant le tribunal que Bellebon fût âgé de moins de seize ans, ni qu'un acte de naissance en due forme établissant

légalement l'âge du mousse Bellebon ait passé sous les yeux des juges.

« Cet extrait du rôle du *Mayotte* se trouve confirmé par la déclaration de Bellebon, interrogé par le président sur ses noms, prénoms, qualités, âge, lieu de naissance, etc.

« La Cour appréciera si cet extrait du rôle d'équipage et la déclaration de Bellebon, consignée dans le jugement et faite dans les mêmes termes que l'extrait du rôle du *Mayotte*, paraissaient indiquer suffisamment l'âge de Bellebon, pour que les juges ne pussent se dispenser, à peine de nullité, de poser la question de discernement.

« Un dernier moyen, indiqué également dans la lettre de M. le garde des sceaux, serait tiré de ce qu'il n'aurait pas été satisfait suffisamment à la disposition de l'article 31 du décret par la mention que les accusés ont comparu libres et sans défenseurs, qu'ils ont présenté eux-mêmes leur défense, tandis qu'aux termes de l'article 31, ils devaient être, s'ils le désiraient, assistés d'un défenseur à leur choix. Le jugement n'aurait-il pas dû constater qu'ils avaient refusé un défenseur ou avaient préféré se défendre euxmêmes?

« L'obligation de nommer un défenseur aux accusés est consacrée non-seulement dans nos lois criminelles ordinaires, mais aussi dans nos lois criminelles spéciales.

« Cette nomination d'un défenseur, lorsque l'accusé n'en a pas choisi un lui-même, est prescrite par les articles 19 de la loi du 13 brumaire an V, 15 de la loi du 18 vendémiaire an VI, 49 du décret législatif du 22 juillet 1806; et la Cour de cassation a plusieurs fois annulé des jugements de conseils de guerre maritimes devant lesquels les accusés avaient comparu sans être assistés de défenseurs. (Arrêts des 3 janvier et 7 mai 1846. — *Bulletin criminel*, p. 5 et 157.)

« Les mêmes principes se trouvent consacrés par les articles 110 du Code de justice militaire, 139 et 140 du Code de justice maritime du 4 juin 1858.

« L'article 31 du décret du 24 mars 1852 ne renferme pas de dispositions identiques. Il porte seulement ces mots : « L'accusé « est ensuite introduit devant le tribunal; il y comparaît libre et « assisté, s'il le désire, d'un défenseur à son choix. »

« Cette disposition, qui n'ordonne pas, comme les dispositions des lois spéciales ci-dessus énoncées, qu'au refus de l'accusé, il lui sera nommé un défenseur d'office, ne saurait guère s'expliquer que par cette considération que même les crimes prévus par le présent décret seront jugés par les tribunaux ordinaires devant lesquels des défenseurs seront nécessairement nommés aux accusés, à peine de nullité. Quoi qu'il en soit, le texte de l'article 31 nous paraît trop formel pour qu'on puisse reprocher au tribunal l'omission de la nomination d'office.

« Et quant au défaut de constatation par le tribunal dans le jugement que les accusés avaient refusé de choisir un défenseur ou avaient préféré se défendre eux-mêmes, il paraît difficile de puiser dans l'omission de cette constatation, qui n'est pas prescrite par la loi spéciale à la matière, un moyen de nullité.

« Le défaut de constatation, dans le procès-verbal des débats devant les Cours d'assises, qui doit être rédigé conformément à l'article 372 du Code d'instruction criminelle, des formalités prescrites par la loi, entraîne bien la nullité des débats, mais cette constatation est prescrite formellement par l'article 372 du Code d'instruction criminelle.

« Au reste, nous devons remarquer que ce défaut de constatation est regrettable; car le décret de 1852 paraît considérer l'observation de l'article 31 comme une formalité substantielle. En effet, les jugements des tribunaux maritimes commerciaux n'étant sujets à aucun recours en révision et en cassation, l'article 45 dudit décret place au nombre des infractions qui rendent les jugements des tribunaux commerciaux maritimes susceptibles d'être déférés à la Cour de cassation dans l'intérêt de la loi, la violation de l'article 31 du décret relatif au droit de défense.

« Par ces considérations :

« Vu la lettre de M. le garde des sceaux du 29 novembre 1864, et l'article 441 du Code d'instruction criminelle;

« Vu les articles 2, 9, 22, 45, 55 et 93 du décret disciplinaire et pénal pour la marine marchande du 24 mars 1852;

« Vu toutes les pièces de la procédure;

« Requérons, pour l'Empereur, qu'il plaise à la Cour casser et annuler, tant dans l'intérêt de la loi que dans celui des accusés, le jugement rendu le 19 janvier 1864 par le tribunal commercial maritime réuni à bord de l'*Isis*, contre les nommés Guiovenetti et Bellebon, et ordonner qu'à la diligence du procureur général l'arrêt à intervenir sera imprimé et transcrit sur les registres de ce tribunal, et pour être fait droit, renvoyer les accusés et les pièces devant la juridiction compétente.

« Fait au parquet, le 1ᵉʳ février 1865.

« Le procureur général,

« *Signé :* DUPIN. »

Conformément à ces conclusions, appuyées à l'audience par M. le procureur général, la Cour, après avoir préalablement entendu le rapport de M. le conseiller Victor Foucher, a statué ainsi qu'il suit :

ARRÊT (7 avril 1865).

La Cour,

Ouï M. Victor Foucher, conseiller, en son rapport;

Ouï M. Dupin, procureur général, en ses conclusions;

Sur le moyen tiré de ce que les accusés auraient comparu devant le tribunal commercial maritime sans être assistés de défenseurs;

Attendu que l'article 34 du décret du 24 mars 1852 sur la marine marchande porte : « L'accusé est ensuite introduit devant le tribunal; « il y comparaît libre et assisté, *s'il le désire*, d'un défenseur à son « choix »;

Attendu que cette disposition s'explique par la nature même de la juridiction des tribunaux commerciaux maritimes qui n'est que correctionnelle;

Attendu, en fait, que rien ne constate au procès que les demandeurs aient demandé à être assistés d'un défenseur;

La Cour rejette ce moyen;

Mais sur les autres moyens invoqués à l'appui du pourvoi formé d'ordre de M. le garde des sceaux, tant dans l'intérêt de la loi que des condamnés;

Vu les articles 2, 9, 55, 56 et 93 du décret du 24 mars 1852, 162 du Code de justice pour l'armée de mer, et l'article 67 du Code pénal ordinaire;

Sur le moyen tiré de l'incompétence du tribunal commercial maritime :

Attendu qu'il résulte des termes des articles 2 et 9 du décret du 24 mars 1852, que les tribunaux commerciaux maritimes n'ont compétence que pour statuer sur les infractions à cette loi qualifiées délits et punies des peines correctionnelles portées en l'article 55 de ce décret;

Attendu que l'article 22 réserve, d'une manière expresse, aux tribunaux ordinaires la connaissance des crimes maritimes prévus par le décret;

Attendu que Guiovenetti (Fernando), cuisinier, inscrit à Rogliano (Corse), folio 606, nº 1211, et Bellebon (Henri-Arthur), mousse, inscrit à Dinan (Côtes-du-Nord), folio 1312, nº 697, embarqués tous deux sur le navire de commerce français *le Mayotte,* étaient traduits devant le tribunal commercial maritime réuni sur le bâtiment de guerre l'*Isis,* pour avoir volé sur le navire où ils étaient embarqués, au préjudice du capitaine, une somme de six livres sterling, et un bijou en or de la valeur de deux livres sterling, et ont été condamnés pour ce fait, par le jugement attaqué, à cinq années de réclusion, en vertu des dispositions de l'article 9 du décret du 24 mars 1852;

Attendu qu'en statuant sur une infraction qualifiée crime, et en appliquant à ce fait la peine de la réclusion, le tribunal commercial maritime a tout à la fois violé les règles de sa compétence et commis un excès de pouvoir;

Sur le moyen tiré du vice de connexité dont serait entachée la question unique de culpabilité posée en ces termes : Bellebon et Guiovenetti sont-ils coupables des vols qui leur sont imputés?

Attendu qu'en l'absence de dispositions spéciales sur le mode de position des questions, dans le décret de 1852, il y avait lieu, de la part du tribunal commercial maritime, de se conformer aux prescriptions du droit commun, et spécialement à celles de l'article 162 du Code de justice pour l'armée de mer;

Attendu que, de ces diverses dispositions, résultait pour le tribunal l'obligation de poser une question séparée pour chacun des accusés sur le fait principal du vol qui était imputé à chacun d'eux, et une

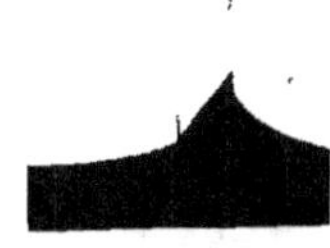

question distincte de celles relatives au fait principal, en ce qui concerne la circonstance aggravante de la valeur de l'objet volé;

Attendu qu'en ne le faisant pas et en statuant par une seule question à l'égard des deux accusés, tant sur le fait principal que sur la circonstance aggravante, le tribunal a formellement violé les principes sur lesquels repose la légalité des jugements criminels à l'égard de chaque accusé et les dispositions de l'article 162 du Code de justice maritime;

Sur le moyen tiré de ce que Bellebon étant âgé de moins de seize ans, il y avait obligation de poser, quant à cet accusé, la question de savoir s'il avait agi avec discernement, aux termes des articles 67 du Code pénal ordinaire et 462 du Code de justice maritime;

Attendu que ces dispositions générales sont obligatoires pour toutes les juridictions devant lesquelles sont traduits des mineurs de moins de seize ans, à moins qu'il n'y soit spécialement dérogé par un texte de loi;

Attendu qu'aucune dérogation de cette nature ne ressort des termes du décret du 24 mars 1852, et que, dès lors, il y avait encore obligation pour le tribunal commercial maritime de poser la question de discernement à l'égard de l'accusé Bellebon, s'il était âgé de moins de seize ans;

Attendu, en fait, qu'il résultait tant de l'extrait des registres matricules produits au procès que des constatations du jugement lui-même, que Henry-Arthur Bellebon était né à Dinan, le 28 novembre 1848, et par conséquent était âgé de moins de seize ans à l'époque du crime qui lui était imputé;

D'où il suit qu'en ne posant pas à l'égard de cet accusé la question de discernement, le tribunal commercial maritime a formellement violé les dispositions des articles 67 du Code pénal ordinaire et 162 du Code de justice maritime;

Par ces motifs,

La Cour casse et annule, tant dans l'intérêt de la loi que des condamnés, le jugement rendu, le 19 janvier 1864, par le tribunal maritime commercial, siégeant à bord de l'*Isis*, et renvoie les nommés Fernando Guiovenetti et Henry-Arthur Bellebon, en l'état où ils se trouvent, devant la chambre des mises en accusation de la Cour impériale de Rennes, pour, sur la procédure et sur tout supplément d'information, s'il y a lieu, être statué ce qu'il appartiendra à l'égard du vol qui leur est imputé;

Ordonne qu'à la diligence du procureur général en la Cour, le présent arrêt sera imprimé et transcrit en marge de la décision annulée.

Nº XXXV. — 811. (Audience du 10 juin 1859.)
Chambre criminelle.

Renvoi pour cause de sûreté publique et de suspicion légitime. — Troubles de Tarbes.

De graves désordres avaient eu lieu à Tarbes, à l'occasion de la perception d'un droit municipal sur l'un des marchés de cette ville. Vingt individus avaient été renvoyés devant la Cour d'assises des Hautes-Pyrénées comme s'étant rendus coupables, dans cette circonstance, des crimes prévus par les articles 209, 210, 233, 437 et 440 du Code pénal. M. le procureur général à la Cour de cassation demandait à la Cour, d'ordre de Son Excellence le garde des sceaux, ministre de la justice, et en vertu des articles 542 et 544 du Code d'instruction criminelle, le renvoi de cette affaire devant la Cour d'assises d'un autre département, pour cause de sûreté publique et de suspicion légitime.

RÉQUISITOIRE DU PROCUREUR GÉNÉRAL (7 juin 1859).

A la Cour de cassation, chambre criminelle.

« Le procureur général impérial près la Cour de cassation expose qu'un arrêté municipal, approuvé conformément à la loi, a établi à Tarbes (Hautes-Pyrénées) un droit dit de plaçage sur les bestiaux conduits au marché de cette ville. Cette mesure, juste et légale, mais qui modifiait un ancien usage, a soulevé parmi les habitants des campagnes voisines une vive irritation, et lorsque, le 5 mai dernier, la perception eut lieu pour la première fois, l'agent municipal s'est vu subitement assailli à coups de pierres par un rassemblement considérable. L'autorité intervint immédiatement pour la répression de ce désordre; le maire fit arrêter un individu qui paraissait en être le principal moteur, et le fit déposer provisoirement dans la caserne de la gendarmerie; mais alors ce bâtiment, attaqué par une foule furieuse, fut envahi et livré au pillage et à la dévastation.

« Les gendarmes, presque tous blessés plus ou moins grièvement, soutenaient depuis une heure un véritable siége, lorsque la troupe de ligne arriva sur les lieux pour leur porter secours. Assaillie à son tour à coups de pierres, outragée par l'émeute dont sa modération semblait doubler l'emportement, elle fut, après une longue patience, dans la nécessité de faire usage de ses armes : neuf personnes furent tuées et quinze à vingt blessées. Ce ne fut

qu'à ce prix que l'on put rétablir le calme, et que force fut rendue à la loi.

« La Cour impériale de Pau a évoqué l'affaire, et, après une rapide instruction, vingt individus ont été renvoyés devant la Cour d'assises des Hautes-Pyrénées, par arrêt de la chambre d'accusation du 23 mai dernier, sous l'accusation des crimes prévus par les articles 209, 210, 233, 437 et 440 du Code pénal.

« M. le procureur général près la Cour impériale de Pau, en transmettant à M. le garde des sceaux les pièces de cette procédure, développe, dans une lettre jointe au dossier, les motifs qui le portent à considérer comme nécessaire, au double point de vue de la sûreté publique et d'une suspicion légitime, le dessaisissement de la Cour d'assises des Hautes-Pyrénées, et le renvoi de l'affaire devant une autre Cour.

« Son Exc. le garde des sceaux partage l'avis de M. le procureur général près la Cour impériale de Pau.

« Dans ces circonstances :

« Vu les articles 542 et 544 du Code d'instruction criminelle; vu la lettre de M. le garde des sceaux, ministre de la justice, parvenue au parquet, le 4 de ce mois, et les pièces du dossier.

« Le procureur général requiert, pour l'Empereur, par les graves considérations exposées dans ladite lettre de Son Exc. le garde des sceaux, qu'il plaise à la Cour renvoyer l'affaire dont il s'agit, pour cause de sûreté publique et de suspicion légitime, devant la Cour d'assises d'un autre département qu'elle voudra bien désigner.

« Fait au parquet, le 7 juin 1859.

« Le procureur général,

« *Signé :* DUPIN. »

M. le conseiller Victor Foucher, chargé du rapport de l'affaire, expose dans tous leurs détails les faits de la cause, qui n'étaient que résumés dans le réquisitoire, et place successivement sous les yeux de la Cour les documents de nature à l'édifier sur l'opportunité de la mesure sollicitée de son pouvoir régulateur.

Après ce rapport, M. le procureur général Dupin se lève pour justifier son réquisitoire, et fait ressortir la gravité des raisons exprimées soit dans la dépêche ministérielle, soit dans le rapport du chef du parquet de Pau, pour faire prononcer le dessaisissement de la Cour d'assises des Hautes-Pyrénées.

Conformément à ces conclusions, la Cour a renvoyé l'affaire à la Cour d'assises du département des Landes.

Voici le texte de l'arrêt :

ARRÊT (10 juin 1859).

Ouï M. Victor Foucher, conseiller, en son rapport; ouï M. Dupin, procureur général, en ses conclusions;

Vu l'arrêt de la chambre des mises en accusation de la Cour impériale de Pau, en date du 23 mai 1859, qui renvoie devant la Cour d'assises des Hautes-Pyrénées, comme accusés des crimes prévus par les articles 209, 210, 233, 437 et 440 du Code pénal, les nommés Fontan (Louis), Médau (Bernard), Estaloup F. Sébic de Barry, Gabarde (Pierre), Gelé (Pierre), Dumestre (Pierre), Saint-Upery (Alexandre), Sabathier (Pascal), Salles (Pascal), Daguo (Pierre), Barutaud (Prosper), Gaillard (Joannès), Prunet dit Castille (Jean), Estaloup (Pierre-Abadie), Ribes (Georges), Jallot (Jean-Marie), Cazenave (Jean-Marie), Duprat (Jean-Pierre), Sctau (Jean), Jacley (Pierre);

Vu les réquisitions de M. le procureur général en la Cour, prises en vertu de la lettre de M. le garde des sceaux, en date du ....., ainsi que les documents produits à l'appui.....;

Vu les articles 542 et suivants du Code d'instruction criminelle;

Attendu qu'il existe des causes de sûreté publique et de suspicion légitime;

La Cour, faisant droit à la requête de M. le procureur général, renvoie la cause et les accusés, dans l'état où ils se trouvent, devant la Cour d'assises du département des Landes, pour être procédé devant cette Cour au jugement des faits qui font l'objet de l'arrêt des mises en accusation rendu par la Cour impériale de Pau;

Ordonne qu'à la diligence du procureur général le présent arrêt sera notifié à qui de droit;

Ainsi fait et jugé, en audience publique, par la Cour de cassation, chambre criminelle, le 10 juin 1859.

Nᵒ XXXVI. — 803. (Audience du 1ᵉʳ avril 1859.)
Chambre criminelle.

Renvoi pour suspicion légitime.

Question. — Un tribunal qui se trouve avoir prononcé prématurément sur le fond contre un prévenu avant que l'autorisation nécessaire pour le poursuivre ait été accordée, peut-il encore connaître de la poursuite après l'obtention de cette autorisation, et dans ce cas le prévenu peut-il récuser le tribunal pour cause de suspicion légitime?

M. Sénéca, rapporteur, expose les faits suivants :

« L'abbé Alexis Viard, desservant de la paroisse de Melay, arrondissement de Langres (Haute-Marne), a formé, par requête déposée au greffe de la Cour de cassation, une demande en renvoi devant un tribunal de police correctionnelle, autre que celui de Langres, dans les circonstances et par les motifs énoncés en cette requête, laquelle est ainsi conçue :

« A Messieurs les président et conseillers siégeant en la section « criminelle de la Cour de cassation.

« Alexis Viard, prêtre, desservant de la commune de Melay, « canton de Bourbonne-les-Bains, arrondissement de Langres, dé-« partement de la Haute-Marne,

« A l'honneur, Messieurs, de vous exposer les faits suivants :

« Le 21 octobre 1857, l'exposant a été cité devant le tribunal « correctionnel de Langres, à la requête d'une dame Reine Lam-« bert, épouse du sieur Ambroise Durand, propriétaire à Melay, à « raison de propos diffamatoires qu'il aurait proférés publiquement « à l'église contre la plaignante.

« Sur cette instance, l'exposant propose un déclinatoire fondé « sur ce que les prétendus propos auraient été tenus dans l'exer-« cice du culte, et qu'il ne pourrait être poursuivi sans l'autori-« sation préalable du Conseil d'État.

« Par un premier jugement, le tribunal de Langres, le 7 no-« vembre 1857, rejeta la fin de non-recevoir proposée, et renvoya « la cause à l'audience du 14 pour être plaidée au fond. Ledit « jour, 14 novembre 1857, il intervint un jugement de condam-« nation contre l'exposant.

« Il se pourvut alors par appel devant la Cour impériale de « Dijon, qui, sans examiner le fond, rendit, le 16 décembre, un « arrêt admettant le déclinatoire proposé, et annulant en consé-« quence les deux jugements rendus par le tribunal de Langres.

« Il paraît que depuis la dame Durand et son mari ont obtenu « du Conseil d'État l'autorisation de poursuivre; car ils viennent, « par exploit du 23 février courant, de citer, pour les mêmes pro-« pos, le desservant de Melay, toujours devant le tribunal correc-« tionnel de Langres.

« Dans cette position, l'exposant, qui doit comparaître le samedi « 5 mars, se croit bien fondé à recourir à l'autorité suprême de « la Cour de cassation, pour demander son renvoi devant d'autres « juges. L'article 542 du Code d'instruction criminelle lui semble « établir la justice de sa demande; car il lui paraît impossible que « les juges, qui ont déjà prononcé une première fois, soient encore « appelés à juger de nouveau et pour la même affaire. Ils doivent « être considérés en état de suspicion légitime.

« L'exposant a donc l'honneur de recourir à ce qu'il vous plaise, « Messieurs, vu ledit article 542, et attendu la cause de suspicion « légitime, ordonner qu'il sera renvoyé devant tel autre tribunal « qu'il vous plaira indiquer pour connaître de la poursuite dirigée « contre lui, et ce sera justice.

« Melay, 28 février 1859.

« *Signé :* S.-B. VIARD. »

« Il est constant, en fait, que le tribunal de police correctionnelle de Langres a déjà statué sur une demande entre les mêmes
parties, ayant la même cause et le même objet.

« Voici la citation du 21 octobre 1857 :

« L'an 1857, le 24 octobre, à la requête de : 1° dame Reine
« Lambert, épouse du sieur Ambroise Durand, propriétaire, de-
« meurant ensemble à Melay; 2° et du sieur Ambroise Durand, en
« sa qualité d'époux de ladite dame, pour l'assister et l'autoriser à
« l'effet des présentes,

« J'ai, Gaspard Mallet, huissier près le tribunal civil de Lan-
« gres, demeurant à Bourbonne, soussigné, donné assignation à
« M. Victor Viard, prêtre desservant de la commune de Melay,
« y demeurant, en son domicile où étant, et parlant à sa per-
« sonne,

« A comparaître, le vendredi 6 novembre 1857, heure de neuf
« heures du matin, au palais de justice, à l'audience, et par-devant
« MM. les présidents et juges composant le tribunal civil de Lan-
« gres, siégeant correctionnellement,

« Pour, attendu que le dimanche 26 juillet 1857, à l'heure de
« six heures du soir, à l'instant de la conférence, et dans l'église
« de Melay, en présence d'un nombreux auditoire, M. Viard, prêtre
« desservant, s'étant approché de la requérante, lui a ordonné de
« sortir de l'église en ajoutant : Chassons ces femmes traînées dans
« la boue, dans la fange, ces femmes éhontées, adultères, prosti-
« tuées et pourries;

« Qu'à la suite de ce propos, M. Viard, en descendant l'allée,
« intima l'ordre à la requérante de sortir, en lui répétant trois
« fois : Au nom de la loi, je vous somme, Madame Durand, de
« sortir, ou je verbalise contre vous et vous dénoncerai à M. le
« procureur impérial;

« Attendu que de telles paroles sont injurieuses et diffamatoires
« au premier chef, et acquièrent un degré de gravité d'autant plus
« grand qu'elles ont été prononcées à l'église, en présence d'un
« nombreux auditoire, et par une personne dont le caractère n'au-
« torise jamais de telles expressions;

« Attendu que ces imputations ont causé un grave dommage à
« la requérante;

« S'entendre, le sieur Viard, prêtre desservant la commune de
« Melay, pour réparation et à titre de dommages et intérêts, con-
« damner à payer à la requérante la somme de 1,000 francs, et,
« en outre, voir ordonner l'affiche du jugement à intervenir à la
« porte des principaux édifices de la commune de Melay, sous
« toutes réserves d'augmenter ou de diminuer les conclusions, et
« s'entendre en outre condamner aux dépens, sous toutes réserves
« de fait et de droit;

« Et pour que M. Viard n'en ignore, etc., etc. »

« Le tribunal de police correctionnelle de Langres a rendu, tant

« sur la compétence que sur le fond, les deux jugements suivants,
« à la date des 7 et 14 novembre 1857. »

Le premier de ces jugements, celui du 7 novembre, est ainsi
conçu :

« Entre Reine Lambert, épouse du sieur Ambroise Durand,
propriétaire, et ce dernier pour l'autoriser, demeurant ensemble
à Melay, demandeurs aux fins de l'exploit de Mallet, huissier à
Bourbonne, en date du 21 octobre 1857, enregistré, dont les conclusions tendent à ce que le défendeur ci-après nommé soit condamné à 1,000 francs de dommages et intérêts envers les demandeurs, avec affiche du jugement à intervenir, et aux dépens,
comparant par Me Laurent, avocat, d'une part,
« Et M. Victor Viard, prêtre desservant la commune de Melay,
prévenu et défendeur, comparant en personne, et assisté de Me Perrin, avocat, d'autre part ;
« La cause, appelée à l'audience du 6 novembre courant, a été
continuée à ce jour.
« A la présente audience, Me Laurent a exposé l'affaire, a requis
l'audition des témoins assignés à la requête des demandeurs.
« Me Perrin, avocat pour le défendeur, a aussi requis l'audition
de témoins produits par ce dernier.
« Il a été donné lecture de la plainte contenue en l'exploit de
citation susdaté.
« Les témoins cités, tant à charge qu'à décharge, ont été publiquement et séparément entendus, après avoir prêté serment de
dire la vérité, toute la vérité, rien que la vérité, duquel serment
il a été tenu note par le greffier, ainsi que des noms, prénoms,
âge, profession et domicile desdits témoins, et de leurs principales déclarations ; contre lesquels témoins il n'a été proposé aucun
reproche.
« Le défendeur présent a été interrogé, et il a été tenu note de
ses réponses par le greffier.
« Ouï Me Perrin, avocat de M. Viard, lequel, avant de plaider
au fond, a conclu à ce qu'il plût au tribunal se déclarer incompétemment saisi.
« Ouï également Me Laurent, avocat pour les demandeurs, lequel
a conclu à ce que l'exception proposée fût rejetée et qu'il fût plaidé
au fond.
« Sur l'incident, M. Bloudel, procureur impérial, a résumé
l'affaire et a conclu conformément au jugement ci-après :
« Attendu que pour repousser l'action intentée par la dame Durand, en réparation du préjudice résultant de paroles injurieuses
et diffamatoires qu'il aurait prononcées contre elle, le 26 juillet
dernier, le sieur Viard oppose l'exception préjudicielle fondée sur
ce motif qu'*ayant agi dans l'exercice de ses fonctions*, les

paroles qu'on lui impute constitueraient un *abus ecclésiastique* qui ne peut être déféré qu'au Conseil d'État ;

« Attendu que si la loi du 18 germinal an X a voulu assurer au ministre du culte *une garantie* dans l'exercice de son ministère, le bénéfice exceptionnel de cette disposition législative ne peut être invoqué que *pour les faits qui rentrent nécessairement dans l'énumération qu'elle en donne.*

« Que la loi n'ouvre et n'impose le recours comme d'abus que pour les faits qui se confondent avec l'exercice de la juridiction sacerdotale, mais que pour les autres faits qui ne sont pas la conséquence directe de cette juridiction, ils sont soumis aux règles du droit commun ;

« Que c'est donc avec cette distinction que doivent être interprétées ces dispositions de la loi, « que toute entreprise, tout pro-« cédé qui, dans l'exercice du culte, peut compromettre l'honneur «·des citoyens, et dégénérer contre eux en injures ou scandale « public, ne peut être poursuivi devant les tribunaux ordinaires par « la partie intéressée, qu'après recours au Conseil d'Etat et avec « son autorisation préalable ; »

« Attendu que les faits incriminés se sont passés dans l'intérieur de l'église de Melay, à six heures du soir, alors que le curé de la paroisse, revêtu d'une partie de ses habits sacerdotaux, l'étole et le surplis, assistait à une réunion dont l'objet annoncé à l'avance était l'organisation d'une conférence qui se constituait sous l'invocation de sainte Anne ;

« Attendu que cette conférence, quel qu'en soit le but, n'était pas encore constituée, qu'il ne s'agissait que de proposer un règlement, d'écrire des statuts et de les approuver par assis et levé, d'admettre les sociétaires et d'en inscrire les noms ; que la réunion était publique ; que tout devait se borner et s'est borné en effet à des actes préliminaires et en quelque sorte matériels de l'organisation de la société ; qu'il n'a été fait par le prêtre ni prières ni instructions ;

« Que la présence du curé de la paroisse n'était pas indispensable, qu'il pouvait se faire suppléer ;

« Que la réunion pouvait avoir lieu partout ailleurs que dans un édifice consacré au culte ;

« Attendu que les paroles incriminées ont été prononcées au début, avant toutes explications à l'assemblée, toutes propositions ou exhortations, lorsque l'objet de la conférence et son caractère n'étaient encore ni définis ni déterminés, lorsqu'elle n'avait ni institution régulière et officielle ni existence réelle et reconnue ;

« Attendu qu'il résulte de toutes les circonstances que le prêtre, .agissant même avec la qualité de ministre du culte, ne remplissait pas un devoir de son ministère, ne faisait pas un acte inhérent au culte et se confondant nécessairement avec l'exercice du sacerdoce ,

« Qu'ainsi, et sous tous les rapports, si dans la réunion à laquelle

il assistait, cet ecclésiastique s'est rendu coupable du délit d'outrage dont se plaint la dame Durand, ce fait ne constitue *pas l'abus* ecclésiastique, mais un *délit commun* qui le rend justiciable des tribunaux ordinaires sans recours préalable au Conseil d'Etat;

« Par ces motifs, le tribunal jugeant en premier ressort et après avoir délibéré,

« Rejette comme mal fondée la fin de non-recevoir opposée par l'abbé Viard à l'action de la dame Durand; ordonne qu'il sera passé outre aux débats, et renvoie la cause au 14 novembre courant, pour être statué au fond, dépens réservés.

« Ainsi jugé et prononcé à l'audience, etc., etc. »

Voici maintenant le jugement du 14 novembre 1857, qui a statué sur le fond :

« Le tribunal, ouï M⁰ Laurent, avocat pour les sieur et dame Durand, lequel a repris et développé les conclusions de sa demande;

« Ouï également M⁰ Perrin, pour le défendeur, lequel a conclu à son renvoi;

« Ouï M. Blondel, procureur impérial, qui a conclu à l'application de l'article 19 de la loi du 17 mai 1819;

« Attendu qu'il résulte de l'instruction et des débats que le 26 juillet dernier, à six heures du soir, en présence d'un grand nombre de personnes réunies dans l'église de Melay, le sieur Viard, curé de la paroisse, interpella directement la dame Durand et l'invita à se retirer;

« Qu'après plusieurs injonctions vainement réitérées, cet ecclésiastique, s'animant par degrés et cédant à l'ardeur de son zèle, prononça à haute voix ces paroles : « Chassons de notre église ces « femmes éhontées, ces femmes adultères et traînées dans la fange »;

« Qu'il renouvela ensuite ces sommations avec menace de dresser procès-verbal et d'en référer au ministère public. Puis s'adressant à l'assemblée : « Il ne faut pas, dit-il, que cela vous étonne, « c'est madame Durand »;

« Attendu que l'allusion était évidente; que seule, par sa présence, la dame Durand avait provoqué l'irritation de l'abbé Viard; qu'à elle seule s'adressaient ses interpellations et ses sommations; que la pensée se manifeste d'ailleurs et l'allusion se confirme par les paroles que le prêtre prononçait en se rendant à l'autel, et dans lesquelles la plaignante était nommément désignée;

« Attendu que si, par mauvais vouloir ou faiblesse, la dame Durand a eu le tort de se maintenir dans l'une des places qu'elle occupait, il est juste de reconnaître que son attitude calme, silencieuse et passive, contrastait avec la véhémence et l'animation que manifestait le ministre du culte;

« Attendu que ces faits, pleinement établis par l'instruction, et que ne contredisent pas expressément les témoins produits par la défense, constituent le délit d'injures publiques prévu et réprimé par l'article 19 de la loi du 17 mai 1819;

« Attendu que si, pour l'application de la peine et la réparation du préjudice, il importe d'apprécier dans toute sa portée l'offense ainsi publiquement adressée dans une circonstance solennelle à une mère de famille honnête, il convient aussi de prendre en considération le caractère honorable du prêtre, et les fonctions augustes dont il est revêtu; l'entraînement qu'il a dû subir en présence d'une résistance inattendue qui lui a inspiré des paroles imprudentes et irréfléchies, enfin les intentions honnêtes dont il était animé, et surtout les protestations de la défense, qui sont de nature à donner satisfaction à de justes et légitimes susceptibités;

« Par ces motfs, le tribunal jugeant en premier ressort, et après en avoir délibéré, déclare Alexis Viard coupable d'avoir, le 26 juillet dernier, publiquement injurié la dame Durand; et pour réparation,

« Vu l'article 19 de la loi du 17 mai 1819, ensemble l'article 194 du Code d'instruction criminelle, dont M. le président donne lecture, etc., etc.;

« Statuant sur les réquisitions du ministère public, condamne le sieur Viard à cent francs d'amende.

« Statuant sur les conclusions de la partie civile, le condamne à cent francs de dommages et intérêts.

« Condamne la partie civile aux dépens, sauf son recours contre la partie condamnée, etc., etc. »

Le président et les deux juges titulaires du tribunal ont concouru à ce jugement; mais sur l'appel du sieur Viard, la Cour impériale, par des motifs que la Cour pressent bien et que nous n'avons pas besoin de lire, a rendu le 16 décembre l'arrêt dont le dispositif est ainsi conçu :

« Réformant le jugement du 7 novembre, se déclare incompétente sur les poursuites de la dame Durand, et subséculivement annule le jugement du 14 novembre, comme incompétemment rendu; condamne les époux Durand en tous les dépens. »

L'autorisation de poursuivre le sieur Viard ayant été accordée, les parties civiles, c'est-à-dire les époux Durand, ont renouvelé leur demande. La citation donnée au prévenu le 23 février dernier (1859) est conçue dans les *mêmes termes* que ceux de la citation du 21 octobre 1857, sauf cette différence que dans la dernière, la dame Durand demande 4,000 francs de dommages et intérêts, tandis qu'elle n'en demandait que 1,000 dans la première.

Conclusions du procureur général.

« Les motifs de renvoi pour cause de suspicion légitime ne sont pas spécifiés par la loi. Cela dépend en général de la nature des

faits et des circonstances, et rien ne limite le droit que la Cour a de les apprécier.

« Mais nous trouvons dans le Code de procédure une disposition qui peut conduire à la solution. Aux termes de l'article 378, nº 8, de ce Code, tout juge peut être récusé *s'il a précédemment connu du différend comme juge ou comme arbitre.* — Or, lorsque cette cause de récusation atteint tous les juges titulaires d'un tribunal, n'y a-t-il pas lieu à renvoi pour *suspicion légitime?* C'est la doctrine que vous paraissez avoir consacrée par votre arrêt du 25 mai 1832, lequel est ainsi conçu :

« Ouï M. Brière, conseiller, en son rapport, et M. Fréteau de « Pény, avocat général, en ses conclusions;

« Vu le réquisitoire du procureur général et les pièces jointes, « et notamment le jugement du tribunal de simple police de Bon- « nétable du 1er juin dernier, rendu entre la demoiselle Anne « Pierre et Marguerite Beaudoux, femme Brault, et le jugement « rendu le 4 janvier suivant, sur l'appel interjeté par la femme « Brault, du jugement de simple police susdaté;

« Vu les articles 542 et suivants du Code d'instruction crimi- « nelle, sur le renvoi d'un tribunal à un autre;

« Attendu que le tribunal de première instance de Mamers, en « déclarant qu'il ne pouvait retenir la connaissance de l'affaire qui « lui était soumise, sur l'appel de la femme Brault, par le motif « *qu'il en avait déjà connu,* lorsqu'elle lui avait été soumise, « jugeant correctionnellement, a statué régulièrement et s'est, par « cela même, légalement déclaré en état de suspicion légitime;

« Attendu que dès lors il y a lieu à renvoi devant un autre tri- « bunal pour statuer sur l'appel de la femme Brault;

« Statuant sur le pourvoi du procureur général;

« La Cour renvoie... »

« Dans l'espèce présente, il est à remarquer qu'il ne s'agit pas seulement de l'opinion de quelques juges, mais de celle du tribunal entier qui a prononcé comme tel sur le fond par un jugement de condamnation. En jugeant ainsi, ce tribunal a épuisé ses pouvoirs. Reporter l'affaire devant lui, et lui demander de juger de nouveau, l'issue du procès ne saurait être douteuse; le prévenu sait d'avance qu'il sera condamné; il ne peut pas regarder ces mêmes juges comme parfaitement libres et dégagés de tout préjugé; ils sont pour lui en état de suspicion légitime; il nous semble donc que la requête de renvoi doit être accueillie. »

ARRÊT (1er avril 1859).

La Cour, ouï, en son rapport, M. le conseiller Sénéca, et M. Dupin, procureur général, en ses conclusions;

Vu la requête déposée au greffe par le sieur Alexis Viard, prêtre desservant de la commune de Melay, tendant au renvoi pour cause de suspicion légitime de la demande formée contre lui, le 23 février

1859, enregistrée, par la dame Reine Lambert et le sieur Durand, celui-ci pour la validité, devant un tribunal de police correctionnelle autre que celui de Langres;

Vu toutes les pièces produites à l'appui;

Vu notamment le jugement rendu par le susdit tribunal entre les mêmes parties, ayant la même cause et le même objet, à la date du 14 septembre 1857;

Vu les articles 542 et suivants du Code d'instruction criminelle, 378, n° 8, du Code de procédure civile;

Attendu qu'il existe des causes suffisantes de suspicion légitime;

Faisant droit à la requête, renvoie la cause et les parties devant le tribunal de police correctionnelle séant à Chaumont (Haute-Marne), pour y être procédé conformément à la loi, sur la citation du 23 février 1859, délivrée à la requête des parties civiles au sieur Viard, comme prévenu d'injures et de diffamation publiques; ordonne qu'à la diligence du procureur général le présent arrêt sera notifié à qui de droit.

Ainsi fait et prononcé en audience publique de la chambre criminelle de la Cour de cassation, le 1ᵉʳ avril 1859.

N° XXXVII. — 841. (Audience du 22 février 1861.)
Chambre criminelle.

Demande en renvoi pour cause de suspicion légitime. — Renvoi.

La Cour a eu à examiner une demande en renvoi, pour cause de suspicion légitime, devant une Cour d'assises autre que celle des Pyrénées-Orientales, déjà saisie; cette demande est formée par le procureur général près la Cour impériale de Montpellier, dans l'affaire du nommé Jean Reig, accusé d'un grand nombre d'attentats à la pudeur et de viols.

La gravité des faits et des circonstances révélés par la requête de M. le procureur général de Montpellier, a fait craindre à ce magistrat qu'une justice impartiale ne soit pas rendue dans cette affaire par la Cour d'assises des Pyrénées-Orientales. M. le procureur général Dupin est venu lui-même appuyer de la grande autorité de sa parole la demande de M. le procureur général de Montpellier.

Après le rapport de l'affaire fait par M. le conseiller Nouguier, M. le procureur général Dupin prend la parole, et, en substance,

« Il fait remarquer que parmi les faits les plus scandaleux imputés à l'accusé, il en est qui remontaient à plusieurs années, mais qu'il était parvenu par son influence à empêcher de se produire; que c'est seulement à raison de la publicité des derniers faits, objet des poursuites, qu'il a été possible de procéder à l'instruction; or, ces faits sont tellement graves et si bien établis, qu'il n'est pas besoin d'ordonner la communication de la demande en suspicion. Ce n'est pas au seuil de ce procès, mais lorsque l'instruction a été complète, que le ministère public a cru devoir recourir à cette mesure extraordinaire. A qui d'ailleurs communiquerait-on? Au procureur général? Mais c'est lui qui a formulé la demande. Quant à la gendarmerie, ses déclarations sont au dossier et ne peuvent pas être plus explicites; il existe même une lettre du commissaire de police, qui montre, par les appréhensions qu'éprouve ce fonctionnaire, combien est redoutée dans la localité l'influence dont disposent la famille de l'accusé et l'accusé lui-même. Cette influence, il la doit à sa grande richesse, qui le rend maître dans le pays des bras de tous les ouvriers, auxquels il peut soit donner, soit enlever le travail; il la doit aussi au titre qu'il porte, de frère du président d'une association religieuse, la Société de Saint-Vincent de Paul, qui, par le caractère bienfaisant de ses actes, étend son influence et son prestige sur un grand nombre d'individus parmi lesquels se recrutent les jurés. Jamais donc une demande pour cause de suspicion légitime ne s'est présentée avec des circonstances plus capables de la motiver et de la faire accueillir. »

Conformément à ces conclusions, la Cour de cassation a dessaisi la Cour d'assises des Pyrénées-Orientales et renvoyé l'affaire et l'accusé devant la Cour d'assises de Lot-et-Garonne.

N° XXXVIII. — 865. (Audience du 27 février 1863.)
Chambre criminelle.

Cour d'assises. — Tirage irrégulier du jury. — Non-recevabilité du pourvoi du procureur impérial. — Annulation, d'ordre du garde des sceaux, en vertu de l'article 441 du Code d'instruction criminelle.

Question. — Est nul le tirage au sort du jury opéré simultanément sur les noms de la liste des jurés de l'année et sur une partie des noms des jurés de l'année précédente laissés par erreur dans l'urne.

Cette nullité ne peut donner lieu à un pourvoi de la part du procureur impérial près la Cour d'assises; s'agissant d'un acte judiciaire, et non pas d'un arrêt ou d'un jugement, il n'appartient qu'au procureur général à la Cour de cassation, procédant d'ordre du garde des sceaux et en vertu de l'article 441 du Code d'instruction criminelle, de demander à la Cour de cassation l'annulation de ce tirage du jury.

Ainsi jugé dans les circonstances que fait suffisamment connaître le réquisitoire dont la teneur suit :

RÉQUISITOIRE (25 février 1863).

A la Cour de cassation, chambre criminelle.

Le procureur général impérial près la Cour de cassation expose qu'il est chargé par M. le garde des sceaux, ministre de la justice, de déférer à la Cour de cassation, conformément à l'article 441 du Code d'instruction criminelle, et de lui demander d'annuler l'acte du tirage du jury opéré le 12 février courant par M. le président du tribunal de première instance de Nantes, dans les circonstances suivantes :

« Le 12 février courant, les noms de cinq cents jurés portés sur la liste générale de 1863 furent déposés dans l'urne, d'où, par une négligence inconcevable, on n'avait pas extrait les noms de trois cent cinquante-six jurés restant de la liste de 1862. Le greffier se contentait de prendre rapidement les numéros et les noms sortant de l'urne, sans que personne vérifiât s'ils correspondaient à un nom et à un numéro semblables sur la liste générale. Il en est résulté une liste informe, contenant vingt noms de jurés de la liste de 1863 et seize de la liste de 1862, à l'égard desquels on n'a pu indiquer naturellement ni âge ni domicile. Le nº 77 est sorti deux fois (numéros 3 et 10), s'appliquant à deux personnes différentes, l'une de la liste de 1862, l'autre de la liste de 1863.

« Ces étranges erreurs n'ont été découvertes qu'après la levée de l'audience, le départ des magistrats et la clôture du procès-verbal signé par le président et le greffier.

« En présence d'une opération entachée d'une aussi grave irrégularité, M. le procureur impérial de Nantes a cru qu'il pouvait se pourvoir en cassation contre l'acte de tirage qu'il qualifie d'excès de pouvoir.

« Mais il est à remarquer d'abord que M. le procureur impérial n'avait provoqué au préalable aucune décision judiciaire de la part du tribunal sur la validité ou la nullité du tirage, et aucun jugement n'a été rendu.

« Quant au procès-verbal du tirage, aucune disposition du Code d'instruction criminelle n'autorise le ministère public à déférer de son chef, à la censure de la Cour de cassation, des actes judiciaires qui ne sont ni des arrêts ni des jugements.

« En cet état, M. le garde des sceaux, sur l'observation que nous lui en avons faite, a reconnu que le mode de recours exercé par le procureur impérial de Nantes pourrait être légalement contesté, et qu'au ministre de la justice seul appartenait d'user contre l'acte dont il s'agit du droit que lui confère l'article 441 du Code d'instruction criminelle; et par sa lettre du 25 février courant, il m'a chargé formellement de vous déférer l'acte de tirage du jury du 12 février, comme contraire à la loi, et d'en requérir l'annulation.

« En conséquence, nous requérons, pour l'Empereur, qu'il plaise à la Cour,

« Vu 1° la lettre ci-dessus de M. le garde des sceaux;

« 2° Et l'article 441 du Code d'instruction criminelle;

« Casser et annuler l'acte de tirage du 12 février comme irrégulier et contraire à la loi; et pour mettre la justice à même de reprendre son cours naturel, renvoyer devant qui de droit, afin qu'il soit procédé à un nouveau tirage conforme au vœu de la loi, sur la liste annuelle de 1863.

« Fait en notre hôtel, le 25 février 1863.

« Le procureur général,

« Signé : DUPIN. »

Le rapport de l'affaire a été fait par M. le conseiller Legagneur.

« Après ce rapport, M. le procureur général prie la Cour de remarquer qu'il ne soutient en aucune façon le pourvoi formé par M. le procureur impérial de Nantes. C'est précisément parce que ce pourvoi était irrégulier qu'il en a référé à M. le garde des sceaux, et que de son ordre il s'est pourvu, en vertu de l'article 441 du Code d'instruction criminelle, pour demander l'annulation de l'acte du tirage du jury.

« Ce point établi, l'admission de ce dernier pourvoi n'est pas douteuse, car l'irrégularité de l'acte dont l'annulation est demandée est flagrante.

« Seulement, en ce qui touche le tribunal de renvoi, M. le procureur général fait observer qu'il n'y a pas lieu, dans l'espèce, de renvoyer devant un autre tribunal; ici, en effet, le tribunal de Nantes n'a rien jugé; il ne s'est pas prononcé sur la nullité. Seulement, au point de fait, on a mal opéré; c'est un acte matériel qu'il s'agit de recommencer; il n'y a donc pas de motif pour dessaisir le tribunal de Nantes, et c'est devant lui que le nouveau tirage devra avoir lieu. »

Conformément au réquisitoire et aux observations qui précèdent, la Cour a déclaré non recevable le pourvoi de M. le procureur impérial de Nantes, et elle a ensuite, statuant sur celui de M. le procureur général près la Cour de cassation, prononcé l'annulation de l'acte de tirage du jury, et renvoyé devant le même tribunal pour être procédé à un nouveau tirage.

ARRÊT (27 février 1863).

La Cour,

Ouï le rapport de M. Legagneur, conseiller, et les conclusions de M. Dupin, procureur général;

Attendu que les deux pourvois sont connexes;

En ordonne la jonction;

Au fond, sur le pourvoi du procureur impérial près le tribunal de Nantes;

Vu les articles 407 et 446 du Code d'instruction criminelle;

Attendu que la voie de recours en cassation n'est ouverte aux parties que contre les arrêts ou jugements en dernier ressort;

Que le tirage au sort du jury de session, dénoncé à la Cour, n'a pas ce caractère et ne constitue qu'un simple acte judiciaire;

Déclare non recevable le pourvoi du procureur impérial;

Mais, faisant droit au pourvoi présenté par le procureur général près la Cour, de l'ordre formel du garde des sceaux, en vertu de l'article 441 du Code d'instruction criminelle;

Vu la lettre ministérielle et la requête du procureur général;

Vu l'article 441, qui, dans ces conditions, autorise l'annulation, non-seulement des arrêts ou jugements, mais aussi des *actes judiciaires* contraires à la loi;

Vu les articles 388 du Code d'instruction criminelle et 17 de la loi du 4 juin 1853;

Attendu que l'urne servant au tirage doit continuer les noms des jurés portés sur la liste préfectorale dressée pour le service de l'année;

Que dans l'espèce, par suite d'une inattention regrettable, 356 bulletins restant de la liste de l'année précédente étaient demeurés dans l'urne lorsque y furent déposés les noms portés sur la liste nouvelle; que l'opération a été ainsi viciée dans sa base; que, par suite, 16 des noms extraits pour la formation du tableau des 36 jurés titulaires se trouvèrent être de ceux qui avaient figuré sur la liste dressée par le préfet pour le service de l'année 1862, et n'étaient pas compris sur la liste préfectorale devant servir en 1863;

Que l'opération du tirage a donc été irrégulière, qu'elle constitue la violation des articles 388 du Code d'instruction criminelle et 17 de la loi du 4 juin 1853, et qu'il y a lieu d'ordonner un nouveau tirage du jury;

Annule le tirage du jury de session pour les assises du premier trimestre de 1863, dans le département de la Loire-Inférieure, auquel il a été procédé, en audience publique, par le président du tribunal de première instance de Nantes, le 12 février courant; et, pour être procédé à une nouvelle et régulière formation de l'urne et à un autre tirage au sort, renvoie devant le président du tribunal de première instance de Nantes, siégeant en audience publique; ordonne l'impression du présent arrêt et sa transcription en marge de l'acte annulé, à la diligence du procureur général.

Ainsi fait et jugé en audience publique de la Cour de cassation, chambre criminelle, le 27 février 1863.

N° XXXIX. — 794. (Audience du 16 décembre 1858.)
Chambre criminelle.

**Élections du Blanc. — Outrage à un fonctionnaire. — Apprécia-
tions du juge du fait. — Défaut de motifs.**

*Question. — L'arrêt qui reconnaît, à la charge du prévenu, l'existence d'un fait
qualifié délit par la loi, ne peut effacer la criminalité de ce fait par la
simple déclaration que, dans les circonstances où il s'est produit, il n'aurait
pas présenté le caractère délictueux déterminé et puni par la loi pénale;*

*Le juge doit, en pareil cas, préciser les circonstances par lui prises en considé-
ration, pour que, de son côté, la Cour de cassation, à qui il appartient toujours de contrôler la qualification légale des faits, puisse vérifier si des excuses
n'ont pas été admises en violation de l'article 65 du Code pénal;*

*Toute décision qui ne lui permet pas d'exercer ce pouvoir, est essentiellement
dépourvue de motifs, et n'est pas légalement justifiée dans son dispositif.*

Cette affaire rappelle un des épisodes du conflit auquel a donné
lieu la candidature de M. de Bondy au conseil général de l'Indre.
Toutefois, il ne s'agissait pour la Cour que d'exercer, dans l'intérêt de la loi, son pouvoir régulateur, auquel il était fait appel par
le réquisitoire suivant :

RÉQUISITOIRE (4 décembre 1858)
A la Cour de cassation, chambre criminelle.

Le procureur général impérial près la Cour de cassation expose
qu'il est chargé par S. Exc. le garde des sceaux, ministre de la
justice, de requérir, conformément à l'article 441 du Code d'instruction criminelle, l'annulation, dans l'intérêt de la loi, d'un
arrêt rendu par la Cour impériale de Bourges, le 25 septembre 1858,
dans les circonstances suivantes :

« Le nommé Victor Guillerot, ferblantier, demeurant au Blanc,
a été traduit en police correctionnelle devant le tribunal du Blanc,
comme prévenu d'avoir outragé en ces termes le maire de Douadic :
« Si M. de Bondy (candidat non agréé par l'administration) n'a pas
« la majorité, tu auras affaire à lui, il te fera empoigner. »

« Par jugement du 20 août 1858, le tribunal du Blanc déclara
Guillerot coupable d'avoir outragé par menaces un magistrat de
l'ordre administratif dans l'exercice ou à l'occasion de l'exercice de
ses fonctions, et par application des articles 224 et 463 du Code
pénal, le condamna à vingt-quatre heures d'emprisonnement.

« Sur l'appel interjeté par le ministère public, la Cour impériale
de Bourges a rendu le jugement suivant :

« Considérant que, dans les circonstances où les paroles impu-

« tées à Guillerot ont été par lui adressées au maire de Douadic,
« elles ne présentent pas le caractère prévu et puni par la loi
« pénale ;

« La Cour, statuant par infirmation, renvoie Guillerot des fins
« de la plainte. »

« C'est cet arrêt que S. Exc. M. le garde de sceaux nous a
chargé de dénoncer à la Cour.

« *Violation de l'article 7 de la loi du 20 avril 1810.*

« L'article 195 du Code d'instruction criminelle porte : « Dans
« le dispositif de tout jugement seront énoncés les faits dont les
« personnes citées seront jugées coupables. »

« L'article 10 de la loi du 20 avril 1810 est ainsi conçu :
« Les arrêts qui ne contiennent pas les motifs sont déclarés nuls. »

« Ces deux dispositions sont, à un certain point de vue, d'ordre public, car elles se lient à l'institution même de la Cour suprême, qui en leur absence ne pourrait dans une foule de cas
exercer son pouvoir régulateur.

« Aussi, bien que la peine de nullité ne soit pas attachée à
l'inobservation de la formalité que prescrit l'article 195, cette nullité a toujours été prononcée par la Cour de cassation.

« Cette nullité à l'égard des faits que la loi elle-même définit
comme constitutifs des crimes ou des délits, est toujours facile à
constater. Mais il en est différemment en ce qui concerne certains
délits, tels que ceux qui consistent dans l'emploi coupable du geste
ou de la parole.

« Pour que la Cour, à l'égard de cette classe de délits, puisse
exercer son pouvoir suprême, il faut qu'il lui soit possible d'apprécier si cette parole est de la nature de celles que le législateur a
entendu frapper de la peine qu'il a édictée ; c'est ainsi que, dans
une affaire qui a été soumise aux chambres réunies, les premiers
juges n'ayant pas voulu voir dans des « paroles grossières » l'outrage par paroles envers un magistrat, la Cour, appréciant elle-même
ces paroles, a décidé qu'elles constituaient, en effet, ce délit.
(Arrêt du 17 mars 1851, Bull., n° 101.)

« Il est donc indispensable dans cette matière, pour que les juges
ne puissent pas arbitrairement créer ou faire disparaître les délits
consistant dans l'emploi du geste ou de la parole, que la décision
elle-même place sous les yeux de la Cour suprême les éléments du
délit et l'appréciation de ces éléments.

« Les éléments du délit, c'est la parole incriminée et les circonstances qui peuvent augmenter ou atténuer le délit. Ces éléments
du délit ne peuvent se rencontrer que dans les motifs de la décision ; et quand ils ne s'y trouvent pas, il y a évidemment insuffisance
de motifs et violation de l'article 7 de la loi du 20 avril 1810.

« C'est ce que la Cour a jugé par de nombreux arrêts rendus
dans des matières analogues (arrêts des 6 juin 1840, 8 septembre 1853, 20 janvier 1855, 23 janvier et 14 mai 1857), et no-

tamment dans un arrêt en matière d'outrage par paroles du 11 décembre 1845.

« Il s'agissait d'une inculpation d'outrages par menaces envers le maire de Douadic, à l'occasion de l'exercice de ses fonctions. L'expédition de l'arrêt est sous les yeux de la Cour : les paroles imputées au prévenu ne s'y trouvent nulle part énoncées ; elles ne ne se rencontrent pas dans les motifs qui, sous ce premier rapport, manquent d'un des éléments essentiels pour que la Cour puisse apprécier le délit. Ces motifs, sous un autre rapport encore, sont insuffisants ; ils ne consistent que dans un considérant unique, à savoir que « dans les circonstances où les paroles imputées à Guil-« lerot ont été par lui adressées au maire de Douadic, elles ne « présentent pas le caractère prévu et puni par loi. » Ces circonstances, c'est-à-dire certaines particularités qui auraient accompagné ces paroles, constituaient elles-mêmes des éléments du fait incriminé. Pour que la Cour pût à son tour les apprécier et décider si elles étaient ou non de nature à effacer ou à atténuer le délit, il faudrait qu'elles fussent énoncées dans l'arrêt ; plusieurs circonstances avaient, en effet, été discutées lors du jugement de première instance, qui n'en a pas moins condamné le prévenu. Mais quelles sont celles de ces circonstances dont la Cour a entendu parler dans l'unique motif qui est la base de son arrêt, et en quoi ces circonstances atténuaient le délit?

« C'est ce que ne dit pas la Cour, et que l'on ignore entièrement.

« L'insuffisance des motifs est donc établie sous ces deux rapports. On ne justifierait pas l'arrêt dénoncé, en observant que les paroles incriminées et certaines circonstances ont été énoncées dans le jugement dont était appel. Sans doute, si la Cour eût confirmé la sentence des premiers juges en adoptant les motifs du jugement, aucun reproche ne pourrait être adressé à son arrêt. Mais c'est le contraire qui a eu lieu : la Cour a infirmé, et par suite elle ne s'est rien approprié d'un acte qu'elle a mis à néant. C'est ce qui est évident et c'est ce qu'a jugé plusieurs fois la Cour suprême, notamment dans un arrêt du 6 juin 1840 et dans un autre arrêt du 18 décembre 1851. (Bull., n° 527.)

« Dans ces circonstances et par ces considérations : — Vu l'article 441 du Code d'instruction criminelle ; vu la lettre de S. Exc. M. le garde des sceaux, ministre de la justice, en date du 17 de ce mois ; les articles 195 du Code d'instruction criminelle et 7 de la loi du 21 avril 1810 ; et toutes les pièces du dossier.

« Le procureur général requiert, pour l'Empereur, qu'il plaise à la Cour casser et annuler, dans l'intérêt de la loi, l'arrêt dénoncé ; ordonner, qu'à la diligence du procureur général l'arrêt à intervenir sera imprimé et transcrit sur les registres de la Cour impériale de Bourges.

« Fait au parquet, le 4 décembre 1858.

« Le procureur général, *Signé* : DUPIN. »

Après le rapport de l'affaire, présenté par M. le conseiller Sénéca, la Cour, accueillant les conclusions du' réquisitoire développées à l'audience par M. le procureur général, a rendu l'arrêt de cassation suivant :

« La Cour,

. « Attendu qu'il est déclaré en fait par le jugement de première « instance : 1° Que le prévenu Guillerot avait dit au maire de la « commune de Douadic : « Je viens te dire de la part de M. de « Bondy que si tu fais encore disparaître les affiches et qu'il n'ait « pas la majorité, tu auras affaire à lui; » 2° que ces paroles « avaient été adressées au sieur Barberin, maire, à l'occasion du « fait qui de sa part avait consisté à couvrir les affiches de Bondy « par les affiches David, tous deux candidats pour l'élection d'un « membre du conseil général;

« Attendu que ledit jugement avait décidé en droit : 1° Que les « paroles susrelatées constituaient un outrage par menaces; 2° que « l'outrage devait être considéré comme ayant été fait au maire à « l'occasion de l'exercice de ses fonctions;

« Attendu que le jugement avait, en outre, exposé divers faits, « qui avaient précédé, accompagné ou suivi les paroles incrimi-« nées, et avait déclaré qu'il existait en faveur du prévenu des « circonstances atténuantes;

« Attendu que sur les appels tant du ministère public que du « prévenu, l'arrêt dénoncé a renvoyé le nommé Guillerot de la « plainte, en se fondant uniquement sur ce que, « dans les circon-« stances où les paroles imputées à Guillerot ont été par lui adres-« sées au maire de Douadic, elles ne présentent pas le caractère « d'outrage prévu et puni par la loi pénale »;

« Attendu que si on peut considérer cette formule comme im-« pliquant suffisamment la reconnaissance en fait que les paroles « reprises au jugement avaient été prononcées par le prévenu, « l'arrêt dénoncé ne fait nullement connaître si les circonstances « sur lesquelles il se fonde pour nier la criminalité du fait contrai-« rement à la décision des premiers juges, étaient uniquement « celles que relevait cette décision, ou s'il s'en était produit d'au-« tres dans le débat en cause d'appel; qu'en tous cas il n'indique « pas celles de ces circonstances qui, n'ayant paru qu'atténuantes « aux premiers juges, auraient été reconnues justificatives par la « Cour impériale; ni même si la Cour impériale a entendu écarter « l'un des éléments constitutifs du délit; ou admettre un fait d'ex-« cuse, le délit étant d'ailleurs reconnu, ni, par suite, quel serait « l'élément écarté ou l'excuse admise;

« Attendu qu'il appartient à la Cour de cassation de contrô-« ler la qualification légale des faits, et de vérifier si des excuses « ne sont pas admises en violation de l'article 65 du Code pénal;

« Attendu que les décisions des Cours et tribunaux qui ne lui

« permettent pas d'exercer ce pouvoir sont essentiellement dépour-
« vues de motifs et ne sont pas légalement justifiées dans leur dis-
« positif;

    « Attendu dès lors que l'acquittement du prévenu Guillerot
« manque de motifs, et que l'arrêt qui l'a ainsi prononcé contient
« une violation expresse de l'article 7 de la loi du 20 avril 1810;

    « Par ces motifs;

    « La Cour casse et annule, mais dans l'intérêt de la loi seule-
« ment, l'arrêt rendu le 25 septembre 1858 par la Cour impériale
« de Bourges (chambre des appels de police correctionnelle) en
« faveur du nommé Victor Guillerot;

    « Ordonne qu'à la diligence du procureur général en la Cour le
« présent arrêt sera imprimé, et qu'il sera transcrit en marge de la
« décision annulée. »

N° XL. — 839. (Audience du 30 novembre 1860.)
Chambre criminelle.

Israélites condamnés sur faux témoignage à charge pour crime commis en territoire militaire algérien. — Condamnation ultérieure des faux témoins. — Révision. — Compétence.

Question. — La disposition de l'article 445 du Code d'instruction criminelle n'est qu'énonciative; elle régit les condamnations prononcées par les tribunaux militaires aussi bien que celles qui émanent des Cours d'assises.

C'est donc, d'après les principes de la matière, devant un conseil de guerre autre que celui ayant rendu la condamnation sur faux témoignage, que l'affaire doit être renvoyée.

Toutefois, l'article 1er du décret du 15 mars 1860 ayant dessaisi pour l'avenir les conseils de guerre de la connaissance des crimes commis en territoire militaire algérien par des Israélites, et ayant attribué à leur égard juridiction aux Cours d'assises, il est nécessaire de saisir une Cour d'assises au lieu d'un autre conseil de guerre, si tous ou partie des condamnés sur faux témoignage sont des Israélites.

La Cour a consacré ces solutions dans les circonstances que va faire connaître le réquisitoire de M. le procureur général Dupin :

RÉQUISITOIRE (12 novembre 1860).

A la Cour de cassation, chambre criminelle.

M. le procureur général impérial près la Cour de cassation expose qu'il est chargé par Son Excellence M. le garde des sceaux, ministre de la justice, de dénoncer à la Cour, conformément à l'article 445 du Code d'instruction criminelle, un jugement du 8 septembre 1858, rendu par le 2ᵉ conseil de guerre de la division d'Oran, dans les circonstances suivantes :

« Les Israélites indigènes Ben Douch ben Guigni, et Maklouf dit Mouchi Tordjemann, étaient depuis plusieurs années associés pour le commerce des blés, des laines et étoffes de coton à Mostaganem.

« Le nommé El Arbi ben M'Cherrack ben Mekki, revendeur, avec lequel ils trafiquaient, resté débiteur d'une somme de 1,500 fr., souscrivit au profit de Ben Guigni, le 11 août 1856, un billet à ordre payable le 11 octobre suivant. Faute de payement à l'échéance, Ben Guigni poursuivit Ben M'Cherrack, et obtint contre lui, le 30 avril 1857, un jugement par défaut qui demeura sans exécution à raison de l'insolvabilité du débiteur.

« Si on se réfère aux faits relevés par l'instruction, le dimanche 30 du mois de ramadan (23 mai 1857), Ben Guigni et Maklouf Tordjemann auraient rencontré au marché des Akermas, Ben Aouda ben Zian, Abderrhaman ben Zitourni et Ahmed ben Lezmann, et leur auraient exprimé leur étonnement que El-Arbi ben M'Cherrack, leur débiteur, fût devenu tout à coup insolvable.

« Ceux-ci leur auraient répondu qu'il n'en était rien, qu'El Arbi M'Cherrack était associé avec un autre indigène nommé Hadj M'Stapha ben Bachir, et que s'il paraissait ruiné, c'est que sans doute, pour mettre ses biens à l'abri, il les avait fait passer en la possession de ce dernier. On se serait alors rendu devant le cadi, qui reçut les déclarations des trois indigènes, attestant l'existence de cette société; acte de ces déclarations fut dressé par le bach-adel Mohammed ben Mahmar. Celui-ci, après avoir signé l'écrit, le présenta successivement au cadi et à l'adel Ahmed ben Tahar, qui le revêtirent à leur tour de leurs signatures.

« Cet acte est ainsi conçu :

« Louange à Dieu unique.

« Devant le cadi Mohammed bou Abdallah, assisté d'Ould Sidi « Hamed ben Sidi Tahar, adel;

« Ont comparu :

« Ben Aouda ben Zian, Ben Abderrhaman et Ahmed ben Lazi-« met, lesquels déclarent, d'après la demande à eux faite, que El « Hadj Mustapha ben Bachir est associé depuis l'année dernière et « jusqu'à ce jour avec El-Arbi ben M'Cherrack ben El-Mekki pour « des acquisitions et des ventes de cotonnades et autres marchan-« dises.

« Déclaration reçue le dimanche 30 de ramadan 1273 (23 mai « 1857). Signé : le serviteur de Dieu, Mohammed ben Mahmar, « bach-adel.

« Louange à Dieu unique.

« Le présent état est régulier. Signé : Mohammed ben Abdallah
« ben Mohammed, chérif-cadi ;

« Louange à Dieu unique.

« J'ai assisté à la rédaction du présent acte. Signé : Hamed ben
« Tahar ben Zian. »

« En possession de cet acte, Ben Guigni fit assigner Hadj Mustapha ben Bachir devant le tribunal de commerce de Mostaganem,
à l'effet d'entendre déclarer commune avec lui la condamnation
intervenue le 30 avril précédent contre El-Arbi ben M'Cherrack.
Hadj Mustapha ne s'étant pas présenté, le tribunal, par jugement
du 15 octobre, fit droit à la demande ; et, sur l'opposition du défendeur suivie d'un nouveau défaut, intervint, à la date du 26 novembre, une nouvelle sentence qui rendit définitive la condamnation prononcée.

« Menacé de voir exécuter cette condamnation, Hadj Mustapha
s'engagea, par acte notarié, tout en protestant contre la qualité
d'associé d'El-Arbi ben M'Cherrack, à payer les 1,500 francs formant le principal de la dette de ce dernier. Mais immédiatement il
dénonça à l'autorité militaire, comme entaché de faux, l'acte constatant les déclarations qui auraient attesté l'existence d'une prétendue société entre lui et El-Arbi ben M'Cherrack. Une enquête
eut lieu : le cadi Mohammed bou Abdallah avoua que les déclarations faites dans l'écrit n'avaient point été faites en sa présence.

« Il avait consenti à apposer son cachet sur l'acte, parce que le
bach-adel lui avait affirmé que c'était en sa présence, et en présence de l'adel, que les déclarations avaient eu lieu. L'adel Ahmed
ben Tahar dit à son tour que s'il a consenti à mettre son cachet,
c'est sur la déclaration expresse du bach-adel Mohammed ben Mahmar, qui a affirmé que les déclarations de l'acte de société ont été
faites devant lui.

« Le même jour, les trois indigènes désignés dans l'écrit comme
ayant affirmé l'existence de la société venaient déclarer que jamais
ils n'avaient fait une pareille attestation, et que l'acte était faux.
A la suite de cette enquête, une amende de 500 francs fut infligée
au cadi, et une de 300 à l'adel, pour avoir revêtu de leurs signatures un acte reçu hors de leur présence.

« Quant au bach-adel Mohammed ben Mahmar et aux deux
Israélites, ils furent mis en état d'arrestation et poursuivis : le premier, sous l'inculpation d'avoir, dans l'exercice de ses fonctions et
dans un acte public, commis le crime de faux par supposition de
personnes ; les deux autres, sous l'inculpation de s'être rendus
complices de ce crime.

« Par jugement du 1er conseil de guerre de la division d'Oran,
en date du 22 juillet 1858, le bach-adel Mohammed ben Mahmar fut
condamné à cinq années de réclusion et à 100 francs d'amende,
Ben Douch ben Guigni et Maklouf dit Mouchi Tordjemann aux
travaux forcés à perpétuité, et chacun à 100 francs d'amende.

« Le 30 du même mois, ce jugement fut annulé pour vice de forme par le conseil de révision. Le 8 septembre suivant, les accusés comparurent devant le 2ᵉ conseil de guerre de la division. Déclarés coupables, Mohammed ben Mahmar est condamné à cinq années de réclusion et à 100 francs d'amende; ben Douch ben Guigni et Maklouf dit Mouchi Tordjemann à dix ans de travaux forcés et à 300 francs d'amende.

« Devant le tribunal militaire, le cadi, l'adel et les trois indigènes désignés comme témoins dans l'acte du 30 du mois de ramadan, avaient renouvelé les dépositions faites par eux devant le chef du bureau arabe de Mostaganem, dans l'enquête faite par lui. Le lendemain de la condamnation, les deux Israélites Ben Guigni et Maklouf dit Mouchi Tordjemann adressèrent au parquet d'Oran une plainte en faux témoignage contre Ben Aouda ben Zian, Abderrhaman ben Zitourni et Ahmed ben Lezmann.

« A la suite du rejet des pourvois en révision et en cassation formés par les condamnés, il a été procédé à une information à l'effet de vérifier si réellement les trois indigènes désignés dans cette plainte avaient, par des témoignages mensongers, trompé la religion de la justice militaire.

« De nombreux témoins sont venus déclarer avoir vu les Israélites affirmant l'existence d'une société commerciale entre El-Arbi et El-Hadj Mustapha devant le tribunal musulman, présidé par le cadi, assisté de l'adel.

« En conséquence, les nommés Mohammed ben Abdallah, cadi; Ahmed ben Tahar, adel; Ben Aouda ben Zian, Abderrhaman ben Zitourni et Ahmed ben Lezmann ont été traduits devant la Cour d'assises de l'arrondissement d'Oran, sous l'accusation d'avoir, à Oran, en septembre 1858, devant le 2ᵉ conseil de guerre de la division, fait, en matière criminelle, un faux témoignage contre les nommés Mohammed ben Mahmar, Maklouf dit Mouchi Tordjemann, et Ben Douch ben Guigni, accusés de faux et de complicité de faux en écriture authentique et publique par supposition de personnes.

« Mohammed ben Abdallah et Ahmed ben Tahar, déclarés non coupables par le jury, ont été acquittés. Ben Aouda ben Zian, Abderrhamann ben Zitourni et Ahmed ben Lezmann, déclarés coupables, ont été condamnés à deux ans de prison, par arrêt du 7 août 1860.

« Les questions soumises au jury passeront sous les yeux de la Cour; il résulte bien des réponses sur les questions relatives aux trois indigènes Ben Zian, Ben Zitourni et Ben Lezmann, qu'ils ont été convaincus de faux témoignage à charge dans l'instruction et les débats, à la suite desquels sont intervenues les condamnations prononcées contre Mahmar, Ben Guigni et Maklouf dit Mouchi Tordjemann, par le jugement du 2ᵉ conseil de guerre de la division, en date du 8 septembre 1858.

« La révision est donc incontestablement ouverte, aux termes de l'article 445 du Code d'instruction criminelle, relativement à l'affaire sur laquelle est intervenu ce jugement uniquement basé sur des témoignages déclarés faux par l'arrêt subséquent de la Cour d'assises.

« Dans ces circonstances :

« Vu l'article 445 du Code d'instruction criminelle ;

« Vu la lettre de Son Excellence le garde des sceaux, du 22 octobre 1860, et toutes les pièces du procès ;

« Le procureur général requiert, pour l'Empereur, qu'il plaise à la Cour annuler le jugement du 2e conseil de guerre d'Oran, du 8 septembre 1858, et la décision du conseil de révision de la même ville du 16 du même mois ; renvoyer les accusés Mohammed ben Mahmar, ben Douch ben Guigui et Maklouf Tordjemann, pour être procédé sur les actes d'accusation subsistants, devant telle Cour d'assises qu'il plaira à la Cour désigner autre que celle d'Oran, parmi les Cours d'assises dont la juridiction a été substituée à celle des conseils de guerre pour crimes commis en territoire militaire par des Israélites ou des Européens (art. 1er et 4 du décret du 15 mars 1860) ; ordonner que l'arrêt à intervenir sera transcrit sur les registres du 2e conseil de guerre de la 2e division.

« Fait au parquet, le 12 novembre 1860.

« Le procureur général,

« DUPIN. »

Les conclusions à l'audience n'ont pas été recueillies.

Conformément aux conclusions de ce réquisitoire, soutenues à l'audience par M. le procureur général, la Cour, après avoir entendu le rapport de M. le conseiller Legagneur, a rendu l'arrêt dont la teneur suit :

ARRÊT (30 novembre 1860).

Ouï le rapport de M. Legagneur, conseiller, et les conclusions de M. Dupin, procureur général ;

Vu le réquisitoire ci-dessus ;

Vu le jugement rendu le 6 septembre 1858 par le 2e conseil de guerre séant à Oran, qui déclare coupable, savoir :

1° Mohammed ben Mahmar, bach-adel de la dix-neuvième circonscription judiciaire, d'avoir commis, dans l'exercice de ses fonctions, un faux en écriture authentique et publique, par supposition de personnes, en établissant, à dessein de nuire, un acte en bonne forme constatant faussement que trois personnes y dénommées avaient fait à l'audience du cadi la déclaration qu'il était de notoriété publique que El-Arbi ben Mekki ben M'Charrack était l'associé de El-Hadj Mustapha ben Bachir pour le commerce des cotonnades ; ledit acte, sur lequel il a fait apposer, par surprise, la signature, le cachet et l'avération du

22.

cadi, ainsi que la signature de l'adel, ayant pour but de faire payer par Mustapha ben Bachir, aux Israélites Ben Douck ben Guigni et Maklouf dit Mouchi Tordjemann, une somme de 460 fr. qui leur était due par le seul Arbi ben Mekki ben M'Charrak;

2° Maklouf, dit Mouchi Tordjemann, négociant à Mostaganem, de s'être rendu complice de ce faux en faisant à son auteur des dons et en lui donnant des instructions pour qu'il commît ce faux dont ledit Maklouf dit Mouchi Tordjemann voulait profiter à l'effet de faire payer par El-Hadj Mustapha ben Bachir, prétendu associé de El-Arbi ben Mekki ben M'Charrak, et à défaut de ce dernier, insolvable, la somme de 45,000 fr. que lui devait celui-ci;

Et 3° Ben Douch ben Guigni, négociant à Mostaganem, de s'être rendu complice du même faux en faisant à son auteur des dons et en lui donnant des instructions pour qu'il commît ce faux dont ledit Ben Douch ben Guigni voulait profiter en tant qu'associé de Maklouf dit Mouchi Tordjemann;

Avec admission de circonstances atténuantes;

Et condamne le premier accusé à cinq ans de réclusion, 400 fr. d'amende, et les deux autres à dix ans de travaux forcés et 300 francs d'amende, et tous les trois aux frais du procès;

Vu la décision du conseil de révision d'Oran, en date du 46 du même mois, qui confirme le jugement;

Vu l'arrêt de la Cour, du 47 décembre suivant, qui rejette le pourvoi en cassation formé contre cette condamnation;

Vu et vérifié la décision de la Cour d'assises d'Oran, à la date du 7 août 4860, qui déclare : 4° Ben Aouda ben Zian; 2° Abderrahman ben Zitourni, et 3° Ahmed ben Lezmann, coupables de faux témoignage à charge contre les accusés Mohammed ben Mahmar, Maklouf dit Mouchi Tordjemann et Ben Douch ben Guigni, à l'audience du 2ᵉ conseil de guerre d'Oran, en septembre 4858, et qui admet en leur faveur des circonstances atténuantes;

Vu l'arrêt de la même Cour, du même jour, qui condamne ces accusés chacun à deux années d'emprisonnement, à des dommages et intérêts et aux frais, et l'arrêt du 4 octobre suivant, qui a rejeté le pourvoi en cassation formé par les condamnés;

Attendu que toutes ces décisions sont ainsi passées en force de chose jugée;

Vu l'article 445 du Code d'instruction criminelle, portant : « Lors-« qu'après une condamnation contre un accusé, l'un ou plusieurs des « témoins qui avaient déposé à charge contre lui seront poursuivis « pour avoir fait un faux témoignage dans le procès.....;

« Si les témoins sont ensuite condamnés pour faux témoignage à « charge, le ministre de la justice, soit d'office, soit sur la réclama-« tion de l'individu condamné par le premier arrêt, ou du procureur « général, chargera le procureur général près la Cour de cassation de « dénoncer le fait à cette Cour;

« Ladite Cour, après avoir vérifié la déclaration du jury, sur la-« quelle le second arrêt aura été rendu, annulera le premier arrêt, si « par cette déclaration les témoins sont convaincus de faux témoignage « à charge contre le premier condamné; et, pour être procédé contre « l'accusé sur l'acte d'accusation subsistant, elle renverra devant une « Cour d'assises autre que celles qui auront rendu soit le premier, « soit le second arrêt. »

Attendu que cette disposition n'est qu'énonciative; qu'elle régit les condamnations prononcées par les tribunaux militaires aussi bien que celles qui émanent des Cours d'assises;

Attendu qu'il résulte de la nature des choses et de l'article 445 lui-même que la révision doit être portée devant un tribunal autre, mais du même ordre que celui qui a prononcé la condamnation annulée, et qui, comme lui, statue au fond;

Attendu que l'article 1er du décret du 15 mars 1860, qui dessaisit pour l'avenir les conseils de guerre de la connaissance des crimes commis en territoire militaire algérien par des Israélites, qualité qui appartient à deux des inculpés, Maklouf dit Mouchi Tordjemann et Ben Douch ben Guigni, et attribue à leur égard juridiction aux Cours d'assises, ne permet plus le renvoi devant un autre conseil de guerre et impose la nécessité de saisir une Cour d'assises, d'où ressort virtuellement une dérogation exceptionnelle, pour le cas tout spécial de la cause, à la disposition finale de l'article 271 du Code d'instruction criminelle et à celle des autres dispositions du même Code dont l'application devient inconciliable avec l'exécution, dans l'espèce, des articles combinés 445 du Code d'instruction criminelle et 1er du décret;

Attendu que Mohammed ben Mahmar, compris dans la même poursuite à raison du même crime, doit suivre, quant à la compétence de droit commun, le sort de ses coaccusés;

Vu enfin le décret du 15 mars dernier;

La Cour casse et annule le jugement rendu le 8 septembre 1858 par le 2e conseil de guerre d'Oran, qui condamne les accusés Mohammed ben Mahmar, Maklouf dit Mouchi Tordjemann et Ben Douch ben Guigni aux peines de la réclusion et des travaux forcés à temps, et la décision du conseil de révision d'Oran, en date du 16 du même mois, qui le confirme; et, pour être procédé à l'interrogatoire des accusés, à l'ouverture de nouveaux débats sur les faits de faux et de complicité de faux qui ont été l'objet de la première poursuite et qui sont pré-rappelés, ainsi qu'à une nouvelle position de questions faite conformément à la loi, et à un nouveau jugement, renvoie la cause et les accusés, *en l'état où ils étaient au moment de la précédente condamnation*, devant la Cour d'assises d'Alger, à ce déterminée par délibération prise en chambre du conseil;

Ordonne la signification du présent arrêt aux mêmes accusés, ainsi que du réquisitoire;

Ordonne qu'à la diligence de M. le procureur général près la Cour, le présent arrêt sera imprimé, et qu'il sera transcrit en marge des décisions annulées.

A l'audience du 11 mai 1861, les trois condamnés ayant, par suite de ce renvoi, été traduits devant la Cour d'assises d'Alger, ont été entièrement acquittés. Le journal *le Droit* du 19 mai rend un compte détaillé de toute l'affaire.

Nᵒ XLI. — 846. (Audience du 6 juin 1861.)
Chambre criminelle.

Condamnation sur faux témoignage. — Révision en vertu de l'article 445 du Code d'instruction criminelle.

Question. — Lorsqu'un individu a été condamné pour faux témoignage porté contre l'accusé dans le procès duquel il était appelé comme témoin, il y a lieu d'annuler, en vertu de l'article 445 du Code d'instruction criminelle, l'arrêt de la Cour d'assises qui a condamné l'individu contre lequel le faux témoignage a été porté et de renvoyer l'affaire devant une autre Cour d'assises.

Les faits de cette affaire sont exposés dans le réquisitoire présenté à la Cour par M. le procureur général Dupin, et dont la teneur suit :

RÉQUISITOIRE (15 mai 1861).

A la Cour de cassation, chambre criminelle.

Le procureur général impérial près la Cour de cassation expose qu'il est chargé par S. Exc. le garde des sceaux, ministre de la justice, de dénoncer à la Cour, conformément à l'article 445 du Code d'instruction criminelle, un arrêt rendu par la Cour d'assises d'Oran le 3 août 1860, dans les circonstances suivantes :

« Dans la nuit du 22 au 23 novembre 1859, des malfaiteurs s'introduisirent à l'aide de fausses clefs dans la demeure, en ville, du meunier indigène Hadj Mohammed ben Selka ; ils y fracturèrent un coffre, et s'emparèrent de bijoux, d'argent monnayé et d'effets d'habillement, présentant une valeur d'environ 4,000 francs.

« Près de trois mois s'étaient écoulés, lorsqu'un nommé Ali bou Aza fut trouvé détenteur de deux turbans qui avaient fait partie des objets volés. Mis en état d'arrestation, il commença par protester de son innocence ; mais bientôt, cédant à l'évidence des charges, il s'avoua coupable, et dénonça comme ses complices son coreligionnaire Bou Medine ben Saddeck et la nommée Orkeia Bent el-Hadj Mohammed, femme de ce dernier.

« Déjà la même dénonciation avait été portée contre eux par Fathma bent Si-Amar, femme dudit Ali bou Aza. Elle avait déclaré devant le commissaire de police, et répété devant le juge de paix de Tlemcen, que les objets volés avaient été partagés, en sa présence, entre son mari, Bou Medine ben Saddeck et Orkeia. Elle avait déclaré aussi que la pensée première du vol avait été conçue par ceux-ci, et qu'en se décidant à concourir à la perpétration, Ali bou Aza n'avait fait que céder à leurs suggestions. Les trois inculpés furent renvoyés devant la Cour d'assises de l'arrondissement d'Oran.

« Ali bou Aza et Ben Medine ben Saddeck étaient accusés d'avoir, à Tlemcen, le 22 novembre 1859, soustrait frauduleusement, au préjudice du sieur Hadj Mohammed ben Selka, meunier, un certain nombre de bijoux, effets d'habillement et pièces d'argent monnayé, avec les circonstances : 1° de nuit, 2° de pluralité d'agents, 3° de maison habitée, 4° d'usage de fausses clefs; 5° d'effraction intérieure. Orkeia était, de son côté, accusée d'avoir, avec connaissance, aidé ou assisté les auteurs de la soustraction frauduleuse ainsi qualifiée, dans les faits qui l'avaient préparée, facilitée ou consommée.

« Le 3 août suivant, les accusés comparurent devant la Cour d'assises, et Fathma bent Si-Amar fut entendue comme témoin. Elle renouvela sous la foi du serment les dépositions qu'elle avait faites dans le cours de l'information, déclarant de nouveau que son mari avait été entraîné à commettre le vol par ses deux coaccusés, et qu'elle avait assisté au partage du produit de ce vol entre ceux-ci et Ali bou Aza. .

« A la suite de cette déposition, Bou Medine fut déclaré coupable et condamné à six ans de réclusion. La même peine fut prononcée contre Ali bou Aza; Orkeia fut acquittée.

« Le pourvoi en cassation formé contre l'arrêt par Bou Medine ben Saddeck seul fut rejeté par la Cour, le 15 novembre 1860.

« Quelques jours après l'arrêt du 3 août, la police de Tlemcen fut prévenue par le frère de Bou Medine qu'une partie des objets provenant du vol avait été déposés par Fathma bent Si-Amar chez une prêteuse sur gages.

« L'exactitude de ce renseignement fut constatée, Fathma fut arrêtée et conduite devant le commissaire de police. Elle avoua le recel dont elle était accusée, et reconnut qu'elle avait menti à la justice en déclarant que Bou Medine ben Saddeck avait concouru au partage des objets volés.

« Devant le juge de paix de Tlemcen, elle renouvela ses aveux. Lors de sa comparution devant le juge d'instruction, elle présenta de nouveau ses déclarations premières comme l'expression de la vérité; mais cette tardive rétractation fut accompagnée de contradictions qui lui ôtaient toute apparence de sincérité.

« Le 1er avril dernier, Fathma bent Si-Amar comparut devant la Cour d'assises de l'arrondissement d'Oran, sous l'accusation :

« 1° D'avoir, dans le courant de l'année 1860, à Tlemcen, sciemment recélé tout ou partie des bijoux enlevés, détournés ou obtenus à l'aide de la soustraction frauduleuse commise, le 22 novembre 1859, à Tlemcen, au préjudice du sieur Mohammed ben Selka, meunier, domicilié à Tlemcen, par les nommés Ali bou Aza et Bou Medine ben Saddeck, condamnés pour ce fait chacun à six années de réclusion par arrêt de la Cour d'assises d'Oran du 3 août dernier ;

« 2° D'avoir, le 3 août 1860, à l'audience publique de la Cour d'assises de l'arrondisement d'Oran, fait un faux témoignage en matière criminelle contre l'accusé Bou Medine ben Saddeck, en déclarant dans le cours des débats, et sous la foi du serment, contrairement à la vérité, qu'elle avait vu chez elle le nommé Bou Medine ben Saddeck faire avec son mari le partage des objets provenant du vol commis au préjudice de Mohammed ben Selka.

« Déclarée coupable sur l'un et l'autre de ces chefs, l'accusée a été condamnée, par arrêt du 1ᵉʳ avril 1861, à deux années d'emprisonnement.

« Il résulte de cet exposé que l'hypothèse prévue par l'article 445 du Code d'instruction criminelle, pour la révision des procès criminels, s'est réalisée dans la présente affaire.

« Bou Medine ben Saddeck a été condamné, le 3 août 1860, à six années de réclusion pour vol qualifié, et la femme Fathma ben Si-Amar a été condamnée à deux années d'emprisonnement pour vol et faux témoignage à charge contre Ben Saddeck dans le procès instruit contre ce dernier. Aux termes dudit article 445, l'arrêt de la Cour d'assises d'Oran du 3 août 1860, qui a condamné Ben Saddeck, doit être annulé, et l'accusé soumis à de nouveaux débats.

« Il est clair que l'annulation de l'arrêt de la Cour d'assises d'Oran ne doit être prononcée qu'en ce qui concerne Bou Medine ben Saddeck, et que cet arrêt doit conserver son plein et entier effet à l'égard d'Ali bou Aza.

« Dans ces circonstances,

« Vu les articles 445 et 434 du Code d'instruction criminelle;

« Vu la lettre de Son Excellence le garde des sceaux, en date du 10 mai 1861, l'arrêt de la Cour d'assises d'Oran, du 3 août 1860, et les pièces de la procédure;

« Le procureur général requiert, pour l'Empereur, qu'il plaise à la Cour :

« Casser et annuler l'arrêt de la Cour d'assises d'Oran du 3 août 1860, qui a condamné Bou Medine ben Saddeck à six années de réclusion pour vol qualifié;

« Renvoyer ledit Bou Medine ben Saddeck, pour être procédé sur l'acte d'accusation subsistant, devant une Cour d'assises autre que celle qui a rendu l'arrêt dénoncé;

« Ordonner que l'arrêt à intervenir sera transcrit sur les registres de la Cour d'assises d'Oran.

« Fait au parquet, le 15 mai 1861.

« Le procureur général,

« Signé : DUPIN. »

Conformément à ce réquisitoire, appuyé à l'audience par M. le

procureur général, la Cour, après avoir entendu le rapport de
M. le conseiller Nouguier, a rendu l'arrêt suivant :

ARRÊT (6 juin 1861).

La Cour, ouï M. le conseiller Nouguier, en son rapport, et M. le
procureur général Dupin, en ses conclusions;

Vu le réquisitoire ci-dessus;

Vu l'arrêt de la Cour d'assises d'Oran, du 3 août 1860, qui déclare
Bou Medine ben Saddeck coupable d'avoir, le 22 novembre 1859, à
Tlemcen, soustrait frauduleusement, au préjudice d'El-Hadj Mohammed
ben Selka, un certain nombre de bijoux, effets d'habillement et pièces
d'argent monnayé, s'élevant ensemble à la somme de 4,000 fr. environ; et ce, avec les circonstances que ce vol a été commis la nuit,
dans une maison habitée, par plusieurs, à l'aide de fausses clefs et
d'effraction intérieure, et le condamne, des circonstances atténuantes
ayant été admises en sa faveur, à six ans de réclusion;

Vu l'arrêt de la Cour, du 15 novembre suivant, qui rejette le pourvoi en cassation formé par Bou Medine ben Saddeck contre cette
condamnation;

Vu l'arrêt de la Cour d'assises d'Oran, du 1er avril dernier, qui
déclare la nommée Fathma bent Si-Amar, coupable d'avoir, le 3 août
1860, à l'audience publique de la Cour d'assises de l'arrondissement
d'Oran, fait un faux témoignage en matière criminelle contre l'accusé
Bou Medine ben Saddeck, en déclarant, dans le cours des débats et
sous la foi du serment, contrairement à la vérité, qu'elle avait vu
chez elle le nommé Bou Medine Saddeck faire, avec son mari, le partage des objets provenant du vol commis au préjudice de Mohammed
ben Selka, et la condamne, à raison de ce fait et d'un fait de complicité, par recélé, d'un vol qualifié, des circonstances atténuantes ayant
été admises en sa faveur, à deux années d'emprisonnement;

Attendu que les décisions portées par les deux arrêts ci-dessus sont
passées en force de chose jugée;

Vu l'article 445 du Code d'instruction criminelle;

La Cour casse et annule, en ce qui concerne Bou Medine ben Saddeck, l'arrêt de la Cour d'assises d'Oran du 3 août dernier, ensemble
les débats qui l'ont précédé; et pour être procédé, conformément à
la loi, sur l'acte d'accusation subsistant, renvoie Bou Medine ben
Saddeck, en l'état où il se trouvait au moment de la condamnation
prononcée contre lui, ainsi que les pièces des deux procédures,
devant la Cour d'assises de Mostaganem, à ce déterminée par délibération prise en chambre du conseil;

Ordonne la notification du réquisitoire ci-dessus et du présent arrêt
audit Bou Medine ben Saddeck;

Ordonne, en même temps, qu'à la diligence du procureur général
près la Cour, ledit arrêt sera imprimé et transcrit en marge de l'arrêt
annulé.

Nᵒ XLII. — 864. (Audience du 30 janvier 1863.)
Chambre criminelle.

Affaire Renosi et Simoni. — Condamnations contradictoires. — Révision. — Cassation.

Question. — Lorsque deux arrêts de Cours d'assises, condamnant deux individus pour le même crime, paraissent inconciliables à la Cour de cassation, cette Cour prononce la cassation de ces deux arrêts, aux termes de l'article 443 du Code d'instruction criminelle, et renvoie les divers accusés devant une autre Cour d'assises.

RÉQUISITOIRE (22 janvier 1863).

A la Cour de cassation, chambre criminelle.

Le procureur général impérial près la Cour de cassation expose qu'il est chargé par Son Excellence le garde des sceaux, ministre de la justice, de dénoncer à la Cour, conformément à l'article 443 du Code d'instruction criminelle, deux arrêts rendus par la Cour d'assises de la Corse, en date des 18 novembre 1861 et 25 novembre 1862, dans les circonstances suivantes :

« Le 13 juin 1861, vers neuf heures du soir, un sieur Patricius de Corsi, accompagné de trois de ses partisans, Chiaramonti, Filippi et Blasi, sortait d'une maison du hameau de Renoso, où il était venu solliciter des suffrages pour l'avocat Joseph-Matthieu de Corsi, son neveu, candidat au conseil général pour le canton de Pero, lorsqu'il rencontra un groupe de quinze à vingt jeunes gens, partisans du candidat opposé, qui se mirent à lui barrer le chemin. Il avança vers eux, ayant à son côté Chiaramonti, et derrière lui Blasi et Filippi. Des pierres partirent du groupe opposé, et, frappé de l'une d'elles, Patricius de Corsi tomba en criant : « Je « suis mort ! » A ce cri, Chiaramonti se sauva derrière un mur, et tandis que Blasi aidait de Corsi à se relever, Filippi, levant son bâton, s'élança en avant et engagea une lutte avec un de ses adversaires. Presque au même instant un coup de pistolet fut tiré, et Filippi, que la balle avait atteint à la tête, tombait mort sur le chemin.

« Lorsque le crime fut commis, Renosi et Simoni, cousins germains, se trouvaient tous les deux dans le groupe d'où le coup de pistolet était parti, et chacun d'eux était porteur d'un pistolet; aussi s'empressèrent-ils de prendre la fuite dès le commencement des poursuites. Blasi déclara qu'il avait reconnu dans le meurtrier de Filippi, Renosi, qu'il connaissait depuis longtemps; et de Corsi, de son côté, donna un signalement qui paraissait se rapporter au même individu.

« Ces indices déterminèrent la chambre des mises en accusation à renvoyer Renosi devant la Cour d'assises, sous l'accusation de meurtre ; et en même temps Simoni fut renvoyé simplement, avec trois autres inculpés, devant la police correctionnelle, sous la prévention de coups et blessures. A la suite de cet arrêt, les deux cousins s'empressèrent de se constituer prisonniers ; l'un comptait sans doute sur son innocence, et espérait, en se faisant acquitter lui-même, mettre son cousin à l'abri de toute poursuite dangereuse ; l'autre se trouvait trop heureux d'en être quitte pour un emprisonnement de quelques jours. Simoni ne fut, en effet, condamné par le tribunal correctionnel qu'à vingt jours d'emprisonnement.

« Devant la Cour d'assises, Renosi, assisté de deux des plus habiles avocats du barreau de Bastia, se contenta de protester de son innocence, et ne voulut désigner d'aucune manière celui qui, d'après lui, avait commis le meurtre. Les deux témoins qui avaient partagé le même danger que Filippi furent plus affirmatifs encore que dans l'information : Blasi déclara qu'il avait reconnu Renosi au moment où il pressait la détente du pistolet, et de Corsi, confronté pour la première fois avec l'accusé jusqu'alors en fuite, s'écria : « Je le reconnais, c'est lui qui a fait feu sur Filippi ! »

« D'un autre côté, la plupart des témoins étant parents des deux cousins, ils se concertèrent pour ne pas éclairer la justice, et sauver ainsi Simoni, car ils ne mettaient pas même en doute l'acquittement de Renosi. Les défenseurs eux-mêmes avaient, du reste, contribué à les confirmer dans cette erreur, car ils ne cherchèrent pas, comme cela se pratique habituellement en Corse, dans le cas de meurtre à la suite d'une rixe, à réclamer la position de questions accessoires pour amoindrir l'accusation.

« L'attente générale fut trompée, et Renosi condamné à vingt ans de travaux forcés. Il était au bagne de Toulon depuis quelques mois déjà, lorsque, ne voulant plus supporter la responsabilité, ni subir la peine d'un crime qu'il n'avait pas commis, il adressa à M. le procureur général près la Cour de Bastia un mémoire par lequel il dénonçait son cousin Simoni comme le véritable auteur du meurtre de Filippi. Le parquet prit des renseignements, et il fut constaté tout d'abord que Simoni était l'objet de la répulsion générale depuis la condamnation de Renosi, et passait aux yeux du public pour avoir abusé du dévouement de son cousin. Renosi fut ramené de Toulon, et, dans une information régulière, de nombreux témoins vinrent attester : les uns, qu'ils avaient vu Simoni faire feu sur Filippi ; les autres, qu'ils lui avaient entendu dire à lui-même qu'il avait tiré sur lui, lorsqu'il leur demandait des munitions pour recharger son pistolet, tandis qu'au même instant Renosi avait été remarqué fuyant avec son pistolet encore chargé à la main. Ces témoignages étaient d'autant plus forts qu'ils émanaient de parents aussi proches de l'un que de l'autre des deux accusés en cause. Enfin, les magistrats ne conservèrent plus aucun doute sur l'innocence de Renosi et la culpabilité de Simoni, lorsque la justesse de leur appréciation fut démontrée en fait par l'arrêt de la Cour d'assises de la Corse du 25 novembre 1862.

« Dans ces seconds débats, Blasi et de Corsi persistèrent dans leurs déclarations premières. Mais on conçoit très-bien qu'ils aient pu se tromper : en effet, Renosi avait aussi un pistolet, et il paraîtrait qu'il le levait au moment même où le coup, tiré par Simoni, éclairait la scène et frappait Filippi. Il faisait presque nuit, et d'ailleurs les témoins, troublés par l'attaque dont ils étaient l'objet, ne jouissaient pas du sang-froid nécessaire pour se rendre un compte exact de la réalité des faits.

« Nul reproche ne peut être adressé aux juges et aux jurés, qui ont été conduits fatalement à prononcer comme ils l'ont fait, d'après des témoignages positifs dont rien ne pouvait leur faire suspecter la sincérité.

« Mais puisqu'une nouvelle instruction basée sur des preuves contraires a ramené une seconde décision inconciliable avec la première, il n'y a pas d'autre moyen d'obtenir une solution définitive que de recourir à la révision indiquée par l'article 443.

« Dans ces circonstances :

« Vu l'article 443 du Code d'instruction criminelle ;

« Vu la lettre de Son Excellence le garde des sceaux, en date du 6 janvier 1863, et toutes les pièces des deux procès :

« Le procureur général requiert, pour l'Empereur, qu'il plaise à la Cour casser :

« 1° L'arrêt de la Cour d'assises de la Corse, du 18 novembre 1861, qui a condamné le nommé Jean-Jacques Renosi, dit Rousseau, à vingt ans de travaux forcés ;

« 2° L'arrêt rendu par la même Cour, le 25 novembre 1862, concernant Ours-Jean Simoni, dit Cocchi ;

« Renvoyer les accusés Renosi et Simoni devant une Cour d'assises autre que celle qui a rendu les deux arrêts dénoncés ; ordonner que l'arrêt à intervenir sera transcrit sur les registres de la Cour d'assises de la Corse.

« Fait au parquet, le 22 janvier 1863.

« Le procureur général,

« Signé : DUPIN. »

A l'audience du 30 janvier 1863, M. le conseiller Auguste Moreau a présenté son rapport, dont nous extrayons ce qui suit :

Extrait du rapport.

« Le réquisitoire du procureur général vous a fait connaître les faits qui semblent démontrer l'inconciliabilité de ces deux arrêts et la nécessité de procéder à leur révision.

« Nous n'avons rien à y ajouter. Vous avez vu que Renosi faisait partie du groupe d'où est parti le coup de pistolet qui a donné la mort à Filippi.

« Renosi a été obligé de reconnaître qu'à ce moment il venait de s'armer d'un pistolet qu'il avait dans sa poche et qu'il le tenait à la main. Deux témoins ont déclaré le reconnaître pour l'avoir vu faire feu. Lui-même s'est borné à l'audience à nier sa culpabilité ; il a été condamné.

« Ce n'est que lorsque la condamnation est devenue définitive qu'il a réclamé, protestant de son innocence et signalant Simoni comme l'auteur du crime.

« Une nouvelle instruction a commencé ; de nombreux témoins sont venus déclarer : les uns, qu'ils avaient vu Simoni faire feu, et qu'au même moment Filippi était tombé ; les autres, qu'il avait reconnu en leur présence avoir tiré le coup de pistolet dont Filippi a été atteint ; quelques-uns, enfin, qu'il s'en était vanté.

« Il a donc été renvoyé devant la Cour d'assises et condamné, comme Renosi, à vingt ans de travaux forcés.

« Dans cette situation, nous n'avons pas à rechercher si la nouvelle instruction, qui d'ailleurs a pu être modifiée par le débat oral, a détruit les charges que la première avait produites contre Renosi, non plus que si elle a établi la culpabilité de Simoni.

« Une seule question, ce nous semble, doit nous préoccuper, celle de savoir si les deux arrêts de condamnation qui vous sont dénoncés sont inconciliables.

« Or, Renosi a été mis en accusation pour avoir, le 13 juin 1861, volontairement donné la mort à Filippi ; c'est dans ces termes que la question a été posée au jury et qu'elle a été affirmativement résolue.

« C'est le même fait d'avoir, dans la soirée du 13 juin 1861, au hameau de Renoso, commune de Poggio Mezzana, volontairement donné la mort à Filippi, qui a motivé la mise en accusation de Simoni et par suite sa condamnation aux travaux forcés.

« Ainsi un fait unique a été poursuivi, le coup de pistolet qui a donné la mort à Filippi ; ce fait ne peut être l'œuvre que d'une seule personne ; or, deux ont été condamnées pour l'avoir commis ; il y a nécessairement erreur à l'égard de l'une d'elles ; la culpabilité de l'une exclut la culpabilité de l'autre.

« En cet état, vous déciderez s'il n'y a pas lieu de faire droit au réquisitoire du procureur général ; en conséquence, et conformément aux dispositions de l'article 443 du Code d'instruction criminelle, de casser les deux arrêts qui vous sont dénoncés et de renvoyer les nommés Renosi et Simoni devant une autre Cour d'assises que celle qui a rendu les deux arrêts dont la révision vous est demandée. »

Après ce rapport, M. le procureur général se lève et prononce les paroles suivantes :

« Messieurs, je n'aurais rien à ajouter à mon réquisitoire et au rapport que vous venez d'entendre, si je ne croyais utile de dire un mot contre la tendance de certains esprits qui s'émeuvent à la seule annonce des affaires du genre de celle qui vous est soumise, et qui s'empressent aussitôt de prendre parti pour les condamnés contre les juges ; comme si la fatalité qui a amené deux condamnations contradictoires devait être attribuée à l'ignorance des magistrats, ou bien à une légèreté qu'on pût leur imputer à faute !

« Il y a là un manque de réflexion et une fausse opinion qu'il importe de rectifier.

« Les jurés prononcent sur les faits qui leur sont révélés par les débats, par l'interrogatoire des accusés, par les dépositions des témoins. Mais, si ces témoins ont menti, s'ils ont induit la Cour en erreur, comme il est arrivé dans quelques affaires venues de l'Algérie, on peut bien, quand le mensonge se révèle, intenter un procès en faux témoignage. Mais quel reproche peut-on adresser aux jurés et aux juges qui n'ont erré que parce qu'on les a eux-mêmes trompés ? Quand des témoins ont été affirmatifs sur un chef d'accusation ; quand, par une circonstance plus rare, mais qui s'est présentée quelquefois, un accusé s'incrimine lui-même ; ou bien lorsque, par des motifs quelconques, pouvant nommer les vrais coupables, il se tait, et manque ainsi l'occasion qui lui est offerte de rétablir la vérité des faits ; dans de telles circonstances, si le jury, qui se sent convaincu, rend un verdict affirmatif, peut-on dire qu'il y a faute de sa part ? Et quand ensuite les juges, qui sont obligés de prendre cette déclaration affirmative pour base de leur décision, prononceront une condamnation, est-il possible de trouver là matière à reproche contre eux ?

« Or, c'est précisément ce qu'on a vu dans l'espèce, où deux procès successifs, en raison du même fait, ont amené deux condamnations qui sont inconciliables.

« Heureusement qu'en cela il n'y a rien d'irréparable ! La loi elle-même a prévu ce cas et indique le remède, qui consiste à casser les deux arrêts et à renvoyer devant une Cour autre que celle qui les ont rendus, pour être procédé sur les actes d'accusation subsistants, et amener une dernière et suprême décision.

« Il n'y a donc pas lieu de se récrier contre la justice, car elle n'est jamais plus digne de respect que lorsque, après avoir fait tout ce qui était en elle pour éviter l'erreur, elle fait tout aussi pour la réparer.

« C'est ce à quoi vous allez pourvoir par votre arrêt. »

Conformément aux réquisitions de M. le procureur général, la Cour a cassé les deux arrêts de la Cour d'assises de la Corse, et renvoyé les accusés et les pièces de la procédure devant la Cour d'assises du Gard.

ARRÊT (30 janvier 1863).

La Cour, ouï M. Auguste Moreau, conseiller, en son rapport, et M. Dupin, procureur général, en ses conclusions;

Vu la lettre de Son Excellence le garde des sceaux, ministre de la justice, en date du 6 janvier dernier;

Vu le réquisitoire qui précède;

Vu l'article 443 du Code d'instruction criminelle;

Vu enfin les arrêts de renvoi rendus par la Cour impériale de Bastia, l'un, le 7 septembre 1861, contre Renosi (Jean-Jacques), dit Rousseau, l'autre, le 31 octobre 1862, contre Simoni (Ours-Jean), dit Cocchi), les actes d'accusation dressés en conséquence, les déclarations des jurys appelés à prononcer sur les accusations et les arrêts de condamnation qui les ont suivies, à la date des 18 novembre 1861 et 25 novembre 1862;

Attendu qu'il résulte des actes précités que les deux accusés, Renosi et Simoni, ont été successivement traduits aux assises de la Corse pour avoir, le 13 juin 1861, volontairement donné la mort au nommé Filippi (Paul-Jérôme), dit Pretevecchio, à l'aide d'un coup de pistolet; que l'un et l'autre ont été déclarés coupables de ce meurtre et condamnés chacun à vingt ans de travaux forcés;

Que d'après les arrêts de renvoi et les actes d'accusation, il n'existait qu'un seul auteur de ce crime, et que Renosi ni Simoni n'ont pas été poursuivis pour complicité de ce crime;

D'où résulte que les deux déclarations du jury sont inconciliables, et que les condamnations qui en ont été la suite ne peuvent être maintenues; qu'il y a lieu de les annuler et de renvoyer les deux accusés, aux termes de l'article 443 du Code d'instruction criminelle, devant une Cour d'assises autre que celle qui a rendu les deux arrêts annulés pour être procédé à leur jugement sur les deux actes d'accusation subsistants;

Par ces motifs, casse et annule les deux arrêts de condamnation rendus par la Cour d'assises de la Corse, les 18 novembre 1861 et 25 novembre 1862, contre Renosi (Jean-Jacques), dit Rousseau, et Simoni (Ours-Jean), dit Cocchi, ainsi que tout ce qui a précédé lesdits arrêts à partir des actes d'accusation, lesquels sont maintenus; et, pour être procédé sur lesdits actes d'accusation au jugement desdits Renosi et Simoni, les renvoie, en l'état où ils sont, devant la Cour d'assises du département du Gard;

Ordonne que le présent arrêt sera imprimé et transcrit en marge des décisions annulées;

Ainsi jugé et prononcé à l'audience publique de la Cour de cassation, chambre criminelle, le 30 janvier 1863. Présents: MM. Vaïsse, président; A. Moreau, rapporteur; Legagneur, Faustin-Hélie, Sénéca, V. Foucher, Caussin de Perceval, Le Sérurier, Bresson, Zangiacomi, du Bodan et Perrot de Chezelles, conseillers en la Cour;

Mandons et ordonnons à tous huissiers sur ce requis de mettre ledit arrêt à exécution; à nos procureurs généraux et à nos procureurs près les tribunaux de première instance d'y tenir la main ; à tous commandants et officiers de la force publique de prêter main forte lorsqu'ils en seront légalement requis ;

En foi de quoi le présent arrêt a été signé par le président de la Cour et par le greffier.

Erreurs judiciaires. — Révisions.

« La justice, suivant l'expression d'un de nos orateurs parlementaires, ne nous apparaît jamais plus grande, plus noble, plus respectable que, lorsqu'après avoir tout fait pour éviter l'erreur, elle fait tout aussi pour la réparer. »

Nᵒ XLIII. — 859. (Audience du 9 octobre 1862.)
Chambre criminelle.

Demande en révision. — Arrêts de Cours d'assises inconciliables. — Parricide. — Assassinat.

Question. — Lorsque deux arrêts de Cours d'assises prononcent des peines pour un crime contre deux individus accusés de ce même crime, alors qu'aucune relation ne paraît exister entre eux, ils sont inconciliables, et aux termes de l'article 443 du Code d'instruction criminelle, ils doivent être cassés et les divers accusés renvoyés devant une autre Cour d'assises.

Cette appréciation de l'inconciliabilité des arrêts appartient exclusivement et souverainement à la Cour de cassation.

La chambre criminelle a eu à statuer sur une demande en révision formée par le procureur général près la Cour de cassation, dans des circonstances que son réquisitoire ci-après fera parfaitement connaître.

RÉQUISITOIRE (15 septembre 1862).

À la Cour de cassation, chambre criminelle.

« Le procureur général près la Cour de cassation expose qu'il est chargé par S. Exc. le garde des sceaux, ministre de la justice, de donner à la Cour, conformément à l'article 443 du Code d'instruction criminelle, deux arrêts rendus par la Cour d'assises du département du Nord, en date des 13 août 1861 et 16 août 1862, dans les circonstances suivantes :

« Le sieur Martin Doise, âgé de soixante-cinq ans, petit cultivateur, habitait une maison isolée sur le territoire de Saint-Jans-

Cappel, près du Mont-Noir (département du Nord), et il fut trouvé mort près de son foyer, le dimanche 20 janvier 1861, à deux heures de relevée, la tête horriblement mutilée, par suite de coups portés avec une pioche, laquelle fut retrouvée appuyée contre une chaise et tachée de sang.

« Les époux Gardin, gendre et fille de Martin Doise, s'étant présentés à la maison de la victime, portèrent immédiatement cet homicide, qui remontait déjà à plusieurs jours, à la connaissance des autres membres de la famille et du maire de la commune.

« Les magistrats du tribunal d'Hazebrouck se transportèrent sans délai sur les lieux, et constatèrent qu'ils ne présentaient aucun désordre, que rien ne paraissait avoir été volé, si ce n'est une grosse montre en argent dite anglaise.

« La clameur publique désigna de suite comme les auteurs du crime les époux Gardin, dont la haine pour le vieillard avait souvent éclaté publiquement.

« L'instruction fut dirigée dans ce sens, sans négliger cependant de rechercher la montre volée et les malfaiteurs étrangers, dont la présence aurait pu être remarquée dans le pays. Elle révéla les affreux sentiments de la fille Doise, femme Gardin, contre son père, qu'elle menaçait fréquemment d'assassiner, les craintes de ce vieillard de périr par la main de sa fille, les actes réitérés de violence qu'elle avait commis sur sa personne. Des taches de sang desséché furent trouvées sur ses vêtements ; enfin, après avoir protesté longtemps de son innocence, elle fit des aveux circonstanciés, déclarant toutefois que son mari était innocent.

« Une ordonnance de non-lieu intervint contre ce dernier, qui croyait lui-même sa femme coupable, et la femme Gardin seule fut renvoyée devant la Cour d'assises du Nord sous l'accusation de parricide.

« La question posée au jury est formulée dans les termes suivants :

« Rosalie-Pauline Doise, femme de Severin Gardin, est-elle « coupable d'avoir, en janvier 1861, à Saint-Jans-Cappel, volon- « tairement homicidé Martin-Joseph Doise, son père légitime ? »

« Reconnue coupable par le jury, avec circonstances atté- nuantes, elle fut, par arrêt du 13 août 1861, condamnée aux tra- vaux forcés à perpétuité.

« Une information dirigée contre Vanhalwyn et plusieurs autres malfaiteurs, à la suite de révélations faites par la femme du pre- mier, a établi plusieurs crimes d'assassinat et de vol commis par cet homme et ses complices.

« Un premier assassinat a motivé un arrêt du 14 août dernier qui condamne Vanhalwyn à la peine de mort.

« Dans une seconde affaire, le même Vanhalwyn et un autre accusé, nommé Verhamme, comparurent devant le jury, sous l'accusation de l'assassinat de Martin Doise, et de soustraction frauduleuse de numéraire, de couteaux et d'une montre au préjudice du même Martin Doise.

« Quant à cet assassinat, il a paru résulter de l'enquête que Vanhalwyn et Verhamme, son complice, étaient seuls. Que seuls aussi ils ont partagé les faibles produits du vol, et notamment de la montre d'argent, qui a été vendue sept francs à un horloger d'Ypres (Belgique).

« Sur la réponse affirmative du jury sur toutes les questions, Vanhalwyn a été condamné, par arrêt du 16 août dernier, à la peine de mort, et Verhamme aux travaux forcés à perpétuité.

« Vanhalwyn seul s'est pourvu en cassation, tant contre l'arrêt de la Cour d'assises du 14 août 1862 que contre l'arrêt du 16 du même mois; les deux pourvois ont été rejetés par la Cour le 11 septembre, présent mois.

« Il semble résulter d'une information supplémentaire, faite par le président des assises du Nord, du troisième trimestre de 1862, que les condamnés, ainsi que la femme Vanhalwyn, ne connaissaient pas la femme Gardin; qu'ils n'avaient eu avec elle aucune relation, et que, malgré l'invraisemblance de ce dernier fait, ils ignoraient la condamnation dont elle avait été l'objet.

« Il s'agirait donc réellement d'une erreur judiciaire d'autant plus étrange, comme le remarque S. Exc. le garde des sceaux, que, par des circonstances exceptionnelles et vraiment inouïes, un assassinat, combiné par deux malfaiteurs, est venu réaliser à point nommé le projet de parricide conçu et prémédité par une fille impie, et que celle-ci, sous l'influence d'une hallucination étrange, a cru elle-même à sa culpabilité, l'a avouée à ses juges, et a accepté l'arrêt de condamnation.

« Dans ces circonstances,

« Vu l'article 443 du Code d'instruction criminelle;

« Vu la lettre de S. Exc. le garde des sceaux, ministre de la justice, et toutes les pièces du procès;

« Le procureur général requiert, pour l'Empereur, qu'il plaise à la Cour :

« Casser 1° l'arrêt de la Cour d'assises du Nord, en date du 13 août 1861, qui condamne la femme Gardin à la peine des travaux forcés à perpétuité;

« 2° L'arrêt rendu par la même Cour, le 16 août 1862, concernant les nommés Vanhalwyn et Verhamme;

« Renvoyer les accusés femme Gardin, Vanhalwyn et Verhamme, devant une Cour d'assises autre que celle qui a rendu les deux arrêts dénoncés; ordonner que l'arrêt à intervenir sera transcrit sur les registres de la Cour d'assises du Nord.

« Raffigny, ce 15 septembre 1862.

« Le procureur général,

« *Signé :* DUPIN. »

Sur ce réquisitoire, et conformément à ses conclusions, la Cour a cassé les deux arrêts de la Cour d'assises du Nord.

ARRÊT (9 octobre 1862).

La Cour,

Ouï M. le conseiller Le Sérurier, en son rapport, et M. l'avocat général Savary, en ses conclusions;

Vu la lettre adressée au procureur général près la Cour de cassation par Son Excellence le garde des sceaux, ministre de la justice, en date du 30 août 1862;

Vu le réquisitoire présenté à la Cour en conformité de la lettre susvisée, le 15 septembre 1862, par le procureur général;

Vu l'article 443 du Code d'instruction criminelle;

Attendu que l'arrêt de la Cour d'assises du Nord, en date du 13 août 1861, qui condamne la femme Gardin aux travaux forcés à perpétuité pour crime de parricide, est inconciliable avec l'arrêt rendu par la même Cour d'assises le 16 août 1862, et par lequel les nommés Vanhalwyn et Verhamme ont été condamnés, le premier à la peine de mort, le deuxième aux travaux forcés à perpétuité, pour le crime d'assassinat précédé, accompagné ou suivi d'un vol déclaré commis par deux personnes, sans que le jury ait été consulté sur la circonstance d'une perpétration commune, et ait pu constater un lien de complicité de ces trois condamnés pour un même crime, et que de ces documents résulterait la preuve de l'innocence de l'une ou des deux autres condamnés;

Par ces motifs,

Casse et annule les arrêts de la Cour d'assises du Nord susvisés en date des 13 août 1861 et 16 août 1862, et renvoie les nommés femme Gardin, Vanhalwyn et Verhamme, dans l'état où ils étaient avant les arrêts de condamnation, et les pièces des deux procédures, les actes d'accusation subsistant, devant la Cour d'assises de la Somme.

Sur le renvoi prononcé par la Cour de cassation devant la Cour d'assises de la Somme, et par arrêt du 18 novembre 1862, la femme Gardin, déclarée non coupable par le jury, a été acquittée et mise en liberté.

Vanhalwyn et Verhamme, reconnus et déclarés coupables de l'assassinat de Martin Doise (mais Verhamme avec des circonstances atténuantes), ont été condamnés, le premier à la peine de mort, et le second aux travaux forcés à perpétuité.

Nᵒ XLIV. — 850. (Audience du 18 juillet 1861.)
Chambre criminelle.

Police des cabarets et lieux publics. — Procès-verbaux de gendarmerie. — Foi due. — Inscription de faux. — Déclaration d'incompétence. — Tribunal de simple police. — Constatation de la publicité de l'instruction.

Question. — Les procès-verbaux dressés par les gendarmes, à l'effet de constater une contravention aux lois sur la police des cabarets et lieux publics, ne font pas foi jusqu'à inscription de faux, mais seulement jusqu'à preuve contraire.

La voie de l'inscription de faux n'est pas admissible contre un procès-verbal qui ne fait foi que jusqu'à preuve contraire.

Dans les cas même où l'inscription de faux est admissible, 1ᵒ il faut qu'elle ait lieu de la manière et dans la forme édictée par les Codes de procédure et d'instruction criminelle, sans que la simple déclaration de la partie qu'elle veut s'inscrire en faux puisse équivaloir à l'inscription de faux et en produire les effets; 2ᵒ l'inscription de faux n'autorise pas le juge de police à se déclarer incompétent; elle lui permet de surseoir, mais non de se dessaisir.

Serait nul d'ailleurs, à un autre point de vue, le jugement de simple police dont l'expédition ne constate pas que l'instruction ait été publique.

Le procureur général impérial près la Cour de cassation, agissant en vertu de l'article 442 du Code d'instruction criminelle, défère à la Cour de cassation, dans l'intérêt de la loi, un jugement du tribunal de simple police de Saint-Malo de la Lande, en date du 10 avril 1861, rendu dans les circonstances suivantes :

« Les sieurs Chatel père et fils ont été trouvés, le 11 février dernier, à dix heures du soir, par le gendarme Gérard, en résidence à Agon, arrondissement de Coutances (Manche), dans le cabaret tenu par le sieur Lacolley. Procès-verbal fut dressé par ledit Gérard pour constater l'infraction faite à l'article 3 de l'arrêté préfectoral du 17 février 1853; en conséquence, Jean-Baptiste Chatel père et Eugène Chatel fils comparaissaient, le 10 avril 1861, devant le juge de paix du canton de Saint-Malo de la Lande, sous l'inculpation d'être restés au cabaret après l'heure réglementaire.

« Le sieur Jean-Baptiste Chatel, tant en son nom que comme se portant fort pour son fils, opposa, comme moyen de défense, qu'il était neuf heures à peine lorsqu'ils avaient quitté le cabaret, et que, conséquemment, il ne leur aurait pas été donné à boire à neuf heures et demie du soir, comme le constatait le procès-verbal, d'après la déclaration de la femme Lacolley. Les prévenus se réservaient de prouver ce fait devant qui de droit, déclarant formellement vouloir s'inscrire en faux contre le procès-verbal du gendarme Gérard.

« Le juge de paix a accueilli cette défense en ces termes :

« Et attendu que, vu la déclaration du sieur Chatel, et se por-
« tant fort pour son fils, déclaration par laquelle le sieur Chatel
« *s'inscrit en faux*, tant en son nom qu'en celui de son fils,
« contre le procès-verbal dessus relaté, nous ne sommes plus com-
« pétent pour connaître des faits y mentionnés, et après avoir en-
« tendu de nouveau le ministère public dans ses conclusions, ren-
« voyons les parties à se pourvoir devant qui de droit. »

« Le jugement, qui est en date du 10 avril 1861, n'a été
déféré à la Cour de cassation par le ministère public près le tribunal de simple police qui l'a rendu, que le 29 mai 1861.

« Ce pourvoi est évidemment non recevable, puisqu'il n'a pas
été formé dans le délai prescrit par l'article 373 du Code d'instruction criminelle.

« Cependant il importe que les erreurs que renferme le jugement attaqué ne reçoivent pas la sanction de la chose jugée ; et
c'est pour cette raison que, dans l'intérêt d'une bonne administration de la justice, nous croyons devoir le dénoncer à la Cour
suprême, en vertu du droit que nous confère l'article 442 du Code
d'instruction criminelle.

Discussion.

« Violation des articles 1er et 129 de la loi du 18 germinal
an VI, 153 et 154 du Code d'instruction criminelle, 1er, 488, 498
du décret impérial du 1er mars 1854, portant règlement sur l'organisation de la gendarmerie ; excès de pouvoir.

« Dans l'absence d'un motif explicite qui aurait déterminé le
juge de police à statuer comme il l'a fait, nous en sommes réduit
aux deux seules hypothèses qui soient admissibles :

« Ou bien le tribunal de simple police de Saint-Malo de la Lande
a cru que les procès-verbaux dressés par les gendarmes faisaient
foi jusqu'à inscription de faux ;

« Ou bien il a pensé qu'encore bien que ces procès-verbaux ne
fissent foi que jusqu'à preuve contraire, ils étaient en outre susceptibles d'être attaqués, dans l'espèce de la contravention qui lui
était soumise, par la voie extraordinaire de l'inscription de faux ;

« Dans l'une comme dans l'autre hypothèse, il a violé les principes de la matière.

« Dans la première hypothèse, il a violé le texte des lois et règlements précités, et méconnu les termes formels de la jurisprudence
de la Cour :

« Attendu, porte un de ses derniers arrêts, que la gendarmerie
« est instituée pour veiller à la sûreté publique, assurer le main-
« tien de l'ordre et l'exécution des lois ; qu'elle peut dresser des

« procès-verbaux des contraventions de toute nature qu'elle dé-
« couvre et qui portent atteinte à l'ordre public ; qu'elle est spéciale-
« ment investie de fonctions de surveillance sur les cabarets, au-
« berges et autres lieux publics de même nature ; que, par suite,
« ces procès-verbaux rentrent dans la catégorie de ceux qui, d'a-
« près l'article 154 du Code d'instruction criminelle, font foi jus-
« qu'à preuve contraire, etc. » (Arrêt du 22 mars 1855, *Bulletin
criminel*, p. 173.)

« Dans la seconde hypothèse, le jugement du tribunal de Saint-
Malo de la Lande ne peut pas davantage se justifier.

« Quand la loi dispose que les procès-verbaux de certains fonctionnaires, constatant des contraventions, feront foi jusqu'à inscription
de faux, cela veut dire que ces actes conservent leur force
probante nonobstant toute preuve qui ne serait pas administrée
par la voie de l'inscription de faux.

« Mais lorsque la loi a voulu que les procès-verbaux ne fissent
foi que jusqu'à preuve contraire, elle n'a pu vouloir que le juge
pût autoriser l'inscription de faux pour combattre des actes qui
peuvent tomber, selon l'appréciation souveraine que le juge fera
des preuves, devant des témoignages ou des preuves écrites qu'on
peut produire à l'audience et au moment même de la comparution.
Comment comprendre, en effet, que le législateur ait entendu permettre au juge d'introduire, dans le jugement d'affaires qui requièrent célérité, une procédure longue, coûteuse et complétement
inutile, puisqu'on peut arriver au même résultat par la voie rapide
de la preuve contraire ?

« Le tribunal a encore méconnu les principes les plus élémen-
taires du droit criminel sous d'autres rapports :

« 1° Les parties avaient déclaré dans leur défense vouloir s'inscrire en faux, et le tribunal constate la déclaration du contreve-
nant qu'il s'inscrit en faux ; ainsi le tribunal, à la place de la procédure de l'inscription de faux édictée par les Codes de procédure
et d'instruction criminelle, suppose qu'il y a inscription de faux
par cela seul qu'on déclare devant lui qu'on veut s'inscrire en faux ;

« 2° Tout moyen tendant à combattre l'effet d'un procès-verbal
n'est qu'un moyen d'instruction ou une exception préjudicielle qui
pourront autoriser le juge, lorsque la preuve sera faite, à relaxer
les contrevenants des poursuites dirigées contre eux ; mais ces
moyens d'instruction ou ces exceptions, lorsque les juges croient
devoir les autoriser, leur permettent bien de surseoir au jugement
de la contravention, mais jamais en se déclarant incompétents, de
se dessaisir de l'affaire.

« C'est là un point de jurisprudence sur lequel la Cour suprême
n'a jamais varié. Si le juge de police s'était bien rendu compte
d'ailleurs de la décision qu'il prenait, il aurait vu qu'il relaxait
indirectement les prévenus et commettait une espèce de déni de
justice.

« Il renvoie, en effet, les parties devant qui de droit; mais qui donc poursuivra l'inscription de faux? — Les prévenus? Ils s'en garderont bien, puisque la poursuite principale devant le juge compétent n'existe plus. — Le ministère public devant le tribunal de simple police? Mais ce magistrat n'a qualité pour agir que devant le tribunal de simple police, et ce tribunal s'est dessaisi.

« La prévention restera donc non poursuivie par l'effet de la décision qu'a prise le juge de simple police, et les prévenus se trouvent ainsi relaxés indirectement de l'action, en présence d'un procès-verbal qui, aux termes de l'article 154 du Code d'instruction criminelle, fait foi tant qu'il n'a pas été débattu par la preuve contraire.

« 3° Enfin, le jugement du tribunal de simple police de Saint-Malo de la Lande est en outre entaché d'un autre vice radical. Rien ne constate, en effet, dans l'expédition qui passera sous les yeux de la Cour, que l'instruction ait été publique, comme le veut l'article 153 du Code d'instruction criminelle.

« Par toutes ces déclarations,

« Vu l'article 442 du Code d'instruction criminelle;

« Vu les articles 1er et 129 de la loi du 18 germinal an VI, 153 et 154 du Code d'instruction criminelle, 1er, 488, 498 du décret impérial du 1er mars 1854, portant règlement sur l'organisation de la gendarmerie, et toutes les pièces du dossier;

« Le procureur général requiert, pour l'Empereur, qu'il plaise à la Cour casser et annuler le jugement dénoncé; ordonner qu'à la diligence du procureur général l'arrêt à intervenir sera imprimé et transcrit sur les registres du tribunal de simple police du canton de Saint-Malo de la Lande.

« Fait au parquet, le 10 juillet 1861.

« Le procureur général,

« Signé : DUPIN. »

Sur ce réquisitoire, et conformément aux conclusions y exprimées, la Cour a rendu l'arrêt suivant :

ARRÊT (18 juillet 1861).

La Cour, ouï M. le conseiller Meynard de Franc, en son rapport, et M. le procureur général Dupin, en ses conclusions;

Vu les articles 373, 442, 153 et 154 du Code d'instruction criminelle, 1er et 129 de la loi du 18 germinal an VI, 1er, 488 et 498 du décret impérial du 1er mars 1854 portant règlement sur l'organisation de la gendarmerie;

En ce qui touche le pourvoi du maire de Saint-Malo de la Lande, remplissant les fonctions du ministère public près le tribunal de simple police de ce canton;

Attendu qu'il n'a point été formé dans le délai déterminé par l'article 373 du Code d'instruction criminelle;

La Cour le déclare non recevable;

Mais, sur le pourvoi formé, dans l'intérêt de la loi, par le procureur général impérial près la Cour,

La Cour, y statuant, et en adoptant les motifs, casse et annule, dans l'intérêt de la loi, le jugement rendu par le tribunal de simple police du canton de Saint-Malo de la Lande, le 10 avril 1861, dans la cause de Châtel père et fils;

Ordonne que le présent arrêt sera imprimé et transcrit en marge de la décision annulée, à la diligence du procureur général impérial près la Cour.

Nᵒ XLV. — 888. (Audience du 27 avril 1865.)
Chambre criminelle.

Réhabilitation. — Condamnation correctionnelle. — Flétrissure morale. — Incapacités résultant de la loi sur l'enseignement. — Boucher. — Balance fausse.

Question. — Dans la nouvelle législation française, comme dans l'ancienne, la réhabilitation a pour effet, non-seulement de relever le condamné de toutes déchéances, incapacités ou interdictions, mais encore d'effacer la flétrissure morale résultant de la condamnation.

En conséquence, en matière correctionnelle, le droit de poursuivre la réhabilitation existe pour le condamné dans tous les cas, et alors même qu'aucune déchéance, incapacité ou interdiction ne résulterait du jugement.

A plus forte raison, il doit en être ainsi lorsque la condamnation a été prononcée pour un délit contraire à la probité, qui, aux termes de la loi sur l'enseignement, entraîne pour le condamné l'incapacité de tenir une école publique ou libre, ou d'y être employé.

Il y a délit de cette espèce de la part d'un boucher dans l'état duquel a été constatée l'existence d'une balance fausse de vingt grammes au préjudice de l'acheteur, défectuosité produite par un morceau de chair collé contre le rebord inférieur du plateau où se place la marchandise.

Ces deux solutions, nouvelles en jurisprudence, sont intéressantes, et nous appelons particulièrement l'attention du lecteur sur la première, qui étend au cas où la condamnation n'a entraîné qu'une simple flétrissure morale, le droit de demander la réhabilitation. La Cour a consacré ces solutions dans les circonstances que fait connaître le réquisitoire dont la teneur suit :

RÉQUISITOIRE (17 décembre 1864).
A la Cour de cassation, chambre criminelle.

« Le procureur général impérial près la Cour de cassation expose qu'il est chargé par M. le garde des sceaux, ministre de la justice, conformément à l'article 441 du Code d'instruction criminelle, de requérir l'annulation, dans l'intérêt de la loi, d'une décision de la Cour impériale de Colmar (chambre des mises en accusation), en date du 29 avril 1864, portant refus de statuer sur la demande en réhabilitation formée par le nommé Georg (Ignace-Hippolyte), boucher à Schelestadt.

« La lettre de M. le garde des sceaux est ainsi conçue :

« Le 20 octobre 1857, le vérificateur des poids et mesures de Schelestadt, procédant à sa visite dans la boutique de Georg, constata que la balance dont ce marchand se servait était faussée par l'addition d'un morceau de viande de vingt grammes, collé sous l'un des plateaux.

« Traduit à raison de ce fait devant le tribunal de police correctionnelle, Georg fut condamné, le 10 novembre 1857, à quatre jours d'emprisonnement, à la publication du jugement et aux frais, par application des articles 3, 6 et 7 de la loi du 27 mars 1852.

« A la suite de cette condamnation, Georg fut, à ce qu'il paraît, rayé pendant cinq ans de la liste des électeurs, par une fausse application des articles 15, § 14, et 16 du décret du 2 février 1852.

« Au mois de décembre 1863, il demanda sa réhabilitation: dans l'intervalle, sa conduite avait été excellente; toutes les autorités locales avaient émis des avis favorables, et il paraissait remplir toutes les conditions exigées par la loi, lorsque le dossier arriva à la Cour de Colmar.

« Le procureur général présenta des réquisitions tendant à ce que la chambre des mises en accusation donnât un avis favorable à la réhabilitation; mais la Cour, après en avoir délibéré, refusa de statuer par des motifs de droit pur. Dans son opinion, l'incapacité d'être électeur, garde national ou juré, aux termes des lois qui régissent ces matières spéciales, n'est attachée qu'aux condamnations prononcées par application de l'article 1er de la loi du 27 mars 1851. Or, Georg a été condamné seulement par application de l'article 3; il n'aurait, dès lors, encouru aucune incapacité, et le fait relevé à sa charge, tel qu'il a été qualifié par le jugement, ne constituerait même pas un de ces délits contre la probité prévus par l'article 26 de la loi du 15 mars 1850.

« Je reconnais avec la Cour de Colmar que les condamnations prononcées par application de l'article 3 de la loi du 27 mars 1857 n'entraînent pas l'incapacité d'être juré, électeur ou garde national; mais il me paraît incontestable que le fait établi à la charge de Georg rentre dans la catégorie des délits contre la probité qui, d'après l'article 26 de la loi du 15 mars 1850, entraînent l'incapacité d'être instituteur ou d'être employé dans une école.

« En effet, la loi du 27 mars 1851 est destinée à la répression de la fraude dans la vente des marchandises. Toutes ses dispositions ont pour but de garantir l'acheteur contre l'improbité du marchand.

« Quoique cette loi distingue divers cas auxquels elle applique des peines, graduées suivant le degré de perversité, elle flétrit dans tous l'immoralité qui caractérise les manœuvres qu'elle réprime, puisqu'elle invite les tribunaux à prononcer la publication et l'affiche du jugement de condamnation.

« Cet appel à l'opinion publique se justifie dans la pensée du législateur par l'intention coupable qu'il attribue même au simple détenteur des faux poids.

« Le rapporteur de la loi de 1851 à l'Assemblée législative faisait ressortir les motifs de cette innovation : « Si l'on a des poids et « mesures faux, c'est-à-dire trompeurs, à portée du siége de la « vente, cette possession, punie aujourd'hui de peines de simple « police, a paru à votre commission devoir être réprimée un peu « plus sévèrement. Elle n'est pas sans doute mise sur la même « ligne que l'usage des faux poids; mais elle est le dangereux véhi- « cule de cet usage. En la frappant, on préviendra souvent cet « usage difficile à saisir. »

« Sous le Code pénal de 1832, la détention pure et simple, abstraction faite de toute tromperie consommée et de toute plainte, n'était punie par l'article 479 que comme contravention. Elle n'admettait pas d'excuses; le juge ne devait pas avoir égard à la bonne foi. On pouvait peut-être soutenir avec quelque fondement que la condamnation prononcée pour un fait matériel ne portait pas atteinte à la probité.

« Aujourd'hui la situation n'est plus la même. En élevant le fait de détention au rang de délit, le législateur a permis de faire valoir les motifs légitimes qui excuseraient le fait matériel. Mais il en résulte la conséquence nécessaire et forcée que la condamnation ne laisse pas intacte la probité.

« D'un autre côté, la loi du 15 mars 1850 a volontairement employé des termes généraux, étrangers à la terminologie de nos lois pénales, pour caractériser les faits d'où elle faisait dériver une incapacité.

« Cette incapacité elle-même est perpétuelle, et il est inexact de prétendre que le condamné jouisse de la plénitude de ses droits de citoyen et n'ait rien à gagner à la réhabilitation.

« Je crois devoir aller plus loin, et je soutiens avec conviction que le système de la Cour de Colmar matérialise une loi réparatrice et morale dont le législateur n'a pas entendu renfermer l'application dans le cercle étroit de l'utilité actuelle et immédiate.

« La réhabilitation est accessible désormais à tous les condamnés, lors même qu'aucune incapacité n'entrave leur vie publique ou privée.

« En effet, il reste toujours la flétrissure morale, qu'il doit leur être permis d'effacer par leur régénération.

« L'opinion publique ne s'y trompe pas. Lorsqu'un coupable, inspiré par le culte de l'honneur, s'efforce de reconquérir l'estime de ses concitoyens, personne ne pourrait comprendre que ses heureux efforts et ses louables tentatives dussent être découragés par une fin de non-recevoir insurmontable.

« On peut dire, en empruntant aux anciennes lettres de réhabilitation une expression juste et énergique, que l'ancien condamné, s'il n'est privé d'aucun des droits civiques ou civils, a encore besoin de se faire restituer dans sa bonne *fame et renommée.*

« Le texte de la loi revisée en 1852 ne contient pas la règle étroite et impitoyable que la décision de Colmar a cru y découvrir. L'article 619 du Code d'instruction criminelle veut que tout condamné puisse être réhabilité. Aucune exception ne vient limiter cette faveur, qui n'est souvent que justice. Si plus loin l'article 634 signale, pour les effacer, les incapacités légales, ses prévisions si naturelles et si logiques ne peuvent en rien affecter la généralité du principe établi au début du chapitre IV.

« En définitive, la réhabilitation est éminemment favorable, et il convient, dans un intérêt de morale publique qui n'échappera certainement pas aux magistrats de la Cour suprême, d'étendre ses effets au lieu de les restreindre arbitrairement par une interprétation qui ne s'appuie sur aucun texte formel.

« Dans ces circonstances,

« Vu la loi du 15 mars 1850, l'article 619 du Code d'instruction criminelle, l'article 441 du même Code, la lettre de M. le garde des sceaux, en date du 27 septembre 1864, et les pièces du dossier ;

« Nous requérons, pour l'Empereur, qu'il plaise à la Cour casser et annuler, dans l'intérêt de la loi, la décision dénoncée ;

« Ordonner qu'à la diligence du procureur général, l'arrêt à intervenir sera imprimé et transcrit sur les registres de la Cour impériale de Colmar.

« Fait au parquet, le 17 décembre 1864.

« Le procureur général,
« Signé : DUPIN. »

Pour la parfaite intelligence du pourvoi, il est bon de rapporter en texte l'avis de la Cour de Colmar.

« Attendu que la condamnation à l'occasion de laquelle le sieur Georg, boucher à Schelestadt, a formé une demande en réhabilitation, résulte d'une infraction à la loi du 27 mars 1851, sur la fraude dans la vente des marchandises ;

« Attendu que le décret du 2 février 1852 sur les élections des députés au Corps législatif ne prononce, article 15, § 14, la radiation des listes électorales qu'à l'égard des individus condamnés à l'emprisonnement, par application de l'article 1er de la loi du 27 mars 1851, et qu'il n'attache aucune incapacité aux condamnations, même à l'emprisonnement, prononcées en vertu des autres dispositions de ladite loi ;

« Que la loi du 4 janvier 1853 sur la composition du jury n'a fait que confirmer ces dispositions essentiellement restrictives en les reproduisant, c'est-à-dire en limitant de son côté, article 2, § 5, les incapacités qu'elle prononce à l'occasion de l'application de la loi du 27 mars 1851, au cas unique où les condamnations intervenues résulteraient de l'application de l'article 1ᵉʳ de ladite loi ;

« Attendu que Georg n'a point été condamné en exécution de l'article 1ᵉʳ de la loi précitée, mais en vertu des articles 3 et 6 ;

« Qu'il n'a dès lors encouru ni les incapacités prononcées par l'article 15, § 14, du décret du 2 février 1852 sur l'élection des députés au Corps législatif, ni celles édictées par l'article 2, § 5, de la loi du 4 janvier 1853 sur l'organisation du jury, ni aucune autre, et que par conséquent sa demande *est sans objet ;*

« Que le fait, tel qu'il a été qualifié par le jugement du tribunal de Schelestadt, ne constitue pas, ni d'après les *termes* ni d'après l'*esprit* de l'article 3 de la loi du 27 mars 1851, *un délit contraire à la probité* dans le sens de l'article 26 de la loi du 15 mars 1850 sur l'enseignement ;

« Estime qu'il n'y a pas lieu de statuer sur ladite demande.

« Fait en la Cour impériale, séant à Colmar, chambre des mises en accusation, le vingt-neuf avril mil huit cent soixante-quatre. »

Rapport.

A l'audience du 27 avril, M. le conseiller Nouguier fait le rapport de l'affaire.

Après avoir donné lecture du réquisitoire écrit de M. le procureur général, M. le rapporteur présente à la Cour des observations qui montrent le soin avec lequel ce magistrat, si versé dans l'étude et dans la pratique des affaires criminelles, examine et discute celles dont il est chargé :

« Deux questions, dit-il, se dégagent du pourvoi dont la Cour est saisie : la première, toute spéciale, se rattache expressément aux faits particuliers de la cause actuelle ; la seconde a une portée beaucoup plus générale : elle donne à juger le point de savoir si, en thèse de droit pur, la loi sur la réhabilitation des condamnés en matière correctionnelle peut être appliquée, alors même qu'aucune incapacité n'a été la conséquence de la condamnation.

« Quant à la première question, il est difficile, ce semble, de la trancher autrement que ne le demande le pourvoi.

« La Cour pourra-t-elle aller plus loin ? Devra-t-elle, en généralisant la question, décider, en principe absolu, que la réhabilitation est accessible désormais à tous les condamnés, alors même qu'aucune incapacité n'entrave leur vie privée ou publique ? C'est là l'opinion de M. le garde des sceaux, et c'est (pour répéter ici l'une des expressions de sa dépêche) avec une profonde *conviction* qu'il donne une semblable interprétation à la loi sur la réhabilitation du 3 juillet 1852, et qu'il réclame de la Cour un arrêt consacrant cette interprétation.

« Si la réhabilitation actuelle avait le même caractère et produisait les mêmes effets que la réhabilitation admise par notre ancien droit, l'opinion de Son Excellence ne serait pas contestable. En effet, sous l'ordonnance de 1670, les lettres d'abolition ou de réhabilitation avaient deux buts : en premier lieu, relever le condamné de toutes les déchéances et incapacités qui étaient la conséquence de la condamnation ; en second lieu, la restitution dans sa bonne fame et renommée, selon l'expression énergique des criminalistes du temps ; mais cette ordonnance a disparu depuis longtemps, elle a été successivement remplacée et par la législation révolutionnaire, qui avait fait de la réhabilitation, en entourant sa procédure d'une véritable pompe théâtrale, une sorte de baptême civique, et par notre Code d'instruction criminelle, qui a marchandé la réhabilitation en la restreignant aux condamnations de grand criminel, et enfin par la loi actuelle, loi qu'il s'agit précisément d'interpréter ici, qui a étendu aux condamnations correctionnelles le bénéfice de la réhabilitation. Mais dans quelle mesure cette extension doit-elle être admise? Faut-il dire, avec le pourvoi, que cette loi est « une loi réparatrice et morale, dont le législateur « n'a pas entendu renfermer l'application dans le cercle étroit de « l'utilité actuelle et immédiate? »

« Ne faut-il pas, au contraire, la considérer comme ayant laissé à l'écart les conséquences morales des condamnations, pour s'attacher exclusivement à leurs conséquences effectives? Telle est, en définitive, l'unique difficulté de la question.

« Le texte de la loi ne contient pas de disposition qui puisse servir à résoudre cette difficulté. Le nouvel article 634, le seul qui s'occupe des effets de la réhabilitation, dit bien « qu'elle fait cesser « pour l'avenir, dans la personne du condamné, toutes les incapa- « cités qui résultaient de la condamnation »; mais cet article peut ne pas être limitatif, et il est permis de l'interpréter moins comme contenant une prescription restrictive que comme énonçant un des effets principaux de la réhabilitation sans avoir eu la pensée d'exclure les autres. »

M. le rapporteur déclare qu'il n'a rien trouvé dans la discussion du Code et de la loi du 3 juillet 1852 qui ait trait à la question.

« Mais, dit-il, depuis cette loi du 3 juillet 1852, le législateur a « eu à s'occuper de nouveau de la réhabilitation, et cette fois la « lumière s'est faite. Nous voulons parler de la loi du 19 mars 1864, « qui a étendu aux notaires, aux greffiers et aux officiers ministé- « riels destitués le bénéfice de la loi de 1852. Rien n'est plus clair « que l'exposé des motifs et le rapport de la commission. »

Ici M. le rapporteur cite *in extenso* divers passages de l'exposé des motifs par M. Conti, du rapport fait au Corps législatif par M. Mathieu. Il insiste particulièrement sur l'exposé de M. Conti, où cet orateur affirme en termes exprès que « de nos jours la réhabilitation n'est pas ce qu'elle était sous l'ancienne monarchie... »

« De ces citations ne résulte-t-il pas la preuve que, soit pour la réhabilitation spéciale des notaires, greffiers et officiers ministériels destitués, soit pour la réhabilitation générale des condamnés, les lois de 1808, 1832, 1852 et 1864 ont eu pour but unique la réintégration de l'impétrant dans la plénitude de ses droits civils, politiques et de famille?

« Ces lois, ainsi entendues, sont-elles trop étroites? Au lieu de matérialiser en quelque sorte les résultats de la réhabilitation, de réduire les conséquences de la régénération de ceux qui, après avoir payé leur dette à la loi pénale, ont racheté le passé par la sincérité de leur retour au bien et la fermeté de leur bonne conduite, n'auraient-elles pas dû aller plus loin et pousser jusqu'aux dernières limites de la réhabilitation morale les bénéfices de notre législation actuelle? N'auraient-elles pas offert ainsi une récompense plus complète et plus enviable à l'expiation et au repentir?

« Il est peut-être permis de le penser; mais peut-être aussi n'avons-nous pas à le rechercher. Quelle est la loi? quel est son sens? quelle est sa portée? Telles sont les seules questions qui nous appartiennent, et c'est en se renfermant dans ces questions et en cherchant quelle doit être leur solution juridique, que la Cour fera droit sur le second moyen de cassation proposé. »

Conclusions du procureur général à l'audience.

M. le procureur général a pris ensuite la parole en ces termes :

« MESSIEURS,

« Vos arrêts ont jugé qu'en fait de réhabilitation, un pourvoi en cassation de la part du demandeur n'était pas recevable contre les avis des Cours impériales, alors même qu'il serait fondé sur des motifs de droit (arrêts des 1ᵉʳ septembre 1853 et 21 avril 1855). Dans l'espèce qui vous est soumise, la décision de la Cour de Colmar ne pouvait donc vous être déférée que par un pourvoi formé dans l'intérêt de la loi.

« Dans le réquisitoire écrit, dont M. le rapporteur vient de vous donner lecture, je m'étais borné à transcrire la lettre de M. le garde des sceaux contenant l'ordre de former ce pourvoi, parce qu'il était impossible de présenter la question en termes plus concis et sur des motifs plus décisifs.

« Mais M. le rapporteur, avec cette sagacité qui le distingue, ayant présenté des raisons de douter sur la seconde partie du pourvoi, c'est-à-dire celle qui tend *à généraliser la question*, il y a nécessité pour moi d'insister principalement sur ce point et de réfuter les objections contenues dans le rapport.

« Sur la question particulière relative aux faits de la cause, M. le rapporteur a reconnu, comme moi, que le fait pour lequel le sieur Georg a été condamné, s'il n'entraînait pas des incapacités politiques, entraînait du moins une incapacité spéciale, celle résultant de la loi du 15 mars 1850, sur l'enseignement, dont l'article 26 déclare incapables de tenir une école publique ou libre les individus condamnés pour un délit *contraire à la probité.*

« Or, tel est évidemment le caractère du fait qui a servi de base au jugement qui a condamné Georg à quatre jours d'emprisonnement et à l'affiche. En effet, la détention sans motifs d'une fausse balance, qui, dans l'origine, n'avait été considérée que comme une simple contravention, a été mise au rang des délits par la loi du 27 mars 1851. Dès lors, il ne s'agit plus seulement du fait matériel de la détention, mais de l'intention de tromper le public et de l'espèce de fraude qui est aujourd'hui l'un des éléments nécessaires du délit. Et, quand il en est ainsi, dire avec la Cour de Colmar, dans son avis du 29 mars 1864, que la probité n'est pas engagée dans des délits de cette nature, c'est méconnaître la partie morale d'une loi qui a été faite pour garantir l'acheteur contre toutes les inventions de la fraude et tous les modes de tromperie pratiqués par le vendeur; en un mot, contre l'improbité du marchand. Sous ce point de vue, il y aurait donc évidemment lieu de casser pour fausse interprétation et violation de cette loi.

« Mais à côté de cette question particulière qui ne jugerait qu'une espèce, le pourvoi appelle votre attention sur une question plus générale, celle de savoir si, *en thèse de droit pur,* la loi sur la réhabilitation des condamnés en matière correctionnelle peut être appliquée, alors même qu'aucune incapacité n'a été la conséquence de la condamnation?

« Or, à mon avis, cette partie du pourvoi est de beaucoup la plus importante. En effet, si l'on jugeait, avec la Cour de Colmar, que la réhabilitation a pour but unique la réhabilitation de l'impétrant dans la plénitude de ses droits civils et politiques, ce serait méconnaître le caractère moral qu'on a toujours attaché jusqu'ici à la réhabilitation, et qui consiste surtout à relever celui qui la sollicite et qui l'obtient des flétrissures de la condamnation.

« Tous les anciens auteurs ont défini la réhabilitation comme « un acte qui rétablissait le condamné qui avait subi sa peine en « ses biens et bonne renommée, qui effaçait la tache et note d'in- « famie attachée à sa condamnation, et le relevait des incapacités « qui en étaient la suite. »

« Cette définition du droit avait passé dans l'usage du monde et dans les habitudes du langage usuel. Le *Dictionnaire de l'Académie,* au mot RÉHABILITER, dit « que c'est un terme de chan-

« cellerie. Réhabiliter, c'est rétablir dans son premier état, dans
« ses droits, dans ses prérogatives, etc., celui qui en était déchu.
« Réhabiliter signifie aussi faire recouvrer l'estime publique, l'es-
« time de quelqu'un. Cette action, cet ouvrage l'a réhabilité dans
« l'opinion publique. Il est parvenu à se réhabiliter dans l'opinion
« publique, dans l'esprit des gens de bien. »

« La réhabilitation, dans la vie des condamnés, était ainsi une
perspective qui leur était ouverte pour s'amender, se mieux conduire, et pour recouvrer à la fin de leur carrière leur « bonne
« fame et renommée. » C'est avec cette signification généralement
acceptée que le mot est passé dans nos lois.

« On prétend que, s'il en était ainsi autrefois, l'esprit de la
législation moderne n'est plus le même. Et l'on vous a cité un passage de l'exposé des motifs de la loi du 19 mars 1864, où se
trouve, en effet, le passage suivant : « De nos jours, la réhabilita-
« tion *n'est pas ce qu'elle était sous l'ancienne monarchie,
« une réintégration dans la bonne renommée,* ou sous le
« régime de la Révolution, un « baptême civique »; elle n'est que
« la mainlevée pure et simple des déchéances qui accompagnent
« certaines condamnations. »

« Ici, j'ose le dire, l'orateur du gouvernement est tombé dans
une erreur manifeste sur l'esprit qui a inspiré nos Codes modernes. A cette opinion erronée, émise plus d'un demi-siècle après
la promulgation de notre Code d'instruction criminelle, j'opposerai
l'opinion bien autrement imposante d'un jurisconsulte éminent,
doué d'un esprit ferme et rigide, M. Treilhard, qui avait été
l'un des rédacteurs de cette grande loi, et qui en exposait ainsi
les motifs devant le Corps législatif, dans la séance du 7 novembre 1808 :

« La réhabilitation, disait M. Treilhard ; à ce mot, votre âme
« commence à respirer... L'homme condamné à la réclusion ou
« aux travaux forcés à temps serait-il donc perdu pour toujours
« pour la société? N'existe-t-il aucun moyen de le rappeler à ses
« devoirs? Est-il absolument impossible d'*effacer de son front
« la tache d'infamie* dont il fut couvert? Et ne peut-on pas
« encore le recréer pour la vertu? Sans doute on ne vous propose
« pas d'effacer la tache sans qu'il ait subi les épreuves qui don-
« neront une pleine garantie de son changement. Mais lorsque
« cette garantie sera entière, vous ne refuserez certainement pas
« de le rendre à sa famille, à ses concitoyens, *tel qu'il était
« avant sa chute.* »

« N'est-ce donc point là le caractère essentiel de l'ancienne réhabilitation?

« Le Code de 1808, dans son article 619, n'accordait la réhabilitation qu'aux condamnés pour crimes, parce qu'en effet il n'y
avait que les condamnations pour crimes qui, à cette époque, en-
traînassent l'infamie, et avec elle les grandes incapacités, les grandes

déchéances. Mais si l'on accordait ce remède à l'infortune des grands criminels, n'y avait-il pas une raison *à fortiori* de l'accorder aussi à ceux qui n'avaient encouru que des peines correctionnelles? La Cour d'appel de Paris avait cru pouvoir décider cette question dans le sens de l'affirmative; mais vous avez cassé cette décision sur nos conclusions, par votre arrêt du 31 janvier 1839, parce que les termes de l'article 619 étaient limitatifs, et que la Cour d'appel avait commis un excès de pouvoir en étendant ses dispositions à de simples délits.

« Cependant, si tel était le texte rigoureux de la loi, la délicatesse de nos mœurs modernes et une susceptibilité louable dans ses motifs réclamaient une disposition nouvelle, d'autant mieux que, dans les derniers temps, diverses lois avaient attaché des incapacités politiques en assez grand nombre à la condamnation correctionnelle qui, précédemment, n'avait pas cette conséquence. C'est alors que fut rendue la loi du 3 juillet 1852, qui a étendu le bénéfice de la réhabilitation à ceux qui auraient été « condamnés à une peine correctionnelle ».

« Ces mots insérés dans l'article 619 ont un sens général, absolu, qui embrasse sans restriction tous ceux qui ont été condamnés à une peine correctionnelle, car le législateur n'a point ajouté à une peine entraînant telle ou telle incapacité. A la vérité, l'article 634 dit bien que « la réhabilitation fait cesser pour l'avenir, dans la « personne des condamnés, toutes les incapacités qui résulteraient « de la condamnation. » — Mais si le législateur a cru devoir s'expliquer spécialement sur une des conséquences légales de la réhabilitation, il n'a pas changé ni altéré le caractère de la réhabilitation, qui est surtout d'effacer la flétrissure et la honte de la condamnation elle-même, comme l'avait dit M. Treilhard dans son exposé des motifs.

« La preuve en est surtout dans la procédure instituée par le Code dans les articles 630 et suivants, et dans les informations qu'il prescrit pour s'assurer que le condamné, pendant plusieurs années, a tenu *une bonne conduite*, avant de lui accorder le bénéfice de la réhabilitation.

« Après la révolution de 1848, d'autres lois ont été portées pour diminuer le nombre des cas dans lesquels les condamnations correctionnelles pouvaient entraîner des incapacités politiques, mais ces lois n'ont point de rapport avec la réhabilitation.

« A cette époque, un assez grand nombre d'individus avaient été condamnés pour des délits politiques; d'autres comme banqueroutiers, ceux-ci alléguant que la révolution seule avait causé leur ruine! Leurs condamnations les déclaraient incapables d'être éligibles ou électeurs, incapables aussi d'être jurés ou officiers de la garde nationale. L'opinion démocratique voyait là une clientèle à ménager, des hommes précieux pour elle à faire rentrer dans le giron des affaires politiques. Que fit-on alors? On ne dit pas que ces individus seraient réhabilités ; on se borna à restreindre le plus qu'on put le nombre des délits auxquels précédemment le législateur avait attaché des incapacités politiques : ces incapacités cessaient de pouvoir être prononcées pour tous les délits autres que ceux, en petit nombre, pour lesquels cette pénalité était maintenue.

« Si ces individus se contentaient d'être rétablis sur les listes électorales et du jury, ils en étaient bien les maîtres ; mais s'ils voulaient quelque chose de mieux, c'est-à-dire être relevés de la flétrissure morale attachée à la peine correctionnelle, ils n'avaient pas d'autre moyen à employer que celui de la réhabilitation. La loi politique n'avait porté aucune atteinte aux conditions et aux formes de droit commun exigées par la législation criminelle du Code pour parvenir à la réhabilitation.

« Il faut en dire autant de la loi du 19 mars 1854, relative aux officiers ministériels destitués. Le texte de cette loi est loin de correspondre au motif inscrit dans l'exposé des motifs de l'orateur du gouvernement ; car si l'article 1ᵉʳ dit que « les notaires, greffiers « et officiers ministériels destitués peuvent être *relevés* des dé- « chéances ou incapacités résultant de leur destitution », elle ne les relève pas de plein droit. Loin de là, l'article 2 de cette loi porte ce qui suit : « Toutes les dispositions du Code d'instruction criminelle « relatives à la réhabilitation des condamnés à une peine correc- « tionnelle sont déclarées *applicables* aux demandes formées en « vertu de l'article 1ᵉʳ. »

« C'est-à-dire qu'ils devraient se soumettre à toutes les informations et justifications propres à établir que, par leur *bonne conduite,* ils ont, en effet, mérité d'être réhabilités au yeux de la société.

« Et pour preuve que telle a été l'intention du législateur, je m'emparerai ici de l'une des citations faites par M. le rapporteur, dans son impartialité, à l'occasion de la loi dont il s'agit.

« Après l'exposé des motifs qui accompagnait la présentation du projet de loi, est venu le rapport de la commission du Corps législatif, qui expliquait comment la commission de la Chambre entendait la loi elle-même. Le rapporteur de cette commission était M. Mathieu, et voici dans quels termes s'exprimait ce jurisconsulte :

« Messieurs, l'action de la loi pénale ne se borne pas à frapper « le coupable et à prévenir le retour des actes délictueux par l'exem- « ple d'une salutaire intimidation.

« Elle se propose encore un but plus noble et plus élevé : « *l'amendement du condamné.* Elle n'admet pas de déchéance « immédiate ; elle croit à la puissance de l'expiation et du repentir. « Perfectible avant sa chute, l'homme égaré par de funestes entraî- « nements peut trouver dans les larmes une vertu nouvelle et *le* « *principe de sa régénération.* Telle est la *théorie morale* « de la loi. Elle y serait infidèle si, pour encourager le retour du « condamné vers le bien, elle ne faisait briller à ses yeux, comme

« la plus haute et la plus enviable des récompenses : 1° l'affran-
« chissement possible des servitudes dont la condamnation l'a
« chargé; 2° *l'espoir de retrouver un jour au sein de la*
« *société la place* et les droits qu'il a perdus ; si , pour tout dire
« en un mot, elle ne lui montrait pas en perspective la réhabili-
« tation. »

« Ne retrouve-t-on pas là le même esprit qui animait, en 1808,
M. Treilhard ? Et conçoit-on d'ailleurs qu'il pût en être autrement
dans une loi exclusivement applicable à des officiers ministériels,
dont toute l'existence dépend de la considération publique que la
réhabilitation a pour objet de leur faire reconquérir, en effaçant la
flétrissure de la condamnation.

« Maintenons donc à notre Code criminel son caractère propre,
et disons, avec M. le garde des sceaux, « qu'il ne faut pas , par
« une interprétation contraire, matérialiser une loi réparatrice et
« morale. »

« Si l'on entendait la réhabilitation dans le sens étroit que lui
attribue la Cour de Colmar, à quelles étranges conséquences ne
serait-on pas conduit?

« Ainsi, entre deux individus condamnés à la prison pour le
même genre de délit, celui contre lequel on aurait prononcé accessoirement des incapacités politiques pourrait se faire réhabiliter
en alléguant le besoin qu'il a d'en être relevé pour devenir électeur
ou juré ! Et l'autre condamné, contre lequel on n'aurait prononcé
aucune incapacité, et qui voudrait seulement effacer la flétrissure
de la condamnation et recouvrer sa bonne renommée, serait impitoyablement déclaré non recevable!

« Les lois qui autorisent à prononcer des incapacités politiques
n'atteignent que les hommes. Les femmes, qui souvent aussi sont
condamnées à des peines correctionnelles , ne pourraient pas recourir au bénéfice de la réhabilitation , celle-ci afin de pouvoir
redevenir marchande publique , telle autre pour lever l'obstacle
qui s'oppose à un second mariage, parce que le jugement de condamnation ne prononcerait pas contre elles d'incapacités politiques !

« Mais je veux apporter encore une preuve que tel n'est pas le
sens étroit dans lequel il faut entendre les lois sur la réhabilitation.
Dans le Code de commerce , à propos de la réhabilitation des faillis,
on rencontre la disposition suivante : « Le failli pourra être réhabilité après sa mort. »

« Dira-t-on encore que c'est pour le relever des incapacités qu'il
avait encourues? N'est-il pas de toute évidence que c'est uniquement pour laver sa mémoire, et pour que sa succession soit transmise à ses enfants purgée des flétrissures de sa condamnation ?

« Messieurs, je vous en conjure, rectifiez, par votre arrêt, la
fausse interprétation donnée par la Cour de Colmar à notre législation en matière de réhabilitation. Au lieu de restreindre son application à des effets purement matériels, ennoblissez votre arrêt

24.

par un considérant qui conserve à cette mesure son véritable caractère.

« Dans le temps où nous vivons, les questions d'argent, d'ambition et de politique, sont l'objet d'une vive poursuite ; mais ces intérêts ne sont pas les seuls que le législateur ait eu en vue de protéger ; et lorsqu'une loi, à côté de ses dispositions spéciales, porte en elle son caractère moral, sachons lui conserver ce caractère devant la justice et dans les arrêts.

» Voilà pourquoi je persiste avec instance dans mes conclusions. »

La Cour, après en avoir délibéré en la chambre du conseil, a rendu l'arrêt dont la teneur suit :

ARRÊT (27 avril 1865).

La Cour,

Ouï M. le conseiller Nouguier, en son rapport, et M. le procureur général Dupin, en ses conclusions ;

Vu la lettre de Son Excellence M. le garde des sceaux, ministre de la justice et des cultes, en date du 27 septembre 1864, ensemble le réquisitoire du procureur général près la Cour ;

Vu l'article 26 de la loi sur l'enseignement du 15 mars 1850, les articles 3, 6 et 7 de la loi sur les fraudes en matière de vente de marchandises, du 27 mars 1851, les articles 649 et suivants du Code d'instruction criminelle rectifiés par la loi sur la réhabilitation des condamnés en matière criminelle et correctionnelle du 3 juillet 1852 ;

En ce qui touche la première branche du moyen de cassation proposée :

Attendu que l'article 26 de la loi sur l'enseignement porte : Sont « incapables de tenir une école publique ou libre, ou d'y être em-« ployés, les individus qui ont subi une condamnation pour crime ou « pour délit *contraire à la probité* ou aux mœurs... » ;

Attendu que cette disposition, qui a pour but d'assurer la bonne disposition du corps enseignant, est générale et embrasse par ces expressions : *délit contraire à la probité,* tous les délits dans la qualification desquels l'esprit de fraude entre comme élément nécessaire ;

Qu'elle s'étend, dès lors, au fait qui a motivé la condamnation prononcée, le 10 novembre 1857, contre Ignace-Hippolyte Georg, ancien boucher à Schelestadt, condamnation fondée sur l'existence, dans l'état de ce dernier, « d'une balance fausse de vingt grammes au préjudice « de l'acheteur, défectuosité qui était produite par un morceau de « chair collé contre le rebord inférieur du plateau où se place la mar-« chandise ; »

Qu'il est impossible d'en douter si l'on considère que ce fait, qualifié autrefois simple contravention, a été élevé par la loi nouvelle au rang de délit ; qu'il constitue l'un des modes de tromperie qu'elle a voulu réprimer ; qu'il est puni d'une amende et d'un emprisonnement correctionnels, et qu'il est, en outre, permis de lui infliger la peine, toute morale, de l'affiche du jugement et de son insertion dans les journaux ;

D'où il suit que la condamnation encourue par Georg entraînait contre lui une véritable incapacité, et qu'en lui refusant le droit de s'en faire relever par la réhabilitation, l'arrêt attaqué a violé, sous ce premier rapport, les dispositions ci-dessus visées ;

Attendu, au surplus, que le droit de poursuivre sa réhabilitation en matière correctionnelle existe pour le condamné dans tous les cas et alors même qu'aucune déchéance, incapacité ou interdiction ne seraient la conséquence du jugement ;

Qu'en effet, le mot *réhabilitation*, entendu dans son sens usuel, comporte l'idée du rétablissement du condamné dans son ancien état, et que ce rétablissement ne serait pas entier s'il ne lui était pas permis de se soustraire, dans l'avenir, à la flétrissure morale qu'imprime la condamnation elle-même ;

Que telle était d'ailleurs la réhabilitation sous notre ancien droit ; qu'elle avait alors pour effet, et de relever de toutes les interdictions ou incapacités, et d'effacer la note d'infamie, conséquence de la condamnation ;

Qu'il ressort manifestement des dispositions de notre nouveau Code pénal, que c'est dans ce sens et avec cette étendue qu'elle a passé de l'ancien droit dans la nouvelle législation, et que c'est uniquement parce que la loi nouvelle classait méthodiquement les peines, en les divisant en peines afflictives, peines infamantes, peines afflictives et infamantes, que cette loi, matérialisant en quelque sorte la réhabilitation, a cru devoir, dans l'origine, ne l'accorder que dans les cas où la peine prononcée avait par elle-même, d'après la classe à laquelle elle appartenait, un caractère légalement infamant ;

Que depuis, et grâce à la marche incessamment progressive des idées, des habitudes et des mœurs, cette restriction a perdu sa raison d'être, le besoin de la considération publique devenant de plus en plus impérieux et rendant de plus en plus sensible, aux yeux de l'opinion, toute tache résultant d'une condamnation judiciaire ;

Que c'est sous l'impulsion de ce besoin qu'en 1852 et 1863 le législateur a successivement étendu aux condamnés correctionnels, aux notaires, greffiers et officiers ministériels destitués, le bénéfice de la réhabilitation ;

Attendu que l'arrêt attaqué excipe vainement, pour restreindre les effets des lois nouvelles, de la disposition de l'article 634, qui porte que : « la réhabilitation fera cesser pour l'avenir, dans la personne du « condamné, toutes les incapacités qui résultaient de la condamna- « tion » ;

Que cette disposition, faite uniquement pour déterminer, à titre d'exemple, un des principaux effets de la réhabilitation, n'a rien d'exclusif pour les autres, et qu'il serait contraire aux règles d'équité et aux lumières du bon sens de l'interpréter comme si elle admettait celui qui est placé sous le coup d'une incapacité au droit de se faire réhabiliter, alors qu'elle refuserait le bénéfice de la réhabilitation à celui qui aurait été frappé d'une condamnation moindre et qui se trouverait dès lors dans une meilleure situation morale ;

Attendu que l'interprétation contraire, en refusant de distinguer entre eux, et en élargissant ainsi une mesure libérale toute d'humanité et de justice, ajoute à l'importance sociale de cette mesure ;

Qu'en effet, la loi, en cherchant à inspirer aux condamnés la pensée qu'ils doivent attacher un grand prix à l'estime de leurs concitoyens, les provoque à une sorte d'émulation de probité et d'honneur, éloigne les chances de récidive, augmente le nombre des réhabilitations et contribue ainsi à élever le niveau des mœurs publiques;

Attendu qu'en l'interprétant autrement, l'arrêt attaqué a méconnu son esprit, soumis ses effets à une restriction arbitraire, et violé ses dispositions sainement entendues;

Casse et annule, mais dans l'intérêt de la loi seulement, l'arrêt de la Cour impériale de Colmar (chambre des mises en accusation) du 29 avril 1864; ordonne qu'à la diligence du procureur général près la Cour, le présent arrêt sera imprimé et transcrit en marge de l'arrêt annulé.

———

N° XLVI. — 862.

Musulmans. — Mode de prestation de serment judiciaire en Algérie.

1° Lettre de M. le garde des sceaux à M. le procureur général près la Cour de cassation, du 5 janvier 1863.

2° Réponse du procureur général, du 10 janvier 1863.

Lettre de M. le garde des sceaux.

« Paris, 5 janvier 1863.

« Monsieur le Procureur général,

« Le faux témoignage de la part des Arabes présente un véritable danger pour la justice criminelle en Algérie. Un président d'assises me rapportait naguère ces paroles d'un Arabe devant la Cour : « Sous la dysnatie musulmane, lorsque nous avions un « ennemi, nous l'attendions au fond d'un ravin, au coin d'un bois, « et nous lui ôtions la vie; le plus souvent il n'en était rien, ou « nous en étions quittes en payant le prix du sang.

« Aujourd'hui, sous votre puissance, avec votre justice, nous « ne pouvons plus agir de la même manière; quand nous avons un « ennemi, nous remplaçons le fusil par le faux témoignage, le petit « couteau par votre grand couteau. » (Assises de Constantine, 2ᵉ trimestre 1862.)

« Deux pourvois en révision assez récents, fondés sur le faux témoignage d'indigènes, ont pu d'ailleurs convaincre la Cour de cassation de cette fâcheuse vérité. (V. arrêts de cassation, 30 novembre 1860 et 6 juin 1861.)

« Dans ces circonstances, je me suis demandé s'il ne serait pas possible de donner plus de certitude aux jugements humains en

Algérie, en ajoutant au serment ordinaire prescrit par le Code d'instruction criminelle devant les Cours d'assises, celui qui seul peut engager la conscience d'un musulman, c'est-à-dire le serment prêté sur le Koran, en présence d'un assesseur musulman. Il m'a semblé trouver dans un arrêt de la Cour de cassation du 25 février 1838 [1] l'approbation de ce mode de procéder, en ce sens qu'il ne vicierait pas la régularité du serment ordinaire et légal. J'ai fait faire, en conséquence, une enquête en Algérie sur l'efficacité du serment suivant le rit musulman; presque tous les magistrats sont d'accord pour le reconnaître et pour considérer l'emploi plus général de cette mesure comme un remède nécessaire au faux témoignage. Je vous communique cette enquête avant de décider si je devrai conseiller aux présidents d'assises l'usage fréquent de leur pouvoir discrétionnaire dans ce sens.

« J'ai voulu provoquer vos observations personnelles sur la parfaite légalité de l'addition facultative du serment musulman aux formalités rigoureuses de notre loi.

« Votre haute expérience de ces matières, à la fois criminelles et religieuses, me fait attacher le plus grand prix à votre appréciation, qui ne saurait, bien entendu, engager la Cour de cassation.

« Je vous serai obligé de me renvoyer les pièces jointes avec les observations que vous voudrez bien m'adresser sur cette importante question.

« Agréez, Monsieur le procureur général, l'assurance de ma haute considération.

« Signé : DELANGLE. »

Réponse du procureur général.

« Paris, ce 10 janvier 1863.

« MONSIEUR LE MINISTRE,

« Par votre lettre du 5 de ce mois, vous déplorez les dangers, pour la justice criminelle en Algérie, de l'emploi fréquent du faux témoignage de la part des Arabes. On donne pour cause à cette malheureuse disposition des témoins musulmans, que la forme dans laquelle on exige d'eux le serment de dire la vérité n'est point accompagnée, dans nos tribunaux, des solennités sans lesquelles les sectateurs de Mahomet ne croient pas leur conscience engagée. C'est ce qui résulte avec évidence des pièces formant enquête qui sont jointes à la lettre de Votre Excellence; et les magistrats locaux sont d'avis que, pour remédier à ce mal, il conviendrait que le

---

[1] Cet arrêt est mal daté; il est du 15, et non du 25.

serment des Arabes fût prêté sur le Coran, en présence d'un assesseur musulman.

« Vous me faites l'honneur de me demander mon avis sur la légalité de cette forme ajoutée, ou, si l'on veut, substituée aux formes usitées dans nos tribunaux.

« Cette question en elle-même, et dans sa plus grande généralité, n'est pas neuve pour moi, et je l'ai résolue en peu de mots, très-affirmatifs, dans le livre que j'ai publié sous le titre de : *Règles de droit et de morale tirées de l'Écriture sainte.*

« Sur ce texte de l'Exode, XXIII, 13, *Per nomen externorum deorum non jurabis,* vous ne jurerez point par le nom de dieux étrangers, je dis dans mon commentaire : « Les Juifs ne « pouvaient pas jurer au nom des dieux étrangers : *Non habebis* « *deos alienos coràm me.* Chacun ne peut raisonnablement « jurer *qu'au nom du Dieu auquel il croit.* Voilà pourquoi, « dans nos tribunaux, les témoins juifs prêtent le serment selon « leur rit, *more judaïco;* les mahométans, de même. Autre- « ment, *ils ne se croiraient pas liés par leur serment;* ils « le considéreraient comme nul. »

« Maintenant, s'il faut justifier ces assertions au point de vue strictement légal, et par une argumentation plus développée, je crois qu'on le peut parfaitement.

« Et d'abord, il faut distinguer dans le serment le *fond* et la *forme.*

« Le fond du serment, c'est la formule même employée par la loi. Tout y est de rigueur, et le serment est nul s'il ne contient pas la promesse ou l'affirmation de tout ce que la loi oblige celui qui le prête, de promettre ou d'affirmer.

« Ainsi le serment politique : « Je jure obéissance à la Constitu- « tion et fidélité à l'Empereur », — ce serment, disons-nous, doit être prêté en ces termes; aucun d'eux ne peut être remplacé par un équivalent, tel, par exemple, que serait le mot *soumission* substitué au mot *obéissance,* ou le mot *dévouement* substitué à celui de *fidélité.*

« De même pour le serment des témoins; l'article 317 du Code d'instruction criminelle porte que : « Les témoins prêteront, à « peine de nullité, le serment de parler sans haine et sans crainte, « de dire toute la vérité, et rien que la vérité. » Il n'a jamais été permis aux tribunaux de s'écarter en rien des termes de cette formule; et dans des espèces où les témoins avaient juré seulement de ne dire *rien autre chose que la vérité et de parler sans haine et sans crainte,* il y a eu cassation parce qu'on avait dit simplement *la vérité,* au lieu d'employer ces mots textuels : *toute la vérité.* (Arrêts du 29 mai 1813 et du 3 février 1814.)

« Dans une autre espèce, on a cassé, parce que le témoin avait bien juré de dire *toute la vérité,* mais qu'on avait négligé d'ajouter *et de ne rien dire que la vérité.* (Arrêt du 8 juillet 1813.)

« Enfin, dans une troisième espèce, où le témoin avait, il est vrai, juré *de dire toute la vérité et rien que la vérité*, mais où l'on avait oublié de comprendre dans la formule ces mots : *parler sans haine et sans crainte*, il y a eu cassation, par arrêt du 1er juillet 1813.

« Quant aux formes extérieures du serment, le Code en a bien indiqué quelques-unes, mais toutes n'ont pas la même gravité. Ainsi, à l'interpellation du juge qui a lu la formule du serment, le témoin doit répondre : « *Je le jure !* » Cela est sacramentel, parce que dans ce mot réside l'engagement : c'est le *spondeo* de la stipulation.

« Mais il est d'autres formes qu'on peut regarder comme *accessoires*, qui n'ont pas la même importance, et dont l'inobservation n'entraîne pas nullité.

« Ainsi, l'obligation de prononcer debout, la main droite levée et nue, la formule exigée, n'est pas de l'essence du serment. Autrement il faudrait décider, ce qui serait absurde, qu'une personne à qui son état de maladie ou d'infirmité corporelle rendrait impossible l'accomplissement de ces formalités, serait incapable de prêter serment. C'est donc avec raison qu'il a été jugé : 1° que le serment prêté (par un juré) en levant la main gauche au lieu de la main droite, n'est pas nul, si d'ailleurs les mots sacramentels *Je le jure* ont été prononcés. (Arrêt de rejet du 30 avril 1847.) — 2° Qu'on ne saurait induire un moyen de nullité de l'omission par un témoin d'avoir levé la main droite, lorsqu'il est constaté que ce témoin était privé du bras droit. (Arrêt de rejet, ch. crim., 8 octobre 1840.) — 3° Que le même serment prêté par un juré ayant la main gantée n'est pas nul. (Arrêt de rejet, ch. crim. du 27 janvier 1853.) Voir ces arrêts dans Dalloz.

« Quant aux formalités dont l'accomplissement tient à la différence des cultes professés par ceux qui sont appelés à prêter un serment, le Code d'instruction criminelle ne s'en préoccupe pas. Il n'a pas mis leur observation au rang des formes qu'il lui a convenu de prescrire à peine de nullité. Il a laissé les choses, à cet égard, dans l'état où les a placées la jurisprudence. Et voici ce qu'elle nous apprend à cet égard.

« Ici les tribunaux, abandonnés à eux-mêmes, se sont trouvés en face de cette vérité de fait que nous avons rappelée en commençant : « Que chacun ne peut raisonnablement jurer *qu'au* « *nom du Dieu auquel il croit.* » — Sans cela, celui qui prête le serment ne se tient pas pour engagé, et celui qui l'exige en vue d'y trouver une garantie, manque son but, puisque la conscience à laquelle il a fait appel ne se croit pas liée, en l'absence des formes dont l'observation seule peut éveiller en elle le sentiment de la foi.

« Aussi les Romains, qui admettaient une grande pluralité de cultes de la part des peuples soumis ou annexés à leur empire, avaient admis pour règle en cette matière qu'il faut s'en tenir au serment que chacun a prêté selon sa croyance particulière. *Divus Pius jurejurando quod* PROPRIÂ SUPERSTITIONE *juratum est, standum erit.* (Loi 5, § au Digeste *De jurejurando.*) Ce que Jacques Godefroy, dans son annotation sur ce texte, interprète en disant : *Juramentum cujuscumque sectæ et religionis suæ, inter eos qui ita juraverint, ratum haberi oportere ; et breviter, propria superstitio jurantur, eo casu vel obligat, vel excusat.*

« La question s'est présentée en France pour les juifs, pour les anabaptistes, pour les mahométans.

« Pour les juifs, même sous l'ancien régime, au temps de l'intolérance la plus absolue, le conseil souverain d'Alsace les admettait à prêter serment *more judaïco*, c'est-à-dire en jurant par le Dieu d'Israël, la main sur la Bible, en présence du rabbin ou de son délégué. (Arrêt de ce conseil, rendu *consultis classibus*, le 10 juin 1739, en y joignant, pour les délégations en cas d'empêchement du rabbin en titre, les arrêts des 15 mai 1749, 8 juin 1753 et 12 juillet 1754.)

« Le Parlement de Paris se trouva dans la nécessité de se conformer à cet usage ; et voici, à cet égard, ce qui arriva aux requêtes du Palais, d'après le récit de Boucher d'Argis : « Un juif « ayant une affirmation à faire à l'audience de la première chambre « des requêtes du palais, en avril 1755, l'avocat qui plaidait pour « lui demanda que sa partie fût reçue à affirmer *suivant les* « *usages et priviléges de sa nation.* M. le président Desvieux, « qui tenait l'audience, trancha sur cette remontrance et dit au « juif : « Levez la main ». Le juif se couvrit, et, au lieu de « lever la main, il tira de sa poche une Bible qu'il mit dans sa « main gauche, et posa sur cette Bible sa main droite. Le prési- « dent lui dit : « Vous jurez et promettez de dire la vérité? » et il « fit ensuite les interrogations nécessaires. Le juif répondit à cha- « cun des interrogats ; après quoi, le président donna acte de l'af- « firmation reçue en cette forme. »

« Depuis la promulgation des nouveaux Codes, les tribunaux actuels en ont usé de même. On peut voir notamment l'arrêt de la Cour de cassation du 12 juillet 1810, rendu sur les conclusions conformes de M. Merlin, et rapporté par lui dans ses *Questions de droit*, au mot SERMENT, § 2. On y trouve ce considérant : « Attendu que l'article 262 du Code de procédure civile prescrit « seulement l'obligation de faire prêter aux témoins le serment de « dire la vérité, *sans en déterminer le mode*; que le serment « étant un acte religieux, doit être prêté *suivant le rit parti-* « *culier au culte de chaque témoin.* »

« Une décision semblable a été rendue le 28 mars 1810, en ce qui touche un anabaptiste qui avait été dispensé des formes ordinaires du serment, et pour lequel on s'était contenté de sa simple

affirmation : « Attendu, dit l'arrêt, qu'il est universellement re-
« connu que la religion connue sous le nom de *quakérisme* inter-
« dit à ses sectateurs de jurer au nom de Dieu, et ne leur permet
« que d'affirmer en leur âme et conscience. » (MERLIN, *Ques-*
tions de droit, au mot SERMENT, § 1er, avec son réquisitoire.)

« Quant aux mahométans, l'arrêt cité dans la lettre de M. le
garde des sceaux, sous la date du 25 février 1838, mais qui est
porté dans le *Bulletin officiel* sous la date du 15, résout ainsi la
question : « Attendu, sur le deuxième moyen, qu'il est établi par
« les notes d'audience, signées par le président et le greffier, que
« le témoin Hamed ben Ali, *professant le culte musulman,* a
« prêté le serment voulu par l'article 155 du Code d'instruction
« criminelle, et que ce serment a été prêté en présence du tri-
« bunal et à l'audience ;

« Attendu que les circonstances que ce serment a été par lui
« prêté *la main posée sur le Koran,* dans la forme *usitée chez*
« *les mahométans,* et par-devant le sieur Hadj Ali ben Hadj
« Saïd, assesseur musulman, *sont des circonstances purement*
« *accessoires* aux yeux de la loi française ; qu'elles ne peuvent
« altérer la régularité intrinsèque du serment prêté dans la forme,
« dans le lieu et devant les magistrats que la loi détermine. »

« Dans cet arrêt, on retrouve la confirmation de ce que nous
avons dit plus haut, qu'il faut dans le serment distinguer la chose
jurée, la formule qui en fait le *fond,* et la *forme* qui n'en est
que l'*accessoire.* Or, dans cette espèce, le témoin avait exactement prêté le serment de dire la vérité dans les termes prescrits
par l'article 155 ; c'était là l'essentiel, qui ne peut pas varier ;
mais quant *au mode* de prêter le serment, c'est un *accessoire*
qui peut varier selon les cultes, selon que celui qui est entendu
est juif ou musulman.

« La question de légalité de ces divers modes se trouve ainsi
résolue pour l'affirmative, puisque la Cour de cassation a constamment jugé que leur emploi ne constituerait pas une violation de la
loi lorsque, du reste, on avait satisfait à ses prescriptions sur le
fond.

« On ne trouve de limitation à ces règles introduites par la
jurisprudence que dans le cas où la religion du témoin serait mise
en doute ; toute inquisition à cet égard est interdite, comme contraire à la liberté des cultes.

« Il en est de même, d'après les arrêtistes, si le religionnaire
dont on prétend exiger le serment suivant les formes particulières
à son culte, insiste pour le prêter suivant le mode laïque prescrit
par le droit commun. (Arrêts cités par Dalloz, v° SERMENT,
ch. II, n° 28.)

« Merlin justifie cette restriction en disant : « Que répondre de
« raisonnable au juif qui déclare que, dans sa conscience, le ser-
« ment prêté dans la forme ordinaire a *le même effet* qu'un ser-

« ment prêté *more judaïco?* Et comment des magistrats pour-
« raient-ils rejeter une pareille déclaration sans s'ériger en
« théologiens? » — C'est ce qu'avait essayé un arrêt de la Cour
d'appel de Nancy du 15 juillet 1808; mais il a été réfuté par un
arrêt de cassation du 10 juillet 1810. (*Bulletin crim.*, t. XXXI,
p. 289.)

« Tels sont, Monsieur le ministre, les éléments que j'ai pu réunir sur la question proposée, et dont votre sagesse pourra tirer
les instructions qu'elle croira devoir adresser aux tribunaux de
l'Algérie.

« Je prie Votre Excellence d'agréer l'hommage de mon respect.

« *Signé :* DUPIN. »

FIN DU TOME PREMIER.

(XIIᵉ DE LA COLLECTION.)

ERRATUM.

Page 3, lire : *Nᵒ 765.*
Page 85, lire : *Unâ viâ electâ.*
Page 86, lire : *Arrêt du 25 mars 1861.*

TABLE

DU PREMIER VOLUME.

(XIIe DE LA COLLECTION.)

2° MAGISTRATS.

Conseillers à la Cour de cassation, honorariat, 69. — Discipline : déchéance d'un juge de première instance, 71. — Prévention de diffamation à la charge d'un conseiller de Cour impériale; renvoi devant la Cour impériale de Paris, 76. — Délit de chasse allégué, mais non prouvé, contre un conseiller de Cour impériale; non-lieu, 79. — Prévention de délit contre un conseiller de Cour impériale; renvoi devant la Cour impériale de Nîmes, 81. — Demande en autorisation de poursuites contre un conseiller de Cour impériale à raison d'un Mémoire injurieux judiciairement supprimé; non-lieu, 83. — Prise à partie contre des magistrats d'un tribunal de première instance et de Cour impériale; dol et fraude non prouvés; rejet, 87.

3° GREFFIERS.

Greffiers des tribunaux de commerce. — Exécution des jugements de ces tribunaux. — Registre constatant l'opposition ou l'appel. — Certificat de non opposition ni appel, 103.

4° AVOCATS.

Avocats à la Cour de cassation. — Clientèle; délibération du conseil de l'ordre; pouvoir censorial de la Cour; annulation, 131.

Avocats. — Poursuites disciplinaires contre des avocats comme composant le conseil de discipline au nom duquel ils ont agi; avocat en même temps juge suppléant; compétence de la Cour impériale, 143. — Poursuites disciplinaires pour faits d'audience, appel, compétence de la chambre des appels de police correctionnelle (affaire Émile Ollivier), 159.

5° DÉFENSEURS.

Algérie : Tribunaux de commerce; postulation exclusive des défenseurs supprimée; mandat facultatif, 196.

6° NOTAIRES.

Action disciplinaire; preuve du fait; recevabilité de l'action, 201. — Observations du procureur général à M. le garde des sceaux sur un manquement à des devoirs professionnels; poursuite disciplinaire ordonnée par le garde des sceaux, 210.

DEUXIÈME PARTIE. — *Affaires criminelles ordinaires. — Instruction. — Pénalité. — Règlements et lois diverses.*

1° INSTRUCTION.

Maintien des juridictions. — Compétence. — Droit maritime international; les crimes et délits commis entre étrangers sur un navire de commerce étranger dans un port français appartiennent à la juridiction territoriale française, 243. — La juridiction correctionnelle est compétente pour statuer sur l'action en responsabilité civile contre le gérant d'une Société en commandite concurremment avec l'action publique, 226. — *Conflits entre la juridiction ordinaire et les juridictions exceptionnelles militaire et maritime.* — Les simples gardes maritimes, qui ne sont ni marins ni assimilés aux marins, sont justiciables de la juridiction ordinaire pour les crimes et délits de droit commun, 254. — Les crimes et délits communs imputés à des militaires qui ne sont pas à leurs corps, ou à des marins, dans des cas déterminés, sont de la compétence des tribunaux ordinaires, par exemple : les coups et voies de fait auxquels s'est porté un conscrit, laissé dans ses foyers, en dehors du temps strict des revues et exercices d'inspection, 257. — *Id.* Les délits de vagabondage et d'escroquerie imputés à un soldat déserteur et non porté sur les contrôles de son régiment, 262. — *Id.* La rébellion avec effusion de sang reprochée à un militaire en congé, 270. — *Id.* La rébellion envers des agents de l'autorité publique par un soldat en état de désertion, 273. — *Id.* Le vol commis chez un particulier par un engagé volontaire avant son arrivée au corps, 284. — *Id.* Le vol commis dans un e église ou sur un chemin public sur un non-militaire par un militaire en congé renouvelable, 285. — *Id.* Le vol imputé à un militaire en état de désertion, 288 et 293. — *Id.* Le vol et la tentative d'homicide à la charge d'un soldat libéré, réengagé volontaire, commis plus de six jours avant son absence constatée, 297. — *Id.* Les coups et blessures envers un particulier et l'outrage par paroles envers un magistrat imputés à un ouvrier des équipages de la marine en congé renouvelable, 300. — *Id.* Le vol commis à bord des navires marchands et constituant un crime punissable de la peine de la réclusion (décret du 24 mars 1852), 308. — Renvoi pour cause de sûreté publique et de suspicion légitime (troubles de Tarbes), 346. — Renvois pour cause de suspicion légitime (affaire de l'abbé Viard), 348 ; — (affaire Reig), 326. — Cour d'assises : irrégularité du tirage du jury ; annulation d'ordre du garde des sceaux, en vertu de l'article 441 du Code d'instruction criminelle ; renvoi devant le président du tribunal de première instance de Nantes, 327. — Élections du Blanc : outrage à un magistrat ; appréciation du juge du fait ; défaut de motifs ; annulation dans l'intérêt de la loi, 331. — Révision par suite de condamnation sur faux témoignage (art. 445 du Code d'instruction criminelle), 335 et 342. — *Id.* Par suite de condamnations contradictoires (affaire Renosi et Simoni), article 443 du Code d'instruction criminelle, 346. — *Id.* Affaire Gardin, 352. — Foi due aux procès-verbaux de gendarmerie ; inscription de faux ; déclaration d'incompétence ; annulation dans l'intérêt de la loi, 356. — Réhabilitation ; condamnation correctionnelle, 360. — Musulmans : mode de prestation de serment en Algérie ; lettres de M. le garde des sceaux au procureur général et du procureur général au garde des sceaux, 374.

FIN DE LA TABLE DU PREMIER VOLUME.

(XIIe DE LA COLLECTION.)